Statistiques de l'OCDE sur les dépenses en recherche et développement dans l'industrie 2020

ANBERD

2011-2018

Ce document, ainsi que les données et cartes qu'il peut comprendre, sont sans préjudice du statut de tout territoire, de la souveraineté s'exerçant sur ce dernier, du tracé des frontières et limites internationales, et du nom de tout territoire, ville ou région.

Les données statistiques concernant Israël sont fournies par et sous la responsabilité des autorités israéliennes compétentes. L'utilisation de ces données par l'OCDE est sans préjudice du statut des hauteurs du Golan, de Jérusalem-Est et des colonies de peuplement israéliennes en Cisjordanie aux termes du droit international.

Note de la Turquie
Les informations figurant dans ce document qui font référence à « Chypre » concernent la partie méridionale de l'Ile. Il n'y a pas d'autorité unique représentant à la fois les Chypriotes turcs et grecs sur l'Ile. La Turquie reconnaît la République Turque de Chypre Nord (RTCN). Jusqu'à ce qu'une solution durable et équitable soit trouvée dans le cadre des Nations Unies, la Turquie maintiendra sa position sur la « question chypriote ».

Note de tous les États de l'Union européenne membres de l'OCDE et de l'Union européenne
La République de Chypre est reconnue par tous les membres des Nations Unies sauf la Turquie. Les informations figurant dans ce document concernent la zone sous le contrôle effectif du gouvernement de la République de Chypre.

Merci de citer cet ouvrage comme suit :
OCDE (2020), *Statistiques de l'OCDE sur les dépenses en recherche et développement dans l'industrie 2020 : ANBERD*, Éditions OCDE, Paris, https://doi.org/10.1787/805711b8-fr.

ISBN 978-92-64-92901-2 (imprimé)
ISBN 978-92-64-61525-0 (pdf)

Statistiques de l'OCDE sur les dépenses en recherche et développement dans l'industrie
ISSN 2223-7305 (imprimé)
ISSN 2223-7313 (en ligne)

Les corrigenda des publications sont disponibles sur : www.oecd.org/about/publishing/corrigenda.htm.
© OCDE 2020

L'utilisation de ce contenu, qu'il soit numérique ou imprimé, est régie par les conditions d'utilisation suivantes : http://www.oecd.org/fr/conditionsdutilisation.

Table des matières

Guide de l'utilisateur	5
Australie	8
Autriche	10
Belgique	12
Canada	16
Chili	18
République tchèque	20
Danemark	24
Estonie	26
Finlande	28
France	32
Allemagne	36
Grèce	38
Hongrie	40
Islande	42
Irlande	44
Israël	46
Italie	48
Japon	52
Corée	54
Lituanie	56
Mexique	58
Pays-Bas	60
Nouvelle-Zélande	62
Norvège	64
Pologne	66
Portugal	68
République slovaque	72
Slovénie	74
Espagne	76
Suède	78
Suisse	80
Turquie	82
Royaume-Uni	84
États-Unis	88
Argentine	90
Chine	92
Roumanie	94
Singapour	96
Taipei Chinois	98

Guide de l'utilisateur

Présentation et contenu

Cette publication contient les données conformes à la CITI Rév. 4 pour 31 économies de l'OCDE et quatre économies non membres. Les données sont présentées dans la classification Internationale Type par Industrie, 4ème révision (CITI Rév. 4).

Les données sont disponibles dans la base de données :

STAN R-D : Dépenses de recherche et développement dans l'industrie - CITI Rév. 4, Statistiques de l'OCDE STAN pour l'analyse structurelle. *https://doi.org/10.1787/data-00689-fr*

Signes et abréviations

..	Non disponible
.	Point décimal
n.c.a.	non classé ailleurs

Sources et méthodes

- Documentation (PDF): *www.oecd.org/sti/inno/ANBERD_full_documentation.pdf.* (en anglais)
- Secteurs économiques couverts (XLS): *www.oecd.org/sti/inno/ANBERDcoverage.xls* (en anglais).

Nous contacter

Veuillez contacter *oecdilibrary@oecd.org* ou *RDSurvey@oecd.org* pour plus d'informations.

Classification

- La Classification internationale type par industrie (CITI) Rév. 4 est disponible en ligne : *http://unstats.un.org/unsd/publication/SeriesM/seriesm_4rev4f.pdf*.

GUIDE DE L'UTILISATEUR

Classification CITI Rév. 4

Section	Divisions	Description
A-U	01-99	**TOTAL ENTERPRISES**
A	01-03	**AGRICULTURE, CHASSE, SYLVICULTURE ET PÊCHE**
B	05-09	**INDUSTRIES EXTRACTIVES**
C	10-33	**ACTIVITÉS DE FABRICATION**
	10-12	**Produits alimentaires, boissons et tabac**
	13-15	**Textiles, habillement, cuir et articles de cuir**
	13	Textiles
	14	Articles d'habillement
	15	Cuir et articles de cuir
	16-18	**Bois, papier, imprimerie et reproduction de supports enregistrés**
	16	Articles en bois et en liège
	17	Industrie du papier et du carton
	18	Imprimerie et reproduction de supports enregistrés
	19-23	**Produits chimiques et produits minéraux non métalliques**
	19	Cokéfaction et raffinage
	20-21	Produits chimiques et pharmaceutiques
	20	Produits chimiques
	21	Produits pharmaceutiques
	22	Produits en caoutchouc et en plastique
	23	Autres produits minéraux
	24-25	**Métaux et ouvrages en métaux, hors machines et matériel**
	24	Produits métalliques de base
	25	Métaux de base, hors machines et matériel
	26-30	**Machines et materiel de transport**
	26	Ordinateurs, articles électroniques et optiques
	27	Équipements électriques
	28	Machines et équipements n.c.a
	29	Automobiles, remorques et semi-remorques
	30	Autres matériels de transport
	31-33	**Meubles; autres fabrications; réparation et installation**
	31	Meubles, autres activités manufacturières
	32	Autres fabrications
	33	Réparation et installation de machines et d'équipements
D+E	35-39	**ÉLECTRICITÉ, GAZ, EAU ET TRAITEMENT DES DÉCHETS**
D	35-36	Électricité, gaz, vapeur et air conditionné
E	37-39	Distribution d'eau ; assainissement, gestion des déchets et dépollution
F	41-43	**CONSTRUCTION**
G-N	45-82	**SERVICES DU SECTEUR DES ENTREPRISES**
G	45-47	**Commerce de gros et de détail; réparation auto-moto**
H	49-53	**Transports et entreposage**
I	55-56	**Activités d'hébergement et de restauration**
J	58-63	**Information et communication**
	58-60	Édition, audiovisuel et diffusion
	58	Édition,
	59-60	Audiovisuel et diffusion
	59	Audiovisuel
	60	Diffusion
	61	Télécommunications
	62-63	Technologies de l'information et informatique
K	64-66	**Activités financières et d'assurances**
L-N	68-82	**Activités immobilières ; professionnelles, scientifiques et techniques ; de services administratifs et d'appui**
L	68	**Activités immobilières**
Mx72	69-75x72	**Activités professionnelles, scientifiques et techniques, R&D scientifique exclus**
	72	Recherche-développement scientifique
N	77-82	**Activités de services administratifs et de soutien**
O-U	84-99	**SERVICES COLLECTIFS, SOCIAUX ET PERSONNELS**
O-P	84-85	**Administration publique, défense; sécurité sociale obligatoire, enseignement**
Q	86-88	Santé humaine et action sociale
R	90-93	Arts, spectacles et loisirs
S-U	94-99	Autres activités de services ; activités des ménages privés employant du personnel domestique ; activités des organisations et organismes extraterritoriaux

Dépenses de R-D dans l'industrie

AUSTRALIE

Dépenses de R-D dans l'industrie par activité principale de l'entreprise, prix courants
CITI Rév. 4

Millions USD PPP

		2011	2012	2013	2014	2015	2016	2017	2018
	TOTAL ENTREPRISES	12 124.9	11 970.0 e	13 025.4	12 202.7 e	11 301.5	11 868.8	11 896.1	..
01-03	**AGRICULTURE, SYLVICULTURE ET PÊCHE**	125.5	138.6 e	167.7	168.7 e	168.3	194.5 e	213.9	..
05-09	**ACTIVITÉS EXTRACTIVES**	2 716.1	2 315.2 e	1 955.8	1 556.3 e	1 272.7	1 050.6 e	716.2	..
10-33	**ACTIVITÉS DE FABRICATION**	2 978.7	2 966.0 e	3 373.3	3 052.5 e	2 676.3	2 904.3 e	3 168.4	..
10-12	Produits alimentaires, boissons et tabac	362.9	379.0 e	476.1	..	..	..	..	..
13-15	Textiles, habillement, cuir et articles de cuir	34.9	33.6 e	31.8	..	..	..	..	..
13	Textiles	16.8	..	..	..	..	..	..	..
14	Articles d'habillement	4.6	..	..	..	..	..	..	..
15	Cuir et articles de cuir	13.6	..	..	..	..	..	..	..
16-18	Bois, papier, imprimerie et reproduction de supports enregistrés	68.7	47.3 e	68.6	..	..	..	..	..
16	Bois et articles en bois, sauf meubles	25.3	..	..	..	..	..	..	..
17	Papier et articles en papier	32.0	..	..	..	..	..	..	..
18	Imprimerie et reproduction de supports enregistrés	11.4	..	..	..	..	..	..	..
19-23	Produits pétroliers, chimiques, pharmaceutiques, caoutchouc, plastique, minéraux	712.9	755.5 e	856.9	..	..	..	..	..
19	Cokéfaction et raffinage	59.9	77.1 e	115.0	..	..	..	..	..
20-21	Industrie chimique et pharmaceutique	517.9	532.7 e	570.9	..	..	..	..	..
20	Produits chimiques	250.6	229.7 e	204.6	..	..	..	..	..
21	Préparations pharmaceutiques, chimiques (médicine) et d'herboristerie	267.2	303.0 e	366.2	..	..	..	..	..
22	Produits en caoutchouc et en plastique	67.6	68.3 e	75.0	..	..	..	..	..
23	Autres produits minéraux non métalliques	67.6	77.4 e	96.1	..	..	..	..	..
24-25	Produits métalliques de base et ouvrages en métaux (sauf machines et matériel)	482.6	417.4 e	402.0 e	..	..	..	..	..
24	Produits métallurgiques de base	334.5	280.3 e	229.0	..	..	..	..	..
25	Ouvrages en métaux (sauf machines et matériel)	148.1	137.2 e	173.0 e	..	..	..	..	..
26-30	Ordinateurs, articles électroniques et optiques ; machines et matériels de transport	1 110.8	1 113.3 e	1 297.5 e	..	..	..	..	..
26	Ordinateurs, articles électroniques et optiques	237.9	..	..	..	..	..	..	..
27	Matériels électriques	86.8	..	..	..	..	..	..	..
28	Machines et équipements n.c.a.	239.2	..	..	..	..	..	..	..
29	Automobiles, remorques et semi-remorques	440.7	..	..	..	..	..	..	..
30	Autres matériels de transport	106.2	..	..	..	..	..	..	..
31-33	Meubles ; réparation et installation de machines et de matériel	205.9	219.9 e	240.3	..	..	..	..	..
31	Meubles	12.2	13.1 e	11.5	..	..	..	..	..
32	Autres activités de fabrication	175.8	184.9 e	203.0	..	..	..	..	..
33	Réparation et installation de machines et de matériel	17.9	21.9 e	25.8	..	..	..	..	..
35-39	**ÉLECTRICITÉ, GAZ, EAU ET TRAITEMENT DES DÉCHETS**	250.2	219.5 e	217.9	187.4 e	170.6	203.0 e	240.8	..
35-36	Production et distribution d'électricité, de gaz et de l'eau	173.7	148.1 e	129.2	99.0 e	86.9 e	99.8 e	119.6	..
37-39	Assainissement, traitement des déchets et dépollution	76.6	71.5 e	88.7	88.3 e	83.7 e	103.1 e	121.2	..
41-43	**CONSTRUCTION**	542.3	515.6 e	597.1	495.3 e	343.3	277.9 e	238.2	..
45-99	**TOTAL SERVICES**	5 512.0	5 815.0 e	6 713.6	6 742.6 e	6 670.3	7 238.6 e	7 318.4	..
45-82	**Services du secteur des entreprises**	5 362.8	5 649.8 e	6 506.4	6 484.0 e	6 365.6	6 901.6 e	7 000.7	..
45-47	Commerce de gros et de détail ; réparations automobiles et motocycles	573.1	676.2 e	846.9	818.0 e	742.4	780.9 e	800.0	..
49-53	Transport et entreposage	193.8	215.6 e	250.8	200.5 e	129.6	98.3 e	82.1	..
55-56	Activités d'hébergement et de restauration	14.2	15.4 e	16.8	19.0 e	22.0	25.4 e	25.8	..
58-63	Information et communication	1 215.2	1 365.6 e	1 655.8	1 637.9 e	1 610.0	1 880.9 e	2 113.6	..
58-60	Édition, audiovisuel et diffusion	119.4	138.9 e	189.5	..	..	..	..	..
58	Activités d'édition	84.6	99.1 e	132.4	..	..	..	..	..
59-60	Activités audiovisuel et diffusion	34.7	39.8 e	57.1	..	..	..	..	..
59	Production de films, vidéo, programmes de télévision et d'enregistrements	13.4	..	..	..	..	..	..	..
60	Programmation et diffusion	21.4	..	..	..	..	..	..	..
61	Télécommunications	319.0	277.9 e	164.7	..	..	..	..	..
62-63	Technologies de l'information et informatique	776.7	948.8 e	1 301.5	..	..	..	..	..
62	Programmation informatique ; conseils et activités connexes	751.1	915.9 e	1 258.6	..	..	..	..	..
63	Services d'information	25.6	32.9 e	42.9	..	..	..	..	..
64-66	Activités financières et d'assurances	1 975.6	1 960.7 e	2 137.2	2 179.8 e	2 181.0	2 196.5 e	1 942.3	..
68-82	Activités immobilières ; professionnelles ; services administratifs et d'appui	1 391.0	1 416.3 e	1 598.8	1 628.9 e	1 680.7	1 919.6 e	2 036.8	..
68	Activités immobilières	15.2	22.0 e	32.8	41.1 e	48.0	56.6 e	59.4	..
69-75x72	Activités professionnelles, scientifiques et techniques, R-D scientifique exclu	668.0	..	..	..	..	..	..	..
72	Recherche scientifique et développement	454.9	..	..	..	..	..	..	..
77-82	Activités de services administratifs et d'appui	252.9	245.7 e	264.2 e	267.0 e	259.5	241.7 e	186.7	..
84-99	**Services collectifs, sociaux et personnels**	149.2	165.2 e	207.2	258.6 e	304.7	337.0 e	317.8	..
84-85	Administration publique et défense ; sécurité sociale obligatoire et éducation	17.5	18.6 e	23.1	30.6 e	40.3 e	48.3 e	49.5	..
86-88	Santé humaine et action sociale	62.5	54.6 e	50.9	56.4 e	74.7 e	89.5 e	96.1	..
90-93	Arts, spectacles et loisirs	47.9	60.8 e	77.9	92.8 e	98.3 e	99.4 e	83.8	..
94-99	Autres services ; ménages-employeurs ; organismes extra-territoriaux	21.2	31.2 e	55.3	78.8 e	91.3 e	99.7 e	88.6	..

.. Non disponible ; e Valeur estimée
Note : Voir les métadonnées détaillées sur : http://metalinks.oecd.org/anberd/20200813/0f11.

AUSTRALIE

Dépenses de R-D dans l'industrie par activité principale de l'entreprise, prix constants
CITI Rév. 4

2010 PPP USD

		2011	2012	2013	2014	2015	2016	2017	2018
	TOTAL ENTREPRISES	12 438.6	12 535.3 e	12 634.4	11 964.3 e	11 301.5	11 255.3	11 201.0	..
01-03	**AGRICULTURE, SYLVICULTURE ET PÊCHE**	128.8	145.1 e	162.7	165.4 e	168.3	184.5 e	201.4	..
05-09	**ACTIVITÉS EXTRACTIVES**	2 786.3	2 424.5 e	1 897.1	1 525.9 e	1 272.7	996.3 e	674.3	..
10-33	**ACTIVITÉS DE FABRICATION**	3 055.7	3 106.1 e	3 272.1	2 992.8 e	2 676.3	2 754.2 e	2 983.3	..
10-12	Produits alimentaires, boissons et tabac	372.2	396.9 e	461.8	..	..	..	..	..
13-15	Textiles, habillement, cuir et articles de cuir	35.8	35.2 e	30.8	..	..	..	..	..
13	Textiles	17.2	..	..	..	..	..	..	..
14	Articles d'habillement	4.7	..	..	..	..	..	..	..
15	Cuir et articles de cuir	13.9	..	..	..	..	..	..	..
16-18	Bois, papier, imprimerie et reproduction de supports enregistrés	70.5	49.5 e	66.6	..	..	..	..	..
16	Bois et articles en bois, sauf meubles	25.9	..	..	..	..	..	..	..
17	Papier et articles en papier	32.8	..	..	..	..	..	..	..
18	Imprimerie et reproduction de supports enregistrés	11.7	..	..	..	..	..	..	..
19-23	Produits pétroliers, chimiques, pharmaceutiques, caoutchouc, plastique, minéraux	731.4	791.2 e	831.2	..	..	..	..	..
19	Cokéfaction et raffinage	61.4	80.7 e	111.5	..	..	..	..	..
20-21	Industrie chimique et pharmaceutique	531.3	557.8 e	553.7	..	..	..	..	..
20	Produits chimiques	257.1	240.5 e	198.5	..	..	..	..	..
21	Préparations pharmaceutiques, chimiques (médicine) et d'herboristerie	274.1	317.3 e	355.3	..	..	..	..	..
22	Produits en caoutchouc et en plastique	69.4	71.5 e	72.7	..	..	..	..	..
23	Autres produits minéraux non métalliques	69.3	81.1 e	93.2	..	..	..	..	..
24-25	Produits métalliques de base et ouvrages en métaux (sauf machines et matériel)	495.1	437.1 e	389.9 e	..	..	..	..	..
24	Produits métallurgiques de base	343.1	293.5 e	222.1	..	..	..	..	..
25	Ouvrages en métaux (sauf machines et matériel)	151.9	143.6 e	167.8 e	..	..	..	..	..
26-30	Ordinateurs, articles électroniques et optiques ; machines et matériels de transport	1 139.6	1 165.8 e	1 258.6 e	..	..	..	..	..
26	Ordinateurs, articles électroniques et optiques	244.1	..	..	..	..	..	..	..
27	Matériels électriques	89.0	..	..	..	..	..	..	..
28	Machines et équipements n.c.a.	245.4	..	..	..	..	..	..	..
29	Automobiles, remorques et semi-remorques	452.1	..	..	..	..	..	..	..
30	Autres matériels de transport	109.0	..	..	..	..	..	..	..
31-33	Meubles ; réparation et installation de machines et de matériel	211.2	230.2 e	233.1	..	..	..	..	..
31	Meubles	12.5	13.7 e	11.2	..	..	..	..	..
32	Autres activités de fabrication	180.4	193.6 e	196.9	..	..	..	..	..
33	Réparation et installation de machines et de matériel	18.3	23.0 e	25.0	..	..	..	..	..
35-39	**ÉLECTRICITÉ, GAZ, EAU ET TRAITEMENT DES DÉCHETS**	256.7	229.9 e	211.4	183.7 e	170.6	192.5 e	226.7	..
35-36	Production et distribution d'électricité, de gaz et de l'eau	178.1	155.1 e	125.3	97.1 e	86.9 e	94.7 e	112.6	..
37-39	Assainissement, traitement des déchets et dépollution	78.6	74.8 e	86.1	86.6 e	83.7 e	97.8 e	114.1	..
41-43	**CONSTRUCTION**	556.4	539.9 e	579.2	485.6 e	343.3	263.5 e	224.3	..
45-99	**TOTAL SERVICES**	5 654.6	6 089.6 e	6 512.1	6 610.9 e	6 670.3	6 864.5 e	6 890.8	..
45-82	Services du secteur des entreprises	5 501.6	5 916.6 e	6 311.1	6 357.3 e	6 365.6	6 544.9 e	6 591.6	..
45-47	Commerce de gros et de détail ; réparations automobiles et motocycles	587.9	708.2 e	821.5	802.0 e	742.4	740.5 e	753.3	..
49-53	Transport et entreposage	198.8	225.8 e	243.3	196.6 e	129.6	93.2 e	77.3	..
55-56	Activités d'hébergement et de restauration	14.6	16.1 e	16.3	18.6 e	22.0	24.1 e	24.3	..
58-63	Information et communication	1 246.6	1 430.1 e	1 606.1	1 605.8 e	1 610.0	1 783.7 e	1 990.1	..
58-60	Édition, audiovisuel et diffusion	122.5	145.5 e	183.8	..	..	..	..	..
58	Activités d'édition	86.8	103.8 e	128.4	..	..	..	..	..
59-60	Activités audiovisuel et diffusion	35.6	41.7 e	55.4	..	..	..	..	..
59	Production de films, vidéo, programmes de télévision et d'enregistrements	13.7	..	..	..	..	..	..	..
60	Programmation et diffusion	21.9	..	..	..	..	..	..	..
61	Télécommunications	327.2	291.0 e	159.8	..	..	..	..	..
62-63	Technologies de l'information et informatique	796.8	993.6 e	1 262.5	..	..	..	..	..
62	Programmation informatique ; conseils et activités connexes	770.6	959.1 e	1 220.9	..	..	..	..	..
63	Services d'information	26.3	34.4 e	41.6	..	..	..	..	..
64-66	**Activités financières et d'assurances**	2 026.7	2 053.3 e	2 073.1	2 137.2 e	2 181.0	2 083.0 e	1 828.8	..
68-82	**Activités immobilières ; professionnelles ; services administratifs et d'appui**	1 426.9	1 483.2 e	1 550.8	1 597.1 e	1 680.7	1 820.4 e	1 917.8	..
68	Activités immobilières	15.5	23.0 e	31.8	40.3 e	48.0	53.7 e	55.9	..
69-75x72	Activités professionnelles, scientifiques et techniques, R-D scientifique exclu	685.3	..	..	..	..	..	..	..
72	Recherche scientifique et développement	466.7	..	..	..	..	..	..	..
77-82	Activités de services administratifs et d'appui	259.4	257.3 e	256.2 e	261.8 e	259.5	229.2 e	175.7	..
84-99	Services collectifs, sociaux et personnels	153.0	173.0 e	201.0	253.5 e	304.7	319.6 e	299.3	..
84-85	Administration publique et défense ; sécurité sociale obligatoire et éducation	18.0	19.5 e	22.4	30.0 e	40.3	45.8 e	46.6	..
86-88	Santé humaine et action sociale	64.1	57.2 e	49.4	55.3 e	74.7 e	84.9 e	90.4	..
90-93	Arts, spectacles et loisirs	49.2	63.6 e	75.5	90.9 e	98.3 e	94.3 e	78.9	..
94-99	Autres services ; ménages-employeurs ; organismes extra-territoriaux	21.8	32.6 e	53.6	77.3 e	91.3 e	94.6 e	83.4	..

.. Non disponible ; e Valeur estimée
Note : Voir les métadonnées détaillées sur : http://metalinks.oecd.org/anberd/20200813/0f11.

AUTRICHE

Dépenses de R-D dans l'industrie par activité principale de l'entreprise, prix courants
CITI Rév. 4

Millions USD PPP

		2011	2012	2013	2014	2015	2016	2017	2018
	TOTAL ENTREPRISES	**6 847.5**	**8 038.4**	**8 504.0**	**9 118.3**	**9 389.6**	**10 061.5**	**10 239.8**	..
01-03	**AGRICULTURE, SYLVICULTURE ET PÊCHE**	**2.4**	**4.0 e**	**4.3**	**2.8 e**	**2.8**	**8.4 e**	**17.3**	..
05-09	**ACTIVITÉS EXTRACTIVES**	**7.2**	**5.0 e**	**3.7**	**8.4 e**	**13.7**	**15.0 e**	**12.3**	..
10-33	**ACTIVITÉS DE FABRICATION**	**4 361.2**	**5 039.7 e**	**5 276.3**	**5 600.3 e**	**5 781.4**	**6 351.4 e**	**6 702.3**	..
10-12	Produits alimentaires, boissons et tabac	34.5	45.7 e	54.3	56.6 e	54.8	59.9 e	65.4	..
13-15	Textiles, habillement, cuir et articles de cuir	23.3 e	26.3 e	26.3 e	25.1 e	23.4 e	25.6 e	28.6 e	..
13	Textiles	12.8	15.7 e	16.8	16.7 e	15.6	16.0 e	16.2	..
14	Articles d'habillement	7.3 e	7.1 e	5.9 e	4.6 e	3.8 e	4.5 e	6.0 e	..
15	Cuir et articles de cuir	3.2	3.5 e	3.6	3.7 e	4.0	5.1 e	6.4	..
16-18	Bois, papier, imprimerie et reproduction de supports enregistrés	65.3	71.4 e	72.8	76.3 e	76.6	78.8 e	76.2	..
16	Bois et articles en bois, sauf meubles	18.4	21.2 e	25.2	30.5 e	33.1	33.6 e	30.1	..
17	Papier et articles en papier	28.4	30.5 e	28.2	29.5 e	31.9	35.9 e	38.1	..
18	Imprimerie et reproduction de supports enregistrés	18.6	19.7 e	19.4	16.2 e	11.6	9.3 e	8.0	..
19-23	Produits pétroliers, chimiques, pharmaceutiques, caoutchouc, plastique, minéraux	745.5 e	896.6 e	950.8 e	985.7 e	975.1 e	1 027.1 e	1 043.9 e	..
19	Cokéfaction et raffinage	12.9	12.6 e	10.4	8.1 e	6.7 e	8.0 e	10.5 e	..
20-21	Industrie chimique et pharmaceutique	462.9	560.0 e	593.9	604.7 e	592.8	642.3 e	685.0	..
20	Produits chimiques	258.0	267.1 e	236.8	225.1 e	224.7	253.7 e	281.8	..
21	Préparations pharmaceutiques, chimiques (médicine) et d'herboristerie	204.8	292.9 e	357.1	379.6 e	368.1	388.6 e	403.2	..
22	Produits en caoutchouc et en plastique	157.6	201.5 e	227.7	246.2 e	242.2	236.1 e	210.8	..
23	Autres produits minéraux non métalliques	112.1	122.5 e	118.7	126.7 e	133.4	140.8 e	137.5	..
24-25	Produits métalliques de base et ouvrages en métaux (sauf machines et matériel)	325.8	438.3 e	503.5	505.3 e	471.8	506.4 e	550.9	..
24	Produits métallurgiques de base	145.6	229.8 e	288.1	278.0 e	238.7	254.6 e	291.0	..
25	Ouvrages en métaux (sauf machines et matériel)	180.2	208.4 e	215.3	227.3 e	233.1	251.8 e	259.9	..
26-30	Ordinateurs, articles électroniques et optiques ; machines et matériels de transport	2 962.4	3 337.5 e	3 456.1	3 736.1 e	3 958.9	4 409.7 e	4 678.0	..
26	Ordinateurs, articles électroniques et optiques	630.1	713.9 e	772.3	854.1 e	909.9	1 012.9 e	1 072.0	..
27	Matériels électriques	885.0	909.1 e	863.1	891.6 e	929.7	1 028.1 e	1 085.7	..
28	Machines et équipements n.c.a.	817.6	1 016.1 e	1 116.4	1 215.3 e	1 258.5	1 357.8 e	1 393.5	..
29	Automobiles, remorques et semi-remorques	489.4	562.7 e	581.0	626.8 e	675.0	782.6 e	870.9	..
30	Autres matériels de transport	140.3	135.6 e	123.3	148.3 e	185.9	228.3 e	255.8	..
31-33	Meubles ; réparation et installation de machines et de matériel	204.3	223.9 e	212.5	215.2 e	220.8	243.9 e	259.5	..
31	Meubles	24.1	23.1 e	16.4	12.9 e	11.6	12.3 e	12.9	..
32	Autres activités de fabrication	111.1	115.4 e	108.0	105.7 e	107.4	125.3 e	144.5	..
33	Réparation et installation de machines et de matériel	69.1	85.4 e	88.1	96.6 e	101.8	106.3 e	102.1	..
35-39	**ÉLECTRICITÉ, GAZ, EAU ET TRAITEMENT DES DÉCHETS**	**24.4**	**25.0 e**	**22.9**	**27.2 e**	**33.8**	**41.7 e**	**47.2**	..
35-36	Production et distribution d'électricité, de gaz et de l'eau	19.2	20.5 e	18.5	18.6 e	21.6	30.2 e	40.3	..
37-39	Assainissement, traitement des déchets et dépollution	5.2	4.5 e	4.4	8.6 e	12.3	11.5 e	6.9	..
41-43	**CONSTRUCTION**	**57.1**	**54.1 e**	**50.3**	**70.6 e**	**93.3**	**104.6 e**	**99.6**	..
45-99	**TOTAL SERVICES**	**2 395.3**	**2 910.6 e**	**3 146.5**	**3 409.1 e**	**3 464.5**	**3 540.3 e**	**3 361.1**	..
45-82	**Services du secteur des entreprises**	**2 389.7**	**2 904.8 e**	**3 141.3**	**3 403.3 e**	**3 456.5**	**3 527.3 e**	**3 342.3**	..
45-47	Commerce de gros et de détail ; réparations automobiles et motocycles	361.3	418.1 e	426.6	434.3 e	430.9	463.2 e	484.3	..
49-53	Transport et entreposage	6.6	9.1 e	12.7	17.5 e	19.0	15.4 e	7.2	..
55-56	Activités d'hébergement et de restauration	0.0	0.0 e	0.0	0.0 e	0.0	0.0 e	0.0	..
58-63	Information et communication	415.9	512.5 e	535.1	575.4 e	600.7	649.9 e	665.2	..
58-60	Édition, audiovisuel et diffusion	26.4	39.0 e	44.8	51.5 e	55.0	57.7 e	55.3	..
58	Activités d'édition	24.7	36.9 e	42.5	48.3 e	50.4	51.0 e	46.7	..
59-60	Activités audiovisuel et diffusion	1.7	2.1 e	2.3	3.2 e	4.6	6.7 e	8.6	..
59	Production de films, vidéo, programmes de télévision et d'enregistrements	..	..	..	..	..	..	..	..
60	Programmation et diffusion	..	..	..	..	..	..	..	..
61	Télécommunications	60.3	58.2 e	48.3	45.5 e	44.8	46.0 e	44.4	..
62-63	Technologies de l'information et informatique	329.2	415.2 e	442.0	478.4 e	500.9	546.3 e	565.5	..
62	Programmation informatique ; conseils et activités connexes	223.1	295.8 e	341.9	382.5 e	406.2	454.9 e	487.4	..
63	Services d'information	106.1	119.4 e	100.1	95.9 e	94.7	91.3 e	78.2	..
64-66	Activités financières et d'assurances	36.0	21.9 e	14.5	18.2 e	22.9	21.3 e	13.3	..
68-82	Activités immobilières ; professionnelles ; services administratifs et d'appui	1 569.7	1 943.2 e	2 152.5	2 358.0 e	2 383.0	2 377.6 e	2 172.3	..
68	Activités immobilières	0.7	1.8 e	2.8	3.1 e	3.0	2.9 e	2.6	..
69-75x72	Activités professionnelles, scientifiques et techniques, R-D scientifique exclu	625.3	739.3 e	796.5	899.7 e	940.0	928.7 e	811.0	..
72	Recherche scientifique et développement	931.0	1 191.4 e	1 345.9	1 446.4 e	1 427.9	1 431.0 e	1 342.6	..
77-82	Activités de services administratifs et d'appui	12.8	10.6 e	7.3	8.8 e	12.1	14.9 e	16.1	..
84-99	Services collectifs, sociaux et personnels	5.6	5.7 e	5.1	5.8 e	8.0	13.0 e	18.8	..
84-85	Administration publique et défense ; sécurité sociale obligatoire et éducation	3.1	3.1 e	2.3	1.6 e	1.2	1.3 e	1.7	..
86-88	Santé humaine et action sociale	0.8	1.3 e	1.9	2.5 e	2.8	2.8 e	2.5	..
90-93	Arts, spectacles et loisirs	0.6	0.4 e	0.3	0.8 e	2.1	4.5 e	7.3	..
94-99	Autres services ; ménages-employeurs ; organismes extra-territoriaux	1.2	1.0 e	0.6	0.8 e	2.0	4.4 e	7.3	..

.. Non disponible ; e Valeur estimée
Note : Voir les métadonnées détaillées sur : *http://metalinks.oecd.org/anberd/20200813/0f11*.

AUTRICHE

Dépenses de R-D dans l'industrie par activité principale de l'entreprise, prix constants
CITI Rév. 4

2010 PPP USD

		2011	2012	2013	2014	2015	2016	2017	2018
	TOTAL ENTREPRISES	7 727.8	8 699.7	8 872.1	9 330.5	9 389.6	9 628.9	9 607.0	..
01-03	**AGRICULTURE, SYLVICULTURE ET PÊCHE**	2.7	4.3 e	4.5	2.9 e	2.8	8.1 e	16.2	..
05-09	**ACTIVITÉS EXTRACTIVES**	8.1	5.4 e	3.8	8.6 e	13.7	14.4 e	11.5	..
10-33	**ACTIVITÉS DE FABRICATION**	4 921.9	5 454.3 e	5 504.7	5 730.6 e	5 781.4	6 078.3 e	6 288.1	..
10-12	Produits alimentaires, boissons et tabac	38.9	49.5 e	56.7	58.0 e	54.8	57.3 e	61.3	..
13-15	Textiles, habillement, cuir et articles de cuir	26.3 e	28.5 e	27.5 e	25.6 e	23.4 e	24.5 e	26.8 e	..
13	Textiles	14.5	17.0 e	17.5	17.1 e	15.6	15.4 e	15.2	..
14	Articles d'habillement	8.3 e	7.7 e	6.2 e	4.7 e	3.8 e	4.3 e	5.6 e	..
15	Cuir et articles de cuir	3.6	3.8 e	3.7	3.8 e	4.0	4.9 e	6.0	..
16-18	Bois, papier, imprimerie et reproduction de supports enregistrés	73.7	77.3 e	75.9	78.1 e	76.6	75.4 e	71.5	..
16	Bois et articles en bois, sauf meubles	20.7	22.9 e	26.2	31.2 e	33.1	32.1 e	28.2	..
17	Papier et articles en papier	32.0	33.1 e	29.4	30.2 e	31.9	34.3 e	35.7	..
18	Imprimerie et reproduction de supports enregistrés	21.0	21.3 e	20.2	16.6 e	11.6	8.9 e	7.5	..
19-23	Produits pétroliers, chimiques, pharmaceutiques, caoutchouc, plastique, minéraux	841.3 e	970.4 e	991.9 e	1 008.6 e	975.1 e	983.0 e	979.3 e	..
19	Cokéfaction et raffinage	14.6	13.6 e	10.9	8.3 e	6.7	7.7 e	9.9 e	..
20-21	Industrie chimique et pharmaceutique	522.4	606.0 e	619.6	618.7 e	592.8	614.7 e	642.7	..
20	Produits chimiques	291.2	289.1 e	247.1	230.3 e	224.7	242.8 e	264.4	..
21	Préparations pharmaceutiques, chimiques (médicine) et d'herboristerie	231.2	317.0 e	372.6	388.4 e	368.1	371.9 e	378.3	..
22	Produits en caoutchouc et en plastique	177.8	218.1 e	237.6	251.9 e	242.2	225.9 e	197.7	..
23	Autres produits minéraux non métalliques	126.5	132.6 e	123.8	129.6 e	133.4	134.7 e	129.0	..
24-25	Produits métalliques de base et ouvrages en métaux (sauf machines et matériel)	367.7	474.3 e	525.3	517.0 e	471.8	484.6 e	516.9	..
24	Produits métallurgiques de base	164.4	248.7 e	300.6	284.5 e	238.7	243.7 e	273.0	..
25	Ouvrages en métaux (sauf machines et matériel)	203.4	225.6 e	224.7	232.6 e	233.1	241.0 e	243.8	..
26-30	Ordinateurs, articles électroniques et optiques ; machines et matériels de transport	3 343.3	3 612.1 e	3 605.7	3 823.1 e	3 958.9	4 220.1 e	4 388.9	..
26	Ordinateurs, articles électroniques et optiques	711.1	772.7 e	805.7	874.0 e	909.9	969.4 e	1 005.7	..
27	Matériels électriques	998.8	983.9 e	900.5	912.4 e	929.7	983.9 e	1 018.6	..
28	Machines et équipements n.c.a.	922.7	1 099.7 e	1 164.7	1 243.6 e	1 258.5	1 299.4 e	1 307.4	..
29	Automobiles, remorques et semi-remorques	552.3	609.0 e	606.1	641.4 e	675.0	749.0 e	817.1	..
30	Autres matériels de transport	158.3	146.8 e	128.6	151.7 e	185.9	218.5 e	240.0	..
31-33	Meubles ; réparation et installation de machines et de matériel	230.6	242.3 e	221.7	220.2 e	220.8	233.4 e	243.4	..
31	Meubles	27.2	24.9 e	17.1	13.2 e	11.6	11.7 e	12.1	..
32	Autres activités de fabrication	125.4	124.9 e	112.7	108.2 e	107.4	119.9 e	135.5	..
33	Réparation et installation de machines et de matériel	78.0	92.4 e	91.9	98.8 e	101.8	101.7 e	95.8	..
35-39	**ÉLECTRICITÉ, GAZ, EAU ET TRAITEMENT DES DÉCHETS**	27.5	27.1 e	23.9	27.8 e	33.8	39.9 e	44.3	..
35-36	Production et distribution d'électricité, de gaz et de l'eau	21.7	22.2 e	19.3	19.0 e	21.6	28.9 e	37.8	..
37-39	Assainissement, traitement des déchets et dépollution	5.8	4.9 e	4.6	8.8 e	12.3	11.1 e	6.5	..
41-43	**CONSTRUCTION**	64.4	58.6 e	52.5	72.3 e	93.3	100.1 e	93.5	..
45-99	**TOTAL SERVICES**	2 703.2	3 150.0 e	3 282.7	3 488.4 e	3 464.5	3 388.1 e	3 153.4	..
45-82	**Services du secteur des entreprises**	2 696.9	3 143.8 e	3 277.3	3 482.5 e	3 456.5	3 375.7 e	3 135.8	..
45-47	**Commerce de gros et de détail ; réparations automobiles et motocycles**	407.8	452.5 e	445.0	444.4 e	430.9	443.3 e	454.4	..
49-53	**Transport et entreposage**	7.5	9.9 e	13.3	17.9 e	19.0	14.7 e	6.8	..
55-56	**Activités d'hébergement et de restauration**	0.0	0.0 e	0.0	0.0 e	0.0	0.0 e	0.0	..
58-63	**Information et communication**	469.4	554.7 e	558.2	588.7 e	600.7	621.9 e	624.1	..
58-60	Édition, audiovisuel et diffusion	29.8	42.3 e	46.7	52.7 e	55.0	55.2 e	51.9	..
58	Activités d'édition	27.9	39.9 e	44.3	49.4 e	50.4	48.8 e	43.8	..
59-60	Activités audiovisuel et diffusion	2.0	2.3 e	2.4	3.3 e	4.6	6.4 e	8.1	..
59	Production de films, vidéo, programmes de télévision et d'enregistrements	..	..	..	..	..	..	..	..
60	Programmation et diffusion	..	..	..	..	..	..	..	..
61	Télécommunications	68.1	63.0 e	50.4	46.5 e	44.8	44.0 e	41.7	..
62-63	Technologies de l'information et informatique	371.5	449.4 e	461.2	489.6 e	500.9	522.8 e	530.6	..
62	Programmation informatique ; conseils et activités connexes	251.8	320.1 e	356.7	391.4 e	406.2	435.4 e	457.2	..
63	Services d'information	119.7	129.3 e	104.4	98.1 e	94.7	87.4 e	73.3	..
64-66	**Activités financières et d'assurances**	40.7	23.7 e	15.1	18.6 e	22.9	20.3 e	12.4	..
68-82	**Activités immobilières ; professionnelles ; services administratifs et d'appui**	1 771.5	2 103.0 e	2 245.7	2 412.8 e	2 383.0	2 275.3 e	2 038.1	..
68	Activités immobilières	0.7	2.0 e	2.9	3.2 e	3.0	2.8 e	2.5	..
69-75x72	Activités professionnelles, scientifiques et techniques, R-D scientifique exclu	705.7	800.2 e	831.0	920.6 e	940.0	888.8 e	760.8	..
72	Recherche scientifique et développement	1 050.7	1 289.4 e	1 404.1	1 480.0 e	1 427.9	1 369.5 e	1 259.6	..
77-82	Activités de services administratifs et d'appui	14.4	11.5 e	7.6	9.0 e	12.1	14.3 e	15.1	..
84-99	**Services collectifs, sociaux et personnels**	6.3	6.2 e	5.4	5.9 e	8.0	12.4 e	17.6	..
84-85	Administration publique et défense ; sécurité sociale obligatoire et éducation	3.5	3.3 e	2.4	1.6 e	1.2	1.2 e	1.6	..
86-88	Santé humaine et action sociale	0.9	1.5 e	2.0	2.6 e	2.8	2.7 e	2.3	..
90-93	Arts, spectacles et loisirs	0.6	0.4 e	0.3	0.8 e	2.1	4.3 e	6.8	..
94-99	Autres services ; ménages-employeurs ; organismes extra-territoriaux	1.3	1.1 e	0.7	0.9 e	2.0	4.2 e	6.9	..

.. Non disponible ; e Valeur estimée
Note : Voir les métadonnées détaillées sur : *http://metalinks.oecd.org/anberd/20200813/0f11*.

BELGIQUE

Dépenses de R-D dans l'industrie par activité principale de l'entreprise, prix courants
CITI Rév. 4

Millions USD PPP

		2011	2012	2013	2014	2015	2016	2017	2018
	TOTAL ENTREPRISES	6 747.6	7 479.2	7 885.3	8 342.7	8 847.8	9 531.2	10 782.6	..
01-03	**AGRICULTURE, SYLVICULTURE ET PÊCHE**	31.1	18.6	20.4	7.7	13.6	7.9	9.8	..
05-09	**ACTIVITÉS EXTRACTIVES**	7.7	1.5	2.3	6.0	7.8	1.6	2.0	..
10-33	**ACTIVITÉS DE FABRICATION**	4 246.0	4 468.8	4 663.3	4 605.5	4 833.1	5 440.9	6 029.7	..
10-12	Produits alimentaires, boissons et tabac	146.3	132.7	138.3	168.8 e	184.9 e	240.8	260.9	..
13-15	Textiles, habillement, cuir et articles de cuir	68.0	59.7	67.7	82.6 e	90.6 e	66.2	81.0	..
13	Textiles	52.4	40.6	46.2	..	..	..	..	..
14	Articles d'habillement	6.4	7.4	8.7	..	..	..	..	..
15	Cuir et articles de cuir	9.2	11.6	12.8	..	..	..	..	..
16-18	Bois, papier, imprimerie et reproduction de supports enregistrés	23.4	32.3	36.4	30.9	30.4	28.7	33.6	..
16	Bois et articles en bois, sauf meubles	6.8	14.9	17.0	5.9	6.0	7.4	8.1	..
17	Papier et articles en papier	12.5	13.2	14.6	22.0	20.9	16.2	17.9	..
18	Imprimerie et reproduction de supports enregistrés	4.1	4.3	4.8	3.0	3.5	5.1	7.6	..
19-23	Produits pétroliers, chimiques, pharmaceutiques, caoutchouc, plastique, minéraux	2 331.7	2 505.7	2 583.4	2 612.8 e	2 687.7 e	3 227.9 e	3 586.2 e	..
19	Cokéfaction et raffinage	7.9	11.5	12.1	14.8 e	16.2 e	19.0 e	12.4 e	..
20-21	Industrie chimique et pharmaceutique	2 137.4	2 314.4	2 390.1	2 391.6	2 448.2	3 014.8	3 337.0	..
20	Produits chimiques	421.0	458.4	460.7	443.1	458.4	397.6	455.5	..
21	Préparations pharmaceutiques, chimiques (médicine) et d'herboristerie	1 716.4	1 856.0	1 929.4	1 948.5	1 989.8	2 617.2	2 881.5	..
22	Produits en caoutchouc et en plastique	109.6	111.9	112.9	129.3	141.8	126.0	161.7	..
23	Autres produits minéraux non métalliques	76.9	68.0	68.3	77.1	81.5	68.2	75.1	..
24-25	Produits métalliques de base et ouvrages en métaux (sauf machines et matériel)	276.0	299.5	287.8	301.1 e	312.5 e	293.5	342.1	..
24	Produits métallurgiques de base	169.0	171.7	155.1	174.5 e	180.5 e	178.0	208.9	..
25	Ouvrages en métaux (sauf machines et matériel)	107.0	127.9	132.7	126.6	132.1	115.5	133.2	..
26-30	Ordinateurs, articles électroniques et optiques ; machines et matériels de transport	1 359.4	1 378.5	1 481.1	1 358.8	1 466.6	1 509.4	1 639.7	..
26	Ordinateurs, articles électroniques et optiques	511.4	555.7	593.4	550.1	578.7	624.9	684.8	..
27	Matériels électriques	266.7	169.4	170.4	184.3	183.6	142.4	149.2	..
28	Machines et équipements n.c.a.	289.0	359.7	376.0	324.7	356.7	404.9	450.7	..
29	Automobiles, remorques et semi-remorques	136.2	153.6	183.6	143.9	162.8	173.9	200.6	..
30	Autres matériels de transport	156.2	140.1	157.7	155.9	184.8	163.3	154.4	..
31-33	Meubles ; réparation et installation de machines et de matériel	41.1	60.4	68.5	50.4	60.4	74.4	86.3	..
31	Meubles	10.4	12.5	12.6	9.6	10.4	17.4	21.4	..
32	Autres activités de fabrication	16.2	21.1	25.0	21.3	25.6	20.9	29.0	..
33	Réparation et installation de machines et de matériel	14.5	26.8	30.9	19.5	24.4	36.1	35.9	..
35-39	**ÉLECTRICITÉ, GAZ, EAU ET TRAITEMENT DES DÉCHETS**	68.8	107.3	127.4	101.4	108.5	100.9	82.6	..
35-36	Production et distribution d'électricité, de gaz et de l'eau	51.7	91.3	104.9	76.7	83.7	81.4	59.4	..
37-39	Assainissement, traitement des déchets et dépollution	17.2	15.9	22.5	24.7	24.8	19.5	23.2	..
41-43	**CONSTRUCTION**	67.6	44.0	48.6	49.8	65.3	83.5	96.3	..
45-99	**TOTAL SERVICES**	2 326.4	2 839.0	3 023.3	3 572.5	3 819.5	3 896.4	4 562.2	..
45-82	**Services du secteur des entreprises**	2 311.9	2 833.5	3 017.7	3 552.3	3 790.8	3 866.1	4 527.0	..
45-47	Commerce de gros et de détail ; réparations automobiles et motocycles	162.1	339.3	353.4	405.1	425.0	477.0	510.9	..
49-53	Transport et entreposage	18.1	17.0	21.5	31.8	35.6	29.8	30.1	..
55-56	Activités d'hébergement et de restauration	0.0	0.1	0.0	0.0 e	0.0 e	0.3 e	0.2 e	..
58-63	Information et communication	670.6	659.9	673.2	769.1	812.6	972.2	1 157.2	..
58-60	Édition, audiovisuel et diffusion	31.9	51.1	55.8	79.2	91.1	83.6	84.5	..
58	Activités d'édition	22.1	44.8	47.8	58.7	69.6	74.5	75.2	..
59-60	Activités audiovisuel et diffusion	9.8	6.2	8.0	20.5	21.4	9.1	9.3	..
59	Production de films, vidéo, programmes de télévision et d'enregistrements	7.5	3.6	4.5	..	..	..	..	..
60	Programmation et diffusion	2.3	2.6	3.5	..	..	..	..	..
61	Télécommunications	249.7	112.4	94.5	85.4	90.5	163.7	185.8	..
62-63	Technologies de l'information et informatique	389.0	496.5	522.9	604.5	631.0	724.9	886.9	..
62	Programmation informatique ; conseils et activités connexes	353.3	460.9	485.5	555.7	583.0	675.4	832.0	..
63	Services d'information	35.7	35.6	37.3	48.8	48.0	49.5	54.9	..
64-66	**Activités financières et d'assurances**	125.9	214.1	218.3	306.1	316.2	328.2	437.0	..
68-82	**Activités immobilières ; professionnelles ; services administratifs et d'appui**	1 335.2	1 603.2	1 751.3	2 040.2 e	2 201.4 e	2 058.6	2 391.7	..
68	Activités immobilières	0.9	1.4	1.5	0.9 e	0.9 e	1.3	1.3	..
69-75x72	Activités professionnelles, scientifiques et techniques, R-D scientifique exclu	682.0	743.2	830.9	892.0	980.2	1 090.8	1 212.7	..
72	Recherche scientifique et développement	618.6	809.8	869.8	1 017.7	1 086.9	922.0	1 125.1	..
77-82	Activités de services administratifs et d'appui	33.7	48.8	49.1	129.6	133.3	44.5	52.7	..
84-99	**Services collectifs, sociaux et personnels**	14.5	5.5	5.6	20.1	28.7	30.3	35.1	..
84-85	Administration publique et défense ; sécurité sociale obligatoire et éducation	1.0	0.7 e	0.6 e	0.3	0.8	0.4	0.5	..
86-88	Santé humaine et action sociale	12.0	4.1	4.0	17.3	25.2	28.5	33.0	..
90-93	Arts, spectacles et loisirs	0.0	0.2 e	0.4 e	0.6	0.8	0.7	0.9	..
94-99	Autres services ; ménages-employeurs ; organismes extra-territoriaux	1.5	0.6	0.7	1.9	2.0	0.6	0.7	..

.. Non disponible ; e Valeur estimée
Note : Voir les métadonnées détaillées sur : *http://metalinks.oecd.org/anberd/20200813/0f11*.

BELGIQUE

Dépenses de R-D dans l'industrie par activité principale de l'entreprise, prix constants
CITI Rév. 4

2010 PPP USD

		2011	2012	2013	2014	2015	2016	2017	2018
	TOTAL ENTREPRISES	7 416.5	7 967.8	8 133.8	8 459.0	8 847.8	9 148.9	10 068.3	..
01-03	**AGRICULTURE, SYLVICULTURE ET PÊCHE**	34.1	19.8	21.1	7.8	13.6	7.6	9.2	..
05-09	**ACTIVITÉS EXTRACTIVES**	8.5	1.6	2.3	6.1	7.8	1.6	1.9	..
10-33	**ACTIVITÉS DE FABRICATION**	4 666.9	4 760.7	4 810.3	4 669.6	4 833.1	5 222.7	5 630.3	..
10-12	Produits alimentaires, boissons et tabac	160.8	141.3	142.7	171.1 e	184.9 e	231.2	243.6	..
13-15	Textiles, habillement, cuir et articles de cuir	74.8	63.6	69.9	83.8 e	90.6 e	63.5	75.7	..
13	Textiles	57.6	43.3	47.7	..	..	..	..	..
14	Articles d'habillement	7.0	7.9	9.0	..	..	..	..	..
15	Cuir et articles de cuir	10.2	12.4	13.2	..	..	..	..	..
16-18	Bois, papier, imprimerie et reproduction de supports enregistrés	25.7	34.4	37.6	31.4	30.4	27.5	31.4	..
16	Bois et articles en bois, sauf meubles	7.5	15.9	17.6	6.0	6.0	7.1	7.6	..
17	Papier et articles en papier	13.8	14.0	15.0	22.3	20.9	15.5	16.7	..
18	Imprimerie et reproduction de supports enregistrés	4.5	4.6	5.0	3.1	3.5	4.9	7.1	..
19-23	Produits pétroliers, chimiques, pharmaceutiques, caoutchouc, plastique, minéraux	2 562.9	2 669.4	2 664.8	2 649.3 e	2 687.7 e	3 098.5 e	3 348.6 e	..
19	Cokéfaction et raffinage	8.7	12.2	12.5	15.0 e	16.2 e	18.2 e	11.5 e	..
20-21	Industrie chimique et pharmaceutique	2 349.3	2 465.5	2 465.4	2 425.0	2 448.2	2 893.8	3 116.0	..
20	Produits chimiques	462.7	488.3	475.2	449.3	458.4	381.7	425.3	..
21	Préparations pharmaceutiques, chimiques (médicine) et d'herboristerie	1 886.6	1 977.2	1 990.2	1 975.7	1 989.8	2 512.2	2 690.6	..
22	Produits en caoutchouc et en plastique	120.4	119.2	116.5	131.1	141.8	120.9	151.0	..
23	Autres produits minéraux non métalliques	84.5	72.4	70.4	78.2	81.5	65.5	70.1	..
24-25	Produits métalliques de base et ouvrages en métaux (sauf machines et matériel)	303.3	319.1	296.9	305.3 e	312.5 e	281.7	319.4	..
24	Produits métallurgiques de base	185.8	182.9	160.0	176.9 e	180.5 e	170.9	195.0	..
25	Ouvrages en métaux (sauf machines et matériel)	117.6	136.2	136.9	128.3	132.1	110.9	124.4	..
26-30	Ordinateurs, articles électroniques et optiques ; machines et matériels de transport	1 494.2	1 468.5	1 527.8	1 377.7	1 466.6	1 448.9	1 531.1	..
26	Ordinateurs, articles électroniques et optiques	562.1	592.0	612.1	557.8	578.7	599.9	639.4	..
27	Matériels électriques	293.1	180.4	175.8	186.9	183.6	136.7	139.4	..
28	Machines et équipements n.c.a.	317.6	383.2	387.8	329.2	356.7	388.6	420.8	..
29	Automobiles, remorques et semi-remorques	149.7	163.7	189.4	145.9	162.8	166.9	187.3	..
30	Autres matériels de transport	171.6	149.2	162.7	158.0	184.8	156.8	144.2	..
31-33	Meubles ; réparation et installation de machines et de matériel	45.1	64.3	70.6	51.1	60.4	71.4	80.5	..
31	Meubles	11.4	13.3	13.0	9.7	10.4	16.7	19.9	..
32	Autres activités de fabrication	17.8	22.5	25.8	21.5	25.6	20.0	27.1	..
33	Réparation et installation de machines et de matériel	15.9	28.5	31.8	19.8	24.4	34.7	33.5	..
35-39	**ÉLECTRICITÉ, GAZ, EAU ET TRAITEMENT DES DÉCHETS**	75.6	114.3	131.4	102.8	108.5	96.9	77.1	..
35-36	Production et distribution d'électricité, de gaz et de l'eau	56.8	97.3	108.2	77.7	83.7	78.2	55.5	..
37-39	Assainissement, traitement des déchets et dépollution	18.9	17.0	23.2	25.0	24.8	18.7	21.6	..
41-43	**CONSTRUCTION**	74.3	46.9	50.2	50.5	65.3	80.1	89.9	..
45-99	**TOTAL SERVICES**	2 557.0	3 024.5	3 118.5	3 622.2	3 819.5	3 740.1	4 260.0	..
45-82	Services du secteur des entreprises	2 541.1	3 018.6	3 112.8	3 601.8	3 790.8	3 711.0	4 227.2	..
45-47	Commerce de gros et de détail ; réparations automobiles et motocycles	178.1	361.4	364.5	410.8	425.0	457.9	477.1	..
49-53	Transport et entreposage	19.9	18.1	22.1	32.2	35.6	28.6	28.1	..
55-56	Activités d'hébergement et de restauration	0.0	0.1	0.0	0.0 e	0.0 e	0.3 e	0.2 e	..
58-63	Information et communication	737.1	703.0	694.4	779.9	812.6	933.2	1 080.5	..
58-60	Édition, audiovisuel et diffusion	35.1	54.4	57.6	80.3	91.1	80.2	78.9	..
58	Activités d'édition	24.3	47.7	49.3	59.5	69.6	71.5	70.2	..
59-60	Activités audiovisuel et diffusion	10.8	6.7	8.2	20.8	21.4	8.7	8.7	..
59	Production de films, vidéo, programmes de télévision et d'enregistrements	8.2	3.9	4.6	..	..	..	..	..
60	Programmation et diffusion	2.5	2.8	3.7	..	..	..	..	..
61	Télécommunications	274.4	119.7	97.5	86.6	90.5	157.1	173.5	..
62-63	Technologies de l'information et informatique	427.6	528.9	539.3	613.0	631.0	695.8	828.1	..
62	Programmation informatique ; conseils et activités connexes	388.3	491.0	500.9	563.4	583.0	648.3	776.8	..
63	Services d'information	39.3	37.9	38.5	49.5	48.0	47.5	51.3	..
64-66	Activités financières et d'assurances	138.3	228.0	225.2	310.4	316.2	315.0	408.0	..
68-82	Activités immobilières ; professionnelles ; services administratifs et d'appui	1 467.5	1 707.9	1 806.5	2 068.6	2 201.4	1 976.0	2 233.3	..
68	Activités immobilières	1.0	1.5	1.5	0.9 e	0.9 e	1.2	1.2	..
69-75x72	Activités professionnelles, scientifiques et techniques, R-D scientifique exclu	749.6	791.8	857.1	904.5	980.2	1 047.0	1 132.4	..
72	Recherche scientifique et développement	679.9	862.6	897.2	1 031.9	1 086.9	885.0	1 050.5	..
77-82	Activités de services administratifs et d'appui	37.1	52.0	50.6	131.4	133.3	42.7	49.2	..
84-99	Services collectifs, sociaux et personnels	15.9	5.9	5.8	20.4	28.7	29.1	32.8	..
84-85	Administration publique et défense ; sécurité sociale obligatoire et éducation	1.1	0.7 e	0.6 e	0.3	0.8	0.4	0.5	..
86-88	Santé humaine et action sociale	13.2	4.3	4.1	17.5	25.2	27.4	30.8	..
90-93	Arts, spectacles et loisirs	0.0	0.2 e	0.4 e	0.6	0.8	0.7	0.8	..
94-99	Autres services ; ménages-employeurs ; organismes extra-territoriaux	1.6	0.7	0.7	1.9	2.0	0.6	0.7	..

.. Non disponible ; e Valeur estimée
Note : Voir les métadonnées détaillées sur : *http://metalinks.oecd.org/anberd/20200813/0f11*.

BELGIQUE

Dépenses de R-D dans l'industrie par orientation sectorielle, prix courants
CITI Rév. 4

Millions USD PPP

		2011	2012	2013	2014	2015	2016	2017	2018
	TOTAL ENTREPRISES	**6 747.6**	**7 479.2**	**7 885.3**	**8 342.7**	**8 847.8**	**9 531.2**	**10 782.6**	..
01-03	**AGRICULTURE, SYLVICULTURE ET PÊCHE**	**104.3**	**79.0**	**89.8**	**69.6**	**82.0**	**95.6**	**102.4**	..
05-09	**ACTIVITÉS EXTRACTIVES**	**7.8**	**6.8**	**6.0**	**6.2**	**8.3**	**1.9**	**2.3**	..
10-33	**ACTIVITÉS DE FABRICATION**	**5 071.8**	**5 724.4**	**5 993.2**	**6 065.9**	**6 363.9**	**6 778.7**	**7 551.6**	..
10-12	Produits alimentaires, boissons et tabac	180.8	200.7	202.0	297.5 e	318.9 e	313.6	334.9	..
13-15	Textiles, habillement, cuir et articles de cuir	71.0	74.6	84.2	124.1 e	133.0 e	82.9	97.8	..
13	Textiles	52.0	50.3	56.9	..	..	..	..	..
14	Articles d'habillement	6.5	12.6	14.5	..	..	..	..	..
15	Cuir et articles de cuir	12.4	11.6	12.8	..	..	..	..	..
16-18	Bois, papier, imprimerie et reproduction de supports enregistrés	21.9	32.8	37.6	30.9	30.6	35.0	41.2	..
16	Bois et articles en bois, sauf meubles	6.3	14.6	17.2	6.2	6.8	8.0	8.7	..
17	Papier et articles en papier	12.5	14.0	15.6	21.6	20.3	21.9	24.9	..
18	Imprimerie et reproduction de supports enregistrés	3.1	4.2	4.8	3.0	3.5	5.1	7.6	..
19-23	Produits pétroliers, chimiques, pharmaceutiques, caoutchouc, plastique, minéraux	3 016.1	3 269.2 e	3 376.9 e	3 571.4 e	3 681.6 e	4 131.8 e	4 636.5 e	..
19	Cokéfaction et raffinage	8.0	12.0 e	12.4 e	18.3 e	19.6 e	81.4 e	75.5 e	..
20-21	Industrie chimique et pharmaceutique	2 756.5	3 035.3	3 140.5	3 297.5	3 386.3	3 817.2	4 287.8	..
20	Produits chimiques	688.2	774.8	778.4	795.6	802.7	781.3	832.8	..
21	Préparations pharmaceutiques, chimiques (médicine) et d'herboristerie	2 068.3	2 260.5	2 362.2	2 501.8	2 583.6	3 035.9	3 455.0	..
22	Produits en caoutchouc et en plastique	160.0	129.7	129.9	150.6	165.3	143.1	170.5	..
23	Autres produits minéraux non métalliques	91.5	92.2	94.0	105.0	110.4	90.1	102.7	..
24-25	Produits métalliques de base et ouvrages en métaux (sauf machines et matériel)	345.9	342.8	333.1	358.3	372.2	347.6	394.7	..
24	Produits métallurgiques de base	199.3	210.1	193.7	217.9	225.3	215.7	246.5	..
25	Ouvrages en métaux (sauf machines et matériel)	146.5	132.7	139.4	140.4	146.9	131.9	148.2	..
26-30	Ordinateurs, articles électroniques et optiques ; machines et matériels de transport	1 401.2	1 747.1	1 892.8	1 594.2	1 713.9	1 746.7	1 895.5	..
26	Ordinateurs, articles électroniques et optiques	541.4	643.7	685.0	650.3	678.6	703.4	759.4	..
27	Matériels électriques	201.6	172.5	173.7	186.7	186.2	160.4	170.2	..
28	Machines et équipements n.c.a.	295.4	371.9	389.4	327.8	363.2	432.8	484.4	..
29	Automobiles, remorques et semi-remorques	201.8	400.1	460.6	266.2	291.7	269.4	309.7	..
30	Autres matériels de transport	161.0	158.9	184.1	163.1	194.4	180.7	171.9	..
31-33	Meubles ; réparation et installation de machines et de matériel	35.0	57.1 e	66.6 e	89.7	113.6	121.1	151.0	..
31	Meubles	9.2	13.8 e	14.2 e	12.2	13.0	20.1	24.3	..
32	Autres activités de fabrication	23.3	39.6	48.5	62.0	81.8	66.6	89.0	..
33	Réparation et installation de machines et de matériel	2.5	3.7 e	3.9 e	15.4	18.8	34.3	37.7	..
35-39	**ÉLECTRICITÉ, GAZ, EAU ET TRAITEMENT DES DÉCHETS**	**70.0**	**132.2**	**154.9**	**145.4**	**174.9**	**146.9**	**131.9**	..
35-36	Production et distribution d'électricité, de gaz et de l'eau	52.1	113.7	129.6	114.6	140.9	126.2	107.4	..
37-39	Assainissement, traitement des déchets et dépollution	17.9	18.5	25.4	30.8	33.9	20.8	24.5	..
41-43	**CONSTRUCTION**	**73.7**	**79.2**	**84.8**	**79.1**	**98.6**	**110.3**	**124.3**	..
45-99	**TOTAL SERVICES**	**1 420.0**	**1 457.6**	**1 556.6**	**1 976.6**	**2 120.2**	**2 397.7**	**2 870.1**	..
45-82	**Services du secteur des entreprises**	**1 399.8**	**1 407.4**	**1 497.6**	**1 937.2**	**2 072.8**	**2 330.4**	**2 788.8**	..
45-47	Commerce de gros et de détail ; réparations automobiles et motocycles	75.7	63.8	75.6	220.1	232.0	130.6	157.4	..
49-53	Transport et entreposage	18.4	16.3	20.0	35.0	39.6	39.6	41.4	..
55-56	Activités d'hébergement et de restauration	0.0	0.1 e	0.2 e	0.2	0.3	0.3 e	0.2 e	..
58-63	Information et communication	775.2	748.6	772.6	840.4	891.1	1 036.8	1 252.2	..
58-60	Édition, audiovisuel et diffusion	31.7	29.8	31.1	78.4	89.0	87.7	86.8	..
58	Activités d'édition	21.9	22.7	22.1	58.0	67.6	75.1	74.8	..
59-60	Activités audiovisuel et diffusion	9.8	7.1	9.0	20.4	21.4	12.6	12.0	..
59	Production de films, vidéo, programmes de télévision et d'enregistrements	..	..	..	..	..	..	..	..
60	Programmation et diffusion	..	..	..	..	..	..	..	..
61	Télécommunications	350.2	161.4	145.5	157.6	161.9	180.1	203.4	..
62-63	Technologies de l'information et informatique	393.2	557.5	596.0	604.4	640.2	769.0	962.0	..
62	Programmation informatique ; conseils et activités connexes	356.8	512.0	548.5	535.7	563.2	712.7	898.3	..
63	Services d'information	36.5	45.6	47.6	68.7	77.0	56.4	63.7	..
64-66	**Activités financières et d'assurances**	**119.5**	**111.5**	**106.5**	**235.0**	**246.5**	**292.5**	**385.6**	..
68-82	**Activités immobilières ; professionnelles ; services administratifs et d'appui**	**411.0**	**467.0 e**	**522.8 e**	**606.5**	**663.3**	**830.6**	**952.0**	..
68	Activités immobilières	0.9	2.9 e	3.0 e	0.5	0.6	1.4	1.4	..
69-75x72	Activités professionnelles, scientifiques et techniques, R-D scientifique exclu	370.1	446.2	500.0	536.6	594.8	775.7	881.1	..
72	Recherche scientifique et développement	6.2	7.4	7.6	42.4	39.7	17.9	23.6	..
77-82	Activités de services administratifs et d'appui	33.8	10.5	12.2	26.9	28.3	35.7	45.9	..
84-99	**Services collectifs, sociaux et personnels**	**20.2**	**50.2**	**58.9**	**39.4**	**47.5**	**67.3**	**81.3**	..
84-85	Administration publique et défense ; sécurité sociale obligatoire et éducation	1.1	3.0 e	1.9 e	0.4	0.8	0.7	0.7	..
86-88	Santé humaine et action sociale	18.7	44.3	52.7	36.2	43.5	64.5	77.8	..
90-93	Arts, spectacles et loisirs	0.0	0.6 e	1.1 e	0.8	0.9	1.6	2.2	..
94-99	Autres services ; ménages-employeurs ; organismes extra-territoriaux	0.4	2.3 e	3.3 e	2.1	2.2	0.6	0.7	..

.. Non disponible ; e Valeur estimée
Note : Voir les métadonnées détaillées sur : http://metalinks.oecd.org/anberd/20200813/0f11.

BELGIQUE

Dépenses de R-D dans l'industrie par orientation sectorielle, prix constants
CITI Rév. 4

2010 PPP USD

		2011	2012	2013	2014	2015	2016	2017	2018
	TOTAL ENTREPRISES	7 416.5	7 967.8	8 133.8	8 459.0	8 847.8	9 148.9	10 068.3	..
01-03	**AGRICULTURE, SYLVICULTURE ET PÊCHE**	114.7	84.1	92.7	70.6	82.0	91.8	95.6	..
05-09	**ACTIVITÉS EXTRACTIVES**	8.5	7.3	6.2	6.2	8.3	1.8	2.2	..
10-33	**ACTIVITÉS DE FABRICATION**	5 574.6	6 098.3 e	6 182.0	6 150.5	6 363.9 e	6 506.8	7 051.4	..
10-12	Produits alimentaires, boissons et tabac	198.8	213.8	208.3	301.7 e	318.9 e	301.1	312.8	..
13-15	Textiles, habillement, cuir et articles de cuir	78.0	79.4	86.9	125.8 e	133.0 e	79.6	91.4	..
13	Textiles	57.2	53.6	58.7	..	..	..	..	..
14	Articles d'habillement	7.2	13.5	15.0	..	..	..	..	..
15	Cuir et articles de cuir	13.6	12.4	13.2	..	..	..	..	..
16-18	Bois, papier, imprimerie et reproduction de supports enregistrés	24.1	34.9	38.8	31.3	30.6	33.6	38.5	..
16	Bois et articles en bois, sauf meubles	6.9	15.6	17.8	6.3	6.8	7.7	8.1	..
17	Papier et articles en papier	13.8	14.9	16.1	21.9	20.3	21.0	23.3	..
18	Imprimerie et reproduction de supports enregistrés	3.4	4.5	5.0	3.1	3.5	4.9	7.1	..
19-23	Produits pétroliers, chimiques, pharmaceutiques, caoutchouc, plastique, minéraux	3 315.0	3 482.8 e	3 483.3 e	3 621.6 e	3 681.6 e	3 966.1 e	4 329.4 e	..
19	Cokéfaction et raffinage	8.8	12.8 e	12.8 e	18.6 e	19.6 e	78.1 e	70.5 e	..
20-21	Industrie chimique et pharmaceutique	3 029.7	3 233.6	3 239.5	3 343.4	3 386.3	3 664.1	4 003.8	..
20	Produits chimiques	756.4	825.4	802.9	806.7	802.7	750.0	777.6	..
21	Préparations pharmaceutiques, chimiques (médicine) et d'herboristerie	2 273.3	2 408.2	2 436.6	2 536.7	2 583.6	2 914.1	3 226.2	..
22	Produits en caoutchouc et en plastique	175.9	138.2	134.0	152.7	165.3	137.3	159.2	..
23	Autres produits minéraux non métalliques	100.6	98.2	97.0	106.5	110.4	86.5	95.9	..
24-25	Produits métalliques de base et ouvrages en métaux (sauf machines et matériel)	380.2	365.2	343.6	363.3	372.2	333.6	368.5	..
24	Produits métallurgiques de base	219.1	223.8	199.8	220.9	225.3	207.0	230.1	..
25	Ouvrages en métaux (sauf machines et matériel)	161.1	141.4	143.8	142.3	146.9	126.6	138.4	..
26-30	Ordinateurs, articles électroniques et optiques ; machines et matériels de transport	1 540.1	1 861.3	1 952.5	1 616.4	1 713.9	1 676.7	1 769.9	..
26	Ordinateurs, articles électroniques et optiques	595.1	685.8	706.6	659.4	678.6	675.2	709.1	..
27	Matériels électriques	221.6	183.8	179.2	189.3	186.2	154.0	158.9	..
28	Machines et équipements n.c.a.	324.7	396.1	401.7	332.4	363.2	415.4	452.3	..
29	Automobiles, remorques et semi-remorques	221.8	426.2	475.1	269.9	291.7	258.6	289.2	..
30	Autres matériels de transport	177.0	169.3	189.9	165.4	194.4	173.5	160.5	..
31-33	Meubles ; réparation et installation de machines et de matériel	38.4	60.9 e	68.7 e	90.9	113.6	116.2	141.0	..
31	Meubles	10.1	14.7 e	14.7 e	12.4	13.0	19.3	22.7	..
32	Autres activités de fabrication	25.6	42.2	50.0	62.9	81.8	63.9	83.1	..
33	Réparation et installation de machines et de matériel	2.7	4.0 e	4.0 e	15.6	18.8	33.0	35.2	..
35-39	**ÉLECTRICITÉ, GAZ, EAU ET TRAITEMENT DES DÉCHETS**	76.9	140.9	159.8	147.4	174.9	141.0	123.1	..
35-36	Production et distribution d'électricité, de gaz et de l'eau	57.2	121.1	133.7	116.2	140.9	121.1	100.3	..
37-39	Assainissement, traitement des déchets et dépollution	19.7	19.7	26.2	31.2	33.9	19.9	22.8	..
41-43	**CONSTRUCTION**	81.0	84.4	87.5	80.2	98.6	105.9	116.1	..
45-99	**TOTAL SERVICES**	1 560.8	1 552.8	1 605.6	2 004.1	2 120.2	2 301.6	2 680.0	..
45-82	**Services du secteur des entreprises**	1 538.6	1 499.3	1 544.8	1 964.2	2 072.8	2 237.0	2 604.0	..
45-47	Commerce de gros et de détail ; réparations automobiles et motocycles	83.2	68.0	78.0	223.1	232.0	125.3	147.0	..
49-53	Transport et entreposage	20.3	17.4	20.6	35.5	39.6	38.0	38.7	..
55-56	Activités d'hébergement et de restauration	0.0	0.1 e	0.2 e	0.3	0.3	0.3 e	0.2 e	..
58-63	Information et communication	852.1	797.6	797.0	852.1	891.1	995.2	1 169.2	..
58-60	Édition, audiovisuel et diffusion	34.9	31.7	32.0	79.5	89.0	84.2	81.1	..
58	Activités d'édition	24.1	24.1	22.8	58.8	67.6	72.1	69.8	..
59-60	Activités audiovisuel et diffusion	10.8	7.6	9.3	20.7	21.4	12.1	11.3	..
59	Production de films, vidéo, programmes de télévision et d'enregistrements	..	..	..	..	..	..	..	..
60	Programmation et diffusion	..	..	..	..	..	..	..	..
61	Télécommunications	384.9	171.9	150.1	159.8	161.9	172.8	189.9	..
62-63	Technologies de l'information et informatique	432.2	594.0	614.8	612.8	640.2	738.2	898.3	..
62	Programmation informatique ; conseils et activités connexes	392.1	545.4	565.7	543.2	563.2	684.1	838.8	..
63	Services d'information	40.1	48.5	49.1	69.6	77.0	54.1	59.5	..
64-66	**Activités financières et d'assurances**	131.3	118.7	109.8	238.3	246.5	280.8	360.1	..
68-82	**Activités immobilières ; professionnelles ; services administratifs et d'appui**	451.7	497.5 e	539.3 e	614.9	663.3	797.3	888.9	..
68	Activités immobilières	1.0	3.1 e	3.1 e	0.5	0.6	1.3	1.3	..
69-75x72	Activités professionnelles, scientifiques et techniques, R-D scientifique exclu	406.8	475.3	515.8	544.1	594.8	744.5	822.8	..
72	Recherche scientifique et développement	6.8	7.9	7.9	43.0	39.7	17.2	22.1	..
77-82	Activités de services administratifs et d'appui	37.2	11.2	12.5	27.3	28.3	34.3	42.8	..
84-99	Services collectifs, sociaux et personnels	22.2	53.5	60.8	39.9	47.4	64.6	75.9	..
84-85	Administration publique et défense ; sécurité sociale obligatoire et éducation	1.2	3.2 e	1.9 e	0.4	0.8	0.6	0.7	..
86-88	Santé humaine et action sociale	20.5	47.2	54.4	36.7	43.5	61.9	72.6	..
90-93	Arts, spectacles et loisirs	0.0	0.7 e	1.1 e	0.8	0.9	1.5	2.0	..
94-99	Autres services ; ménages-employeurs ; organismes extra-territoriaux	0.4	2.5 e	3.4 e	2.1	2.2	0.6	0.7	..

.. Non disponible ; e Valeur estimée
Note : Voir les métadonnées détaillées sur : *http://metalinks.oecd.org/anberd/20200813/0f11*.

CANADA

Dépenses de R-D dans l'industrie par activité principale de l'entreprise, prix courants
CITI Rév. 4

Millions USD PPP

		2011	2012	2013	2014	2015	2016	2017	2018
	TOTAL ENTREPRISES	13 625.3	13 417.9	13 560.5	14 798.1	14 386.2	15 514.1	15 514.6	..
01-03	**AGRICULTURE, SYLVICULTURE ET PÊCHE**	116.9 e	77.9	72.7	67.5	81.0 e	130.3 e	137.7 e	..
05-09	**ACTIVITÉS EXTRACTIVES**	1 118.6	1 292.0	1 344.0	1 177.7	704.8 e	697.8 e	621.6 e	..
10-33	**ACTIVITÉS DE FABRICATION**	5 973.0	5 782.5	5 718.1	4 938.7 e	5 301.2 e	5 560.0	5 415.3	..
10-12	Produits alimentaires, boissons et tabac	136.3	126.9	128.3 e	126.8	120.2	163.2	156.9	..
13-15	Textiles, habillement, cuir et articles de cuir	66.9	48.1 e	33.5	36.8 e	33.7 e	28.2	29.1	..
13	Textiles	35.0 e	25.7	22.1	25.2	24.0	..	..	..
14	Articles d'habillement	28.7 e	19.1 e	9.0	8.9	7.2	..	..	..
15	Cuir et articles de cuir	3.2	3.2 e	2.5	2.7 e	2.5 e	..	..	..
16-18	Bois, papier, imprimerie et reproduction de supports enregistrés	234.7	214.5 e	213.6 e	242.2	311.7	288.4	249.0	..
16	Bois et articles en bois, sauf meubles	71.0	70.7 e	61.3 e	50.4	70.5	82.0	60.6	..
17	Papier et articles en papier	121.8	105.3	113.6	154.4	196.3	159.1	136.1	..
18	Imprimerie et reproduction de supports enregistrés	41.9	38.6	38.8 e	38.2	44.9	47.2	52.3	..
19-23	Produits pétroliers, chimiques, pharmaceutiques, caoutchouc, plastique, minéraux	953.3	791.6	780.6	727.4	898.5 e	909.0	960.4	..
19	Cokéfaction et raffinage	74.2 e	49.8 e	53.9 e	3.3	26.7 e	27.3	24.9	..
20-21	Industrie chimique et pharmaceutique	675.9	543.9	543.3	551.9	718.7	693.6	739.6	..
20	Produits chimiques	258.1	180.0	202.6	176.4	318.1	282.6	283.9	..
21	Préparations pharmaceutiques, chimiques (médicine) et d'herboristerie	417.8	364.0	340.7	375.5	400.6	411.0	455.7	..
22	Produits en caoutchouc et en plastique	137.9 e	144.8 e	127.9 e	127.6	114.6	145.0	157.7	..
23	Autres produits minéraux non métalliques	65.3	53.0	55.6	44.7	38.5 e	43.1	38.2	..
24-25	Produits métalliques de base et ouvrages en métaux (sauf machines et matériel)	409.7	384.9 e	414.2 e	496.3 e	487.8 e	503.0	370.2	..
24	Produits métallurgiques de base	172.6	167.1 e	194.4 e	279.6 e	276.0 e	285.9	161.0	..
25	Ouvrages en métaux (sauf machines et matériel)	237.1	217.7	219.8	216.7 e	211.8 e	217.1	209.2	..
26-30	Ordinateurs, articles électroniques et optiques ; machines et matériels de transport	3 989.8	4 035.8	3 982.8	3 166.8	3 264.1	3 449.5	3 424.0	..
26	Ordinateurs, articles électroniques et optiques	1 980.8	2 012.7	1 820.3	838.8	877.4	952.1	981.1	..
27	Matériels électriques	118.6	117.3	138.9	147.9 e	155.4	186.4	207.5	..
28	Machines et équipements n.c.a.	516.2	472.4	473.0	571.6	564.9	672.0	632.5	..
29	Automobiles, remorques et semi-remorques	162.1 e	149.4 e	143.0	112.2	148.2 e	192.2	226.6	..
30	Autres matériels de transport	1 212.2 e	1 283.9 e	1 407.7	1 496.3	1 518.2 e	1 446.8	1 377.1	..
31-33	Meubles ; réparation et installation de machines et de matériel	182.3	180.8	165.0	142.2	185.2	122.6	135.3	..
31	Meubles	29.0	23.3	18.0	19.5	31.5 e	25.7	28.2	..
32	Autres activités de fabrication	125.8	131.8	121.7	72.3	100.9 e	72.1	91.3	..
33	Réparation et installation de machines et de matériel	27.4	25.7	25.3	50.4	52.7 e	24.9	15.8	..
35-39	**ÉLECTRICITÉ, GAZ, EAU ET TRAITEMENT DES DÉCHETS**	160.5 e	171.1	189.5	406.1 e	366.1 e	343.0	304.6	..
35-36	Production et distribution d'électricité, de gaz et de l'eau	..	..	..	..	..	..	..	..
37-39	Assainissement, traitement des déchets et dépollution	..	..	..	..	..	..	..	..
41-43	**CONSTRUCTION**	127.4	88.4	68.6	73.1	63.3 e	80.7 e	78.3 e	..
45-99	**TOTAL SERVICES**	6 128.7	6 005.9	6 167.5	8 135.0	7 869.8 e	8 702.3 e	8 957.1 e	..
45-82	**Services du secteur des entreprises**	6 019.8	5 904.7	6 059.6	8 014.7	7 741.2	8 562.9	8 811.1	..
45-47	Commerce de gros et de détail ; réparations automobiles et motocycles	1 198.5	1 255.8	1 170.8	1 296.4	1 404.6	1 433.5	1 447.6	..
49-53	Transport et entreposage	49.2	50.6	68.1 e	70.7	97.0	83.7	88.0	..
55-56	Activités d'hébergement et de restauration	2.4	2.4	1.6	1.7 e	1.8 e	3.3	2.5	..
58-63	Information et communication	2 171.9	2 076.2	2 238.6	3 551.0	3 405.4	4 606.3	4 641.7	..
58-60	Édition, audiovisuel et diffusion	494.4	593.8	568.6	1 408.5	1 213.1 e	..	..	..
58	Activités d'édition	470.2	563.2	535.1	1 367.1	1 170.7	..	..	..
59-60	Activités audiovisuel et diffusion	24.2	30.5	33.5	41.5	42.4 e	..	..	..
59	Production de films, vidéo, programmes de télévision et d'enregistrements	23.4	28.9 e	31.0	38.4 e	39.3 e	..	..	..
60	Programmation et diffusion	0.8	1.6 e	2.5	3.0 e	3.1 e	..	..	..
61	Télécommunications	347.6	322.2	356.2	311.3	318.5 e	..	..	..
62-63	Technologies de l'information et informatique	1 329.9	1 161.0	1 313.7	1 831.2	1 873.8 e	..	..	..
62	Programmation informatique ; conseils et activités connexes	1 254.9	1 079.9	1 212.4	1 700.3	1 739.9 e	..	..	..
63	Services d'information	75.0	81.2	101.3	130.9	133.9 e	..	..	..
64-66	Activités financières et d'assurances	260.5	278.0	379.9	377.1	359.8	203.8	353.6	..
68-82	Activités immobilières ; professionnelles ; services administratifs et d'appui	2 337.3 e	2 241.7	2 200.6 e	2 717.9 e	2 472.6 e	2 233.1	2 277.7	..
68	Activités immobilières	6.5 e	6.4	8.7 e	8.9 e	9.4 e	7.5	8.3	..
69-75x72	Activités professionnelles, scientifiques et techniques, R-D scientifique exclu	575.0	555.2	539.6	700.6	629.8	567.1 e	585.3	..
72	Recherche scientifique et développement	1 641.3	1 564.3	1 533.5	1 888.1	1 737.2	1 564.1 e	1 614.4 e	..
77-82	Activités de services administratifs et d'appui	114.5	115.7	118.9 e	119.5	96.2	94.5 e	69.7	..
84-99	**Services collectifs, sociaux et personnels**	108.9	101.2	108.7	120.3	128.7 e	139.4 e	146.0 e	..
84-85	Administration publique et défense ; sécurité sociale obligatoire et éducation	10.4 e	11.2	11.4	13.8	14.8	..	..	..
86-88	Santé humaine et action sociale	79.0	72.3	78.4	86.2	92.1	99.8 e	104.6	..
90-93	Arts, spectacles et loisirs	4.0 e	4.0	4.1	4.9	5.2	..	..	..
94-99	Autres services ; ménages-employeurs ; organismes extra-territoriaux	15.4 e	13.7	14.7	15.4	16.5	..	..	..

.. Non disponible ; e Valeur estimée
Note : Voir les métadonnées détaillées sur : *http://metalinks.oecd.org/anberd/20200813/0f11*.

CANADA

Dépenses de R-D dans l'industrie par activité principale de l'entreprise, prix constants
CITI Rév. 4

2010 PPP USD

		2011	2012	2013	2014	2015	2016	2017	2018
	TOTAL ENTREPRISES	14 085.6	13 756.9	13 439.4	14 461.0	14 386.2	14 890.1	14 508.1	..
01-03	**AGRICULTURE, SYLVICULTURE ET PÊCHE**	120.9 e	79.9	72.1	65.9	81.0 e	125.1 e	128.7 e	..
05-09	**ACTIVITÉS EXTRACTIVES**	1 156.4	1 324.6	1 332.0	1 150.9	704.8 e	669.7 e	581.3 e	..
10-33	**ACTIVITÉS DE FABRICATION**	6 174.8	5 928.7	5 667.1	4 826.1	5 301.2 e	5 336.3	5 064.0	..
10-12	Produits alimentaires, boissons et tabac	140.9	130.2	127.1	123.9	120.2	156.7	146.7	..
13-15	Textiles, habillement, cuir et articles de cuir	69.2	49.3 e	33.2	36.0 e	33.7 e	27.0	27.2	..
13	Textiles	36.1 e	26.4	21.9	24.6	24.0	..	..	..
14	Articles d'habillement	29.7 e	19.6 e	8.9	8.7	7.2	..	..	..
15	Cuir et articles de cuir	3.3	3.3 e	2.4	2.6 e	2.5 e	..	..	..
16-18	Bois, papier, imprimerie et reproduction de supports enregistrés	242.6	219.9 e	211.7 e	236.7	311.7	276.8	232.9	..
16	Bois et articles en bois, sauf meubles	73.4	72.5 e	60.7 e	49.2	70.5	78.7	56.7	..
17	Papier et articles en papier	125.9	107.9	112.5	150.9	196.3	152.7	127.3	..
18	Imprimerie et reproduction de supports enregistrés	43.4	39.5	38.5 e	37.3	44.9	45.3	48.9	..
19-23	Produits pétroliers, chimiques, pharmaceutiques, caoutchouc, plastique, minéraux	985.5	811.6	773.7	710.9	898.5 e	872.4	898.1	..
19	Cokéfaction et raffinage	76.7 e	51.6	53.4 e	3.2	26.7 e	26.2	23.3	..
20-21	Industrie chimique et pharmaceutique	698.7	557.7	538.5	539.3	718.7	665.7	691.6	..
20	Produits chimiques	266.8	184.5	200.8	172.4	318.1	271.2	265.5	..
21	Préparations pharmaceutiques, chimiques (médicine) et d'herboristerie	431.9	373.2	337.6	366.9	400.6	394.5	426.1	..
22	Produits en caoutchouc et en plastique	142.6 e	148.4 e	126.7 e	124.7	114.6	139.2	147.5	..
23	Autres produits minéraux non métalliques	67.5	54.4	55.1	43.7	38.5 e	41.4	35.7	..
24-25	Produits métalliques de base et ouvrages en métaux (sauf machines et matériel)	423.6	394.6 e	410.5 e	485.0 e	487.8 e	482.7	346.2	..
24	Produits métallurgiques de base	178.4	171.3 e	192.7 e	273.2	276.0 e	274.4	150.6	..
25	Ouvrages en métaux (sauf machines et matériel)	245.1	223.2	217.8	211.8 e	211.8 e	208.4	195.6	..
26-30	Ordinateurs, articles électroniques et optiques ; machines et matériels de transport	4 124.6	4 137.8	3 947.3	3 094.7	3 264.1	3 310.8	3 201.9	..
26	Ordinateurs, articles électroniques et optiques	2 047.7	2 063.5	1 804.0	819.7	877.4	913.8	917.5	..
27	Matériels électriques	122.6	120.3	137.6	144.6 e	155.4	178.9	194.1	..
28	Machines et équipements n.c.a.	533.6	484.4	468.8	558.6 e	564.9	645.0	591.5	..
29	Automobiles, remorques et semi-remorques	167.6 e	153.2 e	141.7	109.6	148.2 e	184.5	211.9	..
30	Autres matériels de transport	1 253.1 e	1 316.4 e	1 395.1	1 462.2	1 518.2 e	1 388.6	1 287.7	..
31-33	Meubles ; réparation et installation de machines et de matériel	188.4	185.3	163.6	139.0	185.2	117.7	126.5	..
31	Meubles	30.0	23.9	17.8	19.1	31.5 e	24.7	26.4	..
32	Autres activités de fabrication	130.1	135.1	120.6	70.7	100.9 e	69.2	85.4	..
33	Réparation et installation de machines et de matériel	28.3	26.4	25.1	49.2	52.7 e	23.9	14.7	..
35-39	**ÉLECTRICITÉ, GAZ, EAU ET TRAITEMENT DES DÉCHETS**	165.9 e	175.5	187.9	396.9 e	366.1 e	329.2	284.9	..
35-36	Production et distribution d'électricité, de gaz et de l'eau	..	..	..	..	..	..	..	..
37-39	Assainissement, traitement des déchets et dépollution	..	..	..	..	..	..	..	..
41-43	**CONSTRUCTION**	131.7	90.6	68.0	71.5	63.3 e	77.5 e	73.2 e	..
45-99	**TOTAL SERVICES**	6 335.7	6 157.7	6 112.4	7 949.7	7 869.8 e	8 352.2 e	8 376.0 e	..
45-82	Services du secteur des entreprises	6 223.2	6 053.9	6 005.5	7 832.1	7 741.2	8 218.4	8 239.5	..
45-47	Commerce de gros et de détail ; réparations automobiles et motocycles	1 239.0	1 287.6	1 160.3	1 266.8	1 404.6	1 375.8	1 353.7	..
49-53	Transport et entreposage	50.9	51.9	67.5 e	69.1	97.0	80.3	82.3	..
55-56	Activités d'hébergement et de restauration	2.5 e	2.5	1.6	1.6	1.8 e	3.2	2.3	..
58-63	Information et communication	2 245.3	2 128.6	2 218.6	3 470.1	3 405.4	4 421.0	4 340.6	..
58-60	Édition, audiovisuel et diffusion	511.1	608.8	563.6	1 376.4	1 213.1 e	..	..	..
58	Activités d'édition	486.1	577.5	530.4	1 335.9	1 170.7	..	..	..
59-60	Activités audiovisuel et diffusion	25.0	31.3	33.2	40.5	42.4 e	..	..	..
59	Production de films, vidéo, programmes de télévision et d'enregistrements	24.2	29.6 e	30.8	37.5 e	39.3 e	..	..	..
60	Programmation et diffusion	0.8	1.7 e	2.4	3.0 e	3.1 e	..	..	..
61	Télécommunications	359.4	330.3	353.0	304.2	318.5 e	..	..	..
62-63	Technologies de l'information et informatique	1 374.9	1 190.3	1 302.0	1 789.5	1 873.8 e	..	..	..
62	Programmation informatique ; conseils et activités connexes	1 297.3	1 107.1	1 201.6	1 661.6	1 739.9 e	..	..	..
63	Services d'information	77.5	83.2	100.4	127.9	133.9 e	..	..	..
64-66	Activités financières et d'assurances	269.3	285.0	376.5	368.5	359.8	195.6	330.7	..
68-82	Activités immobilières ; professionnelles ; services administratifs et d'appui	2 416.2 e	2 298.3	2 181.0 e	2 655.9 e	2 472.6 e	2 143.3	2 129.9	..
68	Activités immobilières	6.7 e	6.6	8.6 e	8.7 e	9.4 e	7.2	7.8	..
69-75x72	Activités professionnelles, scientifiques et techniques, R-D scientifique exclu	594.5	569.2	534.8	684.6	629.8	544.3 e	547.3	..
72	Recherche scientifique et développement	1 696.7	1 603.9	1 519.8	1 845.1	1 737.2	1 501.2 e	1 509.6 e	..
77-82	Activités de services administratifs et d'appui	118.4	118.6	117.8 e	116.8	96.2	90.7 e	65.2	..
84-99	Services collectifs, sociaux et personnels	112.6	103.8	107.7	117.5	128.7 e	133.8 e	136.6 e	..
84-85	Administration publique et défense ; sécurité sociale obligatoire et éducation	10.7 e	11.5	11.3	13.5	14.8	..	..	..
86-88	Santé humaine et action sociale	81.7	74.1	77.7	84.2	92.1	95.8 e	97.8	..
90-93	Arts, spectacles et loisirs	4.2 e	4.1	4.0	4.8	5.2	..	..	..
94-99	Autres services ; ménages-employeurs ; organismes extra-territoriaux	16.0 e	14.0	14.6	15.1	16.5	..	..	..

.. Non disponible ; e Valeur estimée
Note : Voir les métadonnées détaillées sur : http://metalinks.oecd.org/anberd/20200813/0f11.

CHILI

Dépenses de R-D dans l'industrie par activité principale de l'entreprise, prix courants
CITI Rév. 4

Millions USD PPP

		2011	2012	2013	2014	2015	2016	2017	2018
	TOTAL ENTREPRISES	419.5	466.7	536.4	506.5	532.4	575.6	532.8	..
01-03	**AGRICULTURE, SYLVICULTURE ET PÊCHE**	50.8 e	48.0	87.9	69.5	69.6	70.4	63.3	..
05-09	**ACTIVITÉS EXTRACTIVES**	41.6 e	66.6	93.7	52.7	105.6	89.3	66.3	..
10-33	**ACTIVITÉS DE FABRICATION**	93.6 e	117.0	120.9	153.2	147.6	171.1	159.1	..
10-12	Produits alimentaires, boissons et tabac	..	25.1	26.1	58.8	63.6	..	..	..
13-15	Textiles, habillement, cuir et articles de cuir	..	1.5	0.6	1.3	0.4	..	..	..
13	Textiles	..	0.6	0.4	1.0	0.1	..	..	..
14	Articles d'habillement	..	0.0	0.0	0.0	0.0	..	..	..
15	Cuir et articles de cuir	..	0.9	0.3	0.3	0.2	..	..	..
16-18	Bois, papier, imprimerie et reproduction de supports enregistrés	..	7.2	6.2	5.0	5.7	..	..	..
16	Bois et articles en bois, sauf meubles	..	0.5	1.7	1.2	1.7	..	..	..
17	Papier et articles en papier	..	6.7	4.5	3.8	4.0	..	..	..
18	Imprimerie et reproduction de supports enregistrés	..	0.0	0.0	0.0	0.1	..	..	..
19-23	Produits pétroliers, chimiques, pharmaceutiques, caoutchouc, plastique, minéraux	..	60.0	66.7	67.6	60.9	..	..	..
19	Cokéfaction et raffinage	..	0.5	1.2	0.4	0.2	..	..	..
20-21	Industrie chimique et pharmaceutique	..	55.8	56.8	60.7	53.2	..	..	..
20	Produits chimiques	..	37.4	23.2	32.6	24.4	..	..	..
21	Préparations pharmaceutiques, chimiques (médicine) et d'herboristerie	..	18.5	33.7	28.0	28.8	..	..	..
22	Produits en caoutchouc et en plastique	..	1.1	5.8	4.7	5.1	..	..	..
23	Autres produits minéraux non métalliques	..	2.5	2.9	1.8	2.4	..	..	..
24-25	Produits métalliques de base et ouvrages en métaux (sauf machines et matériel)	..	11.2	11.5	10.7	8.9	..	..	..
24	Produits métallurgiques de base	..	6.2	6.6	6.4	4.6	..	..	..
25	Ouvrages en métaux (sauf machines et matériel)	..	5.1	4.9	4.2	4.3	..	..	..
26-30	Ordinateurs, articles électroniques et optiques ; machines et matériels de transport	..	8.4	6.8	6.9	6.9	..	..	..
26	Ordinateurs, articles électroniques et optiques	..	0.5	1.2	1.7	1.0	..	..	..
27	Matériels électriques	..	1.3	1.2	1.5	2.1	..	..	..
28	Machines et équipements n.c.a.	..	3.8	3.8	2.7	2.9	..	..	..
29	Automobiles, remorques et semi-remorques	..	1.3	0.0	0.7	0.8	..	..	..
30	Autres matériels de transport	..	1.4	0.5	0.4	0.2	..	..	..
31-33	Meubles ; réparation et installation de machines et de matériel	..	3.6	3.1	2.8	1.2	..	..	..
31	Meubles	..	0.5	1.7	0.8	0.5	..	..	..
32	Autres activités de fabrication	..	0.0	0.9	1.1	0.1	..	..	..
33	Réparation et installation de machines et de matériel	..	3.1	0.5	1.0	0.5	..	..	..
35-39	**ÉLECTRICITÉ, GAZ, EAU ET TRAITEMENT DES DÉCHETS**	7.8 e	10.9	12.5	7.1	4.1	3.8	2.9	..
35-36	Production et distribution d'électricité, de gaz et de l'eau	..	10.9	9.0	4.3	3.2	2.5	2.0	..
37-39	Assainissement, traitement des déchets et dépollution	..	0.0	3.5	2.8	0.9	1.3	0.9	..
41-43	**CONSTRUCTION**	3.8 e	3.7	3.3	3.2	3.1	3.2	3.4	..
45-99	**TOTAL SERVICES**	221.9 e	219.1	218.1	220.9	202.4	237.9	237.9	..
45-82	**Services du secteur des entreprises**	220.5 e	216.1	207.9	215.5	193.6	228.7	224.5	..
45-47	Commerce de gros et de détail ; réparations automobiles et motocycles	..	63.6	42.5	59.3	50.4	52.2	60.8	..
49-53	Transport et entreposage	..	3.1	1.7	8.4	4.6	3.6	1.3	..
55-56	Activités d'hébergement et de restauration	..	0.0	0.6	0.5	0.0	0.2	0.0	..
58-63	Information et communication	..	32.0	47.6	28.2	35.2	31.2	31.0	..
58-60	Édition, audiovisuel et diffusion	..	1.7	8.4	1.8	0.0	..	..	..
58	Activités d'édition	..	0.1	6.3	1.8	0.0	..	..	..
59-60	Activités audiovisuel et diffusion	..	1.6	2.1	0.0	0.0	..	..	..
59	Production de films, vidéo, programmes de télévision et d'enregistrements	..	1.6	2.0	0.0	0.0	..	..	..
60	Programmation et diffusion	..	0.0	0.1	0.0	0.0	..	..	..
61	Télécommunications	..	1.5	1.9	0.4	2.5	..	..	..
62-63	Technologies de l'information et informatique	..	28.8	37.3	26.1	32.7	..	..	..
62	Programmation informatique ; conseils et activités connexes	..	23.3	35.5	25.0	31.9	..	..	..
63	Services d'information	..	5.6	1.8	1.0	0.8	..	..	..
64-66	Activités financières et d'assurances	..	35.0	24.8	28.4	11.2	24.0	3.2	..
68-82	Activités immobilières ; professionnelles ; services administratifs et d'appui	..	82.4	90.8	90.6	92.2	117.6	128.2	..
68	Activités immobilières	..	0.6	0.0	0.0	0.0	0.4	0.1	..
69-75x72	Activités professionnelles, scientifiques et techniques, R-D scientifique exclu	..	59.2	50.1	49.2	33.9	39.3	47.1	..
72	Recherche scientifique et développement	..	20.8	37.8	39.8	55.9	72.0	78.6	..
77-82	Activités de services administratifs et d'appui	..	1.7	2.9	1.7	2.3	5.8	2.4	..
84-99	Services collectifs, sociaux et personnels	1.4 e	3.0	10.2	5.4	8.9	9.2	13.4	..
84-85	Administration publique et défense ; sécurité sociale obligatoire et éducation	..	0.0	2.3	1.9	0.9	2.0	0.1	..
86-88	Santé humaine et action sociale	..	2.9	5.1	2.2	6.6	6.4	12.6	..
90-93	Arts, spectacles et loisirs	..	0.1	2.0	0.0	0.3	0.0	0.0	..
94-99	Autres services ; ménages-employeurs ; organismes extra-territoriaux	..	0.0	0.8	1.2	1.0	0.8	0.7	..

.. Non disponible ; e Valeur estimée
Note : Voir les métadonnées détaillées sur : *http://metalinks.oecd.org/anberd/20200813/0f11.*

CHILI

Dépenses de R-D dans l'industrie par activité principale de l'entreprise, prix constants
CITI Rév. 4

2010 PPP USD

		2011	2012	2013	2014	2015	2016	2017	2018
	TOTAL ENTREPRISES	427.6	469.3	532.7	498.8	532.4	577.2	510.5	..
01-03	**AGRICULTURE, SYLVICULTURE ET PÊCHE**	51.8 e	48.2	87.3	68.4	69.6	70.5	60.7	..
05-09	**ACTIVITÉS EXTRACTIVES**	42.4 e	66.9	93.1	51.9	105.6	89.5	63.5	..
10-33	**ACTIVITÉS DE FABRICATION**	95.4 e	117.7	120.1	150.8	147.6	171.6	152.4	..
10-12	Produits alimentaires, boissons et tabac	..	25.2	25.9	57.9	63.6	..	..	..
13-15	Textiles, habillement, cuir et articles de cuir	..	1.6	0.6	1.2	0.4	..	..	..
13	Textiles	..	0.6	0.4	1.0	0.1	..	..	..
14	Articles d'habillement	..	0.0	0.0	0.0	0.0	..	..	..
15	Cuir et articles de cuir	..	0.9	0.3	0.3	0.2	..	..	..
16-18	Bois, papier, imprimerie et reproduction de supports enregistrés	..	7.3	6.2	4.9	5.7	..	..	..
16	Bois et articles en bois, sauf meubles	..	0.5	1.7	1.2	1.7	..	..	..
17	Papier et articles en papier	..	6.7	4.4	3.7	4.0	..	..	..
18	Imprimerie et reproduction de supports enregistrés	..	0.0	0.0	0.0	0.1	..	..	..
19-23	Produits pétroliers, chimiques, pharmaceutiques, caoutchouc, plastique, minéraux	..	60.3	66.3	66.6	60.9	..	..	..
19	Cokéfaction et raffinage	..	0.5	1.2	0.4	0.2	..	..	..
20-21	Industrie chimique et pharmaceutique	..	56.2	56.5	59.7	53.2	..	..	..
20	Produits chimiques	..	37.6	23.0	32.1	24.4	..	..	..
21	Préparations pharmaceutiques, chimiques (médicine) et d'herboristerie	..	18.6	33.4	27.6	28.8	..	..	..
22	Produits en caoutchouc et en plastique	..	1.1	5.8	4.7	5.1	..	..	..
23	Autres produits minéraux non métalliques	..	2.5	2.9	1.8	2.4	..	..	..
24-25	Produits métalliques de base et ouvrages en métaux (sauf machines et matériel)	..	11.3	11.4	10.5	8.9	..	..	..
24	Produits métallurgiques de base	..	6.2	6.5	6.3	4.6	..	..	..
25	Ouvrages en métaux (sauf machines et matériel)	..	5.1	4.8	4.1	4.3	..	..	..
26-30	Ordinateurs, articles électroniques et optiques ; machines et matériels de transport	..	8.4	6.7	6.8	6.9	..	..	..
26	Ordinateurs, articles électroniques et optiques	..	0.5	1.2	1.7	1.0	..	..	..
27	Matériels électriques	..	1.3	1.2	1.5	2.1	..	..	..
28	Machines et équipements n.c.a.	..	3.9	3.8	2.6	2.9	..	..	..
29	Automobiles, remorques et semi-remorques	..	1.3	0.0	0.7	0.8	..	..	..
30	Autres matériels de transport	..	1.4	0.5	0.4	0.2	..	..	..
31-33	Meubles ; réparation et installation de machines et de matériel	..	3.6	3.0	2.8	1.2	..	..	..
31	Meubles	..	0.5	1.7	0.8	0.5	..	..	..
32	Autres activités de fabrication	..	0.0	0.9	1.1	0.1	..	..	..
33	Réparation et installation de machines et de matériel	..	3.1	0.5	1.0	0.5	..	..	..
35-39	**ÉLECTRICITÉ, GAZ, EAU ET TRAITEMENT DES DÉCHETS**	7.9 e	11.0	12.4	7.0	4.1	3.8	2.7	..
35-36	Production et distribution d'électricité, de gaz et de l'eau	..	10.9	8.9	4.2	3.2	2.5	1.9	..
37-39	Assainissement, traitement des déchets et dépollution	..	0.0	3.5	2.8	0.9	1.3	0.9	..
41-43	**CONSTRUCTION**	3.8 e	3.7	3.3	3.2	3.1	3.2	3.2	..
45-99	**TOTAL SERVICES**	226.2 e	220.4	216.6	217.5	202.4	238.5	227.9	..
45-82	Services du secteur des entreprises	224.8 e	217.3	206.5	212.2	193.6	229.3	215.1	..
45-47	Commerce de gros et de détail ; réparations automobiles et motocycles	..	63.9	42.2	58.4	50.4	52.4	58.3	..
49-53	Transport et entreposage	..	3.1	1.7	8.3	4.6	3.6	1.2	..
55-56	Activités d'hébergement et de restauration	..	0.0	0.6	0.5	0.0	0.2	0.0	..
58-63	Information et communication	..	32.2	47.3	27.8	35.2	31.2	29.7	..
58-60	Édition, audiovisuel et diffusion	..	1.7	8.3	1.8	0.0	..	..	..
58	Activités d'édition	..	0.1	6.2	1.8	0.0	..	..	..
59-60	Activités audiovisuel et diffusion	..	1.6	2.1	0.0	0.0	..	..	..
59	Production de films, vidéo, programmes de télévision et d'enregistrements	..	1.6	2.0	0.0	0.0	..	..	..
60	Programmation et diffusion	..	0.0	0.1	0.0	0.0	..	..	..
61	Télécommunications	..	1.5	1.9	0.4	2.5	..	..	..
62-63	Technologies de l'information et informatique	..	29.0	37.1	25.7	32.7	..	..	..
62	Programmation informatique ; conseils et activités connexes	..	23.4	35.3	24.6	31.9	..	..	..
63	Services d'information	..	5.6	1.8	1.0	0.8	..	..	..
64-66	**Activités financières et d'assurances**	..	35.2	24.6	28.0	11.2	24.1	3.0	..
68-82	**Activités immobilières ; professionnelles ; services administratifs et d'appui**	..	82.8	90.1	89.2	92.2	117.9	122.9	..
68	Activités immobilières	..	0.6	0.0	0.0	0.0	0.4	0.1	..
69-75x72	Activités professionnelles, scientifiques et techniques, R-D scientifique exclu	..	59.6	49.7	48.4	33.9	39.4	45.1	..
72	Recherche scientifique et développement	..	21.0	37.5	39.2	55.9	72.2	75.3	..
77-82	Activités de services administratifs et d'appui	..	1.7	2.9	1.6	2.3	5.8	2.3	..
84-99	Services collectifs, sociaux et personnels	1.4 e	3.1	10.1	5.3	8.9	9.2	12.9	..
84-85	Administration publique et défense ; sécurité sociale obligatoire et éducation	..	0.0	2.3	1.9	0.9	2.0	0.1	..
86-88	Santé humaine et action sociale	..	2.9	5.1	2.1	6.6	6.4	12.1	..
90-93	Arts, spectacles et loisirs	..	0.1	1.9	0.0	0.3	0.0	0.0	..
94-99	Autres services ; ménages-employeurs ; organismes extra-territoriaux	..	0.0	0.8	1.2	1.0	0.8	0.6	..

.. Non disponible ; e Valeur estimée
Note : Voir les métadonnées détaillées sur : http://metalinks.oecd.org/anberd/20200813/0f11.

RÉPUBLIQUE TCHÈQUE

Dépenses de R-D dans l'industrie par activité principale de l'entreprise, prix courants
CITI Rév. 4

Millions USD PPP

		2011	2012	2013	2014	2015	2016	2017	2018
	TOTAL ENTREPRISES	**2 558.8**	**2 874.8**	**3 246.9**	**3 698.3**	**3 722.4**	**3 894.2**	**4 589.8**	**5 133.6**
01-03	**AGRICULTURE, SYLVICULTURE ET PÊCHE**	8.5	10.0	11.4	11.7	13.8	15.3	15.2	14.5
05-09	**ACTIVITÉS EXTRACTIVES**	1.4	1.5	1.1	2.4	2.7	4.1	4.1	3.3
10-33	**ACTIVITÉS DE FABRICATION**	**1 341.7**	**1 468.4**	**1 725.9**	**1 910.1**	**1 954.2**	**2 083.3**	**2 465.7**	**2 802.6**
10-12	Produits alimentaires, boissons et tabac	24.6	22.8	25.0	18.0	19.5	19.1	24.3	19.8
13-15	Textiles, habillement, cuir et articles de cuir	32.9	15.7	24.7	27.0	26.1	25.3	24.5	26.3
13	Textiles	16.8	12.9	21.9	24.7	23.8	23.0	21.6	23.2
14	Articles d'habillement	14.8	1.7	1.3	0.8	1.0	1.1	1.5	1.7
15	Cuir et articles de cuir	1.4	1.1	1.5	1.5	1.3	1.2	1.4	1.4
16-18	Bois, papier, imprimerie et reproduction de supports enregistrés	6.1	3.2	2.7	4.0	9.6	6.9	10.3	7.5
16	Bois et articles en bois, sauf meubles	3.1	0.4	0.8	1.6	4.5	3.7	3.9	2.9
17	Papier et articles en papier	2.4	2.1	1.0	1.1	4.3	2.1	4.2	2.6
18	Imprimerie et reproduction de supports enregistrés	0.5	0.7	0.9	1.3	0.9	1.1	2.2	2.0
19-23	Produits pétroliers, chimiques, pharmaceutiques, caoutchouc, plastique, minéraux	239.5	243.0	281.0	304.1	317.2	290.3	304.4	334.6
19	Cokéfaction et raffinage	0.8	0.5	0.5	0.6	0.9	0.7	0.7	0.9
20-21	Industrie chimique et pharmaceutique	156.4	155.9	165.1	177.7	177.1	162.5	178.9	203.5
20	Produits chimiques	75.7	72.0	88.2	93.1	90.2	72.0	89.0	92.4
21	Préparations pharmaceutiques, chimiques (médicine) et d'herboristerie	80.7	83.9	76.9	84.6	86.9	90.5	89.9	111.1
22	Produits en caoutchouc et en plastique	52.0	51.4	66.5	83.5	93.1	83.6	77.3	77.5
23	Autres produits minéraux non métalliques	30.2	35.2	48.9	42.3	46.2	43.5	47.5	52.7
24-25	Produits métalliques de base et ouvrages en métaux (sauf machines et matériel)	79.8	92.4	86.5	113.3	118.2	96.3	123.9	139.7
24	Produits métallurgiques de base	22.0	23.6	17.8	23.5	24.9	12.7	16.3	15.2
25	Ouvrages en métaux (sauf machines et matériel)	57.8	68.8	68.7	89.9	93.3	83.6	107.6	124.5
26-30	Ordinateurs, articles électroniques et optiques ; machines et matériels de transport	874.8	1 004.9	1 244.2	1 373.7	1 374.1	1 559.7	1 882.5	2 162.7
26	Ordinateurs, articles électroniques et optiques	86.1	92.7	119.1	147.5	152.7	185.6	207.5	235.9
27	Matériels électriques	121.3	154.1	147.2	239.0	259.1	302.0	335.0	357.8
28	Machines et équipements n.c.a.	219.7	289.1	335.3	330.1	301.0	314.5	342.9	374.0
29	Automobiles, remorques et semi-remorques	298.3	345.4	508.4	511.6	548.9	621.5	838.1	1 019.2
30	Autres matériels de transport	149.3	123.6	134.2	145.5	112.4	136.0	159.1	175.8
31-33	Meubles ; réparation et installation de machines et de matériel	84.0	86.4	61.7	70.0	89.5	85.7	95.7	112.0
31	Meubles	5.4	4.0	3.7	3.1	3.3	2.4	3.8	5.0
32	Autres activités de fabrication	26.8	34.0	27.0	28.1	31.1	44.3	45.8	42.0
33	Réparation et installation de machines et de matériel	51.7	48.4	31.0	38.9	55.1	39.1	46.1	65.0
35-39	**ÉLECTRICITÉ, GAZ, EAU ET TRAITEMENT DES DÉCHETS**	10.6	10.5	14.8	13.0	18.2	11.1	12.6	13.1
35-36	Production et distribution d'électricité, de gaz et de l'eau	3.1	3.7	7.6	5.1	4.4	4.2	4.5	4.2
37-39	Assainissement, traitement des déchets et dépollution	7.4	6.7	7.2	7.9	13.8	6.9	8.2	8.9
41-43	**CONSTRUCTION**	27.2	31.7	41.3	53.0	47.8	42.0	48.1	54.2
45-99	**TOTAL SERVICES**	**1 169.5**	**1 352.7**	**1 452.4**	**1 708.1**	**1 685.7**	**1 738.4**	**2 044.1**	**2 245.9**
45-82	**Services du secteur des entreprises**	**1 161.3**	**1 341.7**	**1 422.5**	**1 686.0**	**1 658.1**	**1 712.3**	**2 025.8**	**2 224.0**
45-47	Commerce de gros et de détail ; réparations automobiles et motocycles	69.8	69.1	75.0	70.8	84.3	76.2	85.5	103.6
49-53	Transport et entreposage	0.4	1.5	1.7	1.8	1.5	1.4	1.4	1.3
55-56	Activités d'hébergement et de restauration	0.1	0.1	0.1	0.1	0.1	0.1	0.2	0.3
58-63	**Information et communication**	371.5	421.2	458.3	607.6	613.1	686.1	854.8	1 033.0
58-60	Édition, audiovisuel et diffusion	16.0	18.3	18.1	21.5	21.5	22.4	25.0	63.5
58	Activités d'édition	16.0	18.0	17.6	21.0	21.0	21.9	24.5	63.0
59-60	Activités audiovisuel et diffusion	0.1	0.3	0.5	0.5	0.4	0.5	0.5	0.5
59	Production de films, vidéo, programmes de télévision et d'enregistrements	0.1	0.3	0.4	0.5	0.4	0.4	0.4	0.4
60	Programmation et diffusion	0.0	0.0	0.1	0.0	0.0	0.1	0.0	0.0
61	Télécommunications	41.1	45.7	46.3	47.5	48.9	54.5	58.7	64.6
62-63	Technologies de l'information et informatique	314.4	357.2	393.9	538.7	542.7	609.1	771.1	904.9
62	Programmation informatique ; conseils et activités connexes	229.7	267.5	287.9	414.3	459.2	534.5	670.0	816.1
63	Services d'information	84.7	89.6	106.0	124.4	83.5	74.6	101.1	88.8
64-66	**Activités financières et d'assurances**	35.2	45.8	60.2	58.2	50.5	71.2	87.7	89.5
68-82	**Activités immobilières ; professionnelles ; services administratifs et d'appui**	684.4	804.0	827.3	947.5	908.6	877.3	996.2	996.3
68	Activités immobilières	9.4	23.4	37.5	15.5	2.9	2.7	1.8	3.5
69-75x72	Activités professionnelles, scientifiques et techniques, R-D scientifique exclu	176.3	174.5	152.9	170.9	202.6	214.9	254.6	290.6
72	Recherche scientifique et développement	497.2	601.1	629.1	753.4	697.3	656.2	724.5	679.2
77-82	Activités de services administratifs et d'appui	1.4	4.9	7.8	7.7	5.9	3.5	15.2	23.0
84-99	**Services collectifs, sociaux et personnels**	8.1	11.0	29.9	22.1	27.6	26.1	18.3	21.8
84-85	Administration publique et défense ; sécurité sociale obligatoire et education	1.0	2.0	12.1	9.8	10.4	4.2	8.6	12.2
86-88	Santé humaine et action sociale	3.2	5.2	10.9	6.0	5.0	5.2	4.9	3.2
90-93	Arts, spectacles et loisirs	0.9	0.7	0.9	0.7	0.7	0.9	1.2	0.5
94-99	Autres services ; ménages-employeurs ; organismes extra-territoriaux	3.1	3.2	5.8	5.6	11.4	15.8	3.6	5.9

Note : Voir les métadonnées détaillées sur : *http://metalinks.oecd.org/anberd/20200813/0f11.*

RÉPUBLIQUE TCHÈQUE

Dépenses de R-D dans l'industrie par activité principale de l'entreprise, prix constants
CITI Rév. 4

2010 PPP USD

		2011	2012	2013	2014	2015	2016	2017	2018
	TOTAL ENTREPRISES	2 816.8	3 108.0	3 327.4	3 674.5	3 722.4	3 739.5	4 275.6	4 671.3
01-03	**AGRICULTURE, SYLVICULTURE ET PÊCHE**	9.4	10.8	11.7	11.7	13.8	14.7	14.1	13.2
05-09	**ACTIVITÉS EXTRACTIVES**	1.6	1.7	1.2	2.4	2.7	3.9	3.9	3.0
10-33	**ACTIVITÉS DE FABRICATION**	1 476.9	1 587.5	1 768.6	1 897.8	1 954.2	2 000.5	2 296.9	2 550.2
10-12	Produits alimentaires, boissons et tabac	27.1	24.6	25.6	17.9	19.5	18.3	22.6	18.0
13-15	Textiles, habillement, cuir et articles de cuir	36.2	17.0	25.3	26.8	26.1	24.3	22.8	23.9
13	Textiles	18.5	14.0	22.5	24.5	23.8	22.1	20.1	21.1
14	Articles d'habillement	16.2	1.8	1.3	0.8	1.0	1.1	1.4	1.5
15	Cuir et articles de cuir	1.5	1.2	1.5	1.5	1.3	1.2	1.3	1.3
16-18	Bois, papier, imprimerie et reproduction de supports enregistrés	6.7	3.4	2.8	4.0	9.6	6.6	9.6	6.8
16	Bois et articles en bois, sauf meubles	3.4	0.4	0.9	1.6	4.5	3.6	3.6	2.7
17	Papier et articles en papier	2.6	2.2	1.0	1.1	4.3	2.0	3.9	2.3
18	Imprimerie et reproduction de supports enregistrés	0.6	0.8	0.9	1.3	0.9	1.0	2.0	1.8
19-23	Produits pétroliers, chimiques, pharmaceutiques, caoutchouc, plastique, minéraux	263.6	262.7	288.0	302.2	317.2	278.7	283.6	304.5
19	Cokéfaction et raffinage	0.9	0.5	0.5	0.6	0.9	0.7	0.7	0.8
20-21	Industrie chimique et pharmaceutique	172.2	168.6	169.2	176.6	177.1	156.0	166.6	185.2
20	Produits chimiques	83.4	77.8	90.4	92.5	90.2	69.1	82.9	84.1
21	Préparations pharmaceutiques, chimiques (médicine) et d'herboristerie	88.8	90.7	78.8	84.0	86.9	86.9	83.8	101.1
22	Produits en caoutchouc et en plastique	57.3	55.6	68.2	83.0	93.1	80.3	72.0	70.5
23	Autres produits minéraux non métalliques	33.3	38.0	50.1	42.0	46.2	41.8	44.2	48.0
24-25	Produits métalliques de base et ouvrages en métaux (sauf machines et matériel)	87.9	99.9	88.7	112.6	118.2	92.5	115.4	127.1
24	Produits métallurgiques de base	24.3	25.6	18.2	23.3	24.9	12.2	15.2	13.8
25	Ouvrages en métaux (sauf machines et matériel)	63.6	74.4	70.5	89.3	93.3	80.3	100.2	113.3
26-30	Ordinateurs, articles électroniques et optiques ; machines et matériels de transport	963.0	1 086.4	1 275.0	1 364.8	1 374.1	1 497.7	1 753.7	1 968.0
26	Ordinateurs, articles électroniques et optiques	94.8	100.2	122.0	146.5	152.7	178.2	193.3	214.7
27	Matériels électriques	133.6	166.9	150.9	237.5	259.1	290.0	312.1	325.6
28	Machines et équipements n.c.a.	241.9	312.6	343.6	328.0	301.0	302.0	319.4	340.3
29	Automobiles, remorques et semi-remorques	328.4	373.4	521.0	508.3	548.9	596.8	780.7	927.4
30	Autres matériels de transport	164.3	133.6	137.5	144.5	112.4	130.6	148.2	159.9
31-33	Meubles ; réparation et installation de machines et de matériel	92.4	93.4	63.2	69.5	89.5	82.3	89.1	101.9
31	Meubles	6.0	4.3	3.8	3.0	3.3	2.3	3.5	4.6
32	Autres activités de fabrication	29.5	36.7	27.7	27.9	31.1	42.5	42.7	38.2
33	Réparation et installation de machines et de matériel	56.9	52.4	31.8	38.6	55.1	37.5	42.9	59.1
35-39	**ÉLECTRICITÉ, GAZ, EAU ET TRAITEMENT DES DÉCHETS**	11.6	11.3	15.2	12.9	18.2	10.7	11.8	11.9
35-36	Production et distribution d'électricité, de gaz et de l'eau	3.4	4.0	7.8	5.1	4.4	4.1	4.2	3.8
37-39	Assainissement, traitement des déchets et dépollution	8.2	7.3	7.4	7.9	13.8	6.6	7.6	8.1
41-43	**CONSTRUCTION**	29.9	34.2	42.3	52.7	47.8	40.3	44.8	49.3
45-99	**TOTAL SERVICES**	1 287.4	1 462.5	1 488.4	1 697.1	1 685.7	1 669.3	1 904.1	2 043.6
45-82	Services du secteur des entreprises	1 278.4	1 450.5	1 457.8	1 675.1	1 658.1	1 644.3	1 887.1	2 023.7
45-47	Commerce de gros et de détail ; réparations automobiles et motocycles	76.8	74.7	76.8	70.3	84.3	73.1	79.7	94.3
49-53	Transport et entreposage	0.5	1.6	1.8	1.8	1.5	1.4	1.3	1.2
55-56	Activités d'hébergement et de restauration	0.1	0.1	0.1	0.1	0.1	0.1	0.2	0.3
58-63	Information et communication	409.0	455.3	469.6	603.7	613.1	658.8	796.3	940.0
58-60	Édition, audiovisuel et diffusion	17.6	19.8	18.5	21.4	21.5	21.5	23.2	57.8
58	Activités d'édition	17.6	19.5	18.1	20.9	21.0	21.0	22.7	57.3
59-60	Activités audiovisuel et diffusion	0.1	0.4	0.5	0.5	0.4	0.5	0.5	0.4
59	Production de films, vidéo, programmes de télévision et d'enregistrements	0.1	0.4	0.4	0.5	0.4	0.4	0.4	0.4
60	Programmation et diffusion	0.0	0.0	0.1	0.0	0.0	0.1	0.0	0.0
61	Télécommunications	45.3	49.4	47.5	47.2	48.9	52.3	54.7	58.8
62-63	Technologies de l'information et informatique	346.1	386.1	403.7	535.2	542.7	584.9	718.3	823.4
62	Programmation informatique ; conseils et activités connexes	252.8	289.3	295.1	411.6	459.2	513.3	624.1	742.6
63	Services d'information	93.3	96.9	108.6	123.6	83.5	71.6	94.2	80.8
64-66	Activités financières et d'assurances	38.8	49.5	61.7	57.8	50.5	68.4	81.7	81.5
68-82	Activités immobilières ; professionnelles ; services administratifs et d'appui	753.4	869.3	847.8	941.4	908.6	842.5	928.0	906.6
68	Activités immobilières	10.3	25.3	38.4	15.4	2.9	2.6	1.7	3.1
69-75x72	Activités professionnelles, scientifiques et techniques, R-D scientifique exclu	194.1	188.7	156.7	169.8	202.6	206.3	237.2	264.4
72	Recherche scientifique et développement	547.4	649.9	644.7	748.6	697.3	630.1	674.9	618.1
77-82	Activités de services administratifs et d'appui	1.6	5.3	8.0	7.6	5.9	3.4	14.2	20.9
84-99	Services collectifs, sociaux et personnels	9.0	11.9	30.6	22.0	27.6	25.1	17.0	19.9
84-85	Administration publique et défense ; sécurité sociale obligatoire et éducation	1.1	2.1	12.4	9.7	10.4	4.0	8.0	11.1
86-88	Santé humaine et action sociale	3.5	5.6	11.2	6.0	5.0	5.0	4.6	2.9
90-93	Arts, spectacles et loisirs	1.0	0.8	1.0	0.7	0.7	0.9	1.1	0.5
94-99	Autres services ; ménages-employeurs ; organismes extra-territoriaux	3.4	3.5	6.0	5.5	11.4	15.2	3.3	5.4

Note : Voir les métadonnées détaillées sur : *http://metalinks.oecd.org/anberd/20200813/0f11*.

RÉPUBLIQUE TCHÈQUE

Dépenses de R-D dans l'industrie par orientation sectorielle, prix courants
CITI Rév. 4

Millions USD PPP

		2011	2012	2013	2014	2015	2016	2017	2018
	TOTAL ENTREPRISES	2 558.8	2 874.8	3 246.9	3 698.3	3 722.4	3 894.2	4 589.8	5 133.6
01-03	**AGRICULTURE, SYLVICULTURE ET PÊCHE**	15.6 e	15.7 e	20.1	22.9	23.8	25.4	33.1	37.5
05-09	**ACTIVITÉS EXTRACTIVES**	4.6 e	1.8 e	2.1	3.2	3.0	5.3	3.8	3.9
10-33	**ACTIVITÉS DE FABRICATION**	1 616.0 e	1 711.7 e	2 033.3	2 352.1	2 393.2	2 503.4	2 915.0	3 247.2
10-12	Produits alimentaires, boissons et tabac	21.0 e	27.0 e	23.3	19.4	21.7	18.5	27.8	23.3
13-15	Textiles, habillement, cuir et articles de cuir	26.7 e	17.7 e	28.2	36.0	30.1	26.6	28.5	27.7
13	Textiles	23.5 e	15.2 e	25.1	30.8	27.2	24.1	26.1	25.5
14	Articles d'habillement	2.3 e	1.5 e	2.5	2.3	1.9	1.8	1.3	1.2
15	Cuir et articles de cuir	0.9 e	1.0 e	0.6	2.9	1.1	0.7	1.1	1.0
16-18	Bois, papier, imprimerie et reproduction de supports enregistrés	7.6 e	5.2 e	3.5	4.0	5.7	2.7	5.3	9.2
16	Bois et articles en bois, sauf meubles	4.5 e	2.6 e	1.4	2.2	2.8	1.1	1.9	4.3
17	Papier et articles en papier	2.3 e	2.4 e	1.1	1.1	1.8	1.1	2.3	4.0
18	Imprimerie et reproduction de supports enregistrés	0.8 e	0.2 e	1.0	0.7	1.1	0.5	1.1	0.9
19-23	Produits pétroliers, chimiques, pharmaceutiques, caoutchouc, plastique, minéraux	268.7 e	239.5 e	271.6	296.4	328.1	310.3	322.7	342.1
19	Cokéfaction et raffinage	1.2 e	1.7 e	1.8	4.4	3.9	1.6	1.5	2.0
20-21	Industrie chimique et pharmaceutique	189.1 e	144.1 e	160.1	176.7	204.1	193.7	201.4	220.8
20	Produits chimiques	59.3 e	52.0 e	55.8	53.6	59.3	58.6	64.7	50.4
21	Préparations pharmaceutiques, chimiques (médicine) et d'herboristerie	129.8 e	92.1 e	104.3	123.0	144.8	135.1	136.7	170.4
22	Produits en caoutchouc et en plastique	48.1 e	55.6 e	63.9	74.4	81.2	76.7	80.4	80.1
23	Autres produits minéraux non métalliques	30.3 e	38.1 e	45.7	40.8	38.9	38.2	39.4	39.3
24-25	Produits métalliques de base et ouvrages en métaux (sauf machines et matériel)	108.5 e	124.0 e	123.8	148.7	166.2	126.5	153.5	174.3
24	Produits métallurgiques de base	15.6 e	14.8 e	12.8	12.7	11.2	9.6	17.5	11.8
25	Ouvrages en métaux (sauf machines et matériel)	92.9 e	109.3 e	111.0	136.0	155.0	116.9	136.0	162.5
26-30	Ordinateurs, articles électroniques et optiques ; machines et matériels de transport	1 080.6 e	1 236.4 e	1 494.1	1 745.9	1 753.4	1 935.1	2 267.3	2 585.9
26	Ordinateurs, articles électroniques et optiques	183.9 e	235.0 e	264.3	309.1	301.1	363.8	344.7	436.2
27	Matériels électriques	126.5 e	206.2 e	124.6	155.6	155.8	156.0	184.6	197.0
28	Machines et équipements n.c.a.	293.8 e	250.5 e	357.8	390.5	379.8	378.9	387.8	393.2
29	Automobiles, remorques et semi-remorques	266.2 e	361.5 e	556.3	671.9	728.6	826.6	1 081.8	1 274.4
30	Autres matériels de transport	210.2 e	183.2 e	190.9	218.7	188.0	209.8	268.3	285.1
31-33	Meubles ; réparation et installation de machines et de matériel	102.9 e	61.8 e	88.9	101.6	87.9	83.7	109.9	84.7
31	Meubles	1.7 e	4.4 e	5.0	10.5	3.4	2.4	2.6	5.5
32	Autres activités de fabrication	35.4 e	29.1 e	39.9	36.8	32.7	39.9	46.0	45.2
33	Réparation et installation de machines et de matériel	65.8 e	28.3 e	44.0	54.4	51.8	41.4	61.3	34.0
35-39	**ÉLECTRICITÉ, GAZ, EAU ET TRAITEMENT DES DÉCHETS**	21.3 e	22.9 e	29.8	28.2	30.3	23.8	22.9	31.4
35-36	Production et distribution d'électricité, de gaz et de l'eau	10.7 e	9.8 e	10.5	10.6	10.7	13.6	9.1	9.0
37-39	Assainissement, traitement des déchets et dépollution	10.7 e	13.1 e	19.3	17.6	19.6	10.2	13.7	22.4
41-43	**CONSTRUCTION**	25.9 e	28.0 e	35.1	40.4	39.5	33.9	39.9	44.7
45-99	**TOTAL SERVICES**	875.3 e	1 094.6 e	1 126.6	1 251.6	1 232.7	1 302.5	1 575.1	1 768.8
45-82	**Services du secteur des entreprises**	839.3 e	1 061.3 e	1 087.7	1 219.6	1 193.4	1 283.2	1 553.4	1 746.2
45-47	**Commerce de gros et de détail ; réparations automobiles et motocycles**	21.3 e	1.9 e	0.0	0.2	3.5	3.9	6.0	0.6
49-53	**Transport et entreposage**	2.1 e	2.7 e	4.6	4.4	4.2	3.1	4.8	2.6
55-56	**Activités d'hébergement et de restauration**	0.1 e	1.2 e	0.0	0.0	0.1	0.2	0.2	0.0
58-63	**Information et communication**	385.0 e	442.2 e	478.9	642.4	651.0	722.3	903.0	1 084.7
58-60	Édition, audiovisuel et diffusion	2.0 e	16.9 e	0.0	2.4	0.6	0.5	1.0	2.3
58	Activités d'édition	..	..	..	..	0.1	..	0.5	0.1
59-60	Activités audiovisuel et diffusion	..	..	..	..	0.5	..	0.4	2.2
59	Production de films, vidéo, programmes de télévision et d'enregistrements	..	..	..	..	..	..	0.4	2.0
60	Programmation et diffusion	..	..	..	..	..	..	0.1	0.2
61	Télécommunications	47.3 e	51.8 e	60.4	70.4	65.3	73.5	72.6	72.0
62-63	Technologies de l'information et informatique	335.6 e	373.5 e	418.5	569.6	585.1	648.3	829.5	1 010.3
62	Programmation informatique ; conseils et activités connexes	248.6 e	264.9 e	285.6	427.3	498.6	584.8	730.4	914.7
63	Services d'information	87.1 e	108.6 e	132.9	142.3	86.5	63.5	99.1	95.6
64-66	**Activités financières et d'assurances**	34.1 e	36.9 e	48.3	46.7	24.5	52.2	59.3	57.2
68-82	**Activités immobilières ; professionnelles ; services administratifs et d'appui**	396.7 e	576.4 e	555.8	526.0	510.1	501.4	580.0	601.1
68	Activités immobilières	4.4 e	0.2 e	0.0	0.0	0.0	0.0	0.0	0.0
69-75x72	Activités professionnelles, scientifiques et techniques, R-D scientifique exclu	105.0 e	28.2 e	32.1	36.2	49.3	36.8	41.3	47.0
72	Recherche scientifique et développement	286.6 e	547.7 e	523.0	489.3	460.8	464.6	538.4	553.7
77-82	Activités de services administratifs et d'appui	0.7 e	0.4 e	0.6	0.5	0.0	0.1	0.3	0.4
84-99	**Services collectifs, sociaux et personnels**	36.0 e	33.3 e	39.0	32.0	39.3	19.3	21.7	22.6
84-85	Administration publique et défense ; sécurité sociale obligatoire et éducation	10.4 e	11.0 e	15.5	10.2	12.3	6.9	9.3	9.1
86-88	Santé humaine et action sociale	20.2 e	20.1 e	18.2	17.9	21.7	5.9	7.3	6.2
90-93	Arts, spectacles et loisirs	3.8 e	0.2 e	0.1	0.1	0.0	0.0	0.0	1.1
94-99	Autres services ; ménages-employeurs ; organismes extra-territoriaux	1.6 e	1.9 e	5.2	3.8	5.3	6.5	5.0	6.3

.. Non disponible ; e Valeur estimée
Note : Voir les métadonnées détaillées sur : *http://metalinks.oecd.org/anberd/20200813/0f11*.

RÉPUBLIQUE TCHÈQUE

Dépenses de R-D dans l'industrie par orientation sectorielle, prix constants
CITI Rév. 4

2010 PPP USD

		2011	2012	2013	2014	2015	2016	2017	2018
	TOTAL ENTREPRISES	**2 816.8**	**3 108.0**	**3 327.4**	**3 674.5**	**3 722.4**	**3 739.5**	**4 275.6**	**4 671.3**
01-03	**AGRICULTURE, SYLVICULTURE ET PÊCHE**	17.2 e	17.0 e	20.6	22.7	23.8	24.4	30.9	34.1
05-09	**ACTIVITÉS EXTRACTIVES**	5.1 e	2.0 e	2.2	3.2	3.0	5.1	3.5	3.6
10-33	**ACTIVITÉS DE FABRICATION**	**1 778.9 e**	**1 850.5 e**	**2 083.7**	**2 336.9**	**2 393.2**	**2 403.9**	**2 715.5**	**2 954.8**
10-12	Produits alimentaires, boissons et tabac	23.1 e	29.2 e	23.9	19.3	21.7	17.7	25.9	21.2
13-15	Textiles, habillement, cuir et articles de cuir	29.4 e	19.2 e	28.9	35.8	30.1	25.5	26.6	25.2
13	Textiles	25.8 e	16.5 e	25.7	30.6	27.2	23.2	24.3	23.2
14	Articles d'habillement	2.6 e	1.6 e	2.6	2.2	1.9	1.7	1.2	1.1
15	Cuir et articles de cuir	1.0 e	1.1 e	0.6	2.9	1.1	0.7	1.0	0.9
16-18	Bois, papier, imprimerie et reproduction de supports enregistrés	8.4 e	5.6 e	3.6	4.0	5.7	2.6	4.9	8.4
16	Bois et articles en bois, sauf meubles	5.0 e	2.8 e	1.4	2.2	2.8	1.1	1.8	3.9
17	Papier et articles en papier	2.5 e	2.6 e	1.2	1.1	1.8	1.0	2.1	3.6
18	Imprimerie et reproduction de supports enregistrés	0.9 e	0.2 e	1.0	0.7	1.1	0.5	1.0	0.8
19-23	Produits pétroliers, chimiques, pharmaceutiques, caoutchouc, plastique, minéraux	295.8 e	259.0 e	278.3	294.5	328.1	298.0	300.6	311.3
19	Cokéfaction et raffinage	1.3 e	1.9 e	1.9	4.4	3.9	1.5	1.4	1.8
20-21	Industrie chimique et pharmaceutique	208.2 e	155.8 e	164.1	175.5	204.1	186.0	187.6	200.9
20	Produits chimiques	65.3 e	56.2 e	57.1	53.3	59.3	56.3	60.2	45.8
21	Préparations pharmaceutiques, chimiques (médicine) et d'herboristerie	142.9 e	99.6 e	106.9	122.3	144.8	129.7	127.4	155.0
22	Produits en caoutchouc et en plastique	53.0 e	60.1 e	65.5	73.9	81.2	73.7	74.9	72.9
23	Autres produits minéraux non métalliques	33.3 e	41.2 e	46.9	40.6	38.9	36.7	36.7	35.7
24-25	Produits métalliques de base et ouvrages en métaux (sauf machines et matériel)	119.4 e	134.1 e	126.8	147.8	166.2	121.5	143.0	158.6
24	Produits métallurgiques de base	17.1 e	16.0 e	13.1	12.6	11.2	9.2	16.3	10.7
25	Ouvrages en métaux (sauf machines et matériel)	102.3 e	118.1 e	113.7	135.2	155.0	112.2	126.7	147.9
26-30	Ordinateurs, articles électroniques et optiques ; machines et matériels de transport	1 189.5 e	1 336.6 e	1 531.1	1 734.7	1 753.4	1 858.2	2 112.1	2 353.1
26	Ordinateurs, articles électroniques et optiques	202.5 e	254.1 e	270.9	307.1	301.1	349.3	321.1	396.9
27	Matériels électriques	139.3 e	222.9 e	127.7	154.6	155.8	149.8	172.0	179.3
28	Machines et équipements n.c.a.	323.4 e	270.8 e	366.7	388.0	379.8	363.9	361.3	357.8
29	Automobiles, remorques et semi-remorques	293.0 e	390.8 e	570.1	667.6	728.6	793.7	1 007.8	1 159.6
30	Autres matériels de transport	231.4 e	198.0 e	195.7	217.3	188.0	201.5	250.0	259.5
31-33	Meubles ; réparation et installation de machines et de matériel	113.3 e	66.8 e	91.1	101.0	87.9	80.4	102.4	77.1
31	Meubles	1.9 e	4.7 e	5.1	10.4	3.4	2.3	2.4	5.0
32	Autres activités de fabrication	39.0 e	31.5 e	40.9	36.5	32.7	38.3	42.8	41.1
33	Réparation et installation de machines et de matériel	72.4 e	30.6 e	45.1	54.0	51.8	39.8	57.1	31.0
35-39	**ÉLECTRICITÉ, GAZ, EAU ET TRAITEMENT DES DÉCHETS**	23.5 e	24.8 e	30.5	28.0	30.3	22.9	21.3	28.6
35-36	Production et distribution d'électricité, de gaz et de l'eau	11.7 e	10.6 e	10.7	10.5	10.7	13.1	8.5	8.2
37-39	Assainissement, traitement des déchets et dépollution	11.7 e	14.2 e	19.8	17.5	19.6	9.8	12.8	20.4
41-43	**CONSTRUCTION**	28.6 e	30.3 e	35.9	40.1	39.5	32.5	37.1	40.7
45-99	**TOTAL SERVICES**	**963.6 e**	**1 183.4 e**	**1 154.5**	**1 243.6**	**1 232.7**	**1 250.7**	**1 467.3**	**1 609.5**
45-82	**Services du secteur des entreprises**	923.9 e	1 147.4 e	1 114.6	1 211.8	1 193.4	1 232.2	1 447.1	1 589.0
45-47	Commerce de gros et de détail ; réparations automobiles et motocycles	23.5 e	2.0 e	0.0	0.2	3.5	3.8	5.6	0.6
49-53	Transport et entreposage	2.3 e	2.9 e	4.7	4.4	4.2	3.0	4.5	2.4
55-56	Activités d'hébergement et de restauration	0.1 e	1.3 e	0.0	0.0	0.1	0.2	0.2	0.0
58-63	Information et communication	423.8 e	478.1 e	490.8	638.2	651.0	693.6	841.2	987.0
58-60	Édition, audiovisuel et diffusion	2.2 e	18.3 e	0.0	2.3	0.6	0.5	0.9	2.1
58	Activités d'édition	..	..	..	..	0.1	..	0.5	0.1
59-60	Activités audiovisuel et diffusion	..	..	..	..	0.5	..	0.4	2.0
59	Production de films, vidéo, programmes de télévision et d'enregistrements	..	..	..	..	..	..	0.3	1.8
60	Programmation et diffusion	..	..	..	..	..	..	0.1	0.2
61	Télécommunications	52.1 e	56.0 e	61.9	69.9	65.3	70.6	67.6	65.5
62-63	Technologies de l'information et informatique	369.5 e	403.8 e	428.9	565.9	585.1	622.5	772.7	919.4
62	Programmation informatique ; conseils et activités connexes	273.6 e	286.4 e	292.7	424.6	498.6	561.6	680.4	832.3
63	Services d'information	95.8 e	117.4 e	136.2	141.3	86.5	61.0	92.3	87.0
64-66	**Activités financières et d'assurances**	37.6 e	39.9 e	49.5	46.4	24.5	50.1	55.2	52.1
68-82	**Activités immobilières ; professionnelles ; services administratifs et d'appui**	436.7 e	623.2 e	569.6	522.6	510.1	481.5	540.3	547.0
68	Activités immobilières	4.8 e	0.2 e	0.0	0.0	0.0	0.0	0.0	0.0
69-75x72	Activités professionnelles, scientifiques et techniques, R-D scientifique exclu	115.6 e	30.5 e	32.9	36.0	49.3	35.3	38.5	42.8
72	Recherche scientifique et développement	315.5 e	592.1 e	536.0	486.1	460.8	446.1	501.6	503.8
77-82	Activités de services administratifs et d'appui	0.8 e	0.4 e	0.7	0.5	0.0	0.1	0.3	0.3
84-99	**Services collectifs, sociaux et personnels**	39.7 e	36.0 e	39.9	31.8	39.3	18.5	20.2	20.6
84-85	Administration publique et défense ; sécurité sociale obligatoire et éducation	11.4 e	11.9 e	15.9	10.2	12.3	6.6	8.7	8.3
86-88	Santé humaine et action sociale	22.3 e	21.8 e	18.6	17.8	21.7	5.7	6.8	5.6
90-93	Arts, spectacles et loisirs	4.2 e	0.2 e	0.1	0.1	0.0	0.0	0.0	1.0
94-99	Autres services ; ménages-employeurs ; organismes extra-territoriaux	1.7 e	2.1 e	5.3	3.7	5.3	6.2	4.7	5.7

.. Non disponible ; e Valeur estimée
Note : Voir les métadonnées détaillées sur : http://metalinks.oecd.org/anberd/20200813/0f11.

DANEMARK

Dépenses de R-D dans l'industrie par activité principale de l'entreprise, prix courants
CITI Rév. 4

Millions USD PPP

Code	Activité	2011	2012	2013	2014	2015	2016	2017	2018
	TOTAL ENTREPRISES	4 859.9	4 897.4	4 936.6	5 023.4	5 406.7	5 990.8	6 260.1	..
01-03	**AGRICULTURE, SYLVICULTURE ET PÊCHE**	7.0	5.8	7.1	6.5	6.7	4.2	56.3	..
05-09	**ACTIVITÉS EXTRACTIVES**	5.6	1.9	6.4	11.1	11.2	10.4	10.9	..
10-33	**ACTIVITÉS DE FABRICATION**	2 524.4	2 754.5	2 870.2	2 913.6	3 048.2	3 162.8	3 496.9	..
10-12	Produits alimentaires, boissons et tabac	69.0	81.9	64.8	54.0	64.4	72.1	79.9	..
13-15	Textiles, habillement, cuir et articles de cuir	2.4	2.7	2.7	2.7	3.1	4.3	7.6	..
13	Textiles	1.5	1.7	2.3	2.3	2.7	4.1	7.0	..
14	Articles d'habillement	..	1.0	0.5	0.4	0.5	0.3	0.5	..
15	Cuir et articles de cuir	..	0.0	0.0	0.0	0.0	0.0	0.0	..
16-18	Bois, papier, imprimerie et reproduction de supports enregistrés	5.9	4.6	46.7	7.9	3.1	2.5	5.9	..
16	Bois et articles en bois, sauf meubles	1.4	1.5	43.4	2.3	1.9	1.4	1.8	..
17	Papier et articles en papier	4.2	3.1	3.3	5.6	1.2	1.1	1.4	..
18	Imprimerie et reproduction de supports enregistrés	0.3	0.0	0.0	0.0	0.0	0.0	2.7	..
19-23	Produits pétroliers, chimiques, pharmaceutiques, caoutchouc, plastique, minéraux	1 185.8	1 418.6	1 476.6	1 541.9	1 678.3	1 870.3	1 776.6	..
19	Cokéfaction et raffinage	..	..	..	..	..	..	..	..
20-21	Industrie chimique et pharmaceutique	..	..	..	..	..	..	..	..
20	Produits chimiques	..	..	..	..	..	..	..	..
21	Préparations pharmaceutiques, chimiques (médicine) et d'herboristerie	892.2	1 065.8	1 127.2	1 162.6	1 239.0	1 484.7	1 414.4	..
22	Produits en caoutchouc et en plastique	50.3	53.8	55.0	55.8	62.4	16.5	19.7	..
23	Autres produits minéraux non métalliques	4.7	22.4	23.4	24.7	26.2	6.3	24.8	..
24-25	Produits métalliques de base et ouvrages en métaux (sauf machines et matériel)	19.5	19.8	19.8	17.5	24.1	28.0	26.3	..
24	Produits métallurgiques de base	3.1	3.2	2.9	2.9	3.3	4.5	5.9	..
25	Ouvrages en métaux (sauf machines et matériel)	16.4	16.6	16.8	14.6	20.8	23.5	20.4	..
26-30	Ordinateurs, articles électroniques et optiques ; machines et matériels de transport	1 112.5	1 079.5	1 078.1	1 081.8	1 014.6	983.6	1 398.4	..
26	Ordinateurs, articles électroniques et optiques	325.7	373.3	406.2	412.4	438.4	492.0	518.8	..
27	Matériels électriques	78.6	73.1	69.0	67.7	57.4	74.2	72.4	..
28	Machines et équipements n.c.a.	687.7	612.4	581.1	583.3	498.4	396.0	784.4	..
29	Automobiles, remorques et semi-remorques	14.9	15.3	15.6	11.6	10.8	14.3	12.4	..
30	Autres matériels de transport	5.5	5.4	6.1	6.8	9.7	7.2	10.4	..
31-33	Meubles ; réparation et installation de machines et de matériel	129.3	147.3	181.5	208.0	261.0	201.9	202.1	..
31	Meubles	6.1	4.5	4.0	5.6	6.8	7.6	8.8	..
32	Autres activités de fabrication	123.2	141.3	177.5	202.4	253.7	194.2	193.3	..
33	Réparation et installation de machines et de matériel	0.0	1.5	0.0	0.0	0.4	0.1	0.0	..
35-39	**ÉLECTRICITÉ, GAZ, EAU ET TRAITEMENT DES DÉCHETS**	37.3	13.2	12.4	13.5	27.9	19.8	23.4	..
35-36	Production et distribution d'électricité, de gaz et de l'eau	34.2	9.2	10.9	8.9	13.0	14.5	18.7	..
37-39	Assainissement, traitement des déchets et dépollution	3.1	4.0	1.5	4.6	14.9	5.3	4.6	..
41-43	**CONSTRUCTION**	5.3	5.9	7.2	5.0	5.1	6.4	5.3	..
45-99	**TOTAL SERVICES**	2 280.4	2 116.1	2 033.2	2 073.6	2 307.6	2 787.1	2 667.0	..
45-82	**Services du secteur des entreprises**	2 250.4	2 072.9	1 996.2	2 043.6	2 294.4	2 773.1	2 608.3	..
45-47	Commerce de gros et de détail ; réparations automobiles et motocycles	255.7	236.8	160.8	224.2	240.3	252.3	364.9	..
49-53	Transport et entreposage	7.5	15.6	8.9	7.8	9.3	8.9	7.9	..
55-56	Activités d'hébergement et de restauration	0.3	0.1	1.9	1.2	3.0	1.7	2.4	..
58-63	Information et communication	749.3	594.8	492.3	480.6	552.9	703.4	469.0	..
58-60	Édition, audiovisuel et diffusion	89.3	74.3	71.4	86.0	133.6	78.1	43.4	..
58	Activités d'édition	86.9	73.0	67.3	80.9	123.0	75.9	40.1	..
59-60	Activités audiovisuel et diffusion	2.5	1.3	4.1	5.0	10.7	2.2	3.3	..
59	Production de films, vidéo, programmes de télévision et d'enregistrements	2.5	1.3	4.1	3.5	9.3	2.2	1.1	..
60	Programmation et diffusion	0.0	0.0	0.0	1.5	1.4	0.0	2.2	..
61	Télécommunications	52.0	64.0	52.8	30.6	37.5	27.8	14.0	..
62-63	Technologies de l'information et informatique	607.9	456.5	368.1	364.0	381.7	597.4	411.6	..
62	Programmation informatique ; conseils et activités connexes	595.7	444.5	353.7	350.5	360.2	560.7	392.9	..
63	Services d'information	12.2	12.0	14.3	13.5	21.5	36.8	18.7	..
64-66	**Activités financières et d'assurances**	531.7	541.5	541.4	547.7	632.4	697.1	764.0	..
68-82	**Activités immobilières ; professionnelles ; services administratifs et d'appui**	705.8	684.1	790.9	782.3	856.6	1 109.6	1 000.1	..
68	Activités immobilières	1.3	3.1	6.8	2.0	2.3	2.1	8.3	..
69-75x72	Activités professionnelles, scientifiques et techniques, R-D scientifique exclu	164.9	161.7	174.9	159.1	248.8	230.5	245.0	..
72	Recherche scientifique et développement	530.1	512.2	604.6	611.2	601.9	864.8	675.2	..
77-82	Activités de services administratifs et d'appui	9.5	7.0	4.6	10.0	3.6	12.2	71.6	..
84-99	**Services collectifs, sociaux et personnels**	30.0	43.2	37.1	30.0	13.1	14.1	58.7	..
84-85	Administration publique et défense ; sécurité sociale obligatoire et éducation	..	..	..	..	..	..	..	..
86-88	Santé humaine et action sociale	..	..	..	..	..	..	..	..
90-93	Arts, spectacles et loisirs	0.1	6.1	5.2	5.0	4.4	6.8	16.4	..
94-99	Autres services ; ménages-employeurs ; organismes extra-territoriaux	29.9	29.6	31.5	24.7	8.9	7.2	42.2	..

.. Non disponible
Note : Voir les métadonnées détaillées sur : *http://metalinks.oecd.org/anberd/20200813/0f11*.

DANEMARK

Dépenses de R-D dans l'industrie par activité principale de l'entreprise, prix constants
CITI Rév. 4

2010 PPP USD

		2011	2012	2013	2014	2015	2016	2017	2018
	TOTAL ENTREPRISES	5 207.0	5 192.5	5 044.4	5 062.6	5 406.7	5 793.2	5 792.4	..
01-03	AGRICULTURE, SYLVICULTURE ET PÊCHE	7.5	6.2	7.3	6.6	6.7	4.0	52.1	..
05-09	ACTIVITÉS EXTRACTIVES	6.0	2.0	6.6	11.1	11.2	10.1	10.1	..
10-33	ACTIVITÉS DE FABRICATION	2 704.7	2 920.4	2 932.9	2 936.4	3 048.2	3 058.5	3 235.7	..
10-12	Produits alimentaires, boissons et tabac	73.9	86.9	66.2	54.5	64.4	69.7	73.9	..
13-15	Textiles, habillement, cuir et articles de cuir	2.6	2.9	2.8	2.8	3.1	4.2	7.0	..
13	Textiles	1.6	1.8	2.3	2.3	2.7	3.9	6.5	..
14	Articles d'habillement	..	1.0	0.5	0.4	0.5	0.3	0.5	..
15	Cuir et articles de cuir	..	0.0	0.0	0.0	0.0	0.0	0.0	..
16-18	Bois, papier, imprimerie et reproduction de supports enregistrés	6.3	4.9	47.7	8.0	3.1	2.4	5.4	..
16	Bois et articles en bois, sauf meubles	1.5	1.6	44.3	2.3	1.9	1.3	1.6	..
17	Papier et articles en papier	4.5	3.2	3.4	5.6	1.2	1.1	1.3	..
18	Imprimerie et reproduction de supports enregistrés	0.3	0.0	0.0	0.0	0.0	0.0	2.5	..
19-23	Produits pétroliers, chimiques, pharmaceutiques, caoutchouc, plastique, minéraux	1 270.5	1 504.1	1 508.8	1 553.9	1 678.3	1 808.6	1 643.9	..
19	Cokéfaction et raffinage	..	..	..	..	..	..	..	..
20-21	Industrie chimique et pharmaceutique	..	..	..	..	..	..	..	..
20	Produits chimiques	..	..	..	..	..	..	..	..
21	Préparations pharmaceutiques, chimiques (médicine) et d'herboristerie	955.9	1 130.1	1 151.8	1 171.6	1 239.0	1 435.7	1 308.8	..
22	Produits en caoutchouc et en plastique	53.9	57.0	56.2	56.2	62.4	16.0	18.2	..
23	Autres produits minéraux non métalliques	5.0	23.8	24.0	24.9	26.2	6.1	23.0	..
24-25	Produits métalliques de base et ouvrages en métaux (sauf machines et matériel)	20.9	21.0	20.2	17.6	24.1	27.1	24.4	..
24	Produits métallurgiques de base	3.4	3.4	3.0	2.9	3.3	4.3	5.5	..
25	Ouvrages en métaux (sauf machines et matériel)	17.6	17.6	17.2	14.7	20.8	22.8	18.9	..
26-30	Ordinateurs, articles électroniques et optiques ; machines et matériels de transport	1 191.9	1 144.5	1 101.6	1 090.2	1 014.6	951.2	1 294.0	..
26	Ordinateurs, articles électroniques et optiques	348.9	395.8	415.1	415.6	438.4	475.8	480.1	..
27	Matériels électriques	84.3	77.5	70.6	68.2	57.4	71.7	67.0	..
28	Machines et équipements n.c.a.	736.8	649.3	593.8	587.9	498.4	383.0	725.8	..
29	Automobiles, remorques et semi-remorques	16.0	16.2	16.0	11.7	10.8	13.8	11.5	..
30	Autres matériels de transport	5.9	5.7	6.2	6.9	9.7	7.0	9.7	..
31-33	Meubles ; réparation et installation de machines et de matériel	138.6	156.1	185.5	209.6	261.0	195.3	187.0	..
31	Meubles	6.5	4.7	4.1	5.6	6.8	7.3	8.2	..
32	Autres activités de fabrication	132.0	149.8	181.4	203.9	253.7	187.8	178.8	..
33	Réparation et installation de machines et de matériel	0.0	1.6	0.0	0.0	0.4	0.1	0.0	..
35-39	ÉLECTRICITÉ, GAZ, EAU ET TRAITEMENT DES DÉCHETS	40.0	14.0	12.7	13.6	27.9	19.2	21.6	..
35-36	Production et distribution d'électricité, de gaz et de l'eau	36.6	9.8	11.2	8.9	13.0	14.1	17.3	..
37-39	Assainissement, traitement des déchets et dépollution	3.3	4.2	1.5	4.7	14.9	5.1	4.3	..
41-43	CONSTRUCTION	5.7	6.3	7.3	5.1	5.1	6.2	4.9	..
45-99	**TOTAL SERVICES**	2 443.3	2 243.6	2 077.7	2 089.8	2 307.6	2 695.2	2 467.8	..
45-82	Services du secteur des entreprises	2 411.1	2 197.8	2 039.8	2 059.6	2 294.4	2 681.6	2 413.5	..
45-47	Commerce de gros et de détail ; réparations automobiles et motocycles	274.0	251.1	164.3	225.9	240.3	244.0	337.7	..
49-53	Transport et entreposage	8.1	16.6	9.1	7.8	9.3	8.6	7.3	..
55-56	Activités d'hébergement et de restauration	0.4	0.1	1.9	1.2	3.0	1.7	2.2	..
58-63	Information et communication	802.8	630.6	503.0	484.3	552.9	680.2	433.9	..
58-60	Édition, audiovisuel et diffusion	95.7	78.8	73.0	86.6	133.6	75.6	40.1	..
58	Activités d'édition	93.1	77.4	68.7	81.5	123.0	73.4	37.1	..
59-60	Activités audiovisuel et diffusion	2.7	1.4	4.2	5.1	10.7	2.2	3.0	..
59	Production de films, vidéo, programmes de télévision et d'enregistrements	2.7	1.4	4.2	3.6	9.3	2.2	1.0	..
60	Programmation et diffusion	0.0	0.0	0.0	1.5	1.4	0.0	2.0	..
61	Télécommunications	55.7	67.9	54.0	30.8	37.5	26.9	12.9	..
62-63	Technologies de l'information et informatique	651.3	484.0	376.1	366.9	381.7	577.7	380.9	..
62	Programmation informatique ; conseils et activités connexes	638.3	471.3	361.5	353.3	360.2	542.2	363.6	..
63	Services d'information	13.1	12.7	14.6	13.6	21.5	35.6	17.3	..
64-66	**Activités financières et d'assurances**	569.7	574.1	553.3	552.0	632.4	674.1	706.9	..
68-82	**Activités immobilières ; professionnelles ; services administratifs et d'appui**	756.2	725.3	808.2	788.4	856.6	1 073.0	925.4	..
68	Activités immobilières	1.4	3.3	6.9	2.1	2.3	2.0	7.7	..
69-75x72	Activités professionnelles, scientifiques et techniques, R-D scientifique exclu	176.7	171.5	178.7	160.3	248.8	222.9	226.7	..
72	Recherche scientifique et développement	568.0	543.0	617.8	615.9	601.9	836.3	624.7	..
77-82	Activités de services administratifs et d'appui	10.2	7.5	4.7	10.0	3.6	11.8	66.3	..
84-99	Services collectifs, sociaux et personnels	32.1	45.8	37.9	30.3	13.1	13.6	54.3	..
84-85	Administration publique et défense ; sécurité sociale obligatoire et éducation	..	..	..	..	..	..	..	..
86-88	Santé humaine et action sociale	..	..	..	..	..	..	..	..
90-93	Arts, spectacles et loisirs	0.1	6.5	5.3	5.1	4.4	6.5	15.2	..
94-99	Autres services ; ménages-employeurs ; organismes extra-territoriaux	32.1	31.4	32.2	24.9	8.9	7.0	39.1	..

.. Non disponible

Note : Voir les métadonnées détaillées sur : *http://metalinks.oecd.org/anberd/20200813/0f11*.

ESTONIE

Dépenses de R-D dans l'industrie par activité principale de l'entreprise, prix courants
CITI Rév. 4

Millions USD PPP

Code	Activité	2011	2012	2013	2014	2015	2016	2017	2018
	TOTAL ENTREPRISES	**474.7**	**420.3**	**297.8**	**236.9**	**259.5**	**263.7**	**269.1**	..
01-03	AGRICULTURE, SYLVICULTURE ET PÊCHE	0.1	..	..	..	0.0	0.0	0.0	..
05-09	ACTIVITÉS EXTRACTIVES	..	..	..	..	..	..	..	..
10-33	**ACTIVITÉS DE FABRICATION**	**302.8**	**182.3**	**102.9**	**51.0**	**70.0**	**65.0**	**79.6**	..
10-12	Produits alimentaires, boissons et tabac	2.7	2.6	9.0	6.0	6.3	10.2	3.4	..
13-15	Textiles, habillement, cuir et articles de cuir	1.0	0.9	1.0	1.2	1.2	1.0	1.0	..
13	Textiles	..	..	..	..	..	..	..	..
14	Articles d'habillement	..	..	..	..	..	..	..	..
15	Cuir et articles de cuir	..	..	..	..	..	..	..	..
16-18	Bois, papier, imprimerie et reproduction de supports enregistrés	1.1	0.2	0.6	0.1	1.1	0.6	0.2	..
16	Bois et articles en bois, sauf meubles	..	..	0.6	0.1	0.0	0.3	0.2	..
17	Papier et articles en papier	0.0	0.0	0.0	0.0	0.0	0.0	0.0	..
18	Imprimerie et reproduction de supports enregistrés	..	..	0.0	0.0	1.0	0.3	0.0	..
19-23	Produits pétroliers, chimiques, pharmaceutiques, caoutchouc, plastique, minéraux								
19	Cokéfaction et raffinage	263.9	146.3	64.5	9.1	22.2	1.5	8.6	..
20-21	Industrie chimique et pharmaceutique	9.2	8.5	6.7	5.9	6.3	5.1	5.4	..
20	Produits chimiques	3.0	6.8	4.8	3.7	4.6	4.3	4.0	..
21	Préparations pharmaceutiques, chimiques (médicine) et d'herboristerie	6.2	1.7	1.9	2.1	1.6	0.8	1.4	..
22	Produits en caoutchouc et en plastique	1.7	1.6	0.8	7.6	0.4	0.7	1.0	..
23	Autres produits minéraux non métalliques	..	..	..	..	..	..	..	..
24-25	Produits métalliques de base et ouvrages en métaux (sauf machines et matériel)	0.7	0.4	..	..	..	..	..	..
24	Produits métallurgiques de base	0.0	0.0	..	..	..	..	..	..
25	Ouvrages en métaux (sauf machines et matériel)	0.7	0.4	1.6	1.4	0.9	1.0	1.0	..
26-30	Ordinateurs, articles électroniques et optiques ; machines et matériels de transport	19.2	18.7	16.0	16.7	29.4	42.2	56.3	..
26	Ordinateurs, articles électroniques et optiques	5.7	4.5	5.0	8.0	12.4	17.0	26.2	..
27	Matériels électriques	7.9	8.4	3.4	4.7	9.1	10.3	19.0	..
28	Machines et équipements n.c.a.	1.6	1.4	5.2	1.2	1.6	3.0	6.4	..
29	Automobiles, remorques et semi-remorques	3.7	4.4	2.3	2.8	3.3	8.6	4.7	..
30	Autres matériels de transport	..	..	..	..	..	..	..	..
31-33	Meubles ; réparation et installation de machines et de matériel	3.0	..	2.2	..	..	..	..	..
31	Meubles	0.4	0.6	0.4	..	..	..	..	..
32	Autres activités de fabrication	2.4	1.6	1.5	1.5	0.6	1.3	1.5	..
33	Réparation et installation de machines et de matériel	0.1	..	0.4	0.2	0.2	0.4	0.0	..
35-39	**ÉLECTRICITÉ, GAZ, EAU ET TRAITEMENT DES DÉCHETS**	**23.7**	**33.0**	**9.6**	**25.2**	**15.4**	**16.4**	**16.2**	..
35-36	Production et distribution d'électricité, de gaz et de l'eau	..	..	..	..	..	..	..	..
37-39	Assainissement, traitement des déchets et dépollution	..	..	..	..	..	..	..	..
41-43	**CONSTRUCTION**	**0.7**	**5.9**	..	..	..	**1.1**	**2.2**	..
45-99	**TOTAL SERVICES**	**147.0**	**198.7**	**181.1**	**155.0**	**173.3**	**175.4**	**170.5**	..
45-82	**Services du secteur des entreprises**	**144.5**	**196.2**	**178.9**	**151.1**	**170.9**	**175.0**	**170.3**	..
45-47	Commerce de gros et de détail ; réparations automobiles et motocycles	2.9	3.3	2.7	2.7	0.2	2.4	4.2	..
49-53	Transport et entreposage	..	..	..	..	..	..	..	..
55-56	Activités d'hébergement et de restauration	0.0	0.0	0.0	0.0	0.0	0.0	0.0	..
58-63	Information et communication	68.9	101.0	85.2	71.6	93.9	105.1	93.2	..
58-60	Édition, audiovisuel et diffusion	..	..	..	..	..	..	..	..
58	Activités d'édition	..	..	..	..	..	..	..	..
59-60	Activités audiovisuel et diffusion	0.0	0.0	0.0	0.0	0.0	0.0	0.0	..
59	Production de films, vidéo, programmes de télévision et d'enregistrements	0.0	0.0	0.0	0.0	0.0	0.0	0.0	..
60	Programmation et diffusion	0.0	0.0	0.0	0.0	0.0	0.0	0.0	..
61	Télécommunications	11.5	25.0	11.9	10.8	10.1	13.8	16.6	..
62-63	Technologies de l'information et informatique	57.3	75.9	..	..	..	..	..	..
62	Programmation informatique ; conseils et activités connexes	54.6	73.2	69.6	59.4	78.1	85.1	70.6	..
63	Services d'information	2.7	2.7	..	..	..	..	..	..
64-66	**Activités financières et d'assurances**	**22.5**	**22.5**	**25.4**	**25.1**	**24.5**	**23.2**	**30.0**	..
68-82	**Activités immobilières ; professionnelles ; services administratifs et d'appui**	**49.4**	**69.4**	**65.4**	**50.0**	**49.9**	**39.8**	**38.5**	..
68	Activités immobilières	0.0	0.0	0.0	0.0	0.0	0.0	0.0	..
69-75x72	Activités professionnelles, scientifiques et techniques, R-D scientifique exclu	7.9	11.2	10.8	9.6	11.2	9.2	2.6	..
72	Recherche scientifique et développement	40.5	57.5	54.1	40.2	33.3	30.5	34.4	..
77-82	Activités de services administratifs et d'appui	..	..	..	..	..	..	..	..
84-99	**Services collectifs, sociaux et personnels**	**2.6**	**2.5**	**2.2**	**3.9**	**2.5**	**0.4**	**0.2**	..
84-85	Administration publique et défense ; sécurité sociale obligatoire et éducation	0.0	0.0	0.0	0.0	0.0	0.1	0.0	..
86-88	Santé humaine et action sociale	2.6	2.5	2.2	3.9	2.5	0.3	0.2	..
90-93	Arts, spectacles et loisirs	0.0	0.0	0.0	0.0	0.0	0.0	0.0	..
94-99	Autres services ; ménages-employeurs ; organismes extra-territoriaux	0.0	0.0	0.0	0.0	0.0	0.0	0.0	..

.. Non disponible

Note : Voir les métadonnées détaillées sur : http://metalinks.oecd.org/anberd/20200813/0f11.

ESTONIE

Dépenses de R-D dans l'industrie par activité principale de l'entreprise, prix constants
CITI Rév. 4

2010 PPP USD

		2011	2012	2013	2014	2015	2016	2017	2018
	TOTAL ENTREPRISES	**509.1**	**441.3**	**301.4**	**234.9**	**259.5**	**254.7**	**253.5**	..
01-03	**AGRICULTURE, SYLVICULTURE ET PÊCHE**	**0.1**	..	..	..	**0.0**	**0.0**	**0.0**	..
05-09	**ACTIVITÉS EXTRACTIVES**	..	..	..	..	..	..	..	..
10-33	**ACTIVITÉS DE FABRICATION**	**324.7**	**191.4**	**104.1**	**50.6**	**70.0**	**62.8**	**75.0**	..
10-12	Produits alimentaires, boissons et tabac	2.9	2.7	9.1	5.9	6.3	9.9	3.2	..
13-15	Textiles, habillement, cuir et articles de cuir	1.1	0.9	1.0	1.2	1.2	1.0	1.0	..
13	Textiles	..	..	..	..	..	..	..	..
14	Articles d'habillement	..	..	..	..	..	..	..	..
15	Cuir et articles de cuir	..	..	..	..	..	..	..	..
16-18	Bois, papier, imprimerie et reproduction de supports enregistrés	1.2	0.2	0.6	0.1	1.1	0.6	0.2	..
16	Bois et articles en bois, sauf meubles	..	..	0.6	0.1	0.0	0.2	0.2	..
17	Papier et articles en papier	0.0	0.0	0.0	0.0	0.0	0.0	0.0	..
18	Imprimerie et reproduction de supports enregistrés	..	..	0.0	0.0	1.0	0.3	0.0	..
19-23	Produits pétroliers, chimiques, pharmaceutiques, caoutchouc, plastique, minéraux								
19	Cokéfaction et raffinage	283.0	153.6	65.3	9.0	22.2	1.5	8.1	..
20-21	Industrie chimique et pharmaceutique	9.9	9.0	6.8	5.8	6.3	4.9	5.1	..
20	Produits chimiques	3.2	7.1	4.8	3.7	4.6	4.1	3.8	..
21	Préparations pharmaceutiques, chimiques (médicine) et d'herboristerie	6.7	1.8	1.9	2.1	1.6	0.8	1.3	..
22	Produits en caoutchouc et en plastique	1.9	1.7	0.8	7.5	0.4	0.7	0.9	..
23	Autres produits minéraux non métalliques	..	..	..	..	..	..	..	..
24-25	Produits métalliques de base et ouvrages en métaux (sauf machines et matériel)	0.8	0.5	..	..	..	..	..	..
24	Produits métallurgiques de base	0.0	0.0	..	..	..	..	..	..
25	Ouvrages en métaux (sauf machines et matériel)	0.8	0.5	1.7	1.4	0.9	0.9	1.0	..
26-30	Ordinateurs, articles électroniques et optiques ; machines et matériels de transport	20.6	19.7	16.2	16.5	29.4	40.8	53.1	..
26	Ordinateurs, articles électroniques et optiques	6.1	4.7	5.1	7.9	12.4	16.4	24.7	..
27	Matériels électriques	8.5	8.8	3.5	4.7	9.1	9.9	17.9	..
28	Machines et équipements n.c.a.	1.7	1.5	5.3	1.2	1.6	2.9	6.0	..
29	Automobiles, remorques et semi-remorques	4.0	4.6	2.3	2.7	3.3	8.3	4.4	..
30	Autres matériels de transport	..	..	..	..	..	..	..	..
31-33	Meubles ; réparation et installation de machines et de matériel	3.2	..	2.2	..	..	..	..	..
31	Meubles	0.5	0.6	0.4	..	..	..	..	..
32	Autres activités de fabrication	2.6	1.6	1.5	1.5	0.6	1.3	1.4	..
33	Réparation et installation de machines et de matériel	0.1	..	0.4	0.2	0.2	0.4	0.0	..
35-39	**ÉLECTRICITÉ, GAZ, EAU ET TRAITEMENT DES DÉCHETS**	**25.5**	**34.6**	**9.7**	**25.0**	**15.4**	**15.9**	**15.2**	..
35-36	Production et distribution d'électricité, de gaz et de l'eau	..	..	..	..	..	..	..	..
37-39	Assainissement, traitement des déchets et dépollution	..	..	..	..	..	..	..	..
41-43	**CONSTRUCTION**	**0.7**	**6.2**	..	..	..	**1.0**	**2.1**	..
45-99	**TOTAL SERVICES**	**157.7**	**208.6**	**183.2**	**153.7**	**173.3**	**169.4**	**160.6**	..
45-82	**Services du secteur des entreprises**	**155.0**	**206.0**	**181.0**	**149.8**	**170.9**	**169.0**	**160.4**	..
45-47	Commerce de gros et de détail ; réparations automobiles et motocycles	3.1	3.4	2.8	2.7	0.2	2.3	3.9	..
49-53	Transport et entreposage	..	..	..	..	..	..	..	..
55-56	Activités d'hébergement et de restauration	0.0	0.0	0.0	0.0	0.0	0.0	0.0	..
58-63	Information et communication	73.9	106.1	86.2	70.9	93.9	101.5	87.8	..
58-60	Édition, audiovisuel et diffusion	..	..	..	..	..	..	..	..
58	Activités d'édition	..	..	..	..	..	..	..	..
59-60	Activités audiovisuel et diffusion	0.0	0.0	0.0	0.0	0.0	0.0	0.0	..
59	Production de films, vidéo, programmes de télévision et d'enregistrements	0.0	0.0	0.0	0.0	0.0	0.0	0.0	..
60	Programmation et diffusion	0.0	0.0	0.0	0.0	0.0	0.0	0.0	..
61	Télécommunications	12.4	26.3	12.0	10.7	10.1	13.3	15.6	..
62-63	Technologies de l'information et informatique	61.4	79.7	..	..	..	..	..	..
62	Programmation informatique ; conseils et activités connexes	58.5	76.9	70.5	58.8	78.1	82.2	66.5	..
63	Services d'information	2.9	2.9	..	..	..	..	..	..
64-66	**Activités financières et d'assurances**	**24.1**	**23.6**	**25.7**	**24.9**	**24.5**	**22.4**	**28.2**	..
68-82	**Activités immobilières ; professionnelles ; services administratifs et d'appui**	**52.9**	**72.9**	**66.1**	**49.6**	**49.9**	**38.4**	**36.3**	..
68	Activités immobilières	0.0	0.0	0.0	0.0	0.0	0.0	0.0	..
69-75x72	Activités professionnelles, scientifiques et techniques, R-D scientifique exclu	8.5	11.8	10.9	9.5	11.2	8.9	2.5	..
72	Recherche scientifique et développement	43.4	60.4	54.7	39.8	33.3	29.4	32.4	..
77-82	Activités de services administratifs et d'appui	..	..	..	..	..	..	..	..
84-99	Services collectifs, sociaux et personnels	2.8	2.6	2.2	3.9	2.5	0.4	0.2	..
84-85	Administration publique et défense ; sécurité sociale obligatoire et éducation	0.0	0.0	0.0	0.0	0.0	0.1	0.0	..
86-88	Santé humaine et action sociale	2.8	2.6	2.2	3.9	2.5	0.3	0.2	..
90-93	Arts, spectacles et loisirs	0.0	0.0	0.0	0.0	0.0	0.0	0.0	..
94-99	Autres services ; ménages-employeurs ; organismes extra-territoriaux	0.0	0.0	0.0	0.0	0.0	0.0	0.0	..

.. Non disponible

Note : Voir les métadonnées détaillées sur : *http://metalinks.oecd.org/anberd/20200813/0f11*.

FINLANDE

Dépenses de R-D dans l'industrie par activité principale de l'entreprise, prix courants
CITI Rév. 4

Millions USD PPP

Code	Activité	2011	2012	2013	2014	2015	2016	2017	2018
	TOTAL ENTREPRISES	**5 620.3**	**5 167.9**	**5 083.5**	**4 860.5**	**4 459.8**	**4 428.8**	**4 665.1**	..
01-03	AGRICULTURE, SYLVICULTURE ET PÊCHE	5.5	2.0	3.2	1.7	1.8	1.9	5.0	..
05-09	ACTIVITÉS EXTRACTIVES	9.3	10.9	9.4	6.9	7.5	10.6	19.3	..
10-33	ACTIVITÉS DE FABRICATION	4 318.3	3 728.4	3 626.2	3 446.2	2 992.9	2 845.7	2 918.4	..
10-12	Produits alimentaires, boissons et tabac	71.5	65.6	75.7	78.2	66.7	55.1	66.7	..
13-15	Textiles, habillement, cuir et articles de cuir	7.6	5.4	7.0	9.7	12.2	8.6	7.1	..
13	Textiles	1.0 e	0.8 e	1.7 e	0.7 e	4.4	5.4	4.1	..
14	Articles d'habillement	6.5 e	4.5 e	5.1 e	9.0 e	7.6	3.1 e	3.0 e	..
15	Cuir et articles de cuir	0.1 e	0.1 e	0.1 e	0.0 e	0.1	0.0 e	0.0 e	..
16-18	Bois, papier, imprimerie et reproduction de supports enregistrés	101.1	109.1	105.0	99.8	114.4	114.4	118.2	..
16	Bois et articles en bois, sauf meubles	10.7	8.5	8.4	8.8	5.6	9.5	9.8	..
17	Papier et articles en papier	84.5	94.3	90.0	85.0	99.5	96.9	99.9	..
18	Imprimerie et reproduction de supports enregistrés	5.8	6.4	6.6	6.0	9.3	8.1	8.5	..
19-23	Produits pétroliers, chimiques, pharmaceutiques, caoutchouc, plastique, minéraux	390.1 e	385.0 e	385.5 e	363.5 e	387.6 e	427.2 e	449.4 e	..
19	Cokéfaction et raffinage	45.6 e	41.9 e	41.4 e	28.7 e	38.6 e	42.6 e	44.8 e	..
20-21	Industrie chimique et pharmaceutique	273.6	267.2	273.8	264.3	276.9	307.4	309.2	..
20	Produits chimiques	143.5	117.1	141.4	115.8	133.7	144.5	138.3	..
21	Préparations pharmaceutiques, chimiques (médicine) et d'herboristerie	130.1	150.1	132.4	148.5	143.3	162.9	170.9	..
22	Produits en caoutchouc et en plastique	37.2	38.6	40.0	38.0	41.1	43.8	63.8	..
23	Autres produits minéraux non métalliques	33.7	37.3	30.3	32.4	31.0	33.4	31.6	..
24-25	Produits métalliques de base et ouvrages en métaux (sauf machines et matériel)	108.3	98.9	93.6	82.1	81.3	81.5	94.0	..
24	Produits métallurgiques de base	56.4	51.9	44.7	35.6	41.2	41.5	36.6	..
25	Ouvrages en métaux (sauf machines et matériel)	51.9	47.0	48.8	46.5	40.1	40.0	57.4	..
26-30	Ordinateurs, articles électroniques et optiques ; machines et matériels de transport	3 604.0	3 023.4	2 926.6	2 783.4	2 301.1	2 123.3	2 148.7	..
26	Ordinateurs, articles électroniques et optiques	2 794.6	2 097.5	1 966.8	1 916.4	1 507.0	1 318.0	1 292.5	..
27	Matériels électriques	289.4	318.4	331.7	334.4	258.7	253.5	257.8	..
28	Machines et équipements n.c.a.	444.2	518.7	557.1	487.8	471.2	471.0	507.4	..
29	Automobiles, remorques et semi-remorques	22.9	23.2	27.8	28.3	44.0	46.0	49.9	..
30	Autres matériels de transport	52.9	65.5	43.1	16.4	20.3	35.0	41.0	..
31-33	Meubles ; réparation et installation de machines et de matériel	35.8 e	40.9 e	32.9 e	29.6 e	29.6 e	35.6 e	34.2 e	..
31	Meubles	8.5	9.7	7.5	6.8	5.3	4.2	8.1	..
32	Autres activités de fabrication	15.4	20.3	14.7	15.3	14.3	20.3	14.5	..
33	Réparation et installation de machines et de matériel	11.8 e	10.9	10.7 e	7.5 e	10.0 e	11.1 e	11.6 e	..
35-39	ÉLECTRICITÉ, GAZ, EAU ET TRAITEMENT DES DÉCHETS	57.4	62.4	53.5	40.6	44.4	73.7	71.7	..
35-36	Production et distribution d'électricité, de gaz et de l'eau	26.0	33.7	27.7	21.1	23.7	51.4	67.4	..
37-39	Assainissement, traitement des déchets et dépollution	31.4	28.7	25.7	19.6	20.7	22.2	4.3	..
41-43	CONSTRUCTION	55.3	56.5	50.4	87.9	111.1	115.6	136.2	..
45-99	**TOTAL SERVICES**	**1 174.5**	**1 307.7**	**1 340.9**	**1 277.3**	**1 302.1**	**1 381.5**	**1 514.5**	..
45-82	Services du secteur des entreprises	1 153.6	1 278.5	1 315.6	1 248.3	1 271.4	1 345.2	1 484.2	..
45-47	Commerce de gros et de détail ; réparations automobiles et motocycles	101.7	129.0	93.4	79.4	96.1	101.5	86.4	..
49-53	Transport et entreposage	17.3	19.6	17.2	16.1	18.6	17.3	13.9	..
55-56	Activités d'hébergement et de restauration	0.7	1.1	0.5 e	0.1 e	0.1 e	0.1 e	0.3 e	..
58-63	Information et communication	500.5	514.4	602.6	563.4	604.4	657.0	795.8	..
58-60	Édition, audiovisuel et diffusion	64.4	64.0	75.2	90.2	94.1	68.4	128.2	..
58	Activités d'édition	61.3	62.2	74.1	86.6	91.0	65.8	125.4	..
59-60	Activités audiovisuel et diffusion	3.1	1.8	1.1	3.5	3.2	2.5	2.8	..
59	Production de films, vidéo, programmes de télévision et d'enregistrements	..	..	..	..	..	..	..	..
60	Programmation et diffusion	..	..	..	..	..	..	..	..
61	Télécommunications	42.3	27.4	38.8	40.0	34.9	35.0	30.9	..
62-63	Technologies de l'information et informatique	393.8	423.0	488.6	433.3	475.3	553.6	636.7	..
62	Programmation informatique ; conseils et activités connexes	383.3	416.9	473.4	409.9	455.4	530.7	555.8	..
63	Services d'information	10.5	6.1	15.2	23.4	19.8	22.9	80.9	..
64-66	Activités financières et d'assurances	79.3	94.8	75.6	103.7	139.5	109.1	135.1	..
68-82	Activités immobilières ; professionnelles ; services administratifs et d'appui	454.1	519.6	526.3 e	485.7 e	412.7 e	460.3 e	452.6 e	..
68	Activités immobilières	3.1	3.2	1.4 e	0.2 e	0.3 e	0.2 e	0.9 e	..
69-75x72	Activités professionnelles, scientifiques et techniques, R-D scientifique exclu	170.0	192.3	154.1	140.4	190.1	188.1	178.0	..
72	Recherche scientifique et développement	276.4	318.8	367.1	338.1	216.6	260.5	268.7	..
77-82	Activités de services administratifs et d'appui	4.5	5.3	3.5	6.8	5.7	11.6	5.1	..
84-99	Services collectifs, sociaux et personnels	21.0	29.2	25.3	29.0	30.7	36.4	30.3	..
84-85	Administration publique et défense ; sécurité sociale obligatoire et éducation	1.4 e	3.3	1.4	1.9 e	0.0	0.1	0.1 e	..
86-88	Santé humaine et action sociale	3.0	4.0	5.3	2.2	2.9	3.2	4.2	..
90-93	Arts, spectacles et loisirs	13.2 e	16.8	16.7	22.5	26.2	31.7	24.5 e	..
94-99	Autres services ; ménages-employeurs ; organismes extra-territoriaux	3.4 e	5.1	1.9	2.4 e	1.5	1.5	1.6	..

.. Non disponible ; e Valeur estimée
Note : Voir les métadonnées détaillées sur : *http://metalinks.oecd.org/anberd/20200813/0f11*.

FINLANDE

Dépenses de R-D dans l'industrie par activité principale de l'entreprise, prix constants
CITI Rév. 4

2010 PPP USD

		2011	2012	2013	2014	2015	2016	2017	2018
	TOTAL ENTREPRISES	6 068.9	5 482.1	5 239.9	4 939.7	4 459.8	4 291.3	4 397.9	..
01-03	**AGRICULTURE, SYLVICULTURE ET PÊCHE**	5.9	2.1	3.3	1.7	1.8	1.9	4.7	..
05-09	**ACTIVITÉS EXTRACTIVES**	10.0	11.5	9.7	7.1	7.5	10.2	18.2	..
10-33	**ACTIVITÉS DE FABRICATION**	4 662.9	3 955.1	3 737.8	3 502.3	2 992.9	2 757.3	2 751.2	..
10-12	Produits alimentaires, boissons et tabac	77.2	69.6	78.0	79.4	66.7	53.3	62.9	..
13-15	Textiles, habillement, cuir et articles de cuir	8.2	5.8	7.2	9.9	12.2	8.4	6.7	..
13	Textiles	1.1 e	0.8 e	1.8 e	0.7 e	4.4	5.3	3.8	..
14	Articles d'habillement	7.0 e	4.8 e	5.3 e	9.1 e	7.6	3.0 e	2.8 e	..
15	Cuir et articles de cuir	0.1 e	0.1 e	0.1 e	0.0 e	0.1	0.0 e	0.0 e	..
16-18	Bois, papier, imprimerie et reproduction de supports enregistrés	109.1	115.8	108.3	101.4	114.4	110.9	111.5	..
16	Bois et articles en bois, sauf meubles	11.5	9.0	8.7	9.0	5.6	9.2	9.3	..
17	Papier et articles en papier	91.3	100.0	92.8	86.4	99.5	93.9	94.2	..
18	Imprimerie et reproduction de supports enregistrés	6.3	6.8	6.8	6.0	9.3	7.8	8.0	..
19-23	Produits pétroliers, chimiques, pharmaceutiques, caoutchouc, plastique, minéraux	421.2 e	408.4 e	397.3 e	369.4 e	387.6 e	413.9 e	423.7 e	..
19	Cokéfaction et raffinage	49.2 e	44.5 e	42.7 e	29.2 e	38.6 e	41.3 e	42.2 e	..
20-21	Industrie chimique et pharmaceutique	295.4	283.5	282.2	268.6	276.9	297.8	291.5	..
20	Produits chimiques	154.9	124.2	145.7	117.7	133.7	140.0	130.4	..
21	Préparations pharmaceutiques, chimiques (médicine) et d'herboristerie	140.5	159.3	136.5	150.9	143.3	157.8	161.1	..
22	Produits en caoutchouc et en plastique	40.2	40.9	41.2	38.6	41.1	42.5	60.2	..
23	Autres produits minéraux non métalliques	36.4	39.5	31.2	32.9	31.0	32.3	29.8	..
24-25	Produits métalliques de base et ouvrages en métaux (sauf machines et matériel)	116.9	104.9	96.4	83.5	81.3	79.0	88.6	..
24	Produits métallurgiques de base	60.9	55.1	46.1	36.2	41.2	40.3	34.5	..
25	Ouvrages en métaux (sauf machines et matériel)	56.0	49.9	50.3	47.3	40.1	38.7	54.2	..
26-30	Ordinateurs, articles électroniques et optiques ; machines et matériels de transport	3 891.7	3 207.2	3 016.6	2 828.7	2 301.1	2 057.4	2 025.6	..
26	Ordinateurs, articles électroniques et optiques	3 017.6	2 225.0	2 027.4	1 947.7	1 507.0	1 277.0	1 218.5	..
27	Matériels électriques	312.5	337.8	341.9	339.9	258.7	245.6	243.0	..
28	Machines et équipements n.c.a.	479.6	550.3	574.3	495.7	471.2	456.3	478.3	..
29	Automobiles, remorques et semi-remorques	24.7	24.7	28.7	28.8	44.0	44.5	47.1	..
30	Autres matériels de transport	57.2	69.5	44.4	16.7	20.3	33.9	38.6	..
31-33	Meubles ; réparation et installation de machines et de matériel	38.6 e	43.4 e	34.0 e	30.1 e	29.6 e	34.5 e	32.2 e	..
31	Meubles	9.2	10.3	7.7	6.9	5.3	4.1	7.6	..
32	Autres activités de fabrication	16.6	21.6	15.1	15.6	14.3	19.7	13.6	..
33	Réparation et installation de machines et de matériel	12.8 e	11.5 e	11.1 e	7.6 e	10.0 e	10.7 e	11.0 e	..
35-39	**ÉLECTRICITÉ, GAZ, EAU ET TRAITEMENT DES DÉCHETS**	62.0	66.2	55.1	41.2	44.4	71.4	67.6	..
35-36	Production et distribution d'électricité, de gaz et de l'eau	28.1	35.8	28.6	21.4	23.7	49.8	63.5	..
37-39	Assainissement, traitement des déchets et dépollution	33.9	30.4	26.5	19.9	20.7	21.6	4.0	..
41-43	**CONSTRUCTION**	59.7	59.9	51.9	89.3	111.1	112.0	128.4	..
45-99	**TOTAL SERVICES**	1 268.3	1 387.2	1 382.2	1 298.1	1 302.1	1 338.6	1 427.8	..
45-82	Services du secteur des entreprises	1 245.6	1 356.3	1 356.1	1 268.7	1 271.4	1 303.4	1 399.2	..
45-47	Commerce de gros et de détail ; réparations automobiles et motocycles	109.8	136.9	96.3	80.7	96.1	98.3	81.4	..
49-53	Transport et entreposage	18.7	20.8	17.8	16.4	18.6	16.7	13.1	..
55-56	Activités d'hébergement et de restauration	0.7	1.2	0.5 e	0.1 e	0.1 e	0.1 e	0.3 e	..
58-63	Information et communication	540.4	545.7	621.2	572.6	604.4	636.6	750.2	..
58-60	Édition, audiovisuel et diffusion	69.5	67.9	77.5	91.6	94.1	66.3	120.9	..
58	Activités d'édition	66.2	66.0	76.4	88.1	91.0	63.8	118.2	..
59-60	Activités audiovisuel et diffusion	3.4	1.9	1.1	3.6	3.2	2.4	2.6	..
59	Production de films, vidéo, programmes de télévision et d'enregistrements	..	..	..	..	..	..	..	..
60	Programmation et diffusion	..	..	..	..	..	..	..	..
61	Télécommunications	45.6	29.1	40.0	40.7	34.9	33.9	29.1	..
62-63	Technologies de l'information et informatique	425.2	448.7	503.7	440.4	475.3	536.4	600.2	..
62	Programmation informatique ; conseils et activités connexes	413.9	442.2	488.0	416.6	455.4	514.2	523.9	..
63	Services d'information	11.3	6.5	15.7	23.7	19.8	22.2	76.3	..
64-66	**Activités financières et d'assurances**	85.7	100.6	77.9	105.4	139.5	105.7	127.4	..
68-82	**Activités immobilières ; professionnelles ; services administratifs et d'appui**	490.3	551.2	542.5 e	493.6 e	412.7 e	446.0 e	426.7 e	..
68	Activités immobilières	3.3	3.4	1.4 e	0.3 e	0.3 e	0.2 e	0.8 e	..
69-75x72	Activités professionnelles, scientifiques et techniques, R-D scientifique exclu	183.6	204.0	158.8	142.7	190.1	182.2	167.8	..
72	Recherche scientifique et développement	298.5	338.1	378.4	343.6	216.6	252.4	253.3	..
77-82	Activités de services administratifs et d'appui	4.9	5.7	3.6	6.9	5.7	11.2	4.8	..
84-99	Services collectifs, sociaux et personnels	22.7	30.9	26.1	29.5	30.7	35.3	28.6	..
84-85	Administration publique et défense ; sécurité sociale obligatoire et éducation	1.5 e	3.5	1.5	1.9 e	0.0	0.1	0.1 e	..
86-88	Santé humaine et action sociale	3.3	4.2	5.5	2.2	2.9	3.1	3.9	..
90-93	Arts, spectacles et loisirs	14.2 e	17.8	17.2	22.9	26.2	30.7	23.1 e	..
94-99	Autres services ; ménages-employeurs ; organismes extra-territoriaux	3.6 e	5.4	1.9	2.5 e	1.5	1.4	1.5	..

.. Non disponible ; e Valeur estimée
Note : Voir les métadonnées détaillées sur : http://metalinks.oecd.org/anberd/20200813/0f11.

FINLANDE

Dépenses de R-D dans l'industrie par orientation sectorielle, prix courants
CITI Rév. 4

Millions USD PPP

		2011	2012	2013	2014	2015	2016	2017	2018
	TOTAL ENTREPRISES	**5 620.3**	**5 167.9**	**5 083.5**	**4 860.5**	**4 459.8**	**4 428.8**	**4 665.1**	..
01-03	**AGRICULTURE, SYLVICULTURE ET PÊCHE**	22.3	21.0	13.8	12.2	18.0	21.0	27.2	..
05-09	**ACTIVITÉS EXTRACTIVES**	40.8	18.4	15.5	15.7	20.1	22.4	24.0	..
10-33	**ACTIVITÉS DE FABRICATION**	4 500.8	3 916.0	3 800.2	3 664.6	3 310.4	3 137.1	3 207.9	..
10-12	Produits alimentaires, boissons et tabac	71.0	81.2	82.1	86.7	75.5	60.3	76.0	..
13-15	Textiles, habillement, cuir et articles de cuir	14.1	9.4	10.2	11.2	16.9	8.9	10.0	..
13	Textiles	8.7	5.8	7.8	5.1	14.5	5.3	5.2	..
14	Articles d'habillement	4.8	2.8	2.0	5.9	2.1	3.4	4.5 e	..
15	Cuir et articles de cuir	0.6	0.8	0.4	0.2	0.3	0.2	0.2 e	..
16-18	Bois, papier, imprimerie et reproduction de supports enregistrés	95.4	109.5	108.1	99.6	117.3	118.9	123.2	..
16	Bois et articles en bois, sauf meubles	7.8	7.2	8.6	8.0	3.7	5.5	7.9	..
17	Papier et articles en papier	82.0	95.3	92.0	85.0	103.7	100.5	96.6	..
18	Imprimerie et reproduction de supports enregistrés	5.6	6.0	7.5	6.6	9.9	12.9	18.8	..
19-23	Produits pétroliers, chimiques, pharmaceutiques, caoutchouc, plastique, minéraux	432.9	406.1	402.6	368.2	405.5	444.9	485.7 e	..
19	Cokéfaction et raffinage	47.9	49.1	51.0	33.7	42.2	49.8	44.3 e	..
20-21	Industrie chimique et pharmaceutique	326.0	297.1	292.6	279.5	301.3	325.7	344.6	..
20	Produits chimiques	134.6	100.8	125.7	94.5	115.2	114.1	119.7	..
21	Préparations pharmaceutiques, chimiques (médicine) et d'herboristerie	191.4	196.3	166.9	185.0	186.1	211.5	224.9	..
22	Produits en caoutchouc et en plastique	41.6	43.0	48.3	40.7	46.3	45.6	70.8	..
23	Autres produits minéraux non métalliques	17.5	16.9	10.7	14.2	15.7	23.8	26.1	..
24-25	Produits métalliques de base et ouvrages en métaux (sauf machines et matériel)	150.9	94.4	145.2	157.9	170.4	185.4	183.3	..
24	Produits métallurgiques de base	37.4	35.1	31.0	42.3	33.6	26.3	28.7	..
25	Ouvrages en métaux (sauf machines et matériel)	113.5	59.3	114.2	115.6	136.8	159.1	154.6	..
26-30	Ordinateurs, articles électroniques et optiques ; machines et matériels de transport	3 658.3	3 133.7	2 968.6	2 854.2	2 430.8	2 179.1	2 209.0	..
26	Ordinateurs, articles électroniques et optiques	2 937.1	2 256.8	2 117.0	2 056.9	1 620.0	1 391.7	1 343.5	..
27	Matériels électriques	278.5	314.7	320.2	330.5	265.8	253.4	261.6	..
28	Machines et équipements n.c.a.	348.6	457.9	452.3	415.4	460.1	443.4	524.5	..
29	Automobiles, remorques et semi-remorques	18.7	5.9	11.7	8.5	40.4	30.6	24.7	..
30	Autres matériels de transport	75.4	98.5	67.4	42.9	44.4	60.3	54.8	..
31-33	Meubles ; réparation et installation de machines et de matériel	78.2	81.8	83.4	86.8	94.0	139.6	120.6 e	..
31	Meubles	6.3	7.6	6.1	7.0	5.8	5.7	7.3	..
32	Autres activités de fabrication	60.5	61.9	66.8	73.2	78.2	104.7	87.3	..
33	Réparation et installation de machines et de matériel	11.4	12.3	10.5	6.6	10.0	29.3	26.0 e	..
35-39	**ÉLECTRICITÉ, GAZ, EAU ET TRAITEMENT DES DÉCHETS**	41.7	32.6	27.9	22.0	19.3	19.0	34.5	..
35-36	Production et distribution d'électricité, de gaz et de l'eau	30.1	27.7	20.9	17.2	12.3	16.5	29.3	..
37-39	Assainissement, traitement des déchets et dépollution	11.6	4.9	7.1	4.9	7.0	2.6	5.2	..
41-43	**CONSTRUCTION**	74.0	72.4	62.3	26.2	34.0	42.8	39.5	..
45-99	**TOTAL SERVICES**	940.7	1 107.5	1 164.0	1 119.9	1 058.1	1 186.3	1 331.9	..
45-82	**Services du secteur des entreprises**	900.8	1 034.6	1 097.9	1 044.6	1 020.2	1 138.4	1 265.0	..
45-47	Commerce de gros et de détail ; réparations automobiles et motocycles	15.7	3.4	7.8	6.9	12.2	6.0	6.9	..
49-53	Transport et entreposage	17.4	18.3	14.8	17.1	17.9	18.2	13.4 e	..
55-56	Activités d'hébergement et de restauration	8.2	1.1	0.4	0.2	0.5	0.0	0.0 e	..
58-63	Information et communication	644.7	760.1	805.4	723.9	698.6	811.2	833.5	..
58-60	Édition, audiovisuel et diffusion	11.6	15.3	19.9	15.1	18.2	19.8	43.9	..
58	Activités d'édition	9.1	13.1	17.8	12.7	16.0	18.7	41.5 e	..
59-60	Activités audiovisuel et diffusion	2.5	2.3	2.1	2.4	2.3	1.1	2.4 e	..
59	Production de films, vidéo, programmes de télévision et d'enregistrements	1.0	1.1	0.2	0.9	0.6	0.3 e	0.6 e	..
60	Programmation et diffusion	1.5	1.2	1.9	1.5	1.7	0.8 e	1.8 e	..
61	Télécommunications	227.9	290.3	272.9	218.0	95.3	130.5	85.1	..
62-63	Technologies de l'information et informatique	405.1	454.4	512.6	490.8	585.1	660.9	704.3	..
62	Programmation informatique ; conseils et activités connexes	279.4	327.9	366.3	360.4	493.5	541.7	581.1	..
63	Services d'information	125.8	126.6	146.4	130.4	91.6	119.2	123.2	..
64-66	**Activités financières et d'assurances**	75.2	92.6	71.8	102.2	131.6	111.1	138.5	..
68-82	**Activités immobilières ; professionnelles ; services administratifs et d'appui**	139.6	159.0	197.6	194.3	159.5	191.9	272.6	..
68	Activités immobilières	2.7	5.7	4.5	3.6	2.1	1.8	5.6	..
69-75x72	Activités professionnelles, scientifiques et techniques, R-D scientifique exclu	21.8	22.9	22.8	31.5	39.1	53.9	41.8	..
72	Recherche scientifique et développement	107.1	126.9	164.6	154.6	107.2	131.7	219.7	..
77-82	Activités de services administratifs et d'appui	8.0	3.6	5.7	4.6	11.2	4.5	5.4	..
84-99	**Services collectifs, sociaux et personnels**	39.9	72.9	66.1	75.3	37.8	48.0	66.9	..
84-85	Administration publique et défense ; sécurité sociale obligatoire et éducation	1.8	4.4	1.7	3.4	1.5	2.0	2.8 e	..
86-88	Santé humaine et action sociale	4.2	7.4	11.3	8.2	8.0	6.0	9.3	..
90-93	Arts, spectacles et loisirs	10.1	10.2	11.8	11.7	15.1	17.9	25.6 e	..
94-99	Autres services ; ménages-employeurs ; organismes extra-territoriaux	23.8	51.0	41.3	52.1	13.2	22.1	29.2	..

.. Non disponible ; e Valeur estimée
Note : Voir les métadonnées détaillées sur : *http://metalinks.oecd.org/anberd/20200813/0f11*.

FINLANDE

Dépenses de R-D dans l'industrie par orientation sectorielle, prix constants
CITI Rév. 4

2010 PPP USD

		2011	2012	2013	2014	2015	2016	2017	2018
	TOTAL ENTREPRISES	6 068.9	5 482.1	5 239.9	4 939.7	4 459.8	4 291.3	4 397.9	..
01-03	**AGRICULTURE, SYLVICULTURE ET PÊCHE**	24.1	22.3	14.2	12.4	18.0	20.3	25.7	..
05-09	**ACTIVITÉS EXTRACTIVES**	44.1	19.5	15.9	15.9	20.1	21.7	22.6	..
10-33	**ACTIVITÉS DE FABRICATION**	4 860.1	4 154.1	3 917.1	3 724.3	3 310.4	3 039.7	3 024.1	..
10-12	Produits alimentaires, boissons et tabac	76.7	86.1	84.6	88.2	75.5	58.4	71.6	..
13-15	Textiles, habillement, cuir et articles de cuir	15.2	10.0	10.5	11.4	16.9	8.6	9.4	..
13	Textiles	9.4	6.2	8.1	5.2	14.5	5.1	4.9	..
14	Articles d'habillement	5.2	3.0	2.0	6.0	2.1	3.3	4.3 e	..
15	Cuir et articles de cuir	0.6	0.8	0.5	0.2	0.3	0.2	0.2 e	..
16-18	Bois, papier, imprimerie et reproduction de supports enregistrés	103.0	116.1	111.5	101.3	117.3	115.2	116.2	..
16	Bois et articles en bois, sauf meubles	8.5	7.6	8.9	8.2	3.7	5.3	7.4	..
17	Papier et articles en papier	88.5	101.1	94.8	86.4	103.7	97.4	91.1	..
18	Imprimerie et reproduction de supports enregistrés	6.0	6.3	7.7	6.7	9.9	12.5	17.7	..
19-23	Produits pétroliers, chimiques, pharmaceutiques, caoutchouc, plastique, minéraux	467.5	430.8	415.0	374.2	405.5	431.1	457.9 e	..
19	Cokéfaction et raffinage	51.7	52.1	52.6	34.2	42.2	48.3	41.7 e	..
20-21	Industrie chimique et pharmaceutique	352.0	315.1	301.6	284.1	301.3	315.5	324.9	..
20	Produits chimiques	145.3	106.9	129.6	96.1	115.2	110.6	112.9	..
21	Préparations pharmaceutiques, chimiques (médicine) et d'herboristerie	206.6	208.2	172.0	188.0	186.1	205.0	212.0	..
22	Produits en caoutchouc et en plastique	44.9	45.7	49.8	41.4	46.3	44.2	66.7	..
23	Autres produits minéraux non métalliques	18.9	17.9	11.0	14.5	15.7	23.1	24.6	..
24-25	Produits métalliques de base et ouvrages en métaux (sauf machines et matériel)	163.0	100.1	149.7	160.5	170.4	179.6	172.8	..
24	Produits métallurgiques de base	40.4	37.2	32.0	43.0	33.6	25.5	27.1	..
25	Ouvrages en métaux (sauf machines et matériel)	122.6	62.9	117.7	117.4	136.8	154.2	145.7	..
26-30	Ordinateurs, articles électroniques et optiques ; machines et matériels de transport	3 950.2	3 324.2	3 059.9	2 900.7	2 430.8	2 111.4	2 082.5	..
26	Ordinateurs, articles électroniques et optiques	3 171.6	2 394.0	2 182.1	2 090.4	1 620.0	1 348.5	1 266.5	..
27	Matériels électriques	300.7	333.8	330.1	335.9	265.8	245.5	246.6	..
28	Machines et équipements n.c.a.	376.4	485.7	466.2	422.1	460.1	429.6	494.4	..
29	Automobiles, remorques et semi-remorques	20.2	6.3	12.1	8.6	40.4	29.7	23.3	..
30	Autres matériels de transport	81.4	104.4	69.4	43.6	44.4	58.4	51.6	..
31-33	Meubles ; réparation et installation de machines et de matériel	84.5	86.7	86.0	88.2	94.0	135.3	113.7 e	..
31	Meubles	6.9	8.0	6.3	7.1	5.8	5.5	6.9	..
32	Autres activités de fabrication	65.3	65.7	68.9	74.4	78.2	101.4	82.3	..
33	Réparation et installation de machines et de matériel	12.3	13.0	10.8	6.7	10.0	28.4	24.5 e	..
35-39	**ÉLECTRICITÉ, GAZ, EAU ET TRAITEMENT DES DÉCHETS**	45.0	34.6	28.8	22.4	19.3	18.4	32.5	..
35-36	Production et distribution d'électricité, de gaz et de l'eau	32.5	29.3	21.5	17.5	12.3	15.9	27.6	..
37-39	Assainissement, traitement des déchets et dépollution	12.5	5.2	7.3	4.9	7.0	2.5	4.9	..
41-43	**CONSTRUCTION**	79.9	76.8	64.2	26.7	34.0	41.5	37.2	..
45-99	**TOTAL SERVICES**	1 015.8	1 174.8	1 199.8	1 138.2	1 058.1	1 149.5	1 255.6	..
45-82	**Services du secteur des entreprises**	972.7	1 097.5	1 131.7	1 061.7	1 020.2	1 103.0	1 192.5	..
45-47	**Commerce de gros et de détail ; réparations automobiles et motocycles**	16.9	3.6	8.1	7.1	12.2	5.8	6.6	..
49-53	**Transport et entreposage**	18.8	19.5	15.3	17.4	17.9	17.7	12.7 e	..
55-56	**Activités d'hébergement et de restauration**	8.8	1.1	0.5	0.2	0.5	0.0	0.0 e	..
58-63	**Information et communication**	696.2	806.3	830.2	735.7	698.6	786.0	785.7	..
58-60	Édition, audiovisuel et diffusion	12.6	16.3	20.5	15.3	18.2	19.2	41.4	..
58	Activités d'édition	9.8	13.9	18.3	12.9	16.0	18.1	39.1 e	..
59-60	Activités audiovisuel et diffusion	2.7	2.4	2.2	2.5	2.3	1.0	2.3 e	..
59	Production de films, vidéo, programmes de télévision et d'enregistrements	1.1	1.2	0.2	0.9	0.6	0.3 e	0.6 e	..
60	Programmation et diffusion	1.6	1.2	1.9	1.6	1.7	0.8 e	1.7 e	..
61	Télécommunications	246.1	308.0	281.3	221.5	95.3	126.5	80.2	..
62-63	Technologies de l'information et informatique	437.5	482.1	528.4	498.8	585.1	640.4	664.0	..
62	Programmation informatique ; conseils et activités connexes	301.7	347.8	377.5	366.3	493.5	524.9	547.8	..
63	Services d'information	135.8	134.3	150.9	132.5	91.6	115.5	116.2	..
64-66	**Activités financières et d'assurances**	81.2	98.2	74.0	103.9	131.6	107.6	130.6	..
68-82	**Activités immobilières ; professionnelles ; services administratifs et d'appui**	150.8	168.7	203.7	197.4	159.5	185.9	257.0	..
68	Activités immobilières	2.9	6.0	4.7	3.6	2.1	1.7	5.2	..
69-75x72	Activités professionnelles, scientifiques et techniques, R-D scientifique exclu	23.6	24.3	23.5	32.0	39.1	52.2	39.4	..
72	Recherche scientifique et développement	115.7	134.6	169.6	157.1	107.2	127.6	207.1	..
77-82	Activités de services administratifs et d'appui	8.6	3.8	5.9	4.7	11.2	4.3	5.1	..
84-99	**Services collectifs, sociaux et personnels**	43.1	77.3	68.1	76.5	37.8	46.5	63.1	..
84-85	Administration publique et defense ; sécurité sociale obligatoire et éducation	2.0	4.6	1.7	3.5	1.5	1.9	2.7 e	..
86-88	Santé humaine et action sociale	4.6	7.8	11.6	8.3	8.0	5.8	8.7	..
90-93	Arts, spectacles et loisirs	10.9	10.8	12.2	11.8	15.1	17.4	24.2 e	..
94-99	Autres services ; ménages-employeurs ; organismes extra-territoriaux	25.7	54.1	42.6	53.0	13.2	21.4	27.5	..

.. Non disponible ; e Valeur estimée
Note : Voir les métadonnées détaillées sur : *http://metalinks.oecd.org/anberd/20200813/0f11*.

FRANCE

Dépenses de R-D dans l'industrie par activité principale de l'entreprise, prix courants
CITI Rév. 4

Millions USD PPP

		2011	2012	2013	2014	2015	2016	2017	2018
	TOTAL ENTREPRISES	34 290.4	35 581.4	37 688.6 e	38 551.3	39 279.2 e	41 436.6	43 100.6	..
01-03	**AGRICULTURE, SYLVICULTURE ET PÊCHE**	179.9	185.4	218.3 e	224.3 e	228.4 e	262.9	273.3	..
05-09	**ACTIVITÉS EXTRACTIVES**	14.1	17.5	18.4 e	18.2 e	17.8 e	18.1	22.1	..
10-33	**ACTIVITÉS DE FABRICATION**	17 057.9	17 866.7	19 134.7 e	19 608.0 e	19 894.9 e	20 777.6	20 968.6	..
10-12	Produits alimentaires, boissons et tabac	396.1	414.1	443.4 e	470.7 e	485.1 e	483.6	499.1	..
13-15	Textiles, habillement, cuir et articles de cuir	134.5	134.9	153.9 e	139.7 e	140.6 e	194.1	215.7	..
13	Textiles	89.8	88.1	97.8 e	97.6 e	103.0 e	129.8	153.1	..
14	Articles d'habillement	37.4	39.9	49.8 e	37.2 e	32.1 e	55.4	52.2	..
15	Cuir et articles de cuir	7.2	7.0	6.3 e	4.9 e	5.5 e	9.0	10.4	..
16-18	Bois, papier, imprimerie et reproduction de supports enregistrés	78.0	87.8	92.2 e	93.0 e	86.8 e	78.0	95.1	..
16	Bois et articles en bois, sauf meubles	17.1	22.6	22.7 e	24.0 e	24.4 e	21.0	19.7	..
17	Papier et articles en papier	48.5	47.3	52.2 e	47.4 e	40.0 e	42.9	53.4	..
18	Imprimerie et reproduction de supports enregistrés	12.5	17.9	17.3 e	21.7 e	22.4 e	14.2	22.1	..
19-23	Produits pétroliers, chimiques, pharmaceutiques, caoutchouc, plastique, minéraux	3 166.3	3 285.7	3 436.8 e	3 478.9 e	3 543.4 e	3 693.1	3 617.8	..
19	Cokéfaction et raffinage	127.8	91.8	123.5 e	110.2 e	75.2 e	70.4	60.2	..
20-21	Industrie chimique et pharmaceutique	1 988.2	2 031.0	2 147.1 e	2 211.7 e	2 266.8 e	2 352.1	2 405.5	..
20	Produits chimiques	990.5	1 074.4	1 159.1 e	1 153.0 e	1 166.6 e	1 264.4	1 321.6	..
21	Préparations pharmaceutiques, chimiques (médicine) et d'herboristerie	997.7	956.6	988.0 e	1 058.7 e	1 100.2 e	1 087.6	1 083.9	..
22	Produits en caoutchouc et en plastique	832.8	943.3	931.8 e	930.5 e	964.1 e	991.1	954.0	..
23	Autres produits minéraux non métalliques	217.5	219.6	234.4 e	226.6 e	237.3 e	279.5	198.1	..
24-25	Produits métalliques de base et ouvrages en métaux (sauf machines et matériel)	1 074.2	1 105.3	1 161.4 e	1 157.4 e	1 123.8 e	1 122.3	1 070.1	..
24	Produits métallurgiques de base	289.7	290.5	304.4 e	305.1 e	259.7 e	189.2	183.1	..
25	Ouvrages en métaux (sauf machines et matériel)	784.5	814.8	857.0 e	852.2 e	864.0 e	933.2	887.0	..
26-30	Ordinateurs, articles électroniques et optiques ; machines et matériels de transport	11 540.5	12 107.4	13 084.9 e	13 406.2 e	13 611.7 e	14 355.5	14 427.8	..
26	Ordinateurs, articles électroniques et optiques	3 795.6	4 007.9	4 502.6 e	4 648.8 e	4 676.9 e	4 928.8	4 909.0	..
27	Matériels électriques	771.2	790.5	810.3 e	822.0 e	835.7 e	902.0	1 091.8	..
28	Machines et équipements n.c.a.	1 219.0	1 293.3	1 270.4 e	1 249.8 e	1 286.6 e	1 390.2	1 490.2	..
29	Automobiles, remorques et semi-remorques	2 280.0	2 251.7	2 341.1 e	2 382.6 e	2 608.5 e	3 123.0	3 139.0	..
30	Autres matériels de transport	3 474.7	3 763.9	4 160.5 e	4 303.0 e	4 204.0 e	4 011.6	3 797.8	..
31-33	Meubles ; réparation et installation de machines et de matériel	668.3	731.5	762.2 e	862.1 e	903.6 e	850.9	1 043.0	..
31	Meubles	20.8	20.7	22.6 e	19.6 e	15.8 e	15.3	12.7	..
32	Autres activités de fabrication	328.3	345.5	376.2 e	404.9 e	403.8 e	388.0	455.2	..
33	Réparation et installation de machines et de matériel	319.2	365.3	363.4 e	437.6 e	484.0 e	447.6	575.1	..
35-39	**ÉLECTRICITÉ, GAZ, EAU ET TRAITEMENT DES DÉCHETS**	643.7	647.8	705.5 e	771.2 e	860.0 e	940.8	741.1	..
35-36	Production et distribution d'électricité, de gaz et de l'eau	611.8	621.1	666.8 e	727.7 e	817.7 e	898.7	697.2	..
37-39	Assainissement, traitement des déchets et dépollution	31.9	26.8	38.7 e	43.5 e	42.3 e	42.2	43.8	..
41-43	**CONSTRUCTION**	153.5	173.2	180.0 e	144.0 e	124.6 e	159.7	172.5	..
45-99	**TOTAL SERVICES**	16 241.2	16 690.9	17 431.6 e	17 785.5 e	18 153.5 e	19 277.4	20 923.0	..
45-82	Services du secteur des entreprises	16 177.5	16 625.1	17 352.1 e	17 709.0 e	18 061.8 e	19 128.9	20 760.3	..
45-47	Commerce de gros et de détail ; réparations automobiles et motocycles	1 757.4	1 819.0	2 014.8 e	2 016.3 e	2 132.7 e	2 625.1	2 746.7	..
49-53	Transport et entreposage	57.6	55.5	56.5 e	148.5 e	224.4 e	203.1	226.6	..
55-56	Activités d'hébergement et de restauration	0.4	4.1	5.2 e	3.9 e	2.5 e	2.4	1.6	..
58-63	Information et communication	3 581.2	3 935.3	4 461.5 e	4 634.5 e	4 664.1 e	5 013.7	5 909.2	..
58-60	Édition, audiovisuel et diffusion	939.2	1 067.4	1 214.6 e	1 259.1 e	1 316.2 e	1 485.8	1 587.0	..
58	Activités d'édition	870.4	983.2	1 146.8 e	1 202.7 e	1 259.8 e	1 432.3	1 529.1	..
59-60	Activités audiovisuel et diffusion	68.8	84.2	67.7 e	56.4 e	56.4 e	53.5	57.9	..
59	Production de films, vidéo, programmes de télévision et d'enregistrements	58.9	74.9	60.8 e	52.9 e	55.4 e	53.0	54.6	..
60	Programmation et diffusion	10.0	9.4	7.0 e	3.5 e	1.0 e	0.5	3.2	..
61	Télécommunications	708.4	853.8	1 030.7 e	1 025.5 e	953.9 e	1 009.1	1 273.2	..
62-63	Technologies de l'information et informatique	1 933.6	2 014.1	2 216.2 e	2 350.0 e	2 394.1 e	2 518.8	3 049.0	..
62	Programmation informatique ; conseils et activités connexes	1 797.5	1 892.7	2 079.2 e	2 200.1 e	2 230.1 e	2 327.8	2 842.5	..
63	Services d'information	136.1	121.4	137.0 e	149.9 e	164.0 e	191.1	206.5	..
64-66	Activités financières et d'assurances	311.0	302.9	311.0 e	297.0 e	302.9 e	376.0	462.7	..
68-82	Activités immobilières ; professionnelles ; services administratifs et d'appui	10 469.8	10 508.2	10 503.2 e	10 608.8 e	10 735.1 e	10 908.8	11 413.4	..
68	Activités immobilières	4.3	2.1	2.7 e	0.8 e	1.3 e	7.5	7.4	..
69-75x72	Activités professionnelles, scientifiques et techniques, R-D scientifique exclu	5 970.7	5 926.6	5 840.0 e	5 907.3 e	5 946.6 e	5 881.1	6 078.6	..
72	Recherche scientifique et développement	4 332.2	4 388.8	4 416.1 e	4 478.7 e	4 608.2 e	4 812.8	5 061.7	..
77-82	Activités de services administratifs et d'appui	162.6	190.7	244.4 e	222.0 e	179.0 e	207.4	265.7	..
84-99	Services collectifs, sociaux et personnels	63.7	65.7	79.5 e	76.6 e	91.7 e	148.5	162.7	..
84-85	Administration publique et défense ; sécurité sociale obligatoire et éducation	4.6	4.5	5.8 e	6.2 e	8.3 e	16.3	32.7	..
86-88	Santé humaine et action sociale	16.9	18.0	24.7 e	26.1 e	30.0 e	44.4	53.6	..
90-93	Arts, spectacles et loisirs	4.1	6.9	8.1 e	2.6 e	5.5 e	22.1	12.9	..
94-99	Autres services ; ménages-employeurs ; organismes extra-territoriaux	38.2	36.4	41.0 e	41.6 e	47.9 e	65.7	63.5	..

.. Non disponible ; e Valeur estimée
Note : Voir les métadonnées détaillées sur : *http://metalinks.oecd.org/anberd/20200813/0f11*.

FRANCE

Dépenses de R-D dans l'industrie par activité principale de l'entreprise, prix constants
CITI Rév. 4

2010 PPP USD

		2011	2012	2013	2014	2015	2016	2017	2018
	TOTAL ENTREPRISES	**37 007.0**	**38 091.9**	**38 487.6 e**	**38 946.1**	**39 279.2 e**	**39 775.5**	**40 462.1**	..
01-03	**AGRICULTURE, SYLVICULTURE ET PÊCHE**	**194.2**	**198.4**	**223.0 e**	**226.6 e**	**228.4 e**	**252.3**	**256.6**	..
05-09	**ACTIVITÉS EXTRACTIVES**	**15.3**	**18.8**	**18.8 e**	**18.4 e**	**17.8 e**	**17.4**	**20.8**	..
10-33	**ACTIVITÉS DE FABRICATION**	**18 409.3**	**19 127.3**	**19 540.4 e**	**19 808.9 e**	**19 894.9 e**	**19 944.7**	**19 684.9**	..
10-12	Produits alimentaires, boissons et tabac	427.5	443.3	452.8 e	475.5 e	485.1 e	464.3	468.5	..
13-15	Textiles, habillement, cuir et articles de cuir	145.2	144.4	157.2 e	141.2 e	140.6 e	186.4	202.5	..
13	Textiles	97.0	94.3	99.9 e	98.6 e	103.0 e	124.6	143.8	..
14	Articles d'habillement	40.4	42.7	50.9 e	37.6 e	32.1 e	53.2	49.0	..
15	Cuir et articles de cuir	7.8	7.5	6.4 e	4.9 e	5.5 e	8.6	9.8	..
16-18	Bois, papier, imprimerie et reproduction de supports enregistrés	84.2	94.0	94.1 e	94.0 e	86.8 e	74.9	89.3	..
16	Bois et articles en bois, sauf meubles	18.4	24.2	23.2 e	24.2 e	24.4 e	20.2	18.5	..
17	Papier et articles en papier	52.3	50.6	53.3 e	47.9 e	40.0 e	41.1	50.1	..
18	Imprimerie et reproduction de supports enregistrés	13.5	19.1	17.7 e	21.9 e	22.4 e	13.6	20.7	..
19-23	Produits pétroliers, chimiques, pharmaceutiques, caoutchouc, plastique, minéraux	3 417.2	3 517.5	3 509.6 e	3 514.6 e	3 543.4 e	3 545.0	3 396.3	..
19	Cokéfaction et raffinage	138.0	98.3	126.1 e	111.4 e	75.2 e	67.5	56.5	..
20-21	Industrie chimique et pharmaceutique	2 145.7	2 174.3	2 192.6 e	2 234.3 e	2 266.8 e	2 257.8	2 258.2	..
20	Produits chimiques	1 069.0	1 150.2	1 183.7 e	1 164.8 e	1 166.6 e	1 213.7	1 240.7	..
21	Préparations pharmaceutiques, chimiques (médicine) et d'herboristerie	1 076.7	1 024.1	1 008.9 e	1 069.5 e	1 100.2 e	1 044.0	1 017.5	..
22	Produits en caoutchouc et en plastique	898.8	1 009.8	951.5 e	940.0 e	964.1 e	951.4	895.6	..
23	Autres produits minéraux non métalliques	234.7	235.1	239.4 e	228.9 e	237.3 e	268.3	186.0	..
24-25	Produits métalliques de base et ouvrages en métaux (sauf machines et matériel)	1 159.3	1 183.3	1 186.0 e	1 169.2 e	1 123.8 e	1 077.3	1 004.6	..
24	Produits métallurgiques de base	312.6	311.0	310.8 e	308.3 e	259.7 e	181.6	171.9	..
25	Ouvrages en métaux (sauf machines et matériel)	846.7	872.2	875.2 e	861.0 e	864.0 e	895.8	832.7	..
26-30	Ordinateurs, articles électroniques et optiques ; machines et matériels de transport	12 454.8	12 961.7	13 362.3 e	13 543.5 e	13 611.7 e	13 780.1	13 544.6	..
26	Ordinateurs, articles électroniques et optiques	4 096.3	4 290.7	4 598.0 e	4 696.4 e	4 676.9 e	4 731.2	4 608.5	..
27	Matériels électriques	832.3	846.2	827.5 e	830.4 e	835.7 e	865.8	1 024.9	..
28	Machines et équipements n.c.a.	1 315.6	1 384.5	1 297.3 e	1 262.6 e	1 286.6 e	1 334.5	1 399.0	..
29	Automobiles, remorques et semi-remorques	2 460.7	2 410.6	2 390.8 e	2 407.0 e	2 608.5 e	2 997.8	2 946.8	..
30	Autres matériels de transport	3 750.0	4 029.5	4 248.7 e	4 347.1 e	4 204.0 e	3 850.8	3 565.3	..
31-33	Meubles ; réparation et installation de machines et de matériel	721.2	783.1	778.3 e	871.0 e	903.6 e	816.8	979.1	..
31	Meubles	22.4	22.2	23.1 e	19.8 e	15.8 e	14.7	11.9	..
32	Autres activités de fabrication	354.4	369.9	384.2 e	409.0 e	403.8 e	372.5	427.3	..
33	Réparation et installation de machines et de matériel	344.4	391.0	371.1 e	442.1 e	484.0 e	429.6	539.9	..
35-39	**ÉLECTRICITÉ, GAZ, EAU ET TRAITEMENT DES DÉCHETS**	**694.7**	**693.5**	**720.4 e**	**779.1 e**	**860.0 e**	**903.1**	**695.7**	..
35-36	Production et distribution d'électricité, de gaz et de l'eau	660.2	664.9	680.9 e	735.1 e	817.7 e	862.6	654.6	..
37-39	Assainissement, traitement des déchets et dépollution	34.4	28.7	39.5 e	44.0 e	42.3 e	40.5	41.1	..
41-43	**CONSTRUCTION**	**165.7**	**185.4**	**183.9 e**	**145.5 e**	**124.6 e**	**153.3**	**161.9**	..
45-99	**TOTAL SERVICES**	**17 527.9**	**17 868.5**	**17 801.1 e**	**17 967.7 e**	**18 153.5 e**	**18 504.6**	**19 642.2**	..
45-82	Services du secteur des entreprises	17 459.1	17 798.1	17 719.9 e	17 890.3 e	18 061.8 e	18 362.1	19 489.4	..
45-47	Commerce de gros et de détail ; réparations automobiles et motocycles	1 896.6	1 947.4	2 057.5 e	2 036.9 e	2 132.7 e	2 519.9	2 578.6	..
49-53	Transport et entreposage	62.2	59.5	57.7 e	150.1 e	224.4 e	194.9	212.7	..
55-56	Activités d'hébergement et de restauration	0.5	4.4	5.3 e	3.9 e	2.5 e	2.3	1.5	..
58-63	Information et communication	3 864.9	4 213.0	4 556.0 e	4 681.9 e	4 664.1 e	4 812.7	5 547.4	..
58-60	Édition, audiovisuel et diffusion	1 013.7	1 142.7	1 240.3 e	1 272.4 e	1 316.2 e	1 426.2	1 489.8	..
58	Activités d'édition	939.4	1 052.5	1 171.1 e	1 215.0 e	1 259.8 e	1 374.9	1 435.5	..
59-60	Activités audiovisuel et diffusion	74.3	90.2	69.2 e	57.0 e	56.4 e	51.3	54.3	..
59	Production de films, vidéo, programmes de télévision et d'enregistrements	63.5	80.1	62.1 e	53.4 e	55.4 e	50.8	51.3	..
60	Programmation et diffusion	10.7	10.0	7.1 e	3.5 e	1.0 e	0.5	3.0	..
61	Télécommunications	764.5	914.1	1 052.6 e	1 036.0 e	953.9 e	968.6	1 195.2	..
62-63	Technologies de l'information et informatique	2 086.8	2 156.2	2 263.2 e	2 374.0 e	2 394.1 e	2 417.9	2 862.4	..
62	Programmation informatique ; conseils et activités connexes	1 939.9	2 026.2	2 123.3 e	2 222.6 e	2 230.1 e	2 234.5	2 668.5	..
63	Services d'information	146.9	130.0	139.9 e	151.4 e	164.0 e	183.4	193.9	..
64-66	**Activités financières et d'assurances**	**335.6**	**324.2**	**317.6 e**	**300.0 e**	**302.9 e**	**360.9**	**434.4**	..
68-82	**Activités immobilières ; professionnelles ; services administratifs et d'appui**	**11 299.3**	**11 249.6**	**10 725.8 e**	**10 717.5 e**	**10 735.1 e**	**10 471.5**	**10 714.7**	..
68	Activités immobilières	4.6	2.3	2.7 e	0.8 e	1.3 e	7.2	7.0	..
69-75x72	Activités professionnelles, scientifiques et techniques, R-D scientifique exclu	6 443.7	6 344.7	5 963.8 e	5 967.8 e	5 946.6 e	5 645.3	5 706.5	..
72	Recherche scientifique et développement	4 675.4	4 698.5	4 509.7 e	4 524.5 e	4 608.2 e	4 619.9	4 751.8	..
77-82	Activités de services administratifs et d'appui	175.5	204.1	249.5 e	224.3 e	179.0 e	199.1	249.4	..
84-99	Services collectifs, sociaux et personnels	68.8	70.4	81.2 e	77.3 e	91.7 e	142.5	152.8	..
84-85	Administration publique et défense ; sécurité sociale obligatoire et éducation	5.0	4.8	5.9 e	6.3 e	8.3 e	15.6	30.7	..
86-88	Santé humaine et action sociale	18.2	19.3	25.2 e	26.4 e	30.0 e	42.6	50.3	..
90-93	Arts, spectacles et loisirs	4.4	7.4	8.3 e	2.7 e	5.5 e	21.2	12.1	..
94-99	Autres services ; ménages-employeurs ; organismes extra-territoriaux	41.2	38.9	41.9 e	42.0 e	47.9 e	63.1	59.6	..

.. Non disponible ; e Valeur estimée
Note : Voir les métadonnées détaillées sur : *http://metalinks.oecd.org/anberd/20200813/0f11*.

FRANCE

Dépenses de R-D dans l'industrie par orientation sectorielle, prix courants
CITI Rév. 4

Millions USD PPP

		2011	2012	2013	2014	2015	2016	2017	2018
	TOTAL ENTREPRISES	**34 290.4**	**35 581.4**	**37 834.5**	**38 551.3**	**39 279.2**	**41 436.6**	**43 100.6**	..
01-03	**AGRICULTURE, SYLVICULTURE ET PÊCHE**	**496.5**	**532.2**	**624.4**	**666.2 e**	**677.3 e**	**701.6**	**721.4**	..
05-09	**ACTIVITÉS EXTRACTIVES**	**281.2**	**295.3**	**297.8**	**296.4 e**	**301.0 e**	**307.0**	**289.6**	..
10-33	**ACTIVITÉS DE FABRICATION**	**26 216.5**	**26 762.7**	**27 918.4**	**28 177.1 e**	**28 568.3 e**	**29 884.8**	**30 578.6**	..
10-12	Produits alimentaires, boissons et tabac	721.6	734.8	811.9	835.6 e	832.3 e	843.7	839.8	..
13-15	Textiles, habillement, cuir et articles de cuir	166.2	149.4	172.9	183.3 e	195.8 e	206.4	213.6	..
13	Textiles	92.9	80.1	88.8	92.8 e	94.3 e	103.8	120.7	..
14	Articles d'habillement	66.3	61.7	74.3	85.8 e	92.3 e	92.5	80.1	..
15	Cuir et articles de cuir	7.0	7.6	9.7	9.7 e	9.3 e	10.2	12.8	..
16-18	Bois, papier, imprimerie et reproduction de supports enregistrés	116.8	123.2	125.1	116.0 e	108.9 e	118.1	144.5	..
16	Bois et articles en bois, sauf meubles	34.3	35.4	34.4	32.8 e	33.5 e	38.0	44.3	..
17	Papier et articles en papier	73.7	75.3	78.5	70.9 e	60.7 e	60.8	74.7	..
18	Imprimerie et reproduction de supports enregistrés	8.8	12.3	12.2	12.3 e	14.6 e	19.4	25.6	..
19-23	Produits pétroliers, chimiques, pharmaceutiques, caoutchouc, plastique, minéraux	7 076.0	7 239.4	7 710.4	7 834.9 e	7 885.9 e	8 128.6	8 178.4	..
19	Cokéfaction et raffinage	255.9	238.4	277.1	310.4 e	330.0 e	343.9	335.5	..
20-21	Industrie chimique et pharmaceutique	5 565.1	5 649.9	6 020.3	6 070.9 e	6 036.9 e	6 183.4	6 256.5	..
20	Produits chimiques	1 831.9	1 940.2	2 185.4	2 255.7 e	2 243.3 e	2 294.8	2 350.3	..
21	Préparations pharmaceutiques, chimiques (médicine) et d'herboristerie	3 733.2	3 709.7	3 834.8	3 815.2 e	3 793.7 e	3 888.7	3 906.2	..
22	Produits en caoutchouc et en plastique	887.7	979.6	992.7	1 014.9 e	1 079.8 e	1 145.7	1 107.3	..
23	Autres produits minéraux non métalliques	367.3	371.4	420.4	438.7 e	439.2 e	455.6	479.0	..
24-25	Produits métalliques de base et ouvrages en métaux (sauf machines et matériel)	1 295.3	1 295.2	1 347.9	1 381.1 e	1 435.9 e	1 544.5	1 621.9	..
24	Produits métallurgiques de base	503.5	462.0	484.2	483.3 e	465.9 e	460.9	454.9	..
25	Ouvrages en métaux (sauf machines et matériel)	791.9	833.1	863.7	897.8 e	970.0 e	1 083.6	1 167.0	..
26-30	Ordinateurs, articles électroniques et optiques ; machines et matériels de transport	16 321.0	16 722.7	17 239.0	17 328.7 e	17 642.8 e	18 565.5	19 059.7	..
26	Ordinateurs, articles électroniques et optiques	4 586.2	4 781.8	5 062.8	5 065.3 e	5 052.7 e	5 251.2	5 442.4	..
27	Matériels électriques	1 141.1	1 179.1	1 256.3	1 263.7 e	1 275.9 e	1 388.9	1 568.0	..
28	Machines et équipements n.c.a.	1 214.9	1 302.3	1 363.9	1 383.0 e	1 421.9 e	1 506.3	1 549.4	..
29	Automobiles, remorques et semi-remorques	5 592.0	5 324.8	4 877.1	4 756.8 e	5 034.2 e	5 480.0	5 556.1	..
30	Autres matériels de transport	3 786.8	4 134.8	4 678.9	4 859.9 e	4 858.1 e	4 939.1	4 943.8	..
31-33	Meubles ; réparation et installation de machines et de matériel	519.7	498.2	511.1	492.3 e	466.7 e	478.1	520.6	..
31	Meubles	28.2	23.1	27.5	27.4 e	23.3 e	22.2	27.4	..
32	Autres activités de fabrication	491.5	475.1	483.6	465.0 e	443.5 e	455.9	493.3	..
33	Réparation et installation de machines et de matériel	0.0	0.0	0.0	0.0 e	0.0 e	0.0	0.0	..
35-39	**ÉLECTRICITÉ, GAZ, EAU ET TRAITEMENT DES DÉCHETS**	**697.5**	**710.4**	**769.6**	**817.2 e**	**848.5 e**	**862.3**	**801.6**	..
35-36	Production et distribution d'électricité, de gaz et de l'eau	652.6	664.2	716.8	761.9 e	794.5 e	810.3	753.4	..
37-39	Assainissement, traitement des déchets et dépollution	44.9	46.2	52.7	55.3 e	54.0 e	52.0	48.2	..
41-43	**CONSTRUCTION**	**128.3**	**138.2**	**128.3**	**122.8 e**	**129.1 e**	**142.3**	**149.1**	..
45-99	**TOTAL SERVICES**	**6 470.5**	**7 142.6**	**8 096.0**	**8 471.6 e**	**8 755.0 e**	**9 538.5**	**10 560.3**	..
45-82	**Services du secteur des entreprises**	**6 434.9**	**7 084.8**	**8 008.3**	**8 366.2 e**	**8 640.0 e**	**9 411.9**	**10 421.3**	..
45-47	Commerce de gros et de détail ; réparations automobiles et motocycles	0.0	0.0	0.0	0.0 e	0.0 e	0.0	0.0	..
49-53	Transport et entreposage	72.4	63.8	62.2	97.5 e	154.5 e	209.9	235.6	..
55-56	Activités d'hébergement et de restauration	0.0	0.0	0.0	0.0 e	0.0 e	0.0	0.0	..
58-63	Information et communication	4 233.4	4 523.6	5 015.1	5 203.1 e	5 327.6 e	5 657.5	5 984.1	..
58-60	Édition, audiovisuel et diffusion	1 063.4	1 132.3	1 302.1	1 410.6 e	1 511.6 e	1 684.3	1 868.3	..
58	Activités d'édition	956.2	1 007.5	1 201.8	1 340.9 e	1 451.1 e	1 614.0	1 777.7	..
59-60	Activités audiovisuel et diffusion	107.2	125.0	100.3	69.7 e	60.5 e	70.3	90.6	..
59	Production de films, vidéo, programmes de télévision et d'enregistrements	53.9	67.6	51.5	36.0 e	35.9 e	41.9	44.3	..
60	Programmation et diffusion	53.3	57.3	48.7	33.7 e	24.7 e	28.4	46.3	..
61	Télécommunications	959.7	1 097.4	1 215.3	1 203.1 e	1 152.6 e	1 145.9	1 156.2	..
62-63	Technologies de l'information et informatique	2 210.3	2 294.0	2 497.8	2 589.4 e	2 663.3 e	2 827.3	2 959.6	..
62	Programmation informatique ; conseils et activités connexes	2 020.0	2 133.1	2 324.4	2 406.0 e	2 473.5 e	2 614.0	2 707.3	..
63	Services d'information	190.3	160.8	173.4	183.3 e	189.9 e	213.3	252.3	..
64-66	**Activités financières et d'assurances**	**231.9**	**235.8**	**246.3**	**240.7 e**	**235.8 e**	**254.5**	**293.2**	..
68-82	**Activités immobilières ; professionnelles ; services administratifs et d'appui**	**1 897.2**	**2 261.4**	**2 684.7**	**2 825.0 e**	**2 922.0 e**	**3 290.0**	**3 908.4**	..
68	Activités immobilières	0.0	0.0	0.0	0.0 e	0.0 e	0.0	0.0	..
69-75x72	Activités professionnelles, scientifiques et techniques, R-D scientifique exclu	1 275.4	1 486.6	1 817.4	1 893.9 e	1 893.4 e	2 103.6	2 566.9	..
72	Recherche scientifique et développement	501.8	621.6	699.1	771.9 e	876.9 e	1 021.0	1 141.1	..
77-82	Activités de services administratifs et d'appui	119.9	153.3	168.2	159.1 e	151.7 e	165.4	200.4	..
84-99	**Services collectifs, sociaux et personnels**	**35.6**	**57.8**	**87.7**	**105.4 e**	**115.0 e**	**126.6**	**139.0**	..
84-85	Administration publique et défense ; sécurité sociale obligatoire et éducation	3.1	4.3 e	4.1	3.4 e	4.3 e	10.6	23.8	..
86-88	Santé humaine et action sociale	23.1	30.1	37.0	51.1 e	57.0 e	62.8	66.3	..
90-93	Arts, spectacles et loisirs	2.5	3.6	7.3	13.4 e	16.2 e	16.8	14.6	..
94-99	Autres services ; ménages-employeurs ; organismes extra-territoriaux	6.8	19.8 e	26.2	37.5 e	37.6 e	36.4	34.3	..

.. Non disponible ; e Valeur estimée
Note : Voir les métadonnées détaillées sur : http://metalinks.oecd.org/anberd/20200813/0f11.

FRANCE

Dépenses de R-D dans l'industrie par orientation sectorielle, prix constants
CITI Rév. 4

2010 PPP USD

		2011	2012	2013	2014	2015	2016	2017	2018
	TOTAL ENTREPRISES	**37 007.0**	**38 091.9**	**38 636.6**	**38 946.1**	**39 279.2**	**39 775.5**	**40 462.1**	..
01-03	**AGRICULTURE, SYLVICULTURE ET PÊCHE**	**535.8**	**569.7**	**637.7**	**673.0 e**	**677.3 e**	**673.5**	**677.2**	..
05-09	**ACTIVITÉS EXTRACTIVES**	**303.5**	**316.1**	**304.1**	**299.4 e**	**301.0 e**	**294.6**	**271.9**	..
10-33	**ACTIVITÉS DE FABRICATION**	**28 293.5**	**28 651.0**	**28 510.3**	**28 465.6 e**	**28 568.3 e**	**28 686.8**	**28 706.7**	..
10-12	Produits alimentaires, boissons et tabac	778.8	786.7	829.1	844.2 e	832.3 e	809.8	788.4	..
13-15	Textiles, habillement, cuir et articles de cuir	179.3	159.9	176.5	190.2 e	195.8 e	198.1	200.5	..
13	Textiles	100.3	85.7	90.7	93.7 e	94.3 e	99.6	113.3	..
14	Articles d'habillement	71.5	66.1	75.9	86.7 e	92.3 e	88.8	75.2	..
15	Cuir et articles de cuir	7.5	8.1	9.9	9.8 e	9.3 e	9.8	12.0	..
16-18	Bois, papier, imprimerie et reproduction de supports enregistrés	126.0	131.9	127.7	117.2 e	108.9 e	113.4	135.7	..
16	Bois et articles en bois, sauf meubles	37.0	37.9	35.1	33.1 e	33.5 e	36.4	41.6	..
17	Papier et articles en papier	79.5	80.6	80.1	71.6 e	60.7 e	58.4	70.1	..
18	Imprimerie et reproduction de supports enregistrés	9.5	13.2	12.5	12.5 e	14.6 e	18.6	24.0	..
19-23	Produits pétroliers, chimiques, pharmaceutiques, caoutchouc, plastique, minéraux	7 636.5	7 750.1	7 873.9	7 915.1 e	7 885.9 e	7 802.7	7 677.8	..
19	Cokéfaction et raffinage	276.1	255.2	283.0	313.6 e	330.0 e	330.1	315.0	..
20-21	Industrie chimique et pharmaceutique	6 006.0	6 048.5	6 147.9	6 133.1 e	6 036.9 e	5 935.6	5 873.5	..
20	Produits chimiques	1 977.0	2 077.1	2 231.8	2 278.8 e	2 243.3 e	2 202.8	2 206.5	..
21	Préparations pharmaceutiques, chimiques (médicine) et d'herboristerie	4 028.9	3 971.4	3 916.1	3 854.3 e	3 793.7 e	3 732.8	3 667.1	..
22	Produits en caoutchouc et en plastique	958.0	1 048.7	1 013.7	1 025.3 e	1 079.8 e	1 099.7	1 039.5	..
23	Autres produits minéraux non métalliques	396.4	397.6	429.3	443.2 e	439.2 e	437.3	449.7	..
24-25	Produits métalliques de base et ouvrages en métaux (sauf machines et matériel)	1 397.9	1 386.5	1 376.5	1 395.3 e	1 435.9 e	1 482.6	1 522.6	..
24	Produits métallurgiques de base	543.3	494.6	494.5	488.3 e	465.9 e	442.4	427.1	..
25	Ouvrages en métaux (sauf machines et matériel)	854.6	891.9	882.0	907.0 e	970.0 e	1 040.2	1 095.6	..
26-30	Ordinateurs, articles électroniques et optiques ; machines et matériels de transport	17 614.0	17 902.6	17 604.5	17 506.2 e	17 642.8 e	17 821.2	17 892.9	..
26	Ordinateurs, articles électroniques et optiques	4 949.6	5 119.2	5 170.2	5 117.2 e	5 052.7 e	5 040.7	5 109.3	..
27	Matériels électriques	1 231.5	1 262.3	1 283.0	1 276.6 e	1 275.9 e	1 333.3	1 472.0	..
28	Machines et équipements n.c.a.	1 311.2	1 394.1	1 392.8	1 397.2 e	1 421.9 e	1 445.9	1 454.6	..
29	Automobiles, remorques et semi-remorques	6 035.0	5 700.5	4 980.5	4 805.5 e	5 034.2 e	5 260.3	5 215.9	..
30	Autres matériels de transport	4 086.8	4 426.5	4 778.1	4 909.7 e	4 858.1 e	4 741.1	4 641.2	..
31-33	Meubles ; réparation et installation de machines et de matériel	560.9	533.3	521.9	497.4 e	466.7 e	459.0	488.7	..
31	Meubles	30.5	24.7	28.1	27.7 e	23.3 e	21.3	25.7	..
32	Autres activités de fabrication	530.4	508.6	493.8	469.7 e	443.5 e	437.6	463.1	..
33	Réparation et installation de machines et de matériel	0.0	0.0	0.0	0.0 e	0.0 e	0.0	0.0	..
35-39	**ÉLECTRICITÉ, GAZ, EAU ET TRAITEMENT DES DÉCHETS**	**752.7**	**760.5**	**785.9**	**825.6 e**	**848.5 e**	**827.7**	**752.5**	..
35-36	Production et distribution d'électricité, de gaz et de l'eau	704.3	711.1	732.0	769.7 e	794.5 e	777.8	707.3	..
37-39	Assainissement, traitement des déchets et dépollution	48.5	49.5	53.9	55.9 e	54.0 e	49.9	45.2	..
41-43	**CONSTRUCTION**	**138.4**	**148.0**	**131.0**	**124.1 e**	**129.1 e**	**136.6**	**140.0**	..
45-99	**TOTAL SERVICES**	**6 983.1**	**7 646.5**	**8 267.7**	**8 558.4 e**	**8 755.0 e**	**9 156.1**	**9 913.8**	..
45-82	**Services du secteur des entreprises**	**6 944.7**	**7 584.7**	**8 178.1**	**8 451.9 e**	**8 640.0 e**	**9 034.6**	**9 783.3**	..
45-47	Commerce de gros et de détail ; réparations automobiles et motocycles	0.0	0.0	0.0	0.0 e	0.0 e	0.0	0.0	..
49-53	Transport et entreposage	78.1	68.3	63.5	98.5 e	154.5 e	201.5	221.2	..
55-56	Activités d'hébergement et de restauration	0.0	0.0	0.0	0.0 e	0.0 e	0.0	0.0	..
58-63	Information et communication	4 568.8	4 842.8	5 121.5	5 256.4 e	5 327.6 e	5 430.7	5 617.7	..
58-60	Édition, audiovisuel et diffusion	1 147.7	1 212.2	1 329.7	1 425.0 e	1 511.6 e	1 616.8	1 753.9	..
58	Activités d'édition	1 032.0	1 078.5	1 227.2	1 354.6 e	1 451.1 e	1 549.3	1 668.9	..
59-60	Activités audiovisuel et diffusion	115.7	133.8	102.4	70.4 e	60.5 e	67.5	85.0	..
59	Production de films, vidéo, programmes de télévision et d'enregistrements	58.1	72.4	52.6	36.4 e	35.9 e	40.2	41.6	..
60	Programmation et diffusion	57.6	61.4	49.7	34.0 e	24.7 e	27.3	43.4	..
61	Télécommunications	1 035.8	1 174.8	1 241.1	1 215.5 e	1 152.6 e	1 099.9	1 085.4	..
62-63	Technologies de l'information et informatique	2 385.4	2 455.8	2 550.7	2 615.9 e	2 663.3 e	2 714.0	2 778.4	..
62	Programmation informatique ; conseils et activités connexes	2 180.0	2 283.6	2 373.7	2 430.7 e	2 473.5 e	2 509.3	2 541.6	..
63	Services d'information	205.4	172.2	177.0	185.2 e	189.9 e	204.7	236.8	..
64-66	**Activités financières et d'assurances**	**250.3**	**252.5**	**251.5**	**243.1 e**	**235.8 e**	**244.3**	**275.2**	..
68-82	**Activités immobilières ; professionnelles ; services administratifs et d'appui**	**2 047.5**	**2 421.0**	**2 741.6**	**2 853.9 e**	**2 922.0 e**	**3 158.1**	**3 669.2**	..
68	Activités immobilières	0.0	0.0	0.0	0.0 e	0.0 e	0.0	0.0	..
69-75x72	Activités professionnelles, scientifiques et techniques, R-D scientifique exclu	1 376.4	1 591.4	1 856.0	1 913.3 e	1 893.4 e	2 019.2	2 409.8	..
72	Recherche scientifique et développement	541.6	665.4	713.9	779.8 e	876.9 e	980.1	1 071.3	..
77-82	Activités de services administratifs et d'appui	129.4	164.1	171.7	160.8 e	151.7 e	158.7	188.1	..
84-99	Services collectifs, sociaux et personnels	38.4	61.9	89.5	106.5 e	115.0 e	121.6	130.5	..
84-85	Administration publique et défense ; sécurité sociale obligatoire et éducation	3.4	4.6 e	4.2	3.4 e	4.3 e	10.1	22.4	..
86-88	Santé humaine et action sociale	24.9	32.2	37.7	51.6 e	57.0 e	60.3	62.2	..
90-93	Arts, spectacles et loisirs	2.7	3.8	7.4	13.5 e	16.2 e	16.1	13.7	..
94-99	Autres services ; ménages-employeurs ; organismes extra-territoriaux	7.4	21.2	26.8	37.9 e	37.6 e	35.0	32.2	..

.. Non disponible ; e Valeur estimée
Note : Voir les métadonnées détaillées sur : http://metalinks.oecd.org/anberd/20200813/0f11.

ALLEMAGNE

Dépenses de R-D dans l'industrie par activité principale de l'entreprise, prix courants
CITI Rév. 4

Millions USD PPP

Code	Activité	2011	2012	2013	2014	2015	2016	2017	2018
	TOTAL ENTREPRISES	64 758.0	68 327.0	69 136.9	74 123.8	78 353.2	83 469.3	92 885.2	..
01-03	**AGRICULTURE, SYLVICULTURE ET PÊCHE**	159.9	175.7	185.6	178.0	192.8	210.2	227.9	..
05-09	**ACTIVITÉS EXTRACTIVES**	12.7	13.6	19.9	16.1	27.0	27.2	33.5	..
10-33	**ACTIVITÉS DE FABRICATION**	55 447.2	58 854.9	59 434.2	64 351.7	66 733.7	70 891.8	78 985.2	..
10-12	Produits alimentaires, boissons et tabac	390.5	400.0	406.2	414.1	408.3	416.1	428.9	..
13-15	Textiles, habillement, cuir et articles de cuir	151.1	155.4	145.8	149.6	117.0	125.6	137.3	..
13	Textiles	78.7	81.8	72.5	72.0	68.1	77.0 e	75.3	..
14	Articles d'habillement	65.4	66.3	66.1	70.1	43.7	43.1 e	55.2	..
15	Cuir et articles de cuir	7.0	7.2	7.2	7.4	5.1	5.4 e	6.6	..
16-18	Bois, papier, imprimerie et reproduction de supports enregistrés	231.6	218.4	293.0	291.1	276.4	304.9	334.7	..
16	Bois et articles en bois, sauf meubles	28.7	25.2	25.7	25.4	25.7	28.2 e	29.2	..
17	Papier et articles en papier	77.7	73.8	130.2	133.7	126.0	135.4 e	141.9	..
18	Imprimerie et reproduction de supports enregistrés	125.3	119.4	137.1	132.0	123.4	141.3 e	163.7	..
19-23	Produits pétroliers, chimiques, pharmaceutiques, caoutchouc, plastique, minéraux	11 011.9	11 337.5	11 328.3	11 831.8	11 922.9	13 386.0	13 920.4	..
19	Cokéfaction et raffinage	119.6	121.9	120.9	154.6	173.6	187.6	195.1	..
20-21	Industrie chimique et pharmaceutique	9 339.5	9 638.4	9 578.8	9 966.1	9 952.3	11 201.4	11 742.4	..
20	Produits chimiques	4 179.7	4 440.5	4 319.4	4 719.1	4 866.9	5 199.0	5 489.2	..
21	Préparations pharmaceutiques, chimiques (médicine) et d'herboristerie	5 159.8	5 197.9	5 259.4	5 247.0	5 085.4	6 002.4	6 253.2	..
22	Produits en caoutchouc et en plastique	1 196.1	1 214.4	1 251.8	1 318.2	1 398.6	1 559.8	1 552.1	..
23	Autres produits minéraux non métalliques	356.8	362.8	376.8	392.9	398.5	437.2	430.8	..
24-25	Produits métalliques de base et ouvrages en métaux (sauf machines et matériel)	1 574.8	1 644.5	1 643.4	1 670.6	1 741.8	1 836.9	2 024.4	..
24	Produits métallurgiques de base	654.5	688.1	683.9	695.4	682.6	716.6	780.4	..
25	Ouvrages en métaux (sauf machines et matériel)	920.3	956.4	959.5	975.2	1 059.2	1 120.3	1 244.1	..
26-30	Ordinateurs, articles électroniques et optiques ; machines et matériels de transport	40 548.1	43 633.5	43 967.2	48 216.6	49 779.3	52 481.5	60 737.1	..
26	Ordinateurs, articles électroniques et optiques	8 321.4	9 389.4	9 476.1	9 762.4	9 693.9	10 146.5	10 450.7	..
27	Matériels électriques	2 030.7	2 200.5	2 749.3	2 824.3	2 891.1	3 052.9	3 635.2	..
28	Machines et équipements n.c.a.	6 215.6	6 583.2	6 954.5	7 348.6	7 017.5	7 509.8	9 609.9	..
29	Automobiles, remorques et semi-remorques	20 681.6	22 052.6	22 183.0	25 577.9	27 594.3	29 081.3	34 643.7	..
30	Autres matériels de transport	3 298.8	3 408.0	2 604.5	2 690.1	2 580.0	2 691.2	2 397.8	..
31-33	Meubles ; réparation et installation de machines et de matériel	1 539.2	1 465.7	1 650.3	1 778.0	2 488.7	2 341.0	1 402.2	..
31	Meubles	52.9	50.7	48.3	50.7	45.0	43.4	45.5	..
32	Autres activités de fabrication	697.3	667.3	786.0	840.9	804.7	773.9	1 085.9	..
33	Réparation et installation de machines et de matériel	789.0	747.8	816.0	886.4	1 639.1	1 523.6	270.7	..
35-39	**ÉLECTRICITÉ, GAZ, EAU ET TRAITEMENT DES DÉCHETS**	250.3	236.4	269.1	254.2	207.0	205.5	238.3	..
35-36	Production et distribution d'électricité, de gaz et de l'eau	235.4	224.3	251.6	237.3	192.8	191.0 e	221.5	..
37-39	Assainissement, traitement des déchets et dépollution	14.8	12.1	17.6	16.9	14.1	14.5 e	17.0	..
41-43	**CONSTRUCTION**	83.4	89.7	103.3	104.0	96.4	106.7	114.2	..
45-99	**TOTAL SERVICES**	8 804.6	8 956.7	9 124.9	9 219.6	11 096.4	12 027.9	13 286.0	..
45-82	**Services du secteur des entreprises**	8 773.6	8 925.3	9 087.6	9 183.1	11 055.2	11 988.6	13 280.6	..
45-47	Commerce de gros et de détail ; réparations automobiles et motocycles	331.7	360.2	333.6	333.8	339.4	310.8	598.7	..
49-53	Transport et entreposage	137.7	156.0	118.2	123.7	172.3	145.7	159.1	..
55-56	Activités d'hébergement et de restauration	0.5	0.5	0.3	0.3	0.0	0.4	0.3	..
58-63	Information et communication	3 790.4	4 033.4	4 092.0	4 199.4	4 094.3	4 425.4	4 563.7	..
58-60	Édition, audiovisuel et diffusion	53.5	53.4	34.5	35.1	38.6	44.0 e	46.2	..
58	Activités d'édition	..	..	..	..	..	..	43.8	..
59-60	Activités audiovisuel et diffusion	..	..	..	..	..	..	2.4	..
59	Production de films, vidéo, programmes de télévision et d'enregistrements	..	..	..	..	..	..	..	..
60	Programmation et diffusion	..	..	..	..	..	..	..	..
61	Télécommunications	723.8	789.0	482.7	495.6	257.1	146.7 e	175.9	..
62-63	Technologies de l'information et informatique	3 013.0	3 189.7	3 574.8	3 668.7	3 798.6	4 234.6 e	4 341.6	..
62	Programmation informatique ; conseils et activités connexes	2 893.6	3 065.2	3 449.0	3 540.3	3 668.8	4 095.8 e	4 205.9	..
63	Services d'information	119.4	124.5	125.8	128.4	129.8	138.8 e	135.7	..
64-66	**Activités financières et d'assurances**	330.8	336.9	374.7	413.0	365.1	387.4	335.4	..
68-82	**Activités immobilières ; professionnelles ; services administratifs et d'appui**	4 182.6	4 038.3	4 168.8	4 112.8	6 084.2	6 718.9	7 623.3	..
68	Activités immobilières	1.0	1.0	0.9	0.9	1.3	1.1	2.0	..
69-75x72	Activités professionnelles, scientifiques et techniques, R-D scientifique exclu	1 967.2	1 837.5	1 956.5	1 808.0	3 233.0	3 660.1	3 610.5	..
72	Recherche scientifique et développement	2 168.8	2 150.7	2 174.7	2 267.4	2 789.5	3 002.3	3 942.8	..
77-82	Activités de services administratifs et d'appui	45.6	49.0	36.7	36.5	60.4	55.4	67.9	..
84-99	**Services collectifs, sociaux et personnels**	30.9	31.4	37.3	36.5	41.1	39.3	5.4	..
84-85	Administration publique et défense ; sécurité sociale obligatoire et éducation	2.8	2.8	3.5	3.3	1.3	1.7	0.0	..
86-88	Santé humaine et action sociale	4.6	4.7	8.1	8.2	10.3	9.8	0.0	..
90-93	Arts, spectacles et loisirs	1.6	1.7	4.5	4.4	2.6	2.8	0.0	..
94-99	Autres services ; ménages-employeurs ; organismes extra-territoriaux	21.9	22.2	21.2	20.7	25.7	25.1	5.4	..

.. Non disponible ; e Valeur estimée
Note : Voir les métadonnées détaillées sur : *http://metalinks.oecd.org/anberd/20200813/0f11*.

ALLEMAGNE

Dépenses de R-D dans l'industrie par activité principale de l'entreprise, prix constants
CITI Rév. 4

2010 PPP USD

Code	Activité	2011	2012	2013	2014	2015	2016	2017	2018
	TOTAL ENTREPRISES	70 420.2	73 067.8	71 358.7	74 540.5	78 353.2	79 822.7	86 490.9	..
01-03	**AGRICULTURE, SYLVICULTURE ET PÊCHE**	173.9	187.9	191.6	179.0	192.8	201.0	212.2	..
05-09	**ACTIVITÉS EXTRACTIVES**	13.8	14.5	20.5	16.2	27.0	26.0	31.2	..
10-33	**ACTIVITÉS DE FABRICATION**	60 295.3	62 938.6	61 344.2	64 713.5	66 733.7	67 794.7	73 547.8	..
10-12	Produits alimentaires, boissons et tabac	424.6	427.8	419.2	416.4	408.3	397.9	399.3	..
13-15	Textiles, habillement, cuir et articles de cuir	164.3	166.1	150.5	150.4	117.0	120.1	127.9	..
13	Textiles	85.6	87.5	74.9	72.5	68.1	73.7 e	70.2	..
14	Articles d'habillement	71.1	70.9	68.2	70.5	43.7	41.2 e	51.4	..
15	Cuir et articles de cuir	7.6	7.7	7.5	7.5	5.1	5.2 e	6.2	..
16-18	Bois, papier, imprimerie et reproduction de supports enregistrés	251.9	233.5	302.4	292.7	276.4	291.6	311.7	..
16	Bois et articles en bois, sauf meubles	31.2	26.9	26.5	25.5	25.7	27.0 e	27.2	..
17	Papier et articles en papier	84.5	78.9	134.4	134.4	126.0	129.5 e	132.1	..
18	Imprimerie et reproduction de supports enregistrés	136.2	127.7	141.5	132.7	123.4	135.1 e	152.4	..
19-23	Produits pétroliers, chimiques, pharmaceutiques, caoutchouc, plastique, minéraux	11 974.7	12 124.1	11 692.4	11 898.3	11 922.9	12 801.2	12 962.1	..
19	Cokéfaction et raffinage	130.0	130.4	124.8	150.5	173.5	179.4	181.7	..
20-21	Industrie chimique et pharmaceutique	10 156.1	10 307.2	9 886.6	10 022.1	9 952.3	10 712.0	10 934.1	..
20	Produits chimiques	4 545.2	4 748.6	4 458.2	4 745.6	4 866.9	4 971.9	5 111.3	..
21	Préparations pharmaceutiques, chimiques (médicine) et d'herboristerie	5 610.9	5 558.5	5 428.4	5 276.5	5 085.4	5 740.2	5 822.7	..
22	Produits en caoutchouc et en plastique	1 300.7	1 298.6	1 292.1	1 325.6	1 398.6	1 491.6	1 445.2	..
23	Autres produits minéraux non métalliques	388.0	388.0	388.9	395.1	398.5	418.1	401.1	..
24-25	Produits métalliques de base et ouvrages en métaux (sauf machines et matériel)	1 712.5	1 758.6	1 696.2	1 680.0	1 741.8	1 756.6	1 885.0	..
24	Produits métallurgiques de base	711.7	735.8	705.9	699.3	682.6	685.3	726.6	..
25	Ouvrages en métaux (sauf machines et matériel)	1 000.8	1 022.7	990.3	980.7	1 059.2	1 071.3	1 158.4	..
26-30	Ordinateurs, articles électroniques et optiques ; machines et matériels de transport	44 093.5	46 661.0	45 380.1	48 487.7	49 779.3	50 188.7	56 555.9	..
26	Ordinateurs, articles électroniques et optiques	9 049.0	10 040.9	9 780.6	9 817.3	9 693.9	9 703.2	9 731.3	..
27	Matériels électriques	2 208.3	2 353.1	2 837.6	2 840.2	2 891.1	2 919.6	3 385.0	..
28	Machines et équipements n.c.a.	6 759.1	7 040.0	7 177.9	7 389.9	7 017.5	7 181.7	8 948.3	..
29	Automobiles, remorques et semi-remorques	22 489.9	23 582.7	22 895.8	25 721.7	27 594.3	27 810.8	32 258.8	..
30	Autres matériels de transport	3 587.2	3 644.4	2 688.2	2 705.2	2 580.0	2 573.6	2 232.7	..
31-33	Meubles ; réparation et installation de machines et de matériel	1 673.7	1 567.4	1 703.3	1 788.0	2 488.7	2 238.7	1 305.7	..
31	Meubles	57.5	54.2	49.8	51.0	45.0	41.5	42.4	..
32	Autres activités de fabrication	758.3	713.6	811.3	845.6	804.7	740.1	1 011.2	..
33	Réparation et installation de machines et de matériel	858.0	799.7	842.2	891.4	1 639.0	1 457.1	252.1	..
35-39	**ÉLECTRICITÉ, GAZ, EAU ET TRAITEMENT DES DÉCHETS**	272.2	252.8	277.8	255.7	207.0	196.6	221.9	..
35-36	Production et distribution d'électricité, de gaz et de l'eau	256.0	239.9	259.6	238.7	192.8	182.7 e	206.2	..
37-39	Assainissement, traitement des déchets et dépollution	16.1	12.9	18.1	17.0	14.1	13.9 e	15.8	..
41-43	**CONSTRUCTION**	90.7	95.9	106.6	104.6	96.4	102.0	106.4	..
45-99	**TOTAL SERVICES**	9 574.4	9 578.1	9 418.1	9 271.5	11 096.4	11 502.4	12 371.4	..
45-82	Services du secteur des entreprises	9 540.7	9 544.6	9 379.6	9 234.7	11 055.2	11 464.8	12 366.3	..
45-47	Commerce de gros et de détail ; réparations automobiles et motocycles	360.7	385.2	344.4	335.7	339.4	297.2	557.5	..
49-53	Transport et entreposage	149.7	166.8	122.0	124.4	172.3	139.4	148.1	..
55-56	Activités d'hébergement et de restauration	0.6	0.5	0.3	0.3	0.0	0.0	0.3	..
58-63	Information et communication	4 121.8	4 313.3	4 223.5	4 223.0	4 094.3	4 232.0	4 249.5	..
58-60	Édition, audiovisuel et diffusion	58.2	57.1	35.6	35.3	38.6	42.1 e	43.0	..
58	Activités d'édition	..	..	..	..	..	..	40.7	..
59-60	Activités audiovisuel et diffusion	..	..	..	..	..	..	2.3	..
59	Production de films, vidéo, programmes de télévision et d'enregistrements	..	..	..	..	..	..	..	..
60	Programmation et diffusion	..	..	..	..	..	..	..	..
61	Télécommunications	787.1	843.7	498.2	498.4	257.1	140.3 e	163.8	..
62-63	Technologies de l'information et informatique	3 276.5	3 411.0	3 689.7	3 689.3	3 798.6	4 049.6 e	4 042.7	..
62	Programmation informatique ; conseils et activités connexes	3 146.6	3 277.9	3 559.8	3 560.2	3 668.8	3 916.9 e	3 916.3	..
63	Services d'information	129.9	133.1	129.9	129.1	129.8	132.7 e	126.4	..
64-66	**Activités financières et d'assurances**	359.7	360.2	386.7	415.4	365.1	370.5	312.3	..
68-82	**Activités immobilières ; professionnelles ; services administratifs et d'appui**	4 548.3	4 318.4	4 302.7	4 135.9	6 084.2	6 425.4	7 098.5	..
68	Activités immobilières	1.1	1.1	0.9	0.9	1.3	1.0	1.9	..
69-75x72	Activités professionnelles, scientifiques et techniques, R-D scientifique exclu	2 139.2	1 965.0	2 019.4	1 818.1	3 233.0	3 500.2	3 361.9	..
72	Recherche scientifique et développement	2 358.4	2 299.9	2 244.6	2 280.2	2 789.5	2 871.2	3 671.4	..
77-82	Activités de services administratifs et d'appui	49.6	52.4	37.8	36.7	60.4	53.0	63.2	..
84-99	Services collectifs, sociaux et personnels	33.6	33.6	38.5	36.7	41.1	37.6	5.0	..
84-85	Administration publique et défense ; sécurité sociale obligatoire et éducation	3.0	3.0	3.6	3.3	1.3	1.7	0.0	..
86-88	Santé humaine et action sociale	5.0	5.0	8.4	8.2	10.3	9.4	0.0	..
90-93	Arts, spectacles et loisirs	1.8	1.8	4.7	4.4	2.6	2.7	0.0	..
94-99	Autres services ; ménages-employeurs ; organismes extra-territoriaux	23.9	23.8	21.8	20.8	25.7	24.0	5.0	..

.. Non disponible ; e Valeur estimée
Note : Voir les métadonnées détaillées sur : http://metalinks.oecd.org/anberd/20200813/0f11.

GRÈCE

Dépenses de R-D dans l'industrie par activité principale de l'entreprise, prix courants
CITI Rév. 4

Millions USD PPP

Code	Activité	2011	2012	2013	2014	2015	2016	2017	2018
	TOTAL ENTREPRISES	**681.3**	**669.8**	**774.1**	**825.3**	**922.3**	**1 257.8**	**1 725.6**	..
01-03	**AGRICULTURE, SYLVICULTURE ET PÊCHE**	**2.0**	**1.5 e**	**1.5**	**2.1 e**	**2.9**	**4.0 e**	**5.2**	..
05-09	**ACTIVITÉS EXTRACTIVES**	**0.5**	**2.3 e**	**1.1**	**0.0 e**	**2.1**	**34.6 e**	**85.3**	..
10-33	**ACTIVITÉS DE FABRICATION**	**267.2**	**258.2 e**	**278.5**	**251.3 e**	**245.9**	**345.8 e**	**509.8**	..
10-12	Produits alimentaires, boissons et tabac	23.7	36.6 e	47.8 e	40.2 e	32.0	45.4 e	73.0	..
13-15	Textiles, habillement, cuir et articles de cuir	1.7	1.2 e	1.5	3.0 e	4.5	5.1 e	4.9	..
13	Textiles	..	..	..	..	..	..	4.7	..
14	Articles d'habillement	..	..	..	..	..	..	0.1	..
15	Cuir et articles de cuir	..	..	..	..	..	..	0.0	..
16-18	Bois, papier, imprimerie et reproduction de supports enregistrés	14.5	7.4 e	3.3	2.6 e	6.3	14.2 e	24.6	..
16	Bois et articles en bois, sauf meubles	..	..	..	..	..	..	0.3	..
17	Papier et articles en papier	..	..	..	..	..	..	19.9	..
18	Imprimerie et reproduction de supports enregistrés	..	..	..	..	..	..	4.4	..
19-23	Produits pétroliers, chimiques, pharmaceutiques, caoutchouc, plastique, minéraux	122.6	120.8 e	129.5	110.5 e	103.5	153.5 e	239.3	..
19	Cokéfaction et raffinage	7.2 e	8.2 e	7.8 e	3.5 e	10.4	42.5 e	91.9	..
20-21	Industrie chimique et pharmaceutique	107.2	104.8 e	113.2	98.7 e	84.3	98.8 e	130.1	..
20	Produits chimiques	22.7	20.3 e	20.0	15.8 e	15.0	25.1 e	42.1	..
21	Préparations pharmaceutiques, chimiques (médicine) et d'herboristerie	84.6	84.5 e	93.2	82.9 e	69.3	73.7 e	88.0	..
22	Produits en caoutchouc et en plastique	3.0	3.3 e	3.5	2.3 e	1.5	3.3 e	6.8	..
23	Autres produits minéraux non métalliques	5.2	4.4 e	5.0	6.0 e	7.3	8.9 e	10.5	..
24-25	Produits métalliques de base et ouvrages en métaux (sauf machines et matériel)	35.5	37.9 e	44.5	43.5 e	44.7	61.1 e	86.7	..
24	Produits métallurgiques de base	17.7	16.5 e	17.4	15.8 e	15.1	19.6 e	27.3	..
25	Ouvrages en métaux (sauf machines et matériel)	17.8	21.4 e	27.0	27.7 e	29.6	41.5 e	59.5	..
26-30	Ordinateurs, articles électroniques et optiques ; machines et matériels de transport	67.3	52.7 e	49.9	48.3 e	50.8	61.8 e	76.6	..
26	Ordinateurs, articles électroniques et optiques	32.3	25.4 e	23.2	20.1 e	19.6	25.3 e	34.5	..
27	Matériels électriques	14.9	12.2 e	11.8	11.1 e	11.7	15.4 e	21.0	..
28	Machines et équipements n.c.a.	10.4	9.4 e	10.4	11.1 e	12.1	14.7 e	18.0	..
29	Automobiles, remorques et semi-remorques	0.6 e	0.4 e	0.3	0.0 e	0.0	0.5 e	1.3	..
30	Autres matériels de transport	9.0 e	5.3 e	4.2	6.0 e	7.5	5.9 e	1.8	..
31-33	Meubles ; réparation et installation de machines et de matériel	2.0	1.7 e	2.1	3.2 e	4.1	4.6 e	4.7	..
31	Meubles	..	..	..	..	..	..	0.6	..
32	Autres activités de fabrication	..	..	..	..	..	..	4.1	..
33	Réparation et installation de machines et de matériel	..	..	..	..	..	..	0.0	..
35-39	**ÉLECTRICITÉ, GAZ, EAU ET TRAITEMENT DES DÉCHETS**	**8.8**	**8.1 e**	**9.7**	**12.4 e**	**16.7**	**24.2 e**	**33.5**	..
35-36	Production et distribution d'électricité, de gaz et de l'eau	7.4	6.9 e	8.4	10.9 e	15.0	22.6 e	32.1	..
37-39	Assainissement, traitement des déchets et dépollution	1.4	1.2 e	1.3	1.5 e	1.6	1.6 e	1.4	..
41-43	**CONSTRUCTION**	**7.5**	**5.0 e**	**3.8**	**3.2 e**	**5.1**	**11.1 e**	**19.6**	..
45-99	**TOTAL SERVICES**	**395.2**	**394.7 e**	**479.5**	**556.4 e**	**649.7**	**838.1 e**	**1 072.2**	..
45-82	**Services du secteur des entreprises**	**392.4**	**391.2 e**	**475.4**	**553.1 e**	**645.3**	**827.2 e**	**1 051.1**	..
45-47	Commerce de gros et de détail ; réparations automobiles et motocycles	41.9	65.7 e	103.0	131.6 e	147.9	159.9 e	166.0	..
49-53	Transport et entreposage	0.3	7.2 e	7.0	0.0 e	4.0	64.9 e	161.8	..
55-56	Activités d'hébergement et de restauration	0.1 e	0.6 e	1.1	1.2 e	1.0 e	0.6 e	0.1	..
58-63	Information et communication	98.1	100.0 e	115.7	115.5 e	126.4	178.2 e	254.9	..
58-60	Édition, audiovisuel et diffusion	0.1	6.6 e	11.3	9.3 e	4.9	3.7 e	4.7	..
58	Activités d'édition	0.1	5.9 e	10.2	8.5 e	4.4 e	2.8 e	2.8	..
59-60	Activités audiovisuel et diffusion	0.0	0.7 e	1.1	0.8 e	0.5 e	0.9 e	1.9	..
59	Production de films, vidéo, programmes de télévision et d'enregistrements	..	..	..	..	..	..	1.2	..
60	Programmation et diffusion	..	..	..	..	..	..	0.8	..
61	Télécommunications	41.0	27.2 e	17.9	9.0 e	14.1	43.1 e	87.7	..
62-63	Technologies de l'information et informatique	56.9	66.2 e	86.5	97.2 e	107.4	131.4 e	162.5	..
62	Programmation informatique ; conseils et activités connexes	52.6	63.8 e	85.1	96.0 e	105.6	129.0 e	159.4	..
63	Services d'information	4.3	2.4 e	1.4	1.3 e	1.8	2.4 e	3.1	..
64-66	**Activités financières et d'assurances**	**143.7**	**131.2 e**	**163.5**	**217.9 e**	**269.3**	**304.7 e**	**322.0**	..
68-82	**Activités immobilières ; professionnelles ; services administratifs et d'appui**	**108.4**	**86.5 e**	**85.1**	**86.8 e**	**96.7**	**118.9 e**	**146.3**	..
68	Activités immobilières	0.0 e	0.0 e	0.0	0.0 e	0.0	0.0 e	0.0	..
69-75x72	Activités professionnelles, scientifiques et techniques, R-D scientifique exclu	48.2	31.9 e	24.3	21.0 e	25.3	37.7 e	54.4	..
72	Recherche scientifique et développement	59.5	53.7 e	60.1	65.7 e	71.3	79.7 e	87.9	..
77-82	Activités de services administratifs et d'appui	0.7 e	0.8 e	0.7	0.1 e	0.0	1.5 e	4.1	..
84-99	**Services collectifs, sociaux et personnels**	**2.8**	**3.6 e**	**4.1**	**3.3 e**	**4.4**	**10.9 e**	**21.1**	..
84-85	Administration publique et défense ; sécurité sociale obligatoire et éducation	1.7	2.0 e	2.0	1.1 e	1.7 e	6.2 e	13.4	..
86-88	Santé humaine et action sociale	0.5	1.1 e	1.8	2.2 e	2.7	3.9 e	5.5	..
90-93	Arts, spectacles et loisirs	0.0	0.0 e	0.0 e	0.0 e	0.0 e	0.1 e	0.2	..
94-99	Autres services ; ménages-employeurs ; organismes extra-territoriaux	0.6	0.5 e	0.3 e	0.0 e	0.0 e	0.8 e	2.0	..

.. Non disponible ; e Valeur estimée
Note : Voir les métadonnées détaillées sur : *http://metalinks.oecd.org/anberd/20200813/0f11*.

GRÈCE

Dépenses de R-D dans l'industrie par activité principale de l'entreprise, prix constants
CITI Rév. 4

2010 PPP USD

		2011	2012	2013	2014	2015	2016	2017	2018
	TOTAL ENTREPRISES	759.4	719.5	785.1	825.5	922.3	1 218.9	1 626.7	..
01-03	**AGRICULTURE, SYLVICULTURE ET PÊCHE**	2.3	1.6 e	1.5	2.1 e	2.9	3.9 e	4.9	..
05-09	**ACTIVITÉS EXTRACTIVES**	0.6	2.5 e	1.1	0.0 e	2.1	33.6 e	80.4	..
10-33	**ACTIVITÉS DE FABRICATION**	297.6	277.3 e	282.5	251.3 e	245.9	335.1 e	480.6	..
10-12	Produits alimentaires, boissons et tabac	26.4	39.4 e	48.5	40.2 e	32.0	44.0 e	68.8	..
13-15	Textiles, habillement, cuir et articles de cuir	1.9	1.2 e	1.5	3.0 e	4.5	4.9 e	4.6	..
13	Textiles	..	..	..	..	..	..	4.5	..
14	Articles d'habillement	..	..	..	..	..	..	0.1	..
15	Cuir et articles de cuir	..	..	..	..	..	..	0.0	..
16-18	Bois, papier, imprimerie et reproduction de supports enregistrés	16.1	7.9 e	3.3	2.6 e	6.3	13.8 e	23.2	..
16	Bois et articles en bois, sauf meubles	..	..	..	..	..	..	0.3	..
17	Papier et articles en papier	..	..	..	..	..	..	18.8	..
18	Imprimerie et reproduction de supports enregistrés	..	..	..	..	..	..	4.1	..
19-23	Produits pétroliers, chimiques, pharmaceutiques, caoutchouc, plastique, minéraux	136.7	129.7 e	131.3	110.5 e	103.5	148.8 e	225.6	..
19	Cokéfaction et raffinage	8.0	8.8 e	7.9	3.5 e	10.4	41.2 e	86.6	..
20-21	Industrie chimique et pharmaceutique	119.5	112.6 e	114.8	98.7 e	84.3	95.7 e	122.6	..
20	Produits chimiques	25.3	21.9 e	20.3	15.8 e	15.0	24.3 e	39.7	..
21	Préparations pharmaceutiques, chimiques (médicine) et d'herboristerie	94.3	90.7 e	94.5	82.9 e	69.3	71.4 e	82.9	..
22	Produits en caoutchouc et en plastique	3.3	3.6 e	3.6	2.3 e	1.5	3.2 e	6.4	..
23	Autres produits minéraux non métalliques	5.8	4.8 e	5.0	6.0 e	7.3	8.6 e	9.9	..
24-25	Produits métalliques de base et ouvrages en métaux (sauf machines et matériel)	39.6	40.7 e	45.1	43.5 e	44.7	59.2 e	81.8	..
24	Produits métallurgiques de base	19.8	17.7 e	17.7	15.8 e	15.1	19.0 e	25.7	..
25	Ouvrages en métaux (sauf machines et matériel)	19.9	22.9 e	27.4	27.7 e	29.6	40.2 e	56.1	..
26-30	Ordinateurs, articles électroniques et optiques ; machines et matériels de transport	75.0	56.6 e	50.6	48.3 e	50.8	59.9 e	72.2	..
26	Ordinateurs, articles électroniques et optiques	36.0	27.3 e	23.5	20.1 e	19.6	24.5 e	32.6	..
27	Matériels électriques	16.6	13.1 e	12.0	11.1 e	11.7	15.0 e	19.8	..
28	Machines et équipements n.c.a.	11.6	10.1 e	10.5	11.1 e	12.1	14.2 e	17.0	..
29	Automobiles, remorques et semi-remorques	0.7 e	0.5 e	0.3	0.0 e	0.0	0.5 e	1.2	..
30	Autres matériels de transport	10.1 e	5.6 e	4.3	6.0 e	7.5	5.7 e	1.7	..
31-33	Meubles ; réparation et installation de machines et de matériel	2.2	1.8 e	2.2	3.2 e	4.1	4.5 e	4.5	..
31	Meubles	..	..	..	..	..	..	0.6	..
32	Autres activités de fabrication	..	..	..	..	..	..	3.9	..
33	Réparation et installation de machines et de matériel	..	..	..	..	..	..	0.0	..
35-39	**ÉLECTRICITÉ, GAZ, EAU ET TRAITEMENT DES DÉCHETS**	9.8	8.7 e	9.8	12.4 e	16.7	23.4 e	31.6	..
35-36	Production et distribution d'électricité, de gaz et de l'eau	8.2	7.4 e	8.5	10.9 e	15.0	21.9 e	30.3	..
37-39	Assainissement, traitement des déchets et dépollution	1.5	1.3 e	1.3	1.5 e	1.6	1.5 e	1.3	..
41-43	**CONSTRUCTION**	8.4	5.4 e	3.8	3.2 e	5.1	10.7 e	18.5	..
45-99	**TOTAL SERVICES**	440.5	424.0 e	486.4	556.5 e	649.7	812.2 e	1 010.8	..
45-82	**Services du secteur des entreprises**	437.4	420.1 e	482.2	553.2 e	645.3	801.6 e	990.9	..
45-47	Commerce de gros et de détail ; réparations automobiles et motocycles	46.7	70.5 e	104.5	131.7 e	147.9	155.0 e	156.5	..
49-53	Transport et entreposage	0.3	7.7 e	7.1	0.0 e	4.0	62.9 e	152.5	..
55-56	Activités d'hébergement et de restauration	0.1 e	0.6 e	1.1	1.2 e	1.0	0.6 e	0.1	..
58-63	Information et communication	109.3	107.4 e	117.3	115.5 e	126.4	172.7 e	240.3	..
58-60	Édition, audiovisuel et diffusion	0.2	7.1 e	11.5	9.3 e	4.9	3.6 e	4.5	..
58	Activités d'édition	0.2	6.4 e	10.3	8.5 e	4.4 e	2.7 e	2.6	..
59-60	Activités audiovisuel et diffusion	0.0	0.7 e	1.2	0.8 e	0.5	0.9 e	1.8	..
59	Production de films, vidéo, programmes de télévision et d'enregistrements	..	..	..	..	..	..	1.1	..
60	Programmation et diffusion	..	..	..	..	..	..	0.7	..
61	Télécommunications	45.7	29.2 e	18.1	9.0 e	14.1	41.7 e	82.6	..
62-63	Technologies de l'information et informatique	63.5	71.1 e	87.7	97.3 e	107.4	127.3 e	153.2	..
62	Programmation informatique ; conseils et activités connexes	58.7	68.5 e	86.3	96.0 e	105.6	125.0 e	150.3	..
63	Services d'information	4.8	2.6 e	1.4	1.3 e	1.8	2.4 e	2.9	..
64-66	Activités financières et d'assurances	160.1	141.0 e	165.8	217.9 e	269.3	295.3 e	303.5	..
68-82	Activités immobilières ; professionnelles ; services administratifs et d'appui	120.9	92.9 e	86.3	86.9 e	96.7	115.2 e	138.0	..
68	Activités immobilières	0.0 e	0.0 e	0.0	0.0 e	0.0 e	0.0 e	0.0	..
69-75x72	Activités professionnelles, scientifiques et techniques, R-D scientifique exclu	53.8	34.3 e	24.6	21.0 e	25.3	36.5 e	51.2	..
72	Recherche scientifique et développement	66.3	57.7 e	61.0	65.7 e	71.3	77.2 e	82.8	..
77-82	Activités de services administratifs et d'appui	0.8 e	0.8 e	0.7	0.1 e	0.0	1.5 e	3.9	..
84-99	Services collectifs, sociaux et personnels	3.1	3.8 e	4.2	3.3 e	4.4	10.6 e	19.9	..
84-85	Administration publique et défense ; sécurité sociale obligatoire et éducation	1.9	2.1 e	2.1	1.1 e	1.7 e	6.0 e	12.6	..
86-88	Santé humaine et action sociale	0.6	1.1 e	1.8	2.2 e	2.7	3.8 e	5.2	..
90-93	Arts, spectacles et loisirs	0.0	0.0 e	0.0	0.0 e	0.0 e	0.1 e	0.1	..
94-99	Autres services ; ménages-employeurs ; organismes extra-territoriaux	0.7	0.5 e	0.4 e	0.0 e	0.0 e	0.7 e	1.9	..

.. Non disponible ; e Valeur estimée
Note : Voir les métadonnées détaillées sur : http://metalinks.oecd.org/anberd/20200813/0f11.

HONGRIE

Dépenses de R-D dans l'industrie par activité principale de l'entreprise, prix courants
CITI Rév. 4

Millions USD PPP

		2011	2012	2013	2014	2015	2016	2017	2018
	TOTAL ENTREPRISES	1 690.4	1 899.9	2 333.8	2 437.9	2 595.8	2 398.5	2 814.5	..
01-03	**AGRICULTURE, SYLVICULTURE ET PÊCHE**	23.7 e	32.2 e	38.3 e	39.8	27.2	19.8	28.2	..
05-09	**ACTIVITÉS EXTRACTIVES**	0.0 e	1.8 e	0.8 e	1.1 e	2.9	0.2	0.9	..
10-33	**ACTIVITÉS DE FABRICATION**	939.5 e	1 070.1 e	1 171.2 e	1 091.3	1 052.2	1 158.0	1 318.7	..
10-12	Produits alimentaires, boissons et tabac	32.0 e	32.4 e	37.4 e	21.8	21.1	19.0	28.2	..
13-15	Textiles, habillement, cuir et articles de cuir	..	..	..	..	..	..	1.7	..
13	Textiles	..	..	..	..	..	..	..	..
14	Articles d'habillement	..	..	..	..	..	..	..	..
15	Cuir et articles de cuir	..	..	..	..	..	..	..	..
16-18	Bois, papier, imprimerie et reproduction de supports enregistrés	9.8 e	12.6 e	31.9 e	29.1	10.5	15.9	51.2	..
16	Bois et articles en bois, sauf meubles	2.1 e	0.6 e	4.7 e	2.0	0.5 e	0.2 e	1.4	..
17	Papier et articles en papier	4.7 e	5.7 e	22.5 e	3.4	0.8 e	12.5	28.0	..
18	Imprimerie et reproduction de supports enregistrés	3.0 e	6.3 e	4.7 e	23.7	9.2	3.2 e	21.8	..
19-23	Produits pétroliers, chimiques, pharmaceutiques, caoutchouc, plastique, minéraux	..	..	..	..	..	..	481.8	..
19	Cokéfaction et raffinage	..	..	..	..	..	..	..	..
20-21	Industrie chimique et pharmaceutique	403.4 e	451.7 e	448.5 e	448.3	431.5	425.6	429.8	..
20	Produits chimiques	22.6 e	15.8 e	28.2 e	15.1	24.6	11.1	24.7	..
21	Préparations pharmaceutiques, chimiques (médicine) et d'herboristerie	380.8 e	436.0 e	420.3 e	433.2	406.9	414.4	405.1	..
22	Produits en caoutchouc et en plastique	13.1 e	14.5 e	15.7 e	18.7	13.2	16.6	21.4	..
23	Autres produits minéraux non métalliques	5.5 e	13.0 e	5.7 e	5.4	6.3	5.7	..	..
24-25	Produits métalliques de base et ouvrages en métaux (sauf machines et matériel)	16.9 e	42.6 e	39.0 e	46.1	22.2 e	32.6 e	46.7	..
24	Produits métallurgiques de base	1.2 e	1.3 e	2.1 e	3.3	3.9 e	8.1	14.0	..
25	Ouvrages en métaux (sauf machines et matériel)	15.7 e	41.3 e	37.0 e	42.9	18.3	24.5	32.7	..
26-30	Ordinateurs, articles électroniques et optiques ; machines et matériels de transport	401.7 e	433.5 e	509.7 e	450.8	493.9	563.1	657.7	..
26	Ordinateurs, articles électroniques et optiques	113.0 e	97.0 e	95.4 e	35.7	37.8	45.8	45.3	..
27	Matériels électriques	51.7 e	48.0 e	68.0 e	64.0	51.6	58.0	81.4	..
28	Machines et équipements n.c.a.	95.4 e	121.2 e	133.3 e	130.0	119.9	129.1	137.5	..
29	Automobiles, remorques et semi-remorques	139.7 e	165.1 e	211.0 e	208.9	274.4	316.9	382.2	..
30	Autres matériels de transport	1.8 e	2.2 e	2.1 e	12.1	10.1	13.3	11.4	..
31-33	Meubles ; réparation et installation de machines et de matériel	36.4 e	47.4 e	66.2 e	54.8	37.1	49.9	51.3	..
31	Meubles	3.4 e	3.5 e	13.3 e	5.2	2.8	5.0	5.5	..
32	Autres activités de fabrication	21.0 e	24.4 e	24.2 e	34.6	22.9	32.2	33.1	..
33	Réparation et installation de machines et de matériel	11.9 e	19.5 e	28.7 e	15.0	11.4	12.8	12.7	..
35-39	**ÉLECTRICITÉ, GAZ, EAU ET TRAITEMENT DES DÉCHETS**	4.6 e	3.4 e	12.7 e	8.5 e	21.6	8.9	5.3	..
35-36	Production et distribution d'électricité, de gaz et de l'eau	2.0 e	1.9 e	2.7 e	4.2 e	13.5	4.4	2.7	..
37-39	Assainissement, traitement des déchets et dépollution	2.6 e	1.6 e	10.1 e	4.3	8.1	4.5	2.6	..
41-43	**CONSTRUCTION**	7.9 e	8.2 e	22.2 e	19.8	14.1	10.8	39.3	..
45-99	**TOTAL SERVICES**	714.8 e	784.1 e	1 088.5 e	1 277.2	1 477.7	1 200.8	1 422.2	..
45-82	**Services du secteur des entreprises**	702.4 e	768.5 e	1 074.7 e	1 261.5	1 460.7	1 188.9	1 408.1	..
45-47	Commerce de gros et de détail ; réparations automobiles et motocycles	207.7 e	217.8 e	275.2 e	359.9	360.2	149.9	181.5	..
49-53	Transport et entreposage	1.0 e	2.9 e	7.5 e	6.5	7.3	5.9 e	8.4	..
55-56	Activités d'hébergement et de restauration	..	..	..	..	..	..	8.5	..
58-63	Information et communication	51.1 e	122.0 e	161.9 e	244.9	208.6	177.6	237.2	..
58-60	Édition, audiovisuel et diffusion	8.8 e	16.5 e	22.6 e	29.7	23.2	22.5	35.9	..
58	Activités d'édition	..	..	..	29.5	..	22.5	..	..
59-60	Activités audiovisuel et diffusion	..	..	..	0.1	..	..	..	..
59	Production de films, vidéo, programmes de télévision et d'enregistrements	..	..	..	..	..	..	..	..
60	Programmation et diffusion	..	..	..	..	..	..	..	..
61	Télécommunications	..	..	..	3.4	11.7	5.0	5.2	..
62-63	Technologies de l'information et informatique	..	..	..	211.9	173.7	150.1	196.2	..
62	Programmation informatique ; conseils et activités connexes	..	..	..	188.0	164.3	139.9	192.3	..
63	Services d'information	..	..	..	23.9	9.4	10.2	3.9	..
64-66	Activités financières et d'assurances	..	..	..	..	..	..	3.1	..
68-82	Activités immobilières ; professionnelles ; services administratifs et d'appui	436.8 e	417.6 e	626.0 e	646.5	881.0	854.8	969.2	..
68	Activités immobilières	4.0 e	3.5 e	8.8 e	15.1	11.5	4.3	3.9	..
69-75x72	Activités professionnelles, scientifiques et techniques, R-D scientifique exclu	134.1 e	159.9 e	45.9 e	86.4	85.2	52.2	84.5	..
72	Recherche scientifique et développement	295.1 e	250.6 e	564.6 e	528.2	755.9	783.9	862.4	..
77-82	Activités de services administratifs et d'appui	3.5 e	3.6 e	6.7 e	16.8	28.4	14.4	18.4	..
84-99	Services collectifs, sociaux et personnels	12.3 e	15.6 e	13.8 e	15.7	17.0	11.9	14.2	..
84-85	Administration publique et défense ; sécurité sociale obligatoire et éducation	0.2 e	2.9 e	1.3 e	2.4	3.6	1.3	2.1	..
86-88	Santé humaine et action sociale	3.2 e	4.7 e	2.4 e	3.5	3.6	1.8	5.0	..
90-93	Arts, spectacles et loisirs	1.0 e	1.7 e	1.5 e	2.0	2.7	6.0	2.0	..
94-99	Autres services ; ménages-employeurs ; organismes extra-territoriaux	7.9 e	6.4 e	8.6 e	7.9	7.1	2.7	5.1	..

.. Non disponible ; e Valeur estimée
Note : Voir les métadonnées détaillées sur : *http://metalinks.oecd.org/anberd/20200813/0f11*.

HONGRIE

Dépenses de R-D dans l'industrie par activité principale de l'entreprise, prix constants
CITI Rév. 4

2010 PPP USD

		2011	2012	2013	2014	2015	2016	2017	2018
	TOTAL ENTREPRISES	1 788.1	1 968.5	2 336.1	2 439.3	2 595.8	2 366.9	2 725.3	..
01-03	**AGRICULTURE, SYLVICULTURE ET PÊCHE**	25.0 e	33.4 e	38.4 e	39.9	27.2	19.6	27.3	..
05-09	**ACTIVITÉS EXTRACTIVES**	0.0 e	1.9 e	0.8 e	1.1 e	2.9	0.2	0.9	..
10-33	**ACTIVITÉS DE FABRICATION**	993.8 e	1 108.8 e	1 172.3 e	1 091.9	1 052.2	1 142.7	1 276.9	..
10-12	Produits alimentaires, boissons et tabac	33.8 e	33.6 e	37.5 e	21.8	21.1	18.7	27.4	..
13-15	Textiles, habillement, cuir et articles de cuir	..	..	..	..	..	..	1.6	..
13	Textiles	..	..	..	..	..	..	..	..
14	Articles d'habillement	..	..	..	..	..	..	..	..
15	Cuir et articles de cuir	..	..	..	..	..	..	..	..
16-18	Bois, papier, imprimerie et reproduction de supports enregistrés	10.3 e	13.0 e	31.9 e	29.1	10.5	15.7	49.6	..
16	Bois et articles en bois, sauf meubles	2.2 e	0.6 e	4.7 e	2.0	0.5 e	0.2 e	1.4	..
17	Papier et articles en papier	5.0 e	5.9 e	22.5 e	3.4	0.8 e	12.3	27.1	..
18	Imprimerie et reproduction de supports enregistrés	3.1 e	6.5 e	4.7 e	23.7	9.2	3.2 e	21.1	..
19-23	Produits pétroliers, chimiques, pharmaceutiques, caoutchouc, plastique, minéraux	..	..	..	..	..	..	466.5	..
19	Cokéfaction et raffinage	..	..	..	..	..	..	..	..
20-21	Industrie chimique et pharmaceutique	426.7 e	468.0 e	449.0 e	448.6	431.5	420.0	416.2	..
20	Produits chimiques	23.9 e	16.3 e	28.3 e	15.1	24.6	11.0	23.9	..
21	Préparations pharmaceutiques, chimiques (médicine) et d'herboristerie	402.7 e	451.7 e	420.7 e	433.4	406.9	409.0	392.3	..
22	Produits en caoutchouc et en plastique	13.9 e	15.0 e	15.7 e	18.7	13.2	16.4	20.7	..
23	Autres produits minéraux non métalliques	5.8 e	13.5 e	5.7 e	5.4	6.3	5.6	..	..
24-25	Produits métalliques de base et ouvrages en métaux (sauf machines et matériel)	17.9 e	44.1 e	39.1 e	46.2	22.2 e	32.2 e	45.2	..
24	Produits métallurgiques de base	1.2 e	1.4 e	2.1 e	3.3	3.9 e	8.0	13.6	..
25	Ouvrages en métaux (sauf machines et matériel)	16.6 e	42.8 e	37.0 e	42.9	18.3	24.2	31.7	..
26-30	Ordinateurs, articles électroniques et optiques ; machines et matériels de transport	424.9 e	449.2 e	510.2 e	451.0	493.9	555.7	636.9	..
26	Ordinateurs, articles électroniques et optiques	119.5 e	100.5 e	95.5 e	35.8	37.8	45.1	43.9	..
27	Matériels électriques	54.7 e	49.7 e	68.0 e	64.1	51.6	57.2	78.8	..
28	Machines et équipements n.c.a.	100.9 e	125.5 e	133.4 e	130.1	119.9	127.4	133.1	..
29	Automobiles, remorques et semi-remorques	147.7 e	171.1 e	211.2 e	209.0	274.4	312.8	370.1	..
30	Autres matériels de transport	1.9 e	2.3 e	2.1 e	12.1	10.1	13.1	11.0	..
31-33	Meubles ; réparation et installation de machines et de matériel	38.5 e	49.2 e	66.3 e	54.9	37.1	49.3	49.7	..
31	Meubles	3.6 e	3.7 e	13.3 e	5.2	2.8	4.9	5.3	..
32	Autres activités de fabrication	22.2 e	25.3 e	24.2 e	34.7	22.9	31.8	32.0	..
33	Réparation et installation de machines et de matériel	12.6 e	20.2 e	28.8 e	15.0	11.4	12.6	12.3	..
35-39	**ÉLECTRICITÉ, GAZ, EAU ET TRAITEMENT DES DÉCHETS**	4.9 e	3.6 e	12.7 e	8.5 e	21.6	8.8	5.1	..
35-36	Production et distribution d'électricité, de gaz et de l'eau	2.2 e	1.9 e	2.7 e	4.2 e	13.5	4.3	2.6	..
37-39	Assainissement, traitement des déchets et dépollution	2.7 e	1.6 e	10.1 e	4.3	8.1	4.5	2.5	..
41-43	**CONSTRUCTION**	8.3 e	8.4 e	22.2 e	19.8	14.1	10.7	38.0	..
45-99	**TOTAL SERVICES**	756.0 e	812.4 e	1 089.6 e	1 278.1	1 477.7	1 185.0	1 377.1	..
45-82	**Services du secteur des entreprises**	743.0 e	796.3 e	1 075.8 e	1 262.2	1 460.7	1 173.3	1 363.4	..
45-47	Commerce de gros et de détail ; réparations automobiles et motocycles	219.7 e	225.7 e	275.5 e	360.1	360.2	148.0	175.8	..
49-53	Transport et entreposage	1.0 e	3.1 e	7.5 e	6.5	7.3	5.9 e	8.2	..
55-56	Activités d'hébergement et de restauration	..	..	..	..	..	..	8.3	..
58-63	Information et communication	54.1 e	126.4 e	162.1 e	245.1	208.6	175.3	229.7	..
58-60	Édition, audiovisuel et diffusion	9.3 e	17.1 e	22.6 e	29.7	23.2	22.2	34.7	..
58	Activités d'édition	..	..	..	29.6	..	22.2	..	..
59-60	Activités audiovisuel et diffusion	..	..	..	0.1	..	..	..	..
59	Production de films, vidéo, programmes de télévision et d'enregistrements	..	..	..	..	..	..	..	..
60	Programmation et diffusion	..	..	..	..	..	..	..	..
61	Télécommunications	..	..	..	3.4	11.7	4.9	5.0	..
62-63	Technologies de l'information et informatique	..	..	..	212.0	173.7	148.2	190.0	..
62	Programmation informatique ; conseils et activités connexes	..	..	..	188.1	164.3	138.1	186.2	..
63	Services d'information	..	..	..	23.9	9.4	10.1	3.8	..
64-66	**Activités financières et d'assurances**	..	..	..	..	..	..	3.0	..
68-82	**Activités immobilières ; professionnelles ; services administratifs et d'appui**	462.0 e	432.7 e	626.6 e	646.9	881.0	843.6	938.5	..
68	Activités immobilières	4.2 e	3.6 e	8.8 e	15.1	11.5	4.2	3.7	..
69-75x72	Activités professionnelles, scientifiques et techniques, R-D scientifique exclu	141.8 e	165.7 e	46.0 e	86.5	85.2	51.6	81.9	..
72	Recherche scientifique et développement	312.2 e	259.6 e	565.1 e	528.5	755.9	773.6	835.1	..
77-82	Activités de services administratifs et d'appui	3.8 e	3.8 e	6.7 e	16.8	28.4	14.3	17.8	..
84-99	**Services collectifs, sociaux et personnels**	13.0 e	16.2 e	13.8 e	15.7	17.0	11.7	13.7	..
84-85	Administration publique et défense ; sécurité sociale obligatoire et éducation	0.3 e	3.0 e	1.3 e	2.4	3.6	1.3	2.0	..
86-88	Santé humaine et action sociale	3.4 e	4.8 e	2.4 e	3.5	3.6	1.8	4.8	..
90-93	Arts, spectacles et loisirs	1.1 e	1.8 e	1.5 e	2.0	2.7	5.9	1.9	..
94-99	Autres services ; ménages-employeurs ; organismes extra-territoriaux	8.3 e	6.6 e	8.6 e	7.9	7.1	2.7	4.9	..

.. Non disponible ; e Valeur estimée
Note : Voir les métadonnées détaillées sur : *http://metalinks.oecd.org/anberd/20200813/0f11*.

ISLANDE

Dépenses de R-D dans l'industrie par activité principale de l'entreprise, prix courants
CITI Rév. 4

Millions USD PPP

Code	Activité	2011	2012	2013	2014	2015	2016	2017	2018
	TOTAL ENTREPRISES	..	..	**135.9**	**178.1**	**234.4**	**243.8**	**258.3**	**267.5**
01-03	**AGRICULTURE, SYLVICULTURE ET PÊCHE**	..	..	**1.4**	**1.4**	**2.4**	**2.1**	**5.2**	**4.3**
05-09	**ACTIVITÉS EXTRACTIVES**	..	..	**0.0**	**0.0**	**0.1**	**0.1**	**0.0**	**0.0**
10-33	**ACTIVITÉS DE FABRICATION**	..	..	**33.7**	**34.5**	**49.7**	**52.1**	**59.7**	**71.1**
10-12	Produits alimentaires, boissons et tabac	..	..	4.0	4.4	3.7	4.2	4.3	4.5
13-15	Textiles, habillement, cuir et articles de cuir	..	..	0.0	0.0	0.1	0.1	0.1	0.2
13	Textiles	..	..	..	..	0.0	0.0	0.1	0.2
14	Articles d'habillement	..	..	..	..	0.0	0.0	0.0	0.0
15	Cuir et articles de cuir	..	..	..	..	0.1	0.1	0.0	0.0
16-18	Bois, papier, imprimerie et reproduction de supports enregistrés	..	..	0.1	0.2	0.1	0.1	0.0	0.0
16	Bois et articles en bois, sauf meubles	..	..	..	..	..	..	..	..
17	Papier et articles en papier	..	..	..	..	..	..	..	..
18	Imprimerie et reproduction de supports enregistrés	..	..	..	..	..	..	..	..
19-23	Produits pétroliers, chimiques, pharmaceutiques, caoutchouc, plastique, minéraux	..	..	3.1	3.2	7.2	5.8	4.4	6.7
19	Cokéfaction et raffinage	..	..	0.1	0.1	3.4	1.4	0.5	1.6
20-21	Industrie chimique et pharmaceutique	..	..	2.8	2.8	2.9	3.3	3.1	3.9
20	Produits chimiques	..	..	2.4	2.5	1.9	1.9	2.0	2.5
21	Préparations pharmaceutiques, chimiques (médicine) et d'herboristerie	..	..	0.4	0.2	1.0	1.4	1.1	1.5
22	Produits en caoutchouc et en plastique	..	..	0.3	0.3	0.6	0.6	0.7	1.1
23	Autres produits minéraux non métalliques	..	..	0.0	0.0	0.4	0.4	0.0	0.0
24-25	Produits métalliques de base et ouvrages en métaux (sauf machines et matériel)	..	..	2.5	2.5	2.3	3.4	5.7	7.2
24	Produits métallurgiques de base	..	..	0.6	0.7	0.4	1.5	2.7	3.9
25	Ouvrages en métaux (sauf machines et matériel)	..	..	1.9	1.8	1.8	1.9	2.9	3.3
26-30	Ordinateurs, articles électroniques et optiques ; machines et matériels de transport	..	..	8.8	9.1	19.0	20.4	22.5	27.0
26	Ordinateurs, articles électroniques et optiques	..	..	2.7	2.8	2.4	2.9	3.6	4.4
27	Matériels électriques	..	..	0.0	0.1	1.4	1.8	0.8	1.1
28	Machines et équipements n.c.a.	..	..	5.9	5.9	15.2	15.7	18.0	21.5
29	Automobiles, remorques et semi-remorques	..	..	0.0	0.0	0.0	0.0	0.0	0.0
30	Autres matériels de transport	..	..	0.2	0.2	0.1	0.0	0.0	0.0
31-33	Meubles ; réparation et installation de machines et de matériel	..	..	15.1	15.2	17.2	18.0	22.7	25.6
31	Meubles	..	..	0.0	0.0	0.0	0.0	0.2	0.2
32	Autres activités de fabrication	..	..	15.1	14.9	16.1	17.0	21.5	24.3
33	Réparation et installation de machines et de matériel	..	..	0.0	0.3	1.1	1.0	1.0	1.0
35-39	**ÉLECTRICITÉ, GAZ, EAU ET TRAITEMENT DES DÉCHETS**	..	..	**5.8**	**8.5**	**7.9**	**9.8**	**7.4**	**6.7**
35-36	Production et distribution d'électricité, de gaz et de l'eau	..	..	5.5	8.2	7.6	9.5	6.9	6.3
37-39	Assainissement, traitement des déchets et dépollution	..	..	0.3	0.3	0.3	0.3	0.6	0.4
41-43	**CONSTRUCTION**	..	..	**0.0**	**1.1**	**0.0**	**0.0**	**0.0**	**0.0**
45-99	**TOTAL SERVICES**	..	..	**95.0**	**132.5**	**174.3**	**179.8**	**185.9**	**185.4**
45-82	**Services du secteur des entreprises**	..	..	**90.3**	**127.4**	**169.0**	**175.4**	**182.6**	**181.6**
45-47	Commerce de gros et de détail ; réparations automobiles et motocycles	..	..	0.7	0.6	1.3	1.8	1.2	2.5
49-53	Transport et entreposage	..	..	0.2	0.2	0.1	0.2	0.3	0.4
55-56	Activités d'hébergement et de restauration	..	..	0.1	0.1	0.7	0.4	0.0	0.0
58-63	Information et communication	..	..	24.4	29.9	52.5	57.6	61.9	71.3
58-60	Édition, audiovisuel et diffusion	..	..	..	1.0	2.5	2.9	2.6	3.5
58	Activités d'édition	..	..	..	1.0	2.5	2.9	2.6	3.5
59-60	Activités audiovisuel et diffusion	..	..	..	0.0	0.0	0.0	0.0	0.0
59	Production de films, vidéo, programmes de télévision et d'enregistrements	..	..	..	..	..	..	..	..
60	Programmation et diffusion	..	..	..	..	..	..	..	..
61	Télécommunications	..	..	..	0.0	0.0	0.0	0.1	0.1
62-63	Technologies de l'information et informatique	..	..	..	28.9	50.8	54.7	59.2	67.7
62	Programmation informatique ; conseils et activités connexes	..	..	..	25.1	39.1	45.3	52.3	60.5
63	Services d'information	..	..	..	3.9	11.6	9.4	6.9	7.2
64-66	Activités financières et d'assurances	..	..	0.5	0.5	0.4	0.9	2.0	2.8
68-82	Activités immobilières ; professionnelles ; services administratifs et d'appui	..	..	64.3	96.0	113.2	114.5	117.2	104.6
68	Activités immobilières	..	..	0.0	0.0	0.0	0.0	0.0	0.0
69-75x72	Activités professionnelles, scientifiques et techniques, R-D scientifique exclu	..	..	9.2	7.4	4.5	6.6	4.5	5.9
72	Recherche scientifique et développement	..	..	53.7	87.3	106.8	105.3	109.1	95.5
77-82	Activités de services administratifs et d'appui	..	..	1.4	1.3	1.9	2.7	3.6	3.3
84-99	Services collectifs, sociaux et personnels	..	..	4.7	5.1	5.4	4.4	3.3	3.8
84-85	Administration publique et défense ; sécurité sociale obligatoire et éducation	..	..	0.6	0.8	0.7	0.5	0.1	0.1
86-88	Santé humaine et action sociale	..	..	3.0	3.2	4.4	3.5	2.3	2.7
90-93	Arts, spectacles et loisirs	..	..	0.8	0.7	0.0	0.1	0.0	0.0
94-99	Autres services ; ménages-employeurs ; organismes extra-territoriaux	..	..	0.3	0.4	0.3	0.2	0.9	1.0

.. Non disponible
Note : Voir les métadonnées détaillées sur : http://metalinks.oecd.org/anberd/20200813/0f11.

ISLANDE

Dépenses de R-D dans l'industrie par activité principale de l'entreprise, prix constants
CITI Rév. 4

2010 PPP USD

		2011	2012	2013	2014	2015	2016	2017	2018
	TOTAL ENTREPRISES	..	..	**143.7**	**183.6**	**234.4**	**236.2**	**244.0**	**246.2**
01-03	**AGRICULTURE, SYLVICULTURE ET PÊCHE**	..	..	**1.5**	**1.4**	**2.4**	**2.0**	**4.9**	**3.9**
05-09	**ACTIVITÉS EXTRACTIVES**	..	..	**0.0**	**0.0**	**0.1**	**0.1**	**0.0**	**0.0**
10-33	**ACTIVITÉS DE FABRICATION**	..	..	**35.6**	**35.6**	**49.7**	**50.4**	**56.4**	**65.5**
10-12	Produits alimentaires, boissons et tabac	..	..	4.3	4.5	3.7	4.1	4.1	4.2
13-15	Textiles, habillement, cuir et articles de cuir	..	..	0.0	0.0	0.1	0.1	0.1	0.1
13	Textiles	..	..	..	..	0.0	0.0	0.1	0.1
14	Articles d'habillement	..	..	..	..	0.0	0.0	0.0	0.0
15	Cuir et articles de cuir	..	..	..	..	0.1	0.1	0.0	0.0
16-18	Bois, papier, imprimerie et reproduction de supports enregistrés	..	..	0.1	0.2	0.1	0.1	0.0	0.0
16	Bois et articles en bois, sauf meubles	..	..	..	..	..	..	..	..
17	Papier et articles en papier	..	..	..	..	..	..	..	..
18	Imprimerie et reproduction de supports enregistrés	..	..	..	..	..	..	..	..
19-23	Produits pétroliers, chimiques, pharmaceutiques, caoutchouc, plastique, minéraux	..	..	3.3	3.3	7.2	5.6	4.2	6.2
19	Cokéfaction et raffinage	..	..	0.1	0.1	3.4	1.4	0.5	1.5
20-21	Industrie chimique et pharmaceutique	..	..	2.9	2.9	2.9	3.2	3.0	3.6
20	Produits chimiques	..	..	2.5	2.6	1.9	1.9	1.9	2.3
21	Préparations pharmaceutiques, chimiques (médicine) et d'herboristerie	..	..	0.4	0.2	1.0	1.3	1.0	1.3
22	Produits en caoutchouc et en plastique	..	..	0.3	0.3	0.6	0.6	0.7	1.0
23	Autres produits minéraux non métalliques	..	..	0.0	0.0	0.4	0.4	0.0	0.0
24-25	Produits métalliques de base et ouvrages en métaux (sauf machines et matériel)	..	..	2.7	2.6	2.3	3.3	5.4	6.6
24	Produits métallurgiques de base	..	..	0.7	0.7	0.4	1.5	2.6	3.6
25	Ouvrages en métaux (sauf machines et matériel)	..	..	2.0	1.8	1.8	1.8	2.8	3.1
26-30	Ordinateurs, articles électroniques et optiques ; machines et matériels de transport	..	..	9.3	9.4	19.0	19.7	21.3	24.8
26	Ordinateurs, articles électroniques et optiques	..	..	2.9	2.9	2.4	2.8	3.4	4.0
27	Matériels électriques	..	..	0.0	0.1	1.4	1.7	0.8	1.0
28	Machines et équipements n.c.a.	..	..	6.2	6.1	15.2	15.2	17.0	19.8
29	Automobiles, remorques et semi-remorques	..	..	0.0	0.0	0.0	0.0	0.0	0.0
30	Autres matériels de transport	..	..	0.2	0.2	0.1	0.0	0.0	0.0
31-33	Meubles ; réparation et installation de machines et de matériel	..	..	16.0	15.7	17.2	17.4	21.4	23.5
31	Meubles	..	..	0.0	0.0	0.0	0.0	0.2	0.2
32	Autres activités de fabrication	..	..	15.9	15.4	16.1	16.5	20.3	22.4
33	Réparation et installation de machines et de matériel	..	..	0.0	0.3	1.1	1.0	0.9	0.9
35-39	**ÉLECTRICITÉ, GAZ, EAU ET TRAITEMENT DES DÉCHETS**	..	..	**6.1**	**8.8**	**7.9**	**9.5**	**7.0**	**6.2**
35-36	Production et distribution d'électricité, de gaz et de l'eau	..	..	5.8	8.5	7.6	9.2	6.5	5.8
37-39	Assainissement, traitement des déchets et dépollution	..	..	0.3	0.3	0.3	0.3	0.5	0.4
41-43	**CONSTRUCTION**	..	..	**0.0**	**1.1**	**0.0**	**0.0**	**0.0**	**0.0**
45-99	**TOTAL SERVICES**	..	..	**100.4**	**136.6**	**174.3**	**174.2**	**175.6**	**170.7**
45-82	**Services du secteur des entreprises**	..	..	**95.4**	**131.3**	**169.0**	**170.0**	**172.5**	**167.2**
45-47	Commerce de gros et de détail ; réparations automobiles et motocycles	..	..	0.7	0.7	1.3	1.7	1.2	2.3
49-53	Transport et entreposage	..	..	0.3	0.2	0.1	0.2	0.2	0.3
55-56	Activités d'hébergement et de restauration	..	..	0.1	0.1	0.7	0.4	0.0	0.0
58-63	Information et communication	..	..	25.8	30.8	52.5	55.8	58.5	65.7
58-60	Édition, audiovisuel et diffusion	..	..	..	1.0	2.5	2.8	2.4	3.2
58	Activités d'édition	..	..	..	1.0	2.5	2.8	2.4	3.2
59-60	Activités audiovisuel et diffusion	..	..	..	0.0	0.0	0.0	0.0	0.0
59	Production de films, vidéo, programmes de télévision et d'enregistrements	..	..	..	..	..	..	..	..
60	Programmation et diffusion	..	..	..	..	..	..	..	..
61	Télécommunications	..	..	..	0.0	0.0	0.0	0.1	0.1
62-63	Technologies de l'information et informatique	..	..	..	29.8	50.8	53.0	55.9	62.3
62	Programmation informatique ; conseils et activités connexes	..	..	..	25.8	39.1	43.9	49.4	55.7
63	Services d'information	..	..	..	4.0	11.6	9.1	6.5	6.7
64-66	**Activités financières et d'assurances**	..	..	**0.5**	**0.5**	**0.4**	**0.9**	**1.9**	**2.5**
68-82	**Activités immobilières ; professionnelles ; services administratifs et d'appui**	..	..	**68.0**	**99.0**	**113.2**	**110.9**	**110.7**	**96.3**
68	Activités immobilières	..	..	0.0	0.0	0.0	0.0	0.0	0.0
69-75x72	Activités professionnelles, scientifiques et techniques, R-D scientifique exclu	..	..	9.7	7.7	4.5	6.4	4.3	5.4
72	Recherche scientifique et développement	..	..	56.8	90.0	106.8	102.0	103.1	87.9
77-82	Activités de services administratifs et d'appui	..	..	1.5	1.4	1.9	2.6	3.4	3.0
84-99	Services collectifs, sociaux et personnels	..	..	5.0	5.2	5.4	4.2	3.1	3.5
84-85	Administration publique et défense ; sécurité sociale obligatoire et éducation	..	..	0.6	0.8	0.7	0.5	0.1	0.1
86-88	Santé humaine et action sociale	..	..	3.2	3.3	4.4	3.4	2.1	2.4
90-93	Arts, spectacles et loisirs	..	..	0.8	0.7	0.0	0.1	0.0	0.0
94-99	Autres services ; ménages-employeurs ; organismes extra-territoriaux	..	..	0.3	0.4	0.3	0.2	0.8	0.9

.. Non disponible
Note : Voir les métadonnées détaillées sur : *http://metalinks.oecd.org/anberd/20200813/0f11*.

IRLANDE

Dépenses de R-D dans l'industrie par activité principale de l'entreprise, prix courants
CITI Rév. 4

Millions USD PPP

Code	Activité	2011	2012	2013	2014	2015	2016	2017	2018
	TOTAL ENTREPRISES	2 236.4	2 383.4	2 492.4	2 572.3	2 758.6	2 886.3	3 501.7	..
01-03	**AGRICULTURE, SYLVICULTURE ET PÊCHE**	2.5	2.2 e	1.5 e	1.5 e	1.2	1.1 e	1.1	..
05-09	**ACTIVITÉS EXTRACTIVES**	1.0 e	1.4 e	1.4 e	2.1 e	2.5	2.4 e	2.8	..
10-33	**ACTIVITÉS DE FABRICATION**	864.1	962.9 e	1 047.7	1 043.0 e	1 082.2	1 225.8 e	1 578.0	..
10-12	Produits alimentaires, boissons et tabac	88.6 e	94.2 e	98.3	93.4 e	92.7	95.1 e	113.8	..
13-15	Textiles, habillement, cuir et articles de cuir	3.9	4.6 e	5.3 e	5.6 e	6.2	3.2 e	0.7	..
13	Textiles	..	..	..	..	..	..	0.5	..
14	Articles d'habillement	..	..	..	..	..	..	0.3	..
15	Cuir et articles de cuir	..	..	..	..	..	..	0.0	..
16-18	Bois, papier, imprimerie et reproduction de supports enregistrés	32.7	38.9 e	44.6	22.4 e	1.2	4.6 e	8.7	..
16	Bois et articles en bois, sauf meubles	9.7	..	6.8	..	..	..	1.7	..
17	Papier et articles en papier	..	..	..	..	..	..	5.7	..
18	Imprimerie et reproduction de supports enregistrés	..	..	..	..	..	..	1.3	..
19-23	Produits pétroliers, chimiques, pharmaceutiques, caoutchouc, plastique, minéraux	231.7	265.4 e	295.4	301.6 e	321.2	419.2 e	590.6	..
19	Cokéfaction et raffinage	0.0	0.0 e	0.0	0.0 e	0.0	0.0 e	0.0	..
20-21	Industrie chimique et pharmaceutique	212.8	240.2 e	264.2	276.7 e	301.4	400.5 e	569.7	..
20	Produits chimiques	59.8	61.0 e	61.2	89.7 e	122.3	119.9 e	137.8	..
21	Préparations pharmaceutiques, chimiques (médicine) et d'herboristerie	153.0	179.2 e	203.0	186.9 e	179.1	280.6 e	432.0	..
22	Produits en caoutchouc et en plastique	13.1	18.6 e	24.1	19.6 e	16.1	14.8 e	16.1	..
23	Autres produits minéraux non métalliques	5.9	6.5 e	7.1	5.3 e	3.7	3.9 e	4.8	..
24-25	Produits métalliques de base et ouvrages en métaux (sauf machines et matériel)	33.5	36.5 e	39.0	35.4 e	33.4	42.5 e	59.1	..
24	Produits métallurgiques de base	2.8	4.3 e	5.8	5.8 e	6.2	5.4 e	5.5	..
25	Ouvrages en métaux (sauf machines et matériel)	30.7	32.2 e	33.3	29.6 e	27.2	37.1 e	53.6	..
26-30	Ordinateurs, articles électroniques et optiques ; machines et matériels de transport	242.7	289.4 e	332.3	364.9 e	413.9	393.5 e	439.5	..
26	Ordinateurs, articles électroniques et optiques	183.8	219.1 e	251.6	289.2 e	339.7	313.4 e	339.6	..
27	Matériels électriques	15.3	18.2 e	20.9	19.9 e	19.8	23.1 e	30.5	..
28	Machines et équipements n.c.a.	35.8	42.6 e	49.0 e	48.1 e	49.4	49.5 e	57.9	..
29	Automobiles, remorques et semi-remorques	5.7	6.8 e	7.8 e	5.6 e	3.7	6.8 e	11.1	..
30	Autres matériels de transport	2.2	2.6 e	3.0 e	2.1 e	1.2	0.7 e	0.3	..
31-33	Meubles ; réparation et installation de machines et de matériel	230.9 e	233.8 e	232.8 e	219.6 e	216.2	267.6 e	365.5	..
31	Meubles	1.6 e	1.8 e	2.1	2.2 e	2.5	2.1 e	2.0	..
32	Autres activités de fabrication	220.4	225.0 e	225.8	213.8 e	211.2	263.2 e	361.0	..
33	Réparation et installation de machines et de matériel	9.0	7.0 e	4.9	3.6 e	2.5	2.3 e	2.5	..
35-39	**ÉLECTRICITÉ, GAZ, EAU ET TRAITEMENT DES DÉCHETS**	19.8	13.9 e	7.6	8.0 e	8.6	8.3 e	9.3	..
35-36	Production et distribution d'électricité, de gaz et de l'eau	14.5	9.9 e	5.1	4.9 e	4.9	6.1 e	8.3	..
37-39	Assainissement, traitement des déchets et dépollution	5.3	4.0 e	2.5	3.0 e	3.7	2.2 e	1.0	..
41-43	**CONSTRUCTION**	3.1	3.1 e	3.1	2.1 e	1.2	2.4 e	4.1	..
45-99	**TOTAL SERVICES**	1 345.9 e	1 399.9 e	1 431.2	1 515.6 e	1 664.1	1 646.3 e	1 904.0	..
45-82	**Services du secteur des entreprises**	1 334.0	1 383.0 e	1 409.4	1 500.7 e	1 655.4	1 638.2 e	1 895.0	..
45-47	Commerce de gros et de détail ; réparations automobiles et motocycles	212.2	183.2 e	150.3	218.1 e	295.3	260.7 e	269.0	..
49-53	Transport et entreposage	2.5	2.0 e	1.5	2.5 e	3.7	2.6 e	1.8	..
55-56	Activités d'hébergement et de restauration	0.7	0.6 e	0.5	0.2 e	0.0	0.0 e	0.0	..
58-63	Information et communication	686.9	745.0 e	791.7	793.0 e	827.7	829.5 e	970.2	..
58-60	Édition, audiovisuel et diffusion	211.9	210.1 e	204.6	154.1 e	109.9	110.3 e	129.1	..
58	Activités d'édition	211.2	208.6 e	202.4	152.5 e	108.8 e	109.1 e	127.8 e	..
59-60	Activités audiovisuel et diffusion	0.7	1.4 e	2.1	1.6 e	1.2	1.2 e	1.4 e	..
59	Production de films, vidéo, programmes de télévision et d'enregistrements	..	..	2.0	1.5 e	1.1 e	1.1 e	1.3 e	..
60	Programmation et diffusion	..	..	0.1	0.1 e	0.1 e	0.1 e	0.1 e	..
61	Télécommunications	13.9	16.0 e	17.9	16.0 e	14.8	15.5 e	18.8	..
62-63	Technologies de l'information et informatique	461.1	518.8 e	569.2	622.9 e	702.9	703.7 e	822.3	..
62	Programmation informatique ; conseils et activités connexes	413.3	467.8 e	515.6	567.0 e	642.4	582.3 e	618.4	..
63	Services d'information	47.8	51.1 e	53.6	55.9 e	60.5	121.3 e	203.9	..
64-66	**Activités financières et d'assurances**	57.2	61.2 e	64.3	58.1 e	54.4	48.2 e	50.0	..
68-82	**Activités immobilières ; professionnelles ; services administratifs et d'appui**	374.4	391.0 e	401.3	428.8 e	474.4	497.3 e	604.0	..
68	Activités immobilières	0.0	0.0 e	0.0	0.0 e	0.0	0.1 e	0.2	..
69-75x72	Activités professionnelles, scientifiques et techniques, R-D scientifique exclu	71.7	95.0 e	117.2	121.9 e	131.0	132.0 e	154.5	..
72	Recherche scientifique et développement	279.9	273.4 e	262.1	274.3 e	296.5	333.6 e	425.8	..
77-82	Activités de services administratifs et d'appui	22.8	22.6 e	21.9	32.6 e	44.5	31.6 e	23.5	..
84-99	**Services collectifs, sociaux et personnels**	11.9 e	16.9 e	21.7	14.9 e	8.6	8.1 e	9.0	..
84-85	Administration publique et défense ; sécurité sociale obligatoire et éducation	..	..	..	..	2.5	..	..	..
86-88	Santé humaine et action sociale	2.6	..	3.3	..	3.7	..	..	..
90-93	Arts, spectacles et loisirs	2.4	..	5.7	..	2.5	..	..	..
94-99	Autres services ; ménages-employeurs ; organismes extra-territoriaux	..	..	..	..	..	..	..	..

.. Non disponible ; e Valeur estimée
Note : Voir les métadonnées détaillées sur : *http://metalinks.oecd.org/anberd/20200813/0f11*.

IRLANDE

Dépenses de R-D dans l'industrie par activité principale de l'entreprise, prix constants
CITI Rév. 4

2010 PPP USD

		2011	2012	2013	2014	2015	2016	2017	2018
	TOTAL ENTREPRISES	2 561.0	2 641.3	2 689.4	2 805.4	2 758.6	2 841.0	3 394.2	..
01-03	AGRICULTURE, SYLVICULTURE ET PÊCHE	2.9	2.5 e	1.6 e	1.7 e	1.2	1.0 e	1.0	..
05-09	ACTIVITÉS EXTRACTIVES	1.1 e	1.5 e	1.5 e	2.2 e	2.5	2.4 e	2.7	..
10-33	ACTIVITÉS DE FABRICATION	989.5	1 067.1 e	1 130.5	1 137.5 e	1 082.2	1 206.5 e	1 529.6	..
10-12	Produits alimentaires, boissons et tabac	101.5 e	104.4 e	106.1	101.9 e	92.7	93.6 e	110.3	..
13-15	Textiles, habillement, cuir et articles de cuir	4.5	5.1 e	5.7 e	6.1 e	6.2	3.2 e	0.7	..
13	Textiles	..	..	..	..	..	..	0.4	..
14	Articles d'habillement	..	..	..	..	..	..	0.3	..
15	Cuir et articles de cuir	..	..	..	..	..	..	0.0	..
16-18	Bois, papier, imprimerie et reproduction de supports enregistrés	37.5	43.1 e	48.1	24.5 e	1.2	4.5 e	8.4	..
16	Bois et articles en bois, sauf meubles	11.1	..	7.3	..	..	..	1.6	..
17	Papier et articles en papier	..	..	..	..	..	..	5.6	..
18	Imprimerie et reproduction de supports enregistrés	..	..	..	..	..	..	1.3	..
19-23	Produits pétroliers, chimiques, pharmaceutiques, caoutchouc, plastique, minéraux	265.3	294.1 e	318.7	328.9 e	321.2	412.6 e	572.5	..
19	Cokéfaction et raffinage	0.0	0.0 e	0.0	0.0 e	0.0	0.0 e	0.0	..
20-21	Industrie chimique et pharmaceutique	243.7	266.2 e	285.1	301.7 e	301.4	394.2 e	552.2	..
20	Produits chimiques	68.5	67.6 e	66.0	97.8 e	122.3	118.0 e	133.5	..
21	Préparations pharmaceutiques, chimiques (médicine) et d'herboristerie	175.2	198.6 e	219.1	203.9 e	179.1	276.2 e	418.7	..
22	Produits en caoutchouc et en plastique	15.0	20.7 e	26.0	21.4 e	16.1	14.6 e	15.6	..
23	Autres produits minéraux non métalliques	6.7	7.2 e	7.7	5.8 e	3.7	3.9 e	4.7	..
24-25	Produits métalliques de base et ouvrages en métaux (sauf machines et matériel)	38.3	40.5 e	42.1	38.6 e	33.4	41.9 e	57.3	..
24	Produits métallurgiques de base	3.2	4.8 e	6.2	6.4 e	6.2	5.3 e	5.3	..
25	Ouvrages en métaux (sauf machines et matériel)	35.1	35.7 e	35.9	32.3 e	27.2	36.6 e	52.0	..
26-30	Ordinateurs, articles électroniques et optiques ; machines et matériels de transport	277.9	320.7 e	358.5	398.0 e	413.9	387.3 e	426.0	..
26	Ordinateurs, articles électroniques et optiques	210.4	242.8 e	271.5 e	315.4 e	339.7	308.5 e	329.2	..
27	Matériels électriques	17.5	20.2 e	22.6 e	21.7 e	19.8	22.8 e	29.6	..
28	Machines et équipements n.c.a.	40.9	47.2 e	52.8 e	52.5 e	49.4	48.7 e	56.1	..
29	Automobiles, remorques et semi-remorques	6.5	7.5 e	8.4 e	6.1 e	3.7	6.7 e	10.7	..
30	Autres matériels de transport	2.5	2.9 e	3.3 e	2.3 e	1.2	0.7 e	0.3	..
31-33	Meubles ; réparation et installation de machines et de matériel	264.4 e	259.1 e	251.2 e	239.5 e	216.2	263.4 e	354.3	..
31	Meubles	1.8 e	2.0 e	2.3 e	2.4 e	2.5	2.0 e	2.0	..
32	Autres activités de fabrication	252.4	249.3 e	243.6	233.2 e	211.2	259.1 e	349.9	..
33	Réparation et installation de machines et de matériel	10.3	7.8 e	5.3	3.9 e	2.5	2.3 e	2.4	..
35-39	ÉLECTRICITÉ, GAZ, EAU ET TRAITEMENT DES DÉCHETS	22.7	15.4 e	8.2	8.7 e	8.6	8.2 e	9.0	..
35-36	Production et distribution d'électricité, de gaz et de l'eau	16.6	11.0 e	5.5	5.3 e	4.9	6.0 e	8.1	..
37-39	Assainissement, traitement des déchets et dépollution	6.1	4.4 e	2.7	3.3 e	3.7	2.1 e	1.0	..
41-43	CONSTRUCTION	3.5	3.4 e	2.3 e	3.3	1.2	2.4 e	3.9	..
45-99	TOTAL SERVICES	1 541.2 e	1 551.4 e	1 544.3	1 653.0 e	1 664.1	1 620.5 e	1 845.5	..
45-82	Services du secteur des entreprises	1 527.6	1 532.6 e	1 520.8	1 636.8 e	1 655.4	1 612.5 e	1 836.8	..
45-47	Commerce de gros et de détail ; réparations automobiles et motocycles	243.0	203.0 e	162.1	237.9 e	295.3	256.6 e	260.7	..
49-53	Transport et entreposage	2.9	2.2 e	1.6	2.8 e	3.7	2.5 e	1.7	..
55-56	Activités d'hébergement et de restauration	0.8	0.7 e	0.5	0.3 e	0.0	0.0 e	0.0	..
58-63	Information et communication	786.6	825.6 e	854.2	864.9 e	827.7	816.4 e	940.4	..
58-60	Édition, audiovisuel et diffusion	242.7	232.8 e	220.7	168.0 e	109.9	108.6 e	125.1	..
58	Activités d'édition	241.8	231.2 e	218.4	166.3 e	108.8	107.4 e	123.8 e	..
59-60	Activités audiovisuel et diffusion	0.9	1.6 e	2.3	1.8 e	1.2 e	1.1 e	1.3 e	..
59	Production de films, vidéo, programmes de télévision et d'enregistrements	..	..	2.2	1.6 e	1.1 e	1.1 e	1.2 e	..
60	Programmation et diffusion	..	..	0.2	0.1 e	0.1 e	0.1 e	0.1 e	..
61	Télécommunications	16.0	17.8 e	19.3	17.5 e	14.8	15.3 e	18.2	..
62-63	Technologies de l'information et informatique	528.0	575.0 e	614.2	679.3 e	702.9	692.6 e	797.1	..
62	Programmation informatique ; conseils et activités connexes	473.3	518.4 e	556.4	618.4 e	642.4	573.2 e	599.5	..
63	Services d'information	54.7	56.6 e	57.8	60.9 e	60.5	119.4 e	197.6	..
64-66	Activités financières et d'assurances	65.5	67.8 e	69.3	63.4 e	54.4	47.5 e	48.5	..
68-82	Activités immobilières ; professionnelles ; services administratifs et d'appui	428.8	433.3 e	433.0	467.6 e	474.4	489.4 e	585.4	..
68	Activités immobilières	0.0	0.0 e	0.0	0.0 e	0.0	0.1 e	0.2	..
69-75x72	Activités professionnelles, scientifiques et techniques, R-D scientifique exclu	82.2	105.3 e	126.5	132.9 e	131.0	129.9 e	149.8	..
72	Recherche scientifique et développement	320.5	303.0 e	282.8	299.1 e	296.5	328.4 e	412.7	..
77-82	Activités de services administratifs et d'appui	26.2	25.0 e	23.7	35.6 e	44.5	31.1 e	22.8	..
84-99	Services collectifs, sociaux et personnels	13.6 e	18.7 e	23.5	16.2 e	8.6	8.0 e	8.7	..
84-85	Administration publique et défense ; sécurité sociale obligatoire et éducation	..	..	..	..	2.5	..	..	..
86-88	Santé humaine et action sociale	3.0	..	3.5	..	3.7	..	..	..
90-93	Arts, spectacles et loisirs	2.8	..	6.1	..	2.5	..	..	..
94-99	Autres services ; ménages-employeurs ; organismes extra-territoriaux	..	..	..	..	0.0	..	..	..

.. Non disponible ; e Valeur estimée
Note : Voir les métadonnées détaillées sur : http://metalinks.oecd.org/anberd/20200813/0f11.

ISRAËL

Dépenses de R-D dans l'industrie par activité principale de l'entreprise, prix courants
CITI Rév. 4

Millions USD PPP

Code	Activité	2011	2012	2013	2014	2015	2016	2017	2018
	TOTAL ENTREPRISES	7 979.6	8 788.5	9 491.4	9 953.1	10 792.0	12 632.7	14 356.8	..
01-03	AGRICULTURE, SYLVICULTURE ET PÊCHE	..	..	..	..	..	..	..	..
05-09	ACTIVITÉS EXTRACTIVES	3.3	5.8	6.5	6.1	4.6	5.3	4.1	..
10-33	**ACTIVITÉS DE FABRICATION**	2 396.1	2 372.1	2 437.5	2 313.4	2 377.2	2 449.9	2 622.0	..
10-12	Produits alimentaires, boissons et tabac	20.0	24.1	18.4	16.5	11.8	16.7	16.0	..
13-15	Textiles, habillement, cuir et articles de cuir	21.9 e	22.8 e	20.5	20.8	20.1	20.7	20.8	..
13	Textiles	..	..	..	..	..	..	..	..
14	Articles d'habillement	..	..	..	..	..	..	..	..
15	Cuir et articles de cuir	..	..	..	..	..	..	..	..
16-18	Bois, papier, imprimerie et reproduction de supports enregistrés	3.4 e	3.5 e	3.2	1.2	4.8	4.4	5.9	..
16	Bois et articles en bois, sauf meubles	..	..	..	..	..	..	..	..
17	Papier et articles en papier	..	..	..	..	..	..	..	..
18	Imprimerie et reproduction de supports enregistrés	..	..	..	..	..	..	..	..
19-23	Produits pétroliers, chimiques, pharmaceutiques, caoutchouc, plastique, minéraux	375.6	401.0	495.8	400.5	488.5	466.2	422.7	..
19	Cokéfaction et raffinage	45.9	66.0	64.8	75.4	88.9	72.0	76.6	..
20-21	Industrie chimique et pharmaceutique	..	..	..	..	..	..	..	..
20	Produits chimiques	..	..	..	..	..	..	..	..
21	Préparations pharmaceutiques, chimiques (médicine) et d'herboristerie	283.2	286.2	383.2	279.0	349.6	341.7	271.5	..
22	Produits en caoutchouc et en plastique	..	..	..	..	..	..	..	..
23	Autres produits minéraux non métalliques	..	..	..	..	..	..	..	..
24-25	Produits métalliques de base et ouvrages en métaux (sauf machines et matériel)	89.5	54.0	53.8	51.4	54.3	52.6	66.7	..
24	Produits métallurgiques de base	..	..	..	..	..	..	..	..
25	Ouvrages en métaux (sauf machines et matériel)	..	..	..	..	..	..	..	..
26-30	Ordinateurs, articles électroniques et optiques ; machines et matériels de transport	1 855.8 e	1 833.0 e	1 816.1	1 797.5	1 758.4	1 837.4	2 030.9	..
26	Ordinateurs, articles électroniques et optiques	1 559.4	1 497.9	1 522.2	1 518.7	1 460.6	1 545.7	1 711.7	..
27	Matériels électriques	229.2 e	259.1 e	206.5 e	200.0	199.0 e	186.3 e	234.7 e	..
28	Machines et équipements n.c.a.	0.7 e	0.8 e	0.6 e	0.6	0.6 e	0.6 e	0.7 e	..
29	Automobiles, remorques et semi-remorques	..	..	..	..	..	..	..	..
30	Autres matériels de transport	..	..	..	..	..	..	..	..
31-33	Meubles ; réparation et installation de machines et de matériel	..	..	..	..	..	..	..	..
31	Meubles	..	..	..	..	..	..	..	..
32	Autres activités de fabrication	29.9 e	33.8 e	29.6	25.6	39.3	51.9	59.1	..
33	Réparation et installation de machines et de matériel	..	..	..	..	..	..	..	..
35-39	**ÉLECTRICITÉ, GAZ, EAU ET TRAITEMENT DES DÉCHETS**	..	..	1.1	0.8	0.6	0.6	0.9	..
35-36	Production et distribution d'électricité, de gaz et de l'eau	..	..	..	..	..	..	..	..
37-39	Assainissement, traitement des déchets et dépollution	..	..	..	..	..	..	..	..
41-43	**CONSTRUCTION**	..	..	3.0	18.4	18.4	17.3	34.1	..
45-99	**TOTAL SERVICES**	5 506.0	6 354.1	7 043.4	7 614.5	8 391.3	10 159.5	11 695.7	..
45-82	**Services du secteur des entreprises**	5 331.7	6 165.2	6 837.4	7 403.6	8 169.9	9 920.1	11 448.8	..
45-47	Commerce de gros et de détail ; réparations automobiles et motocycles	..	..	5.6	3.3	8.6	9.8	73.3	..
49-53	Transport et entreposage	0.0	0.0	0.0	0.0	0.0	0.0	0.0	..
55-56	Activités d'hébergement et de restauration	0.0	0.0	0.0	0.0	0.0	0.0	0.0	..
58-63	Information et communication	2 415.9	2 983.6	3 442.3	3 779.3	4 346.5	5 720.0	6 588.3	..
58-60	Édition, audiovisuel et diffusion	..	..	..	..	..	..	..	..
58	Activités d'édition	..	..	..	..	..	..	..	..
59-60	Activités audiovisuel et diffusion	..	..	..	..	..	..	..	..
59	Production de films, vidéo, programmes de télévision et d'enregistrements	..	..	..	..	..	..	..	..
60	Programmation et diffusion	..	..	..	..	..	..	..	..
61	Télécommunications	..	..	..	..	..	..	..	..
62-63	Technologies de l'information et informatique	..	..	..	..	..	..	..	..
62	Programmation informatique ; conseils et activités connexes	..	..	..	..	..	..	..	..
63	Services d'information	..	..	..	..	..	..	..	..
64-66	**Activités financières et d'assurances**	6.4	18.8	23.5	17.3	29.7	39.3	91.8	..
68-82	**Activités immobilières ; professionnelles ; services administratifs et d'appui**	2 909.4	3 162.7	3 366.0	3 603.7	3 785.1	4 151.0	4 695.4	..
68	Activités immobilières	0.0	0.0	0.0	0.0	0.0	0.0	0.0	..
69-75x72	Activités professionnelles, scientifiques et techniques, R-D scientifique exclu	..	..	..	..	..	..	..	..
72	Recherche scientifique et développement	2 909.4	3 162.7	3 356.7	3 593.4	3 764.4	4 131.7	4 627.8	..
77-82	Activités de services administratifs et d'appui	..	..	..	..	..	..	..	..
84-99	**Services collectifs, sociaux et personnels**	174.3	188.9	206.0	210.9	221.4	239.4	246.9	..
84-85	Administration publique et défense ; sécurité sociale obligatoire et éducation	..	..	..	..	..	..	..	..
86-88	Santé humaine et action sociale	..	..	..	..	..	..	..	..
90-93	Arts, spectacles et loisirs	..	..	..	..	..	..	..	..
94-99	Autres services ; ménages-employeurs ; organismes extra-territoriaux	..	..	..	..	..	..	..	..

.. Non disponible ; e Valeur estimée

Note : Voir les métadonnées détaillées sur : *http://metalinks.oecd.org/anberd/20200813/0f11*.
Informations sur les données concernant Israël : *http://oe.cd/israel-disclaimer*.

ISRAËL

Dépenses de R-D dans l'industrie par activité principale de l'entreprise, prix constants
CITI Rév. 4

2010 PPP USD

		2011	2012	2013	2014	2015	2016	2017	2018
	TOTAL ENTREPRISES	8 815.9	9 402.7	9 646.3	10 277.8	10 792.0	12 061.4	13 523.7	..
01-03	AGRICULTURE, SYLVICULTURE ET PÊCHE	..	..	..	..	..	..	..	..
05-09	**ACTIVITÉS EXTRACTIVES**	3.6	6.2	6.6	6.3	4.6	5.1	3.8	..
10-33	**ACTIVITÉS DE FABRICATION**	2 647.2	2 537.9	2 477.2	2 388.9	2 377.2	2 339.1	2 469.8	..
10-12	Produits alimentaires, boissons et tabac	22.1	25.8	18.7	17.0	11.8	15.9	15.0	
13-15	Textiles, habillement, cuir et articles de cuir	24.2 e	24.4 e	20.8	21.4	20.1	19.8	19.6	
13	Textiles								
14	Articles d'habillement								
15	Cuir et articles de cuir								
16-18	Bois, papier, imprimerie et reproduction de supports enregistrés	3.8 e	3.8 e	3.2	1.3	4.8	4.2	5.5	
16	Bois et articles en bois, sauf meubles								
17	Papier et articles en papier								
18	Imprimerie et reproduction de supports enregistrés								
19-23	Produits pétroliers, chimiques, pharmaceutiques, caoutchouc, plastique, minéraux	415.0	429.0	503.9	413.5	488.5	445.1	398.1	
19	Cokéfaction et raffinage	50.7	70.6	65.9	77.8	88.9	68.8	72.1	
20-21	Industrie chimique et pharmaceutique								
20	Produits chimiques								
21	Préparations pharmaceutiques, chimiques (médicine) et d'herboristerie	312.9	306.2	389.4	288.1	349.6	326.3	255.8	
22	Produits en caoutchouc et en plastique								
23	Autres produits minéraux non métalliques								
24-25	Produits métalliques de base et ouvrages en métaux (sauf machines et matériel)	98.9	57.7	54.7	53.0	54.3	50.3	62.8	
24	Produits métallurgiques de base								
25	Ouvrages en métaux (sauf machines et matériel)								
26-30	Ordinateurs, articles électroniques et optiques ; machines et matériels de transport	2 050.3 e	1 961.1 e	1 845.8	1 856.1	1 758.4	1 754.3	1 913.1	
26	Ordinateurs, articles électroniques et optiques	1 722.8	1 602.6	1 547.0	1 568.3	1 460.6	1 475.8	1 612.4	
27	Matériels électriques	253.2 e	277.2 e	209.9 e	206.5	199.0 e	177.9 e	221.1 e	
28	Machines et équipements n.c.a.	0.8	0.8	0.6	0.6	0.6 e	0.5 e	0.7 e	
29	Automobiles, remorques et semi-remorques								
30	Autres matériels de transport								
31-33	Meubles ; réparation et installation de machines et de matériel								
31	Meubles								
32	Autres activités de fabrication	33.0 e	36.1 e	30.1	26.5	39.3	49.6	55.6	
33	Réparation et installation de machines et de matériel								
35-39	**ÉLECTRICITÉ, GAZ, EAU ET TRAITEMENT DES DÉCHETS**	..	..	1.2	0.8	0.6	0.6	0.9	..
35-36	Production et distribution d'électricité, de gaz et de l'eau								
37-39	Assainissement, traitement des déchets et dépollution								
41-43	**CONSTRUCTION**	..	..	3.0	19.0	18.4	16.5	32.1	..
45-99	**TOTAL SERVICES**	6 083.1	6 798.1	7 158.3	7 862.9	8 391.3	9 700.1	11 017.1	..
45-82	**Services du secteur des entreprises**	5 890.5	6 596.1	6 948.9	7 645.1	8 169.9	9 471.5	10 784.5	..
45-47	Commerce de gros et de détail ; réparations automobiles et motocycles	..	..	5.7	3.4	8.6	9.3	69.1	
49-53	Transport et entreposage	0.0	0.0	0.0	0.0	0.0	0.0	0.0	
55-56	Activités d'hébergement et de restauration	0.0	0.0	0.0	0.0	0.0	0.0	0.0	
58-63	Information et communication	2 669.1	3 192.1	3 498.4	3 902.6	4 346.5	5 461.4	6 206.0	
58-60	Édition, audiovisuel et diffusion								
58	Activités d'édition								
59-60	Activités audiovisuel et diffusion								
59	Production de films, vidéo, programmes de télévision et d'enregistrements								
60	Programmation et diffusion								
61	Télécommunications								
62-63	Technologies de l'information et informatique								
62	Programmation informatique ; conseils et activités connexes								
63	Services d'information								
64-66	**Activités financières et d'assurances**	7.1	20.2	23.9	17.8	29.7	37.5	86.5	..
68-82	**Activités immobilières ; professionnelles ; services administratifs et d'appui**	3 214.4	3 383.8	3 420.9	3 721.3	3 785.1	3 963.3	4 422.9	
68	Activités immobilières	0.0	0.0	0.0	0.0	0.0	0.0	0.0	
69-75x72	Activités professionnelles, scientifiques et techniques, R-D scientifique exclu								
72	Recherche scientifique et développement	3 214.4	3 383.8	3 411.5	3 710.6	3 764.4	3 944.8	4 359.3	
77-82	Activités de services administratifs et d'appui								
84-99	Services collectifs, sociaux et personnels	192.5	202.1	209.4	217.7	221.4	228.5	232.6	
84-85	Administration publique et défense ; sécurité sociale obligatoire et éducation								
86-88	Santé humaine et action sociale								
90-93	Arts, spectacles et loisirs								
94-99	Autres services ; ménages-employeurs ; organismes extra-territoriaux								

.. Non disponible ; e Valeur estimée
Note : Voir les métadonnées détaillées sur : *http://metalinks.oecd.org/anberd/20200813/0f11*.
  Informations sur les données concernant Israël : *http://oe.cd/israel-disclaimer*.

ITALIE

Dépenses de R-D dans l'industrie par activité principale de l'entreprise, prix courants
CITI Rév. 4

Millions USD PPP

		2011	2012	2013	2014	2015	2016	2017	2018
	TOTAL ENTREPRISES	**14 268.5**	**14 854.5**	**15 570.9**	**16 688.8**	**17 449.5**	**20 108.3**	**21 615.9**	..
01-03	**AGRICULTURE, SYLVICULTURE ET PÊCHE**	**4.3**	**4.5**	**6.0**	**9.4**	**12.6**	**15.9**	**8.7**	..
05-09	**ACTIVITÉS EXTRACTIVES**	**82.6**	**83.3**	**79.9**	**72.0**	**62.7**	**88.0**	**106.4**	..
10-33	**ACTIVITÉS DE FABRICATION**	**10 501.7**	**11 035.4**	**11 229.0**	**11 810.9**	**12 226.3**	**14 034.5**	**14 788.7**	..
10-12	Produits alimentaires, boissons et tabac	198.1	229.5	255.4	270.1	301.6	359.6	376.9	..
13-15	Textiles, habillement, cuir et articles de cuir	572.6	611.2	651.8	692.7	745.2	852.1	1 012.3	..
13	Textiles	131.9	137.3	150.1	171.2	179.3	198.8	243.8	..
14	Articles d'habillement	281.5	301.4	304.5	306.2	349.0	396.2	474.2	..
15	Cuir et articles de cuir	159.1	172.4	197.2	215.4	216.9	257.1	294.2	..
16-18	Bois, papier, imprimerie et reproduction de supports enregistrés	95.3	87.1	101.6	106.0	127.0	157.8	201.4	..
16	Bois et articles en bois, sauf meubles	17.9	18.3	18.4	18.3	16.9	25.6	42.9	..
17	Papier et articles en papier	63.7	56.7	69.4	69.7	92.5	94.6	112.9	..
18	Imprimerie et reproduction de supports enregistrés	13.7	12.0	13.7	18.0	17.6	37.6	45.6	..
19-23	Produits pétroliers, chimiques, pharmaceutiques, caoutchouc, plastique, minéraux	1 640.7	1 765.1	1 751.9	1 827.2	1 912.0	2 238.8	2 431.2	..
19	Cokéfaction et raffinage	16.6	16.4	18.3	23.5	21.9	14.9	16.0	..
20-21	Industrie chimique et pharmaceutique	1 208.9	1 244.3	1 232.5	1 213.0	1 295.1	1 521.4	1 589.7	..
20	Produits chimiques	446.6	472.8	494.2	521.3	565.5	679.8	716.9	..
21	Préparations pharmaceutiques, chimiques (médicine) et d'herboristerie	762.4	771.5	738.2	691.7	729.6	841.6	872.7	..
22	Produits en caoutchouc et en plastique	309.6	375.5	370.1	443.8	416.4	486.9	577.1	..
23	Autres produits minéraux non métalliques	105.6	128.8	131.0	146.9	178.6	215.6	248.4	..
24-25	Produits métalliques de base et ouvrages en métaux (sauf machines et matériel)	494.1	507.3	568.0	534.9	604.9	741.9	763.6	..
24	Produits métallurgiques de base	138.9	134.4	125.6	109.6	119.3	181.5	205.0	..
25	Ouvrages en métaux (sauf machines et matériel)	355.2	372.9	442.4	425.4	485.6	560.4	558.6	..
26-30	Ordinateurs, articles électroniques et optiques ; machines et matériels de transport	7 244.2	7 533.5	7 601.7	8 049.6	8 190.2	9 223.9	9 489.4	..
26	Ordinateurs, articles électroniques et optiques	1 902.8	1 828.9	1 757.4	1 771.2	1 857.0	1 391.8	1 502.2	..
27	Matériels électriques	607.1	631.0	651.1	631.4	684.4	843.2	915.7	..
28	Machines et équipements n.c.a.	1 539.2	1 731.5	1 860.4	1 976.4	2 042.8	2 333.9	2 672.0	..
29	Automobiles, remorques et semi-remorques	1 710.5	1 844.0	1 971.2	2 361.9	2 299.1	2 557.4	2 187.7	..
30	Autres matériels de transport	1 484.8	1 498.0	1 357.8	1 308.6	1 306.8	2 097.5	2 211.8	..
31-33	Meubles ; réparation et installation de machines et de matériel	256.6	301.8	298.1	330.3	345.4	460.4	514.1	..
31	Meubles	69.2	75.4	77.0	90.6	99.4	127.0	157.5	..
32	Autres activités de fabrication	118.9	146.3	129.1	146.7	154.6	238.9	245.2	..
33	Réparation et installation de machines et de matériel	68.5	80.1	92.0	93.0	91.4	94.5	111.4	..
35-39	**ÉLECTRICITÉ, GAZ, EAU ET TRAITEMENT DES DÉCHETS**	**28.1**	**37.2**	**43.8**	**212.2**	**138.5**	**93.2**	**147.2**	..
35-36	Production et distribution d'électricité, de gaz et de l'eau	20.6	28.0	36.3	194.3	120.7	70.8	118.4	..
37-39	Assainissement, traitement des déchets et dépollution	7.5	9.2	7.5	17.9	17.9	22.5	28.7	..
41-43	**CONSTRUCTION**	**42.0**	**48.7**	**57.1**	**50.9**	**142.2**	**138.4**	**192.5**	..
45-99	**TOTAL SERVICES**	**3 609.7**	**3 645.4**	**4 155.2**	**4 533.3**	**4 867.2**	**5 738.4**	**6 372.4**	..
45-82	**Services du secteur des entreprises**	**3 500.0**	**3 477.1**	**3 913.6**	**4 276.2**	**4 565.1**	**5 393.6**	**5 922.4**	..
45-47	**Commerce de gros et de détail ; réparations automobiles et motocycles**	**336.9**	**365.2**	**434.4**	**480.8**	**542.7**	**723.1**	**973.0**	..
49-53	**Transport et entreposage**	**36.6**	**23.9**	**55.1**	**51.2**	**53.4**	**59.1**	**81.0**	..
55-56	**Activités d'hébergement et de restauration**	**3.8**	**3.2**	**2.4**	**3.0**	**2.7**	**4.4**	**9.5**	..
58-63	**Information et communication**	**1 489.9**	**1 515.3**	**1 764.7**	**1 664.2**	**1 847.5**	**2 154.4**	**2 322.3**	..
58-60	Édition, audiovisuel et diffusion	16.3	23.7	21.3	26.4	31.0	33.6	41.5	..
58	Activités d'édition	5.9	15.1	12.2	17.6	20.7	27.7	32.5	..
59-60	Activités audiovisuel et diffusion	10.4	8.6	9.0	8.9	10.2	5.9	9.1	..
59	Production de films, vidéo, programmes de télévision et d'enregistrements	..	..	..	..	..	..	..	..
60	Programmation et diffusion	..	..	..	..	..	..	..	..
61	Télécommunications	1 090.8	1 088.2	577.9	421.8	436.3	845.8	718.8	..
62-63	Technologies de l'information et informatique	382.8	403.4	1 165.3	1 216.0	1 380.2	1 275.1	1 562.0	..
62	Programmation informatique ; conseils et activités connexes	346.8	362.2	661.9	1 162.6	1 330.4	1 177.8	1 454.8	..
63	Services d'information	36.0	41.2	503.5	53.4	49.8	97.3	107.2	..
64-66	**Activités financières et d'assurances**	**188.4**	**229.4**	**253.2**	**303.5**	**317.4**	**363.1**	**421.3**	..
68-82	**Activités immobilières ; professionnelles ; services administratifs et d'appui**	**1 444.3**	**1 340.1**	**1 403.8**	**1 773.4**	**1 801.4**	**2 089.4**	**2 115.3**	..
68	Activités immobilières	7.0	10.3	3.0	4.0	1.5	5.8	3.8	..
69-75x72	Activités professionnelles, scientifiques et techniques, R-D scientifique exclu	495.2	431.8	460.6	487.6	509.5	606.2	674.1	..
72	Recherche scientifique et développement	930.2	879.3	929.3	1 242.4	1 216.7	1 356.1	1 310.0	..
77-82	Activités de services administratifs et d'appui	12.0	18.6	10.9	39.5	73.7	121.4	127.4	..
84-99	**Services collectifs, sociaux et personnels**	**109.7**	**168.4**	**241.6**	**257.1**	**302.1**	**344.8**	**450.0**	..
84-85	Administration publique et défense ; sécurité sociale obligatoire et éducation	2.9	1.9	2.3	2.2	16.9	5.8	8.3	..
86-88	Santé humaine et action sociale	94.4	155.1	216.7	223.7	238.3	290.2	395.0	..
90-93	Arts, spectacles et loisirs	2.0	1.3	10.4	19.5	36.4	30.5	29.3	..
94-99	Autres services ; ménages-employeurs ; organismes extra-territoriaux	10.4	10.0	12.1	11.8	10.4	18.2	17.5	..

.. Non disponible
Note : Voir les métadonnées détaillées sur : *http://metalinks.oecd.org/anberd/20200813/0f11*.

ITALIE

Dépenses de R-D dans l'industrie par activité principale de l'entreprise, prix constants
CITI Rév. 4

2010 PPP USD

		2011	2012	2013	2014	2015	2016	2017	2018
	TOTAL ENTREPRISES	**15 335.3**	**15 494.9**	**15 833.8**	**16 870.5**	**17 449.5**	**18 862.5**	**19 732.9**	..
01-03	**AGRICULTURE, SYLVICULTURE ET PÊCHE**	**4.7**	**4.7**	**6.1**	**9.5**	**12.6**	**14.9**	**7.9**	..
05-09	**ACTIVITÉS EXTRACTIVES**	**88.8**	**86.9**	**81.2**	**72.8**	**62.7**	**82.5**	**97.2**	..
10-33	**ACTIVITÉS DE FABRICATION**	**11 286.9**	**11 511.1**	**11 418.6**	**11 939.5**	**12 226.3**	**13 165.0**	**13 500.5**	..
10-12	Produits alimentaires, boissons et tabac	212.9	239.4	259.7	273.1	301.6	337.3	344.0	..
13-15	Textiles, habillement, cuir et articles de cuir	615.4	637.5	662.8	700.3	745.2	799.3	924.1	..
13	Textiles	141.8	143.3	152.7	173.1	179.3	186.5	222.6	..
14	Articles d'habillement	302.6	314.4	309.6	309.5	349.0	371.6	432.9	..
15	Cuir et articles de cuir	171.0	179.8	200.5	217.7	216.9	241.1	268.6	..
16-18	Bois, papier, imprimerie et reproduction de supports enregistrés	102.4	90.8	103.3	107.2	127.0	148.0	183.8	..
16	Bois et articles en bois, sauf meubles	19.3	19.1	18.8	18.5	16.9	24.0	39.1	..
17	Papier et articles en papier	68.4	59.1	70.6	70.4	92.5	88.7	103.0	..
18	Imprimerie et reproduction de supports enregistrés	14.7	12.6	13.9	18.2	17.6	35.3	41.6	..
19-23	Produits pétroliers, chimiques, pharmaceutiques, caoutchouc, plastique, minéraux	1 763.4	1 841.2	1 781.5	1 847.1	1 912.0	2 100.1	2 219.4	..
19	Cokéfaction et raffinage	17.8	17.2	18.6	23.7	21.9	13.9	14.6	..
20-21	Industrie chimique et pharmaceutique	1 299.3	1 297.9	1 253.3	1 226.3	1 295.1	1 427.2	1 451.2	..
20	Produits chimiques	480.0	493.1	502.6	527.0	565.5	637.7	654.5	..
21	Préparations pharmaceutiques, chimiques (médicine) et d'herboristerie	819.4	804.8	750.7	699.2	729.6	789.5	796.7	..
22	Produits en caoutchouc et en plastique	332.8	391.7	376.4	448.6	416.4	456.7	526.8	..
23	Autres produits minéraux non métalliques	113.5	134.3	133.2	148.5	178.6	202.2	226.8	..
24-25	Produits métalliques de base et ouvrages en métaux (sauf machines et matériel)	531.1	529.1	577.6	540.8	604.9	696.0	697.1	..
24	Produits métallurgiques de base	149.3	140.2	127.7	110.7	119.3	170.3	187.1	..
25	Ouvrages en métaux (sauf machines et matériel)	381.8	388.9	449.9	430.0	485.6	525.7	509.9	..
26-30	Ordinateurs, articles électroniques et optiques ; machines et matériels de transport	7 785.9	7 858.2	7 730.0	8 137.3	8 190.2	8 652.4	8 662.7	..
26	Ordinateurs, articles électroniques et optiques	2 045.0	1 907.7	1 787.0	1 790.5	1 857.0	1 305.6	1 371.3	..
27	Matériels électriques	652.5	658.2	666.2	638.3	684.4	791.0	835.9	..
28	Machines et équipements n.c.a.	1 654.3	1 806.1	1 891.9	1 997.9	2 042.8	2 189.3	2 439.2	..
29	Automobiles, remorques et semi-remorques	1 838.3	1 923.5	2 004.5	2 387.6	2 299.1	2 399.0	1 997.1	..
30	Autres matériels de transport	1 595.8	1 562.6	1 380.7	1 322.9	1 306.8	1 967.6	2 019.1	..
31-33	Meubles ; réparation et installation de machines et de matériel	275.8	314.9	303.1	333.9	345.4	431.9	469.3	..
31	Meubles	74.4	78.7	78.3	91.6	99.4	119.2	143.7	..
32	Autres activités de fabrication	127.6	152.6	131.3	148.3	154.6	224.1	223.8	..
33	Réparation et installation de machines et de matériel	73.7	83.6	93.5	94.0	91.4	88.6	101.7	..
35-39	**ÉLECTRICITÉ, GAZ, EAU ET TRAITEMENT DES DÉCHETS**	**30.2**	**38.8**	**44.5**	**214.5**	**138.5**	**87.5**	**134.3**	..
35-36	Production et distribution d'électricité, de gaz et de l'eau	22.1	29.2	37.0	196.5	120.7	66.4	108.1	..
37-39	Assainissement, traitement des déchets et dépollution	8.1	9.6	7.6	18.1	17.9	21.1	26.2	..
41-43	**CONSTRUCTION**	**45.2**	**50.8**	**58.1**	**51.4**	**142.2**	**129.8**	**175.7**	..
45-99	**TOTAL SERVICES**	**3 879.5**	**3 802.6**	**4 225.3**	**4 582.7**	**4 867.2**	**5 382.8**	**5 817.3**	..
45-82	**Services du secteur des entreprises**	**3 761.7**	**3 626.9**	**3 979.7**	**4 322.8**	**4 565.1**	**5 059.4**	**5 406.5**	..
45-47	**Commerce de gros et de détail ; réparations automobiles et motocycles**	**362.1**	**381.0**	**441.8**	**486.1**	**542.7**	**678.3**	**888.2**	..
49-53	**Transport et entreposage**	**39.4**	**25.0**	**56.0**	**51.7**	**53.4**	**55.5**	**74.0**	..
55-56	**Activités d'hébergement et de restauration**	**4.1**	**3.3**	**2.5**	**3.1**	**2.7**	**4.1**	**8.6**	..
58-63	**Information et communication**	**1 601.3**	**1 580.6**	**1 794.5**	**1 682.4**	**1 847.5**	**2 021.0**	**2 120.0**	..
58-60	Édition, audiovisuel et diffusion	17.6	24.7	21.7	26.7	31.0	31.5	37.9	..
58	Activités d'édition	6.4	15.8	12.4	17.8	20.7	26.0	29.6	..
59-60	Activités audiovisuel et diffusion	11.2	8.9	9.1	9.0	10.2	5.5	8.3	..
59	Production de films, vidéo, programmes de télévision et d'enregistrements	..	..	..	..	..	..	..	..
60	Programmation et diffusion	..	..	..	..	..	..	..	..
61	Télécommunications	1 172.4	1 135.1	587.7	426.4	436.3	793.4	656.2	..
62-63	Technologies de l'information et informatique	411.4	420.7	1 185.0	1 229.2	1 380.2	1 196.1	1 425.9	..
62	Programmation informatique ; conseils et activités connexes	372.7	377.8	673.1	1 175.2	1 330.4	1 104.8	1 328.1	..
63	Services d'information	38.7	43.0	512.0	54.0	49.8	91.3	97.9	..
64-66	**Activités financières et d'assurances**	**202.4**	**239.2**	**257.5**	**306.8**	**317.4**	**340.6**	**384.6**	..
68-82	**Activités immobilières ; professionnelles ; services administratifs et d'appui**	**1 552.3**	**1 397.8**	**1 427.5**	**1 792.7**	**1 801.4**	**1 960.0**	**1 931.1**	..
68	Activités immobilières	7.5	10.7	3.0	4.0	1.5	5.4	3.5	..
69-75x72	Activités professionnelles, scientifiques et techniques, R-D scientifique exclu	532.2	450.5	468.4	493.0	509.5	568.7	615.4	..
72	Recherche scientifique et développement	999.7	917.2	945.0	1 255.9	1 216.7	1 272.1	1 195.9	..
77-82	Activités de services administratifs et d'appui	12.9	19.4	11.0	39.9	73.7	113.8	116.3	..
84-99	**Services collectifs, sociaux et personnels**	**117.9**	**175.6**	**245.6**	**259.9**	**302.1**	**323.4**	**410.8**	..
84-85	Administration publique et défense ; sécurité sociale obligatoire et éducation	3.1	2.0	2.3	2.2	16.9	5.5	7.5	..
86-88	Santé humaine et action sociale	101.4	161.8	220.4	226.1	238.3	272.3	360.6	..
90-93	Arts, spectacles et loisirs	2.1	1.4	10.6	19.7	36.4	28.6	26.7	..
94-99	Autres services ; ménages-employeurs ; organismes extra-territoriaux	11.2	10.5	12.3	11.9	10.4	17.0	15.9	..

.. Non disponible

Note : Voir les métadonnées détaillées sur : http://metalinks.oecd.org/anberd/20200813/0f11.

ITALIE

Dépenses de R-D dans l'industrie par orientation sectorielle, prix courants
CITI Rév. 4

Millions USD PPP

		2011	2012	2013	2014	2015	2016	2017	2018
	TOTAL ENTREPRISES	**14 268.5**	**14 854.5**	**15 570.9**	**16 688.8**	**17 449.5**	**20 108.3**	..	..
01-03	**AGRICULTURE, SYLVICULTURE ET PÊCHE**	**119.3**	**130.4**	**130.7**	**155.8**	**130.0**	**363.1**	..	..
05-09	**ACTIVITÉS EXTRACTIVES**	**47.3**	**50.2**	**82.6**	**53.0**	**116.6**	**124.7**	..	..
10-33	**ACTIVITÉS DE FABRICATION**	**11 511.1**	**11 772.1**	**12 181.1**	**12 599.6**	**14 015.5**	**15 679.9**	..	..
10-12	Produits alimentaires, boissons et tabac	278.6	324.6	385.5	405.4	518.5	750.4	..	..
13-15	Textiles, habillement, cuir et articles de cuir	736.0	785.0	939.1	1 397.6	928.8	1 080.2	..	..
13	Textiles	269.5	296.1	353.7	685.4	314.3	401.6	..	..
14	Articles d'habillement	295.4	310.7	328.2	454.2	372.4	402.8	..	..
15	Cuir et articles de cuir	171.1	178.3	257.2	258.0	242.1	275.8	..	..
16-18	Bois, papier, imprimerie et reproduction de supports enregistrés	171.3	171.2	209.5	314.5	212.9	246.4	..	..
16	Bois et articles en bois, sauf meubles	46.0	53.6	64.6	75.0	55.7	75.3	..	..
17	Papier et articles en papier	95.8	94.3	99.0	193.7	116.9	121.6	..	..
18	Imprimerie et reproduction de supports enregistrés	29.5	23.3	46.0	45.8	40.5	49.4	..	..
19-23	Produits pétroliers, chimiques, pharmaceutiques, caoutchouc, plastique, minéraux	2 291.9	2 281.3	2 227.7	2 320.8	2 589.5	2 794.6	..	..
19	Cokéfaction et raffinage	130.2	115.5	128.4	56.5	35.3	48.0	..	..
20-21	Industrie chimique et pharmaceutique	1 609.5	1 551.2	1 504.1	1 507.0	1 721.1	1 888.8	..	..
20	Produits chimiques	439.0	455.2	534.0	541.2	575.0	675.3	..	..
21	Préparations pharmaceutiques, chimiques (médecine) et d'herboristerie	1 170.4	1 096.0	970.2	965.8	1 146.1	1 213.5	..	..
22	Produits en caoutchouc et en plastique	419.8	455.0	429.3	592.5	587.0	608.6	..	..
23	Autres produits minéraux non métalliques	132.3	159.5	165.9	164.8	246.0	249.2	..	..
24-25	Produits métalliques de base et ouvrages en métaux (sauf machines et matériel)	622.0	682.1	821.0	710.7	946.4	982.1	..	..
24	Produits métallurgiques de base	280.5	321.9	424.4	321.5	325.5	435.5	..	..
25	Ouvrages en métaux (sauf machines et matériel)	341.5	360.2	396.6	389.2	620.9	546.7	..	..
26-30	Ordinateurs, articles électroniques et optiques ; machines et matériels de transport	7 262.2	7 371.9	7 432.5	7 247.6	8 594.9	9 573.4	..	..
26	Ordinateurs, articles électroniques et optiques	2 031.3	1 983.3	1 964.5	1 987.2	2 402.5	2 727.6	..	..
27	Matériels électriques	486.8	504.7	535.2	421.5	561.5	659.4	..	..
28	Machines et équipements n.c.a.	1 069.6	1 172.6	1 224.6	1 340.5	1 417.2	1 788.9	..	..
29	Automobiles, remorques et semi-remorques	2 140.7	2 246.7	2 233.4	2 548.2	2 874.0	3 165.8	..	..
30	Autres matériels de transport	1 534.0	1 464.3	1 474.8	950.2	1 339.9	1 231.6	..	..
31-33	Meubles ; réparation et installation de machines et de matériel	149.1	156.1	165.7	203.0	224.2	252.9	..	..
31	Meubles	46.8	43.7	45.6	54.7	62.3	72.1	..	..
32	Autres activités de fabrication	91.1	93.5	93.9	120.5	142.2	152.7	..	..
33	Réparation et installation de machines et de matériel	11.2	18.9	26.3	27.7	19.8	28.1	..	..
35-39	**ÉLECTRICITÉ, GAZ, EAU ET TRAITEMENT DES DÉCHETS**	**328.6**	**303.1**	**305.4**	**429.8**	**339.1**	**294.0**	..	..
35-36	Production et distribution d'électricité, de gaz et de l'eau	277.7	258.6	264.6	380.0	291.8	242.9	..	..
37-39	Assainissement, traitement des déchets et dépollution	50.9	44.4	40.8	49.8	47.4	51.1	..	..
41-43	**CONSTRUCTION**	**64.6**	**145.2**	**70.5**	**77.9**	**87.3**	**61.2**	..	..
45-99	**TOTAL SERVICES**	**2 197.6**	**2 453.6**	**2 800.5**	**3 372.8**	**2 761.0**	**3 585.5**	..	..
45-82	**Services du secteur des entreprises**	**2 021.4**	**2 209.9**	**2 522.0**	**3 123.1**	**2 382.8**	**3 176.3**	..	..
45-47	**Commerce de gros et de détail ; réparations automobiles et motocycles**	**42.6**	**72.2**	**169.5**	**390.4**	**65.7**	**41.2**	..	..
49-53	**Transport et entreposage**	**66.4**	**75.2**	**70.5**	**77.8**	**61.5**	**97.8**	..	..
55-56	**Activités d'hébergement et de restauration**	**10.4**	**16.7**	**8.3**	**15.2**	**12.3**	**17.6**	..	..
58-63	**Information et communication**	**1 494.0**	**1 539.6**	**1 624.7**	**1 834.4**	**1 618.2**	**2 186.4**	..	..
58-60	Édition, audiovisuel et diffusion	12.0	14.0	17.1	23.8	14.4	35.9	..	..
58	Activités d'édition	0.0	0.0	0.0	0.0	0.0	0.0	..	..
59-60	Activités audiovisuel et diffusion	12.0	14.0	17.1	23.8	14.4	35.9	..	..
59	Production de films, vidéo, programmes de télévision et d'enregistrements	12.0	14.0	17.1	23.8	14.4	35.9	..	..
60	Programmation et diffusion	0.0	0.0	0.0	0.0	0.0	0.0	..	..
61	Télécommunications	1 050.9	1 084.5	1 009.8	1 127.0	792.0	1 084.9	..	..
62-63	Technologies de l'information et informatique	431.0	441.1	597.9	683.5	811.8	1 065.6	..	..
62	Programmation informatique ; conseils et activités connexes	406.9	414.9	553.5	612.1	729.7	952.3	..	..
63	Services d'information	24.1	26.2	44.4	71.5	82.1	113.3	..	..
64-66	**Activités financières et d'assurances**	**216.4**	**271.2**	**315.5**	**361.7**	**415.4**	**513.3**	..	..
68-82	**Activités immobilières ; professionnelles ; services administratifs et d'appui**	**191.5**	**235.0**	**333.5**	**443.5**	**209.8**	**320.1**	..	..
68	Activités immobilières	0.1	0.1	0.9	1.0	3.1	2.6	..	..
69-75x72	Activités professionnelles, scientifiques et techniques, R-D scientifique exclu	188.6	231.5	328.9	438.8	198.5	271.7	..	..
72	Recherche scientifique et développement	0.0	0.0	0.0	0.0	0.0	41.5	..	..
77-82	Activités de services administratifs et d'appui	2.8	3.3	3.7	3.7	8.1	4.3	..	..
84-99	**Services collectifs, sociaux et personnels**	**176.2**	**243.7**	**278.4**	**249.7**	**378.2**	**409.2**	..	..
84-85	Administration publique et défense ; sécurité sociale obligatoire et éducation	44.6	51.8	51.7	41.7	44.0	27.0	..	..
86-88	Santé humaine et action sociale	114.4	176.3	216.6	186.3	285.4	337.1	..	..
90-93	Arts, spectacles et loisirs	0.5	3.7	1.9	5.5	9.6	15.6	..	..
94-99	Autres services ; ménages-employeurs ; organismes extra-territoriaux	16.7	11.9	8.3	16.1	39.3	29.5	..	..

.. Non disponible

Note : Voir les métadonnées détaillées sur : *http://metalinks.oecd.org/anberd/20200813/0f11*.

ITALIE

Dépenses de R-D dans l'industrie par orientation sectorielle, prix constants
CITI Rév. 4

2010 PPP USD

		2011	2012	2013	2014	2015	2016	2017	2018
	TOTAL ENTREPRISES	**15 335.3**	**15 494.9**	**15 833.8**	**16 870.5**	**17 449.5**	**18 862.5**	..	..
01-03	**AGRICULTURE, SYLVICULTURE ET PÊCHE**	**128.2**	**136.0**	**133.0**	**157.4**	**130.0**	**340.6**	..	..
05-09	**ACTIVITÉS EXTRACTIVES**	**50.9**	**52.3**	**84.0**	**53.6**	**116.6**	**117.0**	..	..
10-33	**ACTIVITÉS DE FABRICATION**	**12 371.7**	**12 279.6**	**12 386.8**	**12 736.8**	**14 015.5**	**14 708.5**	..	..
10-12	Produits alimentaires, boissons et tabac	299.5	338.6	392.0	409.8	518.8	703.9	..	..
13-15	Textiles, habillement, cuir et articles de cuir	791.0	818.9	955.0	1 412.8	928.8	1 013.2	..	..
13	Textiles	289.7	308.9	359.7	692.9	314.3	376.7	..	..
14	Articles d'habillement	317.5	324.1	333.8	459.1	372.4	377.8	..	..
15	Cuir et articles de cuir	183.9	186.0	261.5	260.9	242.1	258.7	..	..
16-18	Bois, papier, imprimerie et reproduction de supports enregistrés	184.2	178.6	213.1	318.0	212.9	231.1	..	..
16	Bois et articles en bois, sauf meubles	49.4	55.9	65.7	75.8	55.7	70.7	..	..
17	Papier et articles en papier	103.0	98.3	100.7	195.8	116.9	114.1	..	..
18	Imprimerie et reproduction de supports enregistrés	31.7	24.3	46.8	46.3	40.5	46.4	..	..
19-23	Produits pétroliers, chimiques, pharmaceutiques, caoutchouc, plastique, minéraux	2 463.2	2 379.6	2 265.3	2 346.0	2 589.5	2 621.4	..	..
19	Cokéfaction et raffinage	140.0	120.5	130.6	57.1	35.3	45.0	..	..
20-21	Industrie chimique et pharmaceutique	1 729.8	1 618.1	1 529.5	1 523.4	1 721.1	1 771.8	..	..
20	Produits chimiques	471.9	474.9	543.0	547.1	575.0	633.5	..	..
21	Préparations pharmaceutiques, chimiques (médicine) et d'herboristerie	1 258.0	1 143.2	986.5	976.3	1 146.1	1 138.3	..	..
22	Produits en caoutchouc et en plastique	451.2	474.6	436.5	599.0	587.0	570.9	..	..
23	Autres produits minéraux non métalliques	142.2	166.4	168.7	166.6	246.0	233.7	..	..
24-25	Produits métalliques de base et ouvrages en métaux (sauf machines et matériel)	668.5	711.5	834.8	718.4	946.4	921.3	..	..
24	Produits métallurgiques de base	301.5	335.8	431.6	325.0	325.5	408.5	..	..
25	Ouvrages en métaux (sauf machines et matériel)	367.0	375.7	403.3	393.4	620.9	512.8	..	..
26-30	Ordinateurs, articles électroniques et optiques ; machines et matériels de transport	7 805.1	7 689.7	7 558.0	7 326.5	8 594.9	8 980.3	..	..
26	Ordinateurs, articles électroniques et optiques	2 183.1	2 068.8	1 997.6	2 008.9	2 402.5	2 558.6	..	..
27	Matériels électriques	523.2	526.5	544.2	426.1	561.5	618.5	..	..
28	Machines et équipements n.c.a.	1 149.6	1 223.2	1 245.3	1 355.1	1 417.2	1 678.1	..	..
29	Automobiles, remorques et semi-remorques	2 300.7	2 343.5	2 271.1	2 575.9	2 874.0	2 969.7	..	..
30	Autres matériels de transport	1 648.7	1 527.4	1 499.7	960.6	1 339.9	1 155.3	..	..
31-33	Meubles ; réparation et installation de machines et de matériel	160.2	162.8	168.5	205.2	224.2	237.2	..	..
31	Meubles	50.3	45.6	46.3	55.3	62.3	67.7	..	..
32	Autres activités de fabrication	97.9	97.5	95.4	121.9	142.2	143.2	..	..
33	Réparation et installation de machines et de matériel	12.0	19.7	26.8	28.0	19.8	26.4	..	..
35-39	**ÉLECTRICITÉ, GAZ, EAU ET TRAITEMENT DES DÉCHETS**	**353.2**	**316.1**	**310.6**	**434.5**	**339.1**	**275.7**	..	..
35-36	Production et distribution d'électricité, de gaz et de l'eau	298.5	269.8	269.1	384.2	291.8	227.8	..	..
37-39	Assainissement, traitement des déchets et dépollution	54.7	46.3	41.5	50.3	47.4	47.9	..	..
41-43	**CONSTRUCTION**	**69.4**	**151.5**	**71.7**	**78.7**	**87.3**	**57.4**	..	..
45-99	**TOTAL SERVICES**	**2 361.9**	**2 559.3**	**2 847.8**	**3 409.5**	**2 761.0**	**3 363.3**	..	..
45-82	**Services du secteur des entreprises**	**2 172.5**	**2 305.2**	**2 564.6**	**3 157.2**	**2 382.8**	**2 979.5**	..	..
45-47	Commerce de gros et de détail ; réparations automobiles et motocycles	45.8	75.3	172.4	394.7	65.7	38.6	..	..
49-53	Transport et entreposage	71.4	78.4	71.7	78.6	61.5	91.7	..	..
55-56	Activités d'hébergement et de restauration	11.2	17.4	8.4	15.4	12.3	16.5	..	..
58-63	**Information et communication**	**1 605.7**	**1 606.0**	**1 652.1**	**1 854.4**	**1 618.2**	**2 050.9**	..	..
58-60	Édition, audiovisuel et diffusion	12.9	14.6	17.4	24.1	14.4	33.7	..	..
58	Activités d'édition	0.0	0.0	0.0	0.0	0.0	0.0	..	..
59-60	Activités audiovisuel et diffusion	12.9	14.6	17.4	24.1	14.4	33.7	..	..
59	Production de films, vidéo, programmes de télévision et d'enregistrements	12.9	14.6	17.4	24.1	14.4	33.7	..	..
60	Programmation et diffusion	0.0	0.0	0.0	0.0	0.0	0.0	..	..
61	Télécommunications	1 129.5	1 131.2	1 026.8	1 139.3	792.0	1 017.7	..	..
62-63	Technologies de l'information et informatique	463.2	460.1	608.0	691.0	811.8	999.6	..	..
62	Programmation informatique ; conseils et activités connexes	437.3	432.7	562.9	618.7	729.7	893.3	..	..
63	Services d'information	25.9	27.3	45.1	72.2	82.1	106.3	..	..
64-66	**Activités financières et d'assurances**	**232.6**	**282.9**	**320.8**	**365.7**	**415.4**	**481.5**	..	..
68-82	**Activités immobilières ; professionnelles ; services administratifs et d'appui**	**205.8**	**245.1**	**339.1**	**448.4**	**209.8**	**300.3**	..	..
68	Activités immobilières	0.1	0.1	1.0	1.0	3.1	2.4	..	..
69-75x72	Activités professionnelles, scientifiques et techniques, R-D scientifique exclu	202.7	241.5	334.5	443.5	198.5	254.9	..	..
72	Recherche scientifique et développement	0.0	0.0	0.0	0.0	0.0	39.0	..	..
77-82	Activités de services administratifs et d'appui	3.0	3.5	3.7	3.8	8.1	4.0	..	..
84-99	Services collectifs, sociaux et personnels	189.4	254.2	283.2	252.4	378.2	383.8	..	..
84-85	Administration publique et défense ; sécurité sociale obligatoire et éducation	47.9	54.0	52.5	42.1	44.0	25.3	..	..
86-88	Santé humaine et action sociale	123.0	183.9	220.3	188.4	285.4	316.2	..	..
90-93	Arts, spectacles et loisirs	0.6	3.9	1.9	5.6	9.6	14.6	..	..
94-99	Autres services ; ménages-employeurs ; organismes extra-territoriaux	18.0	12.4	8.4	16.3	39.3	27.7	..	..

.. Non disponible
Note : Voir les métadonnées détaillées sur : *http://metalinks.oecd.org/anberd/20200813/0f11.*

JAPON

Dépenses de R-D dans l'industrie par activité principale de l'entreprise, prix courants
CITI Rév. 4

Millions USD PPP

		2011	2012	2013	2014	2015	2016	2017	2018
	TOTAL ENTREPRISES	**114 204.6**	**116 716.3**	**125 287.5**	**131 839.8**	**132 293.7**	**126 236.6**	**130 945.5**	**136 044.5**
01-03	**AGRICULTURE, SYLVICULTURE ET PÊCHE**	27.6	17.8	21.2	18.4	20.7	24.1	19.4	24.3
05-09	**ACTIVITÉS EXTRACTIVES**	30.3	29.0	43.1	36.6	39.5	38.3	33.4	34.4
10-33	**ACTIVITÉS DE FABRICATION**	100 352.8	102 653.6	111 166.7	114 069.5	114 684.6	109 710.9	113 701.8	117 724.3
10-12	Produits alimentaires, boissons et tabac	2 085.7	2 113.7	2 306.8	2 034.5	2 122.1	2 148.7	2 612.9	2 567.5
13-15	Textiles, habillement, cuir et articles de cuir	1 266.2	1 305.1	1 366.3	1 320.1	1 332.7	1 352.0	1 700.4	1 798.6
13	Textiles	1 191.3	1 240.0	1 297.4	1 244.3	1 267.6	1 303.6	1 650.5	1 713.2
14	Articles d'habillement	40.9	29.6	30.8	41.0	27.5	18.8	20.5	51.9
15	Cuir et articles de cuir	34.0	35.4	38.0	34.8	37.5	29.7	29.4	33.6
16-18	Bois, papier, imprimerie et reproduction de supports enregistrés	734.3	677.2	579.6	590.3	568.4	605.2	625.4	645.7
16	Bois et articles en bois, sauf meubles	86.0	101.3	91.6	83.3	82.0	82.4	79.9	72.5
17	Papier et articles en papier	319.8	240.5	203.3	282.0	268.7	278.4	291.3	316.6
18	Imprimerie et reproduction de supports enregistrés	328.5	335.4	284.8	225.0	217.7	244.3	254.2	256.6
19-23	Produits pétroliers, chimiques, pharmaceutiques, caoutchouc, plastique, minéraux	22 802.7	24 183.4	26 445.0	26 988.8	27 063.5	25 956.5	27 311.4	26 929.6
19	Cokéfaction et raffinage	447.7	440.0	462.4	408.4	427.8	430.0	448.3	444.7
20-21	Industrie chimique et pharmaceutique	18 371.2	19 688.5	21 608.5	21 821.4	21 984.6	20 861.5	21 994.8	21 428.2
20	Produits chimiques	6 925.1	7 162.5	7 422.7	7 310.9	7 893.5	8 050.8	8 089.8	8 000.5
21	Préparations pharmaceutiques, chimiques (médicine) et d'herboristerie	11 446.1	12 526.0	14 185.8	14 510.5	14 091.1	12 810.8	13 905.0	13 427.6
22	Produits en caoutchouc et en plastique	2 594.7	2 638.7	2 916.5	3 281.8	3 310.2	3 309.1	3 372.0	3 539.4
23	Autres produits minéraux non métalliques	1 389.0	1 416.3	1 457.6	1 477.1	1 340.9	1 355.8	1 496.3	1 517.4
24-25	Produits métalliques de base et ouvrages en métaux (sauf machines et matériel)	2 865.7	2 658.2	2 747.4	2 975.0	2 835.3	2 692.0	2 791.3	2 794.3
24	Produits métallurgiques de base	2 360.2	2 166.9	2 256.9	2 459.5	2 372.7	2 222.4	2 231.2	2 235.1
25	Ouvrages en métaux (sauf machines et matériel)	505.5	491.4	490.5	515.5	462.6	469.7	560.1	559.2
26-30	Ordinateurs, articles électroniques et optiques ; machines et matériels de transport	68 596.4	69 587.1	75 291.2	77 941.2	78 954.0	75 239.7	76 790.3	80 466.8
26	Ordinateurs, articles électroniques et optiques	29 244.8	28 387.1	28 750.8	28 017.8	27 883.9	24 905.7	25 331.6	26 477.0
27	Matériels électriques	3 221.7	3 267.6	3 467.5	3 428.3	3 419.5	3 418.5	3 556.8	3 689.4
28	Machines et équipements n.c.a.	10 211.0	10 414.6	12 315.0	12 440.8	12 610.7	12 737.5	12 708.7	13 625.9
29	Automobiles, remorques et semi-remorques	25 408.9	26 930.1	29 995.1	33 184.4	33 977.3	33 120.1	33 977.6	35 466.1
30	Autres matériels de transport	510.1	587.7	762.7	869.9	1 063.5	1 058.0	1 215.6	1 208.4
31-33	Meubles ; réparation et installation de machines et de matériel	2 002.0	2 128.9	2 430.4	2 219.7	1 808.6	1 716.8	1 870.0	2 521.8
31	Meubles	106.8	98.0	97.4	108.8	106.4	136.1	124.9	139.9
32	Autres activités de fabrication	1 895.2	2 030.9	2 333.0	2 110.9	1 702.2	1 580.7	1 745.1	2 381.9
33	Réparation et installation de machines et de matériel	..	..	..	..	..	..	..	..
35-39	**ÉLECTRICITÉ, GAZ, EAU ET TRAITEMENT DES DÉCHETS**	505.6	503.7	512.4	464.3	468.3	384.2	558.0	513.7
35-36	Production et distribution d'électricité, de gaz et de l'eau	..	..	..	..	..	..	..	..
37-39	Assainissement, traitement des déchets et dépollution	..	..	..	..	..	..	..	..
41-43	**CONSTRUCTION**	1 024.1	1 066.6	1 061.3	951.1	1 035.7	1 183.9	1 179.9	1 442.1
45-99	**TOTAL SERVICES**	12 264.2	12 445.6	12 482.7	16 299.8	16 044.8	14 895.1	15 453.1	16 305.7
45-82	**Services du secteur des entreprises**	12 264.2	12 445.6	12 482.7	16 299.8	16 044.8	14 895.1	15 453.1	16 305.7
45-47	**Commerce de gros et de détail ; réparations automobiles et motocycles**	313.1	463.2	489.0	641.1	723.1	714.3	696.9	853.5
49-53	**Transport et entreposage**	326.9	425.8	519.2	561.5	439.1	434.5	520.7	536.9
55-56	**Activités d'hébergement et de restauration**	..	..	..	..	..	..	..	..
58-63	**Information et communication**	5 237.9	5 181.1	4 587.8	6 680.2	6 238.2	5 551.0	5 752.4	5 744.7
58-60	Édition, audiovisuel et diffusion	8.7	9.5	18.9	16.3	15.7	28.1	30.9	24.8
58	Activités d'édition	4.6	6.3	8.6	9.4	5.6	17.3	15.8	15.0
59-60	Activités audiovisuel et diffusion	4.1	3.2	10.3	6.9	10.0	10.9	15.0	9.8
59	Production de films, vidéo, programmes de télévision et d'enregistrements	0.7	0.7	1.8	1.9	2.2	3.5	4.9	3.4
60	Programmation et diffusion	3.5	2.5	8.5	5.0	7.9	7.4	10.1	6.4
61	Télécommunications	2 779.8	2 832.9	2 764.9	3 686.0	3 669.8	3 196.3	2 697.6	2 612.3
62-63	Technologies de l'information et informatique	2 449.5	2 338.7	1 804.0	2 977.9	2 552.8	2 326.5	3 024.0	3 107.6
62	Programmation informatique ; conseils et activités connexes	2 142.3	2 093.0	1 592.3	2 685.3	2 249.5	2 037.6	2 765.8	2 830.7
63	Services d'information	307.1	245.7	211.8	292.6	303.3	289.0	258.2	276.9
64-66	**Activités financières et d'assurances**	30.5	17.6	21.6	31.8	35.7	28.7	43.9	84.8
68-82	**Activités immobilières ; professionnelles ; services administratifs et d'appui**	6 355.8	6 357.8	6 865.0	8 385.2	8 608.6	8 166.6	8 439.1	9 085.7
68	Activités immobilières	..	..	..	..	..	..	..	..
69-75x72	Activités professionnelles, scientifiques et techniques, R-D scientifique exclu	342.0	588.2	711.0	725.6	577.0	653.4	593.5	656.3
72	Recherche scientifique et développement	5 958.0	5 713.5	6 101.3	7 602.0	7 952.3	7 433.5	7 773.8	8 334.5
77-82	Activités de services administratifs et d'appui	55.7	56.1	52.7	57.7	79.3	79.8	71.8	94.9
84-99	**Services collectifs, sociaux et personnels**	..	..	..	..	..	..	..	..
84-85	Administration publique et défense ; sécurité sociale obligatoire et éducation	..	..	..	..	..	..	..	..
86-88	Santé humaine et action sociale	..	..	..	..	..	..	..	..
90-93	Arts, spectacles et loisirs	..	..	..	..	..	..	..	..
94-99	Autres services ; ménages-employeurs ; organismes extra-territoriaux	..	..	..	..	..	..	..	..

.. Non disponible
Note : Voir les métadonnées détaillées sur : *http://metalinks.oecd.org/anberd/20200813/0f11*.

JAPON

Dépenses de R-D dans l'industrie par activité principale de l'entreprise, prix constants
CITI Rév. 4

2010 PPP USD

Code	Activité	2011	2012	2013	2014	2015	2016	2017	2018
	TOTAL ENTREPRISES	121 938.8	121 860.2	127 506.5	134 150.6	132 293.7	128 398.1	133 324.9	137 623.7
01-03	AGRICULTURE, SYLVICULTURE ET PÊCHE	29.5	18.6	21.6	18.7	20.7	24.6	19.7	24.6
05-09	ACTIVITÉS EXTRACTIVES	32.4	30.3	43.8	37.2	39.5	39.0	34.0	34.8
10-33	**ACTIVITÉS DE FABRICATION**	107 148.9	107 177.7	113 135.7	116 068.9	114 684.6	111 589.4	115 767.9	119 090.9
10-12	Produits alimentaires, boissons et tabac	2 226.9	2 206.8	2 347.6	2 070.2	2 122.1	2 185.5	2 660.4	2 597.3
13-15	Textiles, habillement, cuir et articles de cuir	1 351.9	1 362.6	1 390.5	1 343.2	1 332.7	1 375.2	1 731.3	1 819.5
13	Textiles	1 271.9	1 294.7	1 320.4	1 266.1	1 267.6	1 325.9	1 680.5	1 733.1
14	Articles d'habillement	43.7	30.9	31.3	41.7	27.5	19.1	20.9	52.5
15	Cuir et articles de cuir	36.3	37.0	38.7	35.4	37.5	30.2	30.0	34.0
16-18	Bois, papier, imprimerie et reproduction de supports enregistrés	784.0	707.1	589.9	600.6	568.4	615.6	636.8	653.2
16	Bois et articles en bois, sauf meubles	91.8	105.8	93.2	84.7	82.0	83.9	81.4	73.3
17	Papier et articles en papier	341.4	251.1	206.9	286.9	268.7	283.2	296.6	320.3
18	Imprimerie et reproduction de supports enregistrés	350.8	350.2	289.8	228.9	217.7	248.5	258.8	259.6
19-23	Produits pétroliers, chimiques, pharmaceutiques, caoutchouc, plastique, minéraux	24 346.9	25 249.2	26 913.4	27 461.9	27 063.5	26 400.9	27 807.7	27 242.2
19	Cokéfaction et raffinage	478.0	459.3	470.6	415.6	427.8	437.3	456.4	449.9
20-21	Industrie chimique et pharmaceutique	19 615.4	20 556.2	21 991.2	22 203.9	21 984.6	21 218.7	22 394.5	21 676.9
20	Produits chimiques	7 394.1	7 478.2	7 554.2	7 439.1	7 893.5	8 188.6	8 236.8	8 093.4
21	Préparations pharmaceutiques, chimiques (médicine) et d'herboristerie	12 221.3	13 078.0	14 437.0	14 764.8	14 091.1	13 030.1	14 157.7	13 583.5
22	Produits en caoutchouc et en plastique	2 770.4	2 755.0	2 968.2	3 339.4	3 310.2	3 365.8	3 433.3	3 580.5
23	Autres produits minéraux non métalliques	1 483.1	1 478.7	1 483.4	1 503.0	1 340.9	1 379.1	1 523.5	1 535.0
24-25	Produits métalliques de base et ouvrages en métaux (sauf machines et matériel)	3 059.7	2 775.4	2 796.1	3 027.1	2 835.3	2 738.1	2 842.1	2 826.8
24	Produits métallurgiques de base	2 520.0	2 262.4	2 296.9	2 502.6	2 372.7	2 260.4	2 271.8	2 261.1
25	Ouvrages en métaux (sauf machines et matériel)	539.7	513.0	499.2	524.5	462.6	477.7	570.3	565.7
26-30	Ordinateurs, articles électroniques et optiques ; machines et matériels de transport	73 241.9	72 653.9	76 624.7	79 307.3	78 954.0	76 528.0	78 185.7	81 400.8
26	Ordinateurs, articles électroniques et optiques	31 225.3	29 638.2	29 260.0	28 508.8	27 883.9	25 332.2	25 791.9	26 784.3
27	Matériels électriques	3 439.9	3 411.6	3 528.9	3 488.4	3 418.5	3 477.0	3 621.4	3 732.2
28	Machines et équipements n.c.a.	10 902.5	10 873.6	12 533.2	12 658.9	12 610.7	12 955.6	12 939.7	13 784.0
29	Automobiles, remorques et semi-remorques	27 129.6	28 117.0	30 526.4	33 766.1	33 977.3	33 687.2	34 595.0	35 877.8
30	Autres matériels de transport	544.6	613.6	776.2	885.1	1 063.5	1 076.1	1 237.7	1 222.4
31-33	Meubles ; réparation et installation de machines et de matériel	2 137.6	2 222.7	2 473.4	2 258.6	1 808.6	1 746.2	1 904.0	2 551.1
31	Meubles	114.0	102.3	99.1	110.7	106.4	138.4	127.2	141.5
32	Autres activités de fabrication	2 023.5	2 120.4	2 374.4	2 147.9	1 702.2	1 607.8	1 776.8	2 409.6
33	Réparation et installation de machines et de matériel	..	..	..	..	..	..	..	..
35-39	**ÉLECTRICITÉ, GAZ, EAU ET TRAITEMENT DES DÉCHETS**	539.9	526.0	521.5	472.5	468.3	390.8	568.1	519.7
35-36	Production et distribution d'électricité, de gaz et de l'eau	..	..	..	..	..	..	..	..
37-39	Assainissement, traitement des déchets et dépollution	..	..	..	..	..	..	..	..
41-43	**CONSTRUCTION**	1 093.4	1 113.6	1 080.1	967.8	1 035.7	1 204.2	1 201.4	1 458.8
45-99	**TOTAL SERVICES**	13 094.7	12 994.1	12 703.8	16 585.5	16 044.8	15 150.2	15 733.9	16 495.0
45-82	Services du secteur des entreprises	13 094.7	12 994.1	12 703.8	16 585.5	16 044.8	15 150.2	15 733.9	16 495.0
45-47	Commerce de gros et de détail ; réparations automobiles et motocycles	334.3	483.6	497.7	652.4	723.1	726.6	709.6	863.4
49-53	Transport et entreposage	349.0	444.6	528.4	571.3	439.1	442.0	530.2	543.2
55-56	Activités d'hébergement et de restauration	..	..	..	..	..	..	..	..
58-63	Information et communication	5 592.6	5 409.4	4 669.1	6 797.3	6 238.2	5 646.0	5 856.9	5 811.4
58-60	Édition, audiovisuel et diffusion	9.3	9.9	19.3	16.6	15.7	28.6	31.3	25.1
58	Activités d'édition	4.9	6.6	8.8	9.5	5.6	17.6	16.0	15.2
59-60	Activités audiovisuel et diffusion	4.4	3.3	10.5	7.0	10.0	11.0	15.3	9.9
59	Production de films, vidéo, programmes de télévision et d'enregistrements	0.7	0.7	1.8	2.0	2.2	3.5	5.0	3.5
60	Programmation et diffusion	3.7	2.6	8.7	5.1	7.9	7.5	10.3	6.5
61	Télécommunications	2 968.0	2 957.7	2 813.8	3 750.7	3 669.8	3 251.0	2 746.6	2 642.6
62-63	Technologies de l'information et informatique	2 615.3	2 441.8	1 836.0	3 030.1	2 552.8	2 366.4	3 079.0	3 143.7
62	Programmation informatique ; conseils et activités connexes	2 287.4	2 185.2	1 620.5	2 732.4	2 249.5	2 072.5	2 816.1	2 863.5
63	Services d'information	327.9	256.5	215.5	297.7	303.3	293.9	262.9	280.2
64-66	**Activités financières et d'assurances**	32.6	18.4	22.0	32.4	35.7	29.2	44.7	85.8
68-82	**Activités immobilières ; professionnelles ; services administratifs et d'appui**	6 786.2	6 638.0	6 986.6	8 532.2	8 608.6	8 306.5	8 592.5	9 191.2
68	Activités immobilières	..	..	..	..	..	..	..	..
69-75x72	Activités professionnelles, scientifiques et techniques, R-D scientifique exclu	365.2	614.1	723.6	738.3	577.0	664.6	604.3	663.9
72	Recherche scientifique et développement	6 361.5	5 965.3	6 209.4	7 735.2	7 952.3	7 560.8	7 915.1	8 431.3
77-82	Activités de services administratifs et d'appui	59.5	58.6	53.6	58.7	79.3	81.1	73.1	96.0
84-99	Services collectifs, sociaux et personnels								
84-85	Administration publique et défense ; sécurité sociale obligatoire et éducation	..	..	..	..	..	..	..	..
86-88	Santé humaine et action sociale	..	..	..	..	..	..	..	..
90-93	Arts, spectacles et loisirs	..	..	..	..	..	..	..	..
94-99	Autres services ; ménages-employeurs ; organismes extra-territoriaux	..	..	..	..	..	..	..	..

.. Non disponible

Note : Voir les métadonnées détaillées sur : http://metalinks.oecd.org/anberd/20200813/0f11.

CORÉE

Dépenses de R-D dans l'industrie par activité principale de l'entreprise, prix courants
CITI Rév. 4

Millions USD PPP

		2011	2012	2013	2014	2015	2016	2017	2018
	TOTAL ENTREPRISES	**44 680.5**	**50 559.8**	**53 573.7**	**57 180.5**	**59 643.5**	..	..	..
01-03	**AGRICULTURE, SYLVICULTURE ET PÊCHE**	**42.3**	**31.2**	**30.2**	**33.0**	**36.5**	..	..	..
05-09	**ACTIVITÉS EXTRACTIVES**	**25.7**	**41.1**	**29.1**	**23.2**	**27.3**	..	..	..
10-33	**ACTIVITÉS DE FABRICATION**	**39 112.9**	**44 404.0**	**47 468.5**	**50 842.2**	**53 445.5**	..	..	..
10-12	Produits alimentaires, boissons et tabac	472.0	550.9	532.2	560.8	1 169.8	..	..	..
13-15	Textiles, habillement, cuir et articles de cuir	334.1	376.0	418.6	423.4	471.4	..	..	..
13	Textiles	142.2	135.5	142.5	148.3	180.5	..	..	..
14	Articles d'habillement	164.3	203.9	231.8	226.9	234.0	..	..	..
15	Cuir et articles de cuir	27.6	36.6	44.3	48.2	56.9	..	..	..
16-18	Bois, papier, imprimerie et reproduction de supports enregistrés	106.4	141.0	119.4	124.8	160.3	..	..	..
16	Bois et articles en bois, sauf meubles	18.8	15.1	15.5	15.1	27.1	..	..	..
17	Papier et articles en papier	55.6	88.2	63.5	67.3	73.1	..	..	..
18	Imprimerie et reproduction de supports enregistrés	31.9	37.7	40.5	42.4	60.2	..	..	..
19-23	Produits pétroliers, chimiques, pharmaceutiques, caoutchouc, plastique, minéraux	5 042.5	5 225.5	5 837.0	5 441.6	6 225.8	..	..	..
19	Cokéfaction et raffinage	395.4	317.7	335.3	273.5	294.7	..	..	..
20-21	Industrie chimique et pharmaceutique	3 739.1	3 893.4	4 303.0	4 012.0	4 712.1	..	..	..
20	Produits chimiques	2 729.0	2 671.6	3 057.1	2 724.9	3 135.7	..	..	..
21	Préparations pharmaceutiques, chimiques (médicine) et d'herboristerie	1 010.1	1 221.9	1 245.9	1 287.1	1 576.4	..	..	..
22	Produits en caoutchouc et en plastique	631.0	634.2	834.0	882.9	953.9	..	..	..
23	Autres produits minéraux non métalliques	277.1	380.1	364.7	273.3	265.0	..	..	..
24-25	Produits métalliques de base et ouvrages en métaux (sauf machines et matériel)	1 346.8	1 442.1	1 344.0	1 325.5	1 474.0	..	..	..
24	Produits métallurgiques de base	721.8	858.4	712.9	744.0	760.2	..	..	..
25	Ouvrages en métaux (sauf machines et matériel)	625.0	583.7	631.1	581.5	713.9	..	..	..
26-30	Ordinateurs, articles électroniques et optiques ; machines et matériels de transport	31 402.7	36 303.2	38 848.2	42 530.6	43 391.0	..	..	..
26	Ordinateurs, articles électroniques et optiques	21 873.9	25 237.8	27 676.6	30 402.1	29 892.6	..	..	..
27	Matériels électriques	1 076.2	1 265.4	1 188.4	1 277.7	1 621.7	..	..	..
28	Machines et équipements n.c.a.	2 413.7	3 184.4	3 066.3	3 238.9	3 315.5	..	..	..
29	Automobiles, remorques et semi-remorques	5 309.3	5 724.1	6 071.2	6 739.8	7 549.8	..	..	..
30	Autres matériels de transport	729.5	891.5	845.7	872.1	1 011.4	..	..	..
31-33	Meubles ; réparation et installation de machines et de matériel	408.6	365.2	369.0	435.4	553.1	..	..	..
31	Meubles	62.7	66.3	74.7	99.3	100.4	..	..	..
32	Autres activités de fabrication	345.9	298.9	294.3	336.1	452.7	..	..	..
33	Réparation et installation de machines et de matériel	..	..	..	..	..	..	..	..
35-39	**ÉLECTRICITÉ, GAZ, EAU ET TRAITEMENT DES DÉCHETS**	**481.1**	**509.2**	**409.8**	**422.4**	**456.4**	..	..	..
35-36	Production et distribution d'électricité, de gaz et de l'eau	444.1	476.5	371.3	382.8	395.2	..	..	..
37-39	Assainissement, traitement des déchets et dépollution	37.0	32.7	38.4	39.6	61.3	..	..	..
41-43	**CONSTRUCTION**	**1 063.2**	**1 156.1**	**1 104.8**	**1 137.6**	**875.5**	..	..	..
45-99	**TOTAL SERVICES**	**3 955.3**	**4 418.3**	**4 531.4**	**4 722.2**	**4 802.3**	..	..	..
45-82	**Services du secteur des entreprises**	**3 912.0**	**4 379.9**	**4 491.4**	**4 679.8**	**4 750.2**	..	..	..
45-47	Commerce de gros et de détail ; réparations automobiles et motocycles	719.9	788.8	813.8	857.9	722.1	..	..	..
49-53	Transport et entreposage	144.8	81.6	127.7	45.8	46.5	..	..	..
55-56	Activités d'hébergement et de restauration	7.7	1.4	10.0	8.8	16.2	..	..	..
58-63	**Information et communication**	**1 978.6**	**2 378.6**	**2 247.3**	**2 457.4**	**2 470.2**	..	..	..
58-60	Édition, audiovisuel et diffusion	1 111.1	1 559.1	1 436.0	1 627.1	1 654.5	..	..	..
58	Activités d'édition	1 079.0	1 527.5	1 396.0	1 588.3	1 619.5	..	..	..
59-60	Activités audiovisuel et diffusion	32.0	31.6	40.0	38.8	35.0	..	..	..
59	Production de films, vidéo, programmes de télévision et d'enregistrements	15.4	12.7	9.5	13.7	18.7	..	..	..
60	Programmation et diffusion	16.7	18.9	30.6	25.1	16.3	..	..	..
61	Télécommunications	402.6	452.1	468.1	492.5	438.9	..	..	..
62-63	Technologies de l'information et informatique	465.0	367.4	343.2	337.7	376.7	..	..	..
62	Programmation informatique ; conseils et activités connexes	319.3	246.7	206.8	222.9	255.3	..	..	..
63	Services d'information	145.7	120.7	136.4	114.8	121.4	..	..	..
64-66	**Activités financières et d'assurances**	**1.2**	**2.1**	**2.0**	**5.2**	**6.5**	..	..	..
68-82	**Activités immobilières ; professionnelles ; services administratifs et d'appui**	**1 059.8**	**1 127.4**	**1 290.6**	**1 304.8**	**1 488.7**	..	..	..
68	Activités immobilières	3.5	1.9	1.6	3.7	6.8	..	..	..
69-75x72	Activités professionnelles, scientifiques et techniques, R-D scientifique exclu	679.3	768.7	790.8	865.8	989.3	..	..	..
72	Recherche scientifique et développement	305.3	274.8	406.8	342.1	401.6	..	..	..
77-82	Activités de services administratifs et d'appui	71.7	82.0	91.4	93.2	91.0	..	..	..
84-99	**Services collectifs, sociaux et personnels**	**43.3**	**38.4**	**40.0**	**42.4**	**52.2**	..	..	..
84-85	Administration publique et défense ; sécurité sociale obligatoire et éducation	19.2	14.6	16.6	16.2	20.1	..	..	..
86-88	Santé humaine et action sociale	0.3	1.1	5.0	5.6	13.8	..	..	..
90-93	Arts, spectacles et loisirs	3.2	3.2	3.0	2.2	3.5	..	..	..
94-99	Autres services ; ménages-employeurs ; organismes extra-territoriaux	20.6	19.5	15.4	18.4	14.8	..	..	..

.. Non disponible
Note : Voir les métadonnées détaillées sur : *http://metalinks.oecd.org/anberd/20200813/0f11.*

CORÉE

Dépenses de R-D dans l'industrie par activité principale de l'entreprise, prix constants
CITI Rév. 4

2010 PPP USD

		2011	2012	2013	2014	2015	2016	2017	2018
	TOTAL ENTREPRISES	**47 429.6**	**53 025.9**	**56 543.8**	**60 000.6**	**59 643.5**	..	..	..
01-03	**AGRICULTURE, SYLVICULTURE ET PÊCHE**	**44.9**	**32.7**	**31.8**	**34.6**	**36.5**	..	..	..
05-09	**ACTIVITÉS EXTRACTIVES**	**27.2**	**43.1**	**30.7**	**24.4**	**27.3**	..	..	..
10-33	**ACTIVITÉS DE FABRICATION**	**41 519.6**	**46 569.8**	**50 100.1**	**53 349.7**	**53 445.5**	..	..	..
10-12	Produits alimentaires, boissons et tabac	501.0	577.8	561.7	588.5	1 169.8	..	..	..
13-15	Textiles, habillement, cuir et articles de cuir	354.6	394.3	441.9	444.2	471.4	..	..	..
13	Textiles	150.9	142.1	150.4	155.6	180.5	..	..	..
14	Articles d'habillement	174.4	213.8	244.7	238.0	234.0	..	..	..
15	Cuir et articles de cuir	29.3	38.4	46.8	50.6	56.9	..	..	..
16-18	Bois, papier, imprimerie et reproduction de supports enregistrés	112.9	147.9	126.1	131.0	160.3	..	..	..
16	Bois et articles en bois, sauf meubles	19.9	15.9	16.3	15.8	27.1	..	..	..
17	Papier et articles en papier	59.1	92.5	67.0	70.7	73.1	..	..	..
18	Imprimerie et reproduction de supports enregistrés	33.9	39.5	42.7	44.5	60.2	..	..	..
19-23	Produits pétroliers, chimiques, pharmaceutiques, caoutchouc, plastique, minéraux	5 352.8	5 480.4	6 160.6	5 710.0	6 225.8	..	..	..
19	Cokéfaction et raffinage	419.7	333.2	353.9	287.0	294.7	..	..	..
20-21	Industrie chimique et pharmaceutique	3 969.1	4 083.3	4 541.6	4 209.9	4 712.1	..	..	..
20	Produits chimiques	2 896.9	2 801.9	3 226.6	2 859.3	3 135.7	..	..	..
21	Préparations pharmaceutiques, chimiques (médecine) et d'herboristerie	1 072.2	1 281.5	1 314.9	1 350.6	1 576.4	..	..	..
22	Produits en caoutchouc et en plastique	669.8	665.2	880.3	926.4	953.9	..	..	..
23	Autres produits minéraux non métalliques	294.1	398.7	384.9	286.8	265.0	..	..	..
24-25	Produits métalliques de base et ouvrages en métaux (sauf machines et matériel)	1 429.7	1 512.5	1 418.5	1 390.9	1 474.0	..	..	..
24	Produits métallurgiques de base	766.2	900.3	752.4	780.7	760.2	..	..	..
25	Ouvrages en métaux (sauf machines et matériel)	663.5	612.2	666.1	610.2	713.9	..	..	..
26-30	Ordinateurs, articles électroniques et optiques ; machines et matériels de transport	33 334.9	38 073.9	41 001.9	44 628.2	43 391.0	..	..	..
26	Ordinateurs, articles électroniques et optiques	23 219.8	26 468.8	29 211.0	31 901.5	29 892.6	..	..	..
27	Matériels électriques	1 142.9	1 327.1	1 254.2	1 340.7	1 621.7	..	..	..
28	Machines et équipements n.c.a.	2 562.2	3 339.7	3 236.3	3 398.7	3 315.5	..	..	..
29	Automobiles, remorques et semi-remorques	5 636.0	6 003.3	6 407.8	7 072.2	7 549.8	..	..	..
30	Autres matériels de transport	774.4	934.9	892.5	915.1	1 011.4	..	..	..
31-33	Meubles ; réparation et installation de machines et de matériel	433.7	383.0	389.5	456.9	553.1	..	..	..
31	Meubles	66.5	69.6	78.9	104.2	100.4	..	..	..
32	Autres activités de fabrication	367.2	313.5	310.6	352.7	452.7	..	..	..
33	Réparation et installation de machines et de matériel	..	..	..	..	..	..	..	..
35-39	**ÉLECTRICITÉ, GAZ, EAU ET TRAITEMENT DES DÉCHETS**	**510.7**	**534.0**	**432.5**	**443.2**	**456.4**	..	..	..
35-36	Production et distribution d'électricité, de gaz et de l'eau	471.4	499.7	391.9	401.6	395.2	..	..	..
37-39	Assainissement, traitement des déchets et dépollution	39.3	34.3	40.6	41.6	61.3	..	..	..
41-43	**CONSTRUCTION**	**1 128.6**	**1 212.5**	**1 166.0**	**1 193.7**	**875.5**	..	..	..
45-99	**TOTAL SERVICES**	**4 198.7**	**4 633.8**	**4 782.6**	**4 955.1**	**4 802.3**	..	..	..
45-82	**Services du secteur des entreprises**	**4 152.7**	**4 593.5**	**4 740.4**	**4 910.6**	**4 750.2**	..	..	..
45-47	Commerce de gros et de détail ; réparations automobiles et motocycles	764.2	827.2	858.9	900.2	722.1	..	..	..
49-53	Transport et entreposage	153.7	85.6	134.8	48.0	46.5	..	..	..
55-56	Activités d'hébergement et de restauration	8.2	1.4	10.5	9.3	16.2	..	..	..
58-63	Information et communication	2 100.4	2 494.6	2 371.9	2 578.6	2 470.2	..	..	..
58-60	Édition, audiovisuel et diffusion	1 179.5	1 635.1	1 515.6	1 707.4	1 654.5	..	..	..
58	Activités d'édition	1 145.4	1 602.0	1 473.4	1 666.6	1 619.5	..	..	..
59-60	Activités audiovisuel et diffusion	34.0	33.2	42.3	40.7	35.0	..	..	..
59	Production de films, vidéo, programmes de télévision et d'enregistrements	16.3	13.3	10.0	14.4	18.7	..	..	..
60	Programmation et diffusion	17.7	19.9	32.3	26.3	16.3	..	..	..
61	Télécommunications	427.3	474.1	494.0	516.8	438.9	..	..	..
62-63	Technologies de l'information et informatique	493.6	385.3	362.2	354.4	376.7	..	..	..
62	Programmation informatique ; conseils et activités connexes	338.9	258.7	218.2	233.9	255.3	..	..	..
63	Services d'information	154.7	126.6	144.0	120.5	121.4	..	..	..
64-66	**Activités financières et d'assurances**	**1.2**	**2.2**	**2.1**	**5.4**	**6.5**	..	..	..
68-82	**Activités immobilières ; professionnelles ; services administratifs et d'appui**	**1 125.0**	**1 182.4**	**1 362.2**	**1 369.1**	**1 488.7**	..	..	..
68	Activités immobilières	3.7	2.0	1.6	3.9	6.8	..	..	..
69-75x72	Activités professionnelles, scientifiques et techniques, R-D scientifique exclu	721.1	806.2	834.7	908.5	989.3	..	..	..
72	Recherche scientifique et développement	324.1	288.2	429.4	359.0	401.6	..	..	..
77-82	Activités de services administratifs et d'appui	76.1	86.0	96.5	97.8	91.0	..	..	..
84-99	Services collectifs, sociaux et personnels	46.0	40.2	42.2	44.5	52.2	..	..	..
84-85	Administration publique et défense ; sécurité sociale obligatoire et éducation	20.4	15.4	17.6	17.0	20.1	..	..	..
86-88	Santé humaine et action sociale	0.3	1.2	5.3	5.9	13.8	..	..	..
90-93	Arts, spectacles et loisirs	3.4	3.3	3.2	2.3	3.5	..	..	..
94-99	Autres services ; ménages-employeurs ; organismes extra-territoriaux	21.9	20.4	16.2	19.3	14.8	..	..	..

.. Non disponible

Note : Voir les métadonnées détaillées sur : *http://metalinks.oecd.org/anberd/20200813/0f11*.

LITUANIE

Dépenses de R-D dans l'industrie par activité principale de l'entreprise, prix courants
CITI Rév. 4

Millions USD PPP

		2011	2012	2013	2014	2015	2016	2017	2018
	TOTAL ENTREPRISES	164.0	177.5	190.9	262.8	239.5	261.3	315.6	..
01-03	AGRICULTURE, SYLVICULTURE ET PÊCHE	0.0 e	0.0	0.1	0.1	0.4	0.0	0.1	..
05-09	ACTIVITÉS EXTRACTIVES	0.3	0.2	0.2	0.1	0.0 e	0.0 e	0.0 e	..
10-33	ACTIVITÉS DE FABRICATION	50.8	59.2	70.8	112.8	84.1	86.1	106.5	..
10-12	Produits alimentaires, boissons et tabac	4.4	1.7	5.9	3.7	5.6	8.2	19.1	..
13-15	Textiles, habillement, cuir et articles de cuir	1.0	0.5	0.6	0.8	0.7	0.8	1.2	..
13	Textiles	0.5	0.0	0.1	0.1	0.2 e	0.1 e	0.3 e	..
14	Articles d'habillement	0.3	0.3	0.4	0.6	0.5	0.6	0.7	..
15	Cuir et articles de cuir	0.2	0.1	0.1	0.0	0.1 e	0.1 e	0.1 e	..
16-18	Bois, papier, imprimerie et reproduction de supports enregistrés	0.5	0.3	0.4	1.7	1.0	17.5	1.0	..
16	Bois et articles en bois, sauf meubles	0.0	0.0	0.0	0.6	0.1	2.3	0.1	..
17	Papier et articles en papier	0.4	0.2	0.2	0.4	0.3 e	0.5 e	0.7	..
18	Imprimerie et reproduction de supports enregistrés	0.1	0.1	0.2	0.7	0.6 e	14.6 e	0.2	..
19-23	Produits pétroliers, chimiques, pharmaceutiques, caoutchouc, plastique, minéraux	13.9 e	30.2	19.6	45.7	17.7 e	15.5 e	16.7 e	..
19	Cokéfaction et raffinage	0.0 e	0.7	0.2	0.2	0.2 e	0.0 e	0.1 e	..
20-21	Industrie chimique et pharmaceutique	11.8	27.9	16.1	42.5	15.9	11.0 e	13.8 e	..
20	Produits chimiques	5.1	21.9	10.5	25.5	10.9	9.8	12.2	..
21	Préparations pharmaceutiques, chimiques (médecine) et d'herboristerie	6.7	6.0	5.6	17.1	5.0	1.2 e	1.6 e	..
22	Produits en caoutchouc et en plastique	0.4	1.0	2.8	2.0	1.0	1.4	2.5	..
23	Autres produits minéraux non métalliques	1.7	0.6	0.5	1.0	0.6	3.0	0.4	..
24-25	Produits métalliques de base et ouvrages en métaux (sauf machines et matériel)	3.3 e	0.9	0.9	7.7	1.0 e	1.0 e	3.6 e	..
24	Produits métallurgiques de base	0.0 e	0.1	0.0	0.0	0.0 e	0.0 e	0.0 e	..
25	Ouvrages en métaux (sauf machines et matériel)	3.3	0.8	0.9	7.7	0.9	1.0	3.6	..
26-30	Ordinateurs, articles électroniques et optiques ; machines et matériels de transport	22.1	22.9	23.7	30.8	37.5	36.5	52.4	..
26	Ordinateurs, articles électroniques et optiques	11.5	12.3	12.8	17.8	18.2	18.9	35.2	..
27	Matériels électriques	1.8	1.8	2.4	2.6	3.6	2.1	3.3	..
28	Machines et équipements n.c.a.	6.5	6.4	4.1	5.2	6.8	6.9	5.3	..
29	Automobiles, remorques et semi-remorques	2.2	2.3	4.1	5.0	8.5	8.5	8.4	..
30	Autres matériels de transport	0.1	0.1	0.2	0.2	0.4	0.1	0.2	..
31-33	Meubles ; réparation et installation de machines et de matériel	5.6	2.8	19.6	22.4	20.6	6.7	12.5	..
31	Meubles	2.9	1.2	12.1	12.0	2.2	2.2	6.9	..
32	Autres activités de fabrication	1.1	0.7	1.2	9.2	17.3	3.4	2.2	..
33	Réparation et installation de machines et de matériel	1.5	0.8	6.3	1.2	1.1	1.1	3.4	..
35-39	ÉLECTRICITÉ, GAZ, EAU ET TRAITEMENT DES DÉCHETS	0.1	7.9	4.8	0.9	0.4	0.8	1.0	..
35-36	Production et distribution d'électricité, de gaz et de l'eau	..	7.2	4.6	0.6	0.1	0.3	0.7	..
37-39	Assainissement, traitement des déchets et dépollution	..	0.7	0.2	0.3	0.3	0.5	0.2	..
41-43	CONSTRUCTION	2.5	1.0	0.5	3.1	1.7	1.0	3.1	..
45-99	TOTAL SERVICES	110.4 e	109.2	114.6	145.8	152.9	173.3 e	204.9	..
45-82	Services du secteur des entreprises	96.5	100.9	113.1	143.5	150.3	171.3	202.0	..
45-47	Commerce de gros et de détail ; réparations automobiles et motocycles	5.0	4.0	6.1	13.7	13.1	11.0	13.0	..
49-53	Transport et entreposage	0.1	0.1	0.2	1.4	0.8	4.4	6.9	..
55-56	Activités d'hébergement et de restauration	0.0	0.0	0.0	0.2	0.0	0.0	0.0	..
58-63	Information et communication	56.9	24.9	32.6	40.9	28.8	20.7	56.9	..
58-60	Édition, audiovisuel et diffusion	0.6	0.6	0.5	2.1	0.3 e	2.2 e	3.3	..
58	Activités d'édition	..	..	..	..	..	1.7	2.1	..
59-60	Activités audiovisuel et diffusion	..	..	..	..	..	0.5	1.3	..
59	Production de films, vidéo, programmes de télévision et d'enregistrements	..	..	..	..	..	..	0.4	..
60	Programmation et diffusion	..	..	..	..	..	..	0.9	..
61	Télécommunications	40.6	8.0	12.3	11.0	1.7 e	0.2 e	0.3 e	..
62-63	Technologies de l'information et informatique	15.6	16.3	19.8	27.8	26.8	18.3	53.2	..
62	Programmation informatique ; conseils et activités connexes	13.6	14.1	18.2	25.1	23.6	13.4	48.6	..
63	Services d'information	2.1	2.2	1.6	2.7	3.2	4.9	4.6	..
64-66	Activités financières et d'assurances	11.5	10.6	10.7	6.6	7.8	11.1	11.8	..
68-82	Activités immobilières ; professionnelles ; services administratifs et d'appui	22.9	61.3	63.4	80.6	99.7	124.0	113.5	..
68	Activités immobilières	0.0	0.0	5.2	0.4	0.1	0.7	0.8	..
69-75x72	Activités professionnelles, scientifiques et techniques, R-D scientifique exclu	5.8	2.7	8.2	13.1	14.6	7.7	14.3	..
72	Recherche scientifique et développement	16.7	58.5	49.9	65.7	83.9	114.8	96.5	..
77-82	Activités de services administratifs et d'appui	0.5	0.1	0.2	1.4	1.1	0.9	1.8	..
84-99	Services collectifs, sociaux et personnels	13.9 e	8.3	1.5	2.3	2.6	2.1	2.9	..
84-85	Administration publique et défense ; sécurité sociale obligatoire et éducation	0.3	0.1	0.4	0.3	0.4	0.8	1.4	..
86-88	Santé humaine et action sociale	13.3	8.2	0.8	1.4	1.0	1.1	1.1	..
90-93	Arts, spectacles et loisirs	0.3	0.0	0.0	0.2	0.6	0.1	0.2	..
94-99	Autres services ; ménages-employeurs ; organismes extra-territoriaux	0.0 e	0.0	0.3	0.4	0.6	0.1 e	0.2	..

.. Non disponible ; e Valeur estimée
Note : Voir les métadonnées détaillées sur : *http://metalinks.oecd.org/anberd/20200813/0f11*.

LITUANIE

Dépenses de R-D dans l'industrie par activité principale de l'entreprise, prix constants
CITI Rév. 4

2010 PPP USD

		2011	2012	2013	2014	2015	2016	2017	2018
	TOTAL ENTREPRISES	175.0	184.5	191.8	261.2	239.5	252.9	295.4	..
01-03	**AGRICULTURE, SYLVICULTURE ET PÊCHE**	0.0 e	0.0	0.1	0.1	0.4	0.0	0.1	..
05-09	**ACTIVITÉS EXTRACTIVES**	0.3	0.2	0.2	0.1	0.0 e	0.0 e	0.0 e	..
10-33	**ACTIVITÉS DE FABRICATION**	54.2	61.5	71.1	112.1	84.1	83.4	99.7	..
10-12	Produits alimentaires, boissons et tabac	4.6	1.7	6.0	3.7	5.6	7.9	17.9	..
13-15	Textiles, habillement, cuir et articles de cuir	1.1	0.5	0.6	0.8	0.7	0.7	1.1	..
13	Textiles	0.5	0.0	0.1	0.1	0.2 e	0.1 e	0.3 e	..
14	Articles d'habillement	0.3	0.4	0.4	0.6	0.5	0.5	0.7	..
15	Cuir et articles de cuir	0.2	0.1	0.1	0.0	0.1 e	0.1 e	0.1 e	..
16-18	Bois, papier, imprimerie et reproduction de supports enregistrés	0.5	0.3	0.4	1.6	1.0	16.9	0.9	..
16	Bois et articles en bois, sauf meubles	0.0	0.0	0.0	0.6	0.1	2.2	0.1	..
17	Papier et articles en papier	0.5	0.2	0.2	0.4	0.3 e	0.5 e	0.7	..
18	Imprimerie et reproduction de supports enregistrés	0.1	0.1	0.2	0.7	0.6 e	14.2 e	0.2	..
19-23	Produits pétroliers, chimiques, pharmaceutiques, caoutchouc, plastique, minéraux	14.8 e	31.4	19.7	45.4	17.7 e	15.0 e	15.6 e	..
19	Cokéfaction et raffinage	0.0 e	0.0	0.2	0.2	0.2 e	0.0 e	0.1 e	..
20-21	Industrie chimique et pharmaceutique	12.6	29.0	16.2	42.3	15.9	10.6 e	12.9 e	..
20	Produits chimiques	5.5	22.7	10.6	25.3	10.9	9.5	11.4	..
21	Préparations pharmaceutiques, chimiques (médicine) et d'herboristerie	7.1	6.2	5.6	16.9	5.0	1.1 e	1.5 e	..
22	Produits en caoutchouc et en plastique	0.4	1.1	2.8	2.0	1.0	1.4	2.3	..
23	Autres produits minéraux non métalliques	1.8	0.6	0.5	0.9	0.6	2.9	0.3	..
24-25	Produits métalliques de base et ouvrages en métaux (sauf machines et matériel)	3.6 e	1.0	0.9	7.7	1.0 e	1.0 e	3.4 e	..
24	Produits métallurgiques de base	0.0 e	0.1	0.0	0.0	0.0 e	0.0 e	0.0 e	..
25	Ouvrages en métaux (sauf machines et matériel)	3.6	0.8	0.9	7.6	0.9	0.9	3.4	..
26-30	Ordinateurs, articles électroniques et optiques ; machines et matériels de transport	23.6	23.8	23.8	30.7	37.5	35.4	49.0	..
26	Ordinateurs, articles électroniques et optiques	12.2	12.8	12.9	17.7	18.2	18.3	33.0	..
27	Matériels électriques	1.9	1.9	2.4	2.6	3.6	2.0	3.1	..
28	Machines et équipements n.c.a.	7.0	6.7	4.2	5.2	6.8	6.6	5.0	..
29	Automobiles, remorques et semi-remorques	2.4	2.4	4.2	4.9	8.5	8.3	7.8	..
30	Autres matériels de transport	0.1	0.1	0.2	0.2	0.4	0.1	0.2	..
31-33	Meubles ; réparation et installation de machines et de matériel	5.9	2.9	19.7	22.3	20.6	6.5	11.7	..
31	Meubles	3.1	1.2	12.2	11.9	2.2	2.1	6.4	..
32	Autres activités de fabrication	1.2	0.8	1.2	9.2	17.3	3.3	2.1	..
33	Réparation et installation de machines et de matériel	1.6	0.9	6.3	1.2	1.1	1.1	3.2	..
35-39	**ÉLECTRICITÉ, GAZ, EAU ET TRAITEMENT DES DÉCHETS**	0.1	8.2	4.9	0.9	0.4	0.8	0.9	..
35-36	Production et distribution d'électricité, de gaz et de l'eau	..	7.5	4.6	0.6	0.1	0.3	0.7	..
37-39	Assainissement, traitement des déchets et dépollution	..	0.8	0.2	0.3	0.3	0.5	0.2	..
41-43	**CONSTRUCTION**	2.7	1.0	0.5	3.1	1.7	1.0	2.9	..
45-99	**TOTAL SERVICES**	117.7 e	113.6	115.1	144.9	152.9	167.8 e	191.7	..
45-82	**Services du secteur des entreprises**	102.9	104.9	113.7	142.6	150.3	165.8	189.1	..
45-47	Commerce de gros et de détail ; réparations automobiles et motocycles	5.3	4.1	6.1	13.6	13.1	10.7	12.2	..
49-53	Transport et entreposage	0.1	0.1	0.2	1.4	0.8	4.3	6.4	..
55-56	Activités d'hébergement et de restauration	0.0	0.0	0.0	0.2	0.0	0.0	0.0	..
58-63	Information et communication	60.7	25.9	32.8	40.6	28.8	20.1	53.2	..
58-60	Édition, audiovisuel et diffusion	0.7	0.6	0.5	2.1	0.3 e	2.1 e	3.1	..
58	Activités d'édition	..	..	..	..	..	1.6	1.9	..
59-60	Activités audiovisuel et diffusion	..	..	..	..	..	0.5	1.2	..
59	Production de films, vidéo, programmes de télévision et d'enregistrements	..	..	..	..	..	..	0.3	..
60	Programmation et diffusion	..	..	..	..	..	..	0.9	..
61	Télécommunications	43.3	8.3	12.3	10.9	1.7 e	0.2 e	0.3 e	..
62-63	Technologies de l'information et informatique	16.7	17.0	19.9	27.6	26.8	17.7	49.8	..
62	Programmation informatique ; conseils et activités connexes	14.5	14.7	18.3	25.0	23.6	13.0	45.5	..
63	Services d'information	2.2	2.3	1.6	2.6	3.2	4.7	4.3	..
64-66	**Activités financières et d'assurances**	12.3	11.1	10.8	6.6	7.8	10.7	11.0	..
68-82	**Activités immobilières ; professionnelles ; services administratifs d'appui**	24.5	63.7	63.7	80.1	99.7	120.1	106.2	..
68	Activités immobilières	0.0	0.0	5.2	0.4	0.1	0.7	0.8	..
69-75x72	Activités professionnelles, scientifiques et techniques, R-D scientifique exclu	6.2	2.8	8.2	13.0	14.6	7.4	13.4	..
72	Recherche scientifique et développement	17.8	60.8	50.1	65.3	83.9	111.1	90.3	..
77-82	Activités de services administratifs et d'appui	0.5	0.1	0.2	1.4	1.1	0.8	1.7	..
84-99	Services collectifs, sociaux et personnels	14.8 e	8.6	1.5	2.3	2.6	2.0	2.7	..
84-85	Administration publique et défense ; sécurité sociale obligatoire et éducation	0.3	0.1	0.4	0.3	0.4	0.8	1.3	..
86-88	Santé humaine et action sociale	14.2	8.5	0.8	1.4	1.0	1.1	1.0	..
90-93	Arts, spectacles et loisirs	0.3	0.0	0.0	0.2	0.6	0.1	0.2	..
94-99	Autres services ; ménages-employeurs ; organismes extra-territoriaux	0.0 e	0.0	0.3	0.4	0.6	0.1 e	0.2	..

.. Non disponible ; e Valeur estimée
Note : Voir les métadonnées détaillées sur : http://metalinks.oecd.org/anberd/20200813/0f11.

MEXIQUE

Dépenses de R-D dans l'industrie par activité principale de l'entreprise, prix courants
CITI Rév. 4

Millions USD PPP

		2011	2012	2013	2014	2015	2016	2017	2018
	TOTAL ENTREPRISES	3 143.7	2 268.6	2 233.6	1 688.1	1 781.7	2 053.6	1 824.4	1 780.8
01-03	**AGRICULTURE, SYLVICULTURE ET PÊCHE**	0.0	0.0	0.0	0.0	0.0	0.0	0.0	0.0
05-09	**ACTIVITÉS EXTRACTIVES**	46.9	4.6	19.6	6.1	18.1	11.5	10.2	9.9
10-33	**ACTIVITÉS DE FABRICATION**	1 843.9	1 028.4	1 204.4	1 021.1	1 103.5	1 262.0	1 121.1	1 094.3
10-12	Produits alimentaires, boissons et tabac	159.5	117.1	141.2	42.4	43.2	87.6	77.8	75.9
13-15	Textiles, habillement, cuir et articles de cuir	38.4	19.2	19.4	7.1	20.5	20.8	18.5	18.1
13	Textiles	..	..	..	..	..	..	..	..
14	Articles d'habillement	..	..	..	..	..	..	..	..
15	Cuir et articles de cuir	..	..	..	..	..	..	..	..
16-18	Bois, papier, imprimerie et reproduction de supports enregistrés	20.5	19.5	21.7	7.6	18.8	23.9	21.2	20.7
16	Bois et articles en bois, sauf meubles	..	..	..	..	..	..	..	..
17	Papier et articles en papier	..	..	..	..	..	..	..	..
18	Imprimerie et reproduction de supports enregistrés	..	..	..	..	..	..	..	..
19-23	Produits pétroliers, chimiques, pharmaceutiques, caoutchouc, plastique, minéraux	733.0	244.4	286.8	345.7	341.9	350.7	311.6	304.1
19	Cokéfaction et raffinage	..	..	..	..	..	..	..	..
20-21	Industrie chimique et pharmaceutique	..	..	..	..	..	..	..	..
20	Produits chimiques	..	..	..	..	..	..	..	..
21	Préparations pharmaceutiques, chimiques (médicine) et d'herboristerie	..	..	..	..	..	..	..	..
22	Produits en caoutchouc et en plastique	..	..	..	..	..	..	..	..
23	Autres produits minéraux non métalliques	..	..	..	..	..	..	..	..
24-25	Produits métalliques de base et ouvrages en métaux (sauf machines et matériel)	..	..	..	..	..	..	..	..
24	Produits métallurgiques de base	..	..	..	..	..	..	..	..
25	Ouvrages en métaux (sauf machines et matériel)	..	..	..	..	..	..	..	..
26-30	Ordinateurs, articles électroniques et optiques ; machines et matériels de transport	..	..	..	..	..	..	..	..
26	Ordinateurs, articles électroniques et optiques	..	..	..	..	..	..	..	..
27	Matériels électriques	..	..	..	..	..	..	..	..
28	Machines et équipements n.c.a.	..	..	..	..	..	..	..	..
29	Automobiles, remorques et semi-remorques	..	..	..	..	..	..	..	..
30	Autres matériels de transport	..	..	..	..	..	..	..	..
31-33	Meubles ; réparation et installation de machines et de matériel	1.5	1.9	2.9	0.5	0.9	1.6	1.4	1.3
31	Meubles	..	..	..	..	..	..	..	..
32	Autres activités de fabrication	..	..	..	..	..	..	..	..
33	Réparation et installation de machines et de matériel	..	..	..	..	..	..	..	..
35-39	**ÉLECTRICITÉ, GAZ, EAU ET TRAITEMENT DES DÉCHETS**	0.0	8.1	11.9	0.0	0.0	0.0	0.0	0.0
35-36	Production et distribution d'électricité, de gaz et de l'eau	..	..	..	..	..	..	..	..
37-39	Assainissement, traitement des déchets et dépollution	..	..	..	..	..	..	..	..
41-43	**CONSTRUCTION**	1.4	4.9	8.5	6.0	9.8	44.4	39.4	38.5
45-99	**TOTAL SERVICES**	1 251.5	1 222.5	989.2	655.0	650.3	735.8	653.7	638.0
45-82	**Services du secteur des entreprises**								
45-47	**Commerce de gros et de détail ; réparations automobiles et motocycles**	..	..	..	..	..	..	..	..
49-53	**Transport et entreposage**	..	..	..	..	..	..	..	..
55-56	**Activités d'hébergement et de restauration**	..	..	..	..	..	..	..	..
58-63	**Information et communication**	..	..	..	..	..	..	..	..
58-60	Édition, audiovisuel et diffusion	..	..	..	..	..	..	..	..
58	Activités d'édition	..	..	..	..	..	..	..	..
59-60	Activités audiovisuel et diffusion	..	..	..	..	..	..	..	..
59	Production de films, vidéo, programmes de télévision et d'enregistrements	..	..	..	..	..	..	..	..
60	Programmation et diffusion	..	..	..	..	..	..	..	..
61	Télécommunications	..	..	..	..	..	..	..	..
62-63	Technologies de l'information et informatique	..	..	..	..	..	..	..	..
62	Programmation informatique ; conseils et activités connexes	..	..	..	..	..	..	..	..
63	Services d'information	..	..	..	..	..	..	..	..
64-66	**Activités financières et d'assurances**	..	..	..	..	..	..	..	..
68-82	**Activités immobilières ; professionnelles ; services administratifs et d'appui**	..	..	..	..	..	..	..	..
68	Activités immobilières	..	..	..	..	..	..	..	..
69-75x72	Activités professionnelles, scientifiques et techniques, R-D scientifique exclu	..	..	..	..	..	..	..	..
72	Recherche scientifique et développement	..	..	..	..	..	..	..	..
77-82	Activités de services administratifs et d'appui	..	..	..	..	..	..	..	..
84-99	**Services collectifs, sociaux et personnels**	..	..	..	..	..	..	..	..
84-85	Administration publique et défense ; sécurité sociale obligatoire et éducation	..	..	..	..	..	..	..	..
86-88	Santé humaine et action sociale	..	..	..	..	..	..	..	..
90-93	Arts, spectacles et loisirs	..	..	..	..	..	..	..	..
94-99	Autres services ; ménages-employeurs ; organismes extra-territoriaux	..	..	..	..	..	..	..	..

.. Non disponible
Note : Voir les métadonnées détaillées sur : *http://metalinks.oecd.org/anberd/20200813/0f11*.

MEXIQUE

Dépenses de R-D dans l'industrie par activité principale de l'entreprise, prix constants
CITI Rév. 4

2010 PPP USD

		2011	2012	2013	2014	2015	2016	2017	2018
	TOTAL ENTREPRISES	3 285.6	2 333.5	2 270.2	1 676.7	1 781.7	1 976.8	1 729.5	1 654.7
01-03	AGRICULTURE, SYLVICULTURE ET PÊCHE	0.0	0.0	0.0	0.0	0.0	0.0	0.0	0.0
05-09	ACTIVITÉS EXTRACTIVES	49.0	4.8	19.9	6.1	18.1	11.0	9.6	9.2
10-33	ACTIVITÉS DE FABRICATION	1 927.2	1 057.8	1 224.2	1 014.1	1 103.5	1 214.8	1 062.8	1 016.8
10-12	Produits alimentaires, boissons et tabac	166.7	120.5	143.5	42.1	43.2	84.3	73.7	70.5
13-15	Textiles, habillement, cuir et articles de cuir	40.1	19.7	19.7	7.1	20.5	20.0	17.5	16.8
13	Textiles	..	..	..	..	..	..	..	..
14	Articles d'habillement	..	..	..	..	..	..	..	..
15	Cuir et articles de cuir	..	..	..	..	..	..	..	..
16-18	Bois, papier, imprimerie et reproduction de supports enregistrés	21.5	20.1	22.0	7.5	18.8	23.0	20.1	19.3
16	Bois et articles en bois, sauf meubles	..	..	..	..	..	..	..	..
17	Papier et articles en papier	..	..	..	..	..	..	..	..
18	Imprimerie et reproduction de supports enregistrés	..	..	..	..	..	..	..	..
19-23	Produits pétroliers, chimiques, pharmaceutiques, caoutchouc, plastique, minéraux	766.1	251.4	291.5	343.4	341.9	337.6	295.4	282.6
19	Cokéfaction et raffinage	..	..	..	..	..	..	..	..
20-21	Industrie chimique et pharmaceutique	..	..	..	..	..	..	..	..
20	Produits chimiques	..	..	..	..	..	..	..	..
21	Préparations pharmaceutiques, chimiques (médicine) et d'herboristerie	..	..	..	..	..	..	..	..
22	Produits en caoutchouc et en plastique	..	..	..	..	..	..	..	..
23	Autres produits minéraux non métalliques	..	..	..	..	..	..	..	..
24-25	Produits métalliques de base et ouvrages en métaux (sauf machines et matériel)	..	..	..	..	..	..	..	..
24	Produits métallurgiques de base	..	..	..	..	..	..	..	..
25	Ouvrages en métaux (sauf machines et matériel)	..	..	..	..	..	..	..	..
26-30	Ordinateurs, articles électroniques et optiques ; machines et matériels de transport	..	..	..	..	..	..	..	..
26	Ordinateurs, articles électroniques et optiques	..	..	..	..	..	..	..	..
27	Matériels électriques	..	..	..	..	..	..	..	..
28	Machines et équipements n.c.a.	..	..	..	..	..	..	..	..
29	Automobiles, remorques et semi-remorques	..	..	..	..	..	..	..	..
30	Autres matériels de transport	..	..	..	..	..	..	..	..
31-33	Meubles ; réparation et installation de machines et de matériel	1.6	1.9	2.9	0.5	0.9	1.5	1.3	1.3
31	Meubles	..	..	..	..	..	..	..	..
32	Autres activités de fabrication	..	..	..	..	..	..	..	..
33	Réparation et installation de machines et de matériel	..	..	..	..	..	..	..	..
35-39	ÉLECTRICITÉ, GAZ, EAU ET TRAITEMENT DES DÉCHETS	0.0	8.3	12.1	0.0	0.0	0.0	0.0	0.0
35-36	Production et distribution d'électricité, de gaz et de l'eau	..	..	..	..	..	..	..	..
37-39	Assainissement, traitement des déchets et dépollution	..	..	..	..	..	..	..	..
41-43	CONSTRUCTION	1.5	5.0	8.6	5.9	9.8	42.7	37.4	35.8
45-99	**TOTAL SERVICES**	1 308.0	1 257.5	1 005.5	650.5	650.3	708.3	619.7	592.9
45-82	Services du secteur des entreprises	..	..	..	..	..	..	..	..
45-47	Commerce de gros et de détail ; réparations automobiles et motocycles	..	..	..	..	..	..	..	..
49-53	Transport et entreposage	..	..	..	..	..	..	..	..
55-56	Activités d'hébergement et de restauration	..	..	..	..	..	..	..	..
58-63	Information et communication	..	..	..	..	..	..	..	..
58-60	Édition, audiovisuel et diffusion	..	..	..	..	..	..	..	..
58	Activités d'édition	..	..	..	..	..	..	..	..
59-60	Activités audiovisuel et diffusion	..	..	..	..	..	..	..	..
59	Production de films, vidéo, programmes de télévision et d'enregistrements	..	..	..	..	..	..	..	..
60	Programmation et diffusion	..	..	..	..	..	..	..	..
61	Télécommunications	..	..	..	..	..	..	..	..
62-63	Technologies de l'information et informatique	..	..	..	..	..	..	..	..
62	Programmation informatique ; conseils et activités connexes	..	..	..	..	..	..	..	..
63	Services d'information	..	..	..	..	..	..	..	..
64-66	**Activités financières et d'assurances**	..	..	..	..	..	..	..	..
68-82	**Activités immobilières ; professionnelles ; services administratifs et d'appui**	..	..	..	..	..	..	..	..
68	Activités immobilières	..	..	..	..	..	..	..	..
69-75x72	Activités professionnelles, scientifiques et techniques, R-D scientifique exclu	..	..	..	..	..	..	..	..
72	Recherche scientifique et développement	..	..	..	..	..	..	..	..
77-82	Activités de services administratifs et d'appui	..	..	..	..	..	..	..	..
84-99	Services collectifs, sociaux et personnels	..	..	..	..	..	..	..	..
84-85	Administration publique et défense ; sécurité sociale obligatoire et éducation	..	..	..	..	..	..	..	..
86-88	Santé humaine et action sociale	..	..	..	..	..	..	..	..
90-93	Arts, spectacles et loisirs	..	..	..	..	..	..	..	..
94-99	Autres services ; ménages-employeurs ; organismes extra-territoriaux	..	..	..	..	..	..	..	..

.. Non disponible

Note : Voir les métadonnées détaillées sur : http://metalinks.oecd.org/anberd/20200813/0f11.

PAYS-BAS

Dépenses de R-D dans l'industrie par activité principale de l'entreprise, prix courants
CITI Rév. 4

Millions USD PPP

		2011	2012	2013	2014	2015	2016	2017	2018
	TOTAL ENTREPRISES	8 278.9	8 585.1	8 888.9	9 190.7	9 470.7	10 363.2	10 927.6	..
01-03	**AGRICULTURE, SYLVICULTURE ET PÊCHE**	210.7	173.7	175.7	212.6	266.0	305.6	341.7	..
05-09	**ACTIVITÉS EXTRACTIVES**	34.9	70.7	72.5	85.1	18.0	13.1	12.8	..
10-33	**ACTIVITÉS DE FABRICATION**	4 708.0	4 911.0	5 196.4	5 426.3	5 369.4	5 800.2	6 177.4	..
10-12	Produits alimentaires, boissons et tabac	456.5	483.7	489.7	465.0	393.3	468.4	418.8	..
13-15	Textiles, habillement, cuir et articles de cuir	14.2	23.4	23.8	22.3	27.3	28.0	37.3	..
13	Textiles	13.0	19.3	16.9	16.7	18.2	18.4	27.0	..
14	Articles d'habillement	0.6	0.5	1.0	1.1	0.6	0.5	0.0	..
15	Cuir et articles de cuir	0.7	3.7	5.9	4.4	8.5	9.1	9.4	..
16-18	Bois, papier, imprimerie et reproduction de supports enregistrés	25.6	29.8	29.0	38.9	51.4	80.9	60.4	..
16	Bois et articles en bois, sauf meubles	2.3	3.5	2.1	3.0	7.9	7.1	5.1	..
17	Papier et articles en papier	6.9	18.2	20.4	28.1	29.9	60.2	45.0	..
18	Imprimerie et reproduction de supports enregistrés	16.3	8.1	6.5	7.9	13.6	13.5	10.3	..
19-23	Produits pétroliers, chimiques, pharmaceutiques, caoutchouc, plastique, minéraux	1 325.0	1 363.0	1 387.2	1 396.8	1 361.6	1 321.8	1 397.6	..
19	Cokéfaction et raffinage	128.9	282.7	295.6	311.3	280.1	210.3	232.5	..
20-21	Industrie chimique et pharmaceutique	1 048.6	948.7	960.8	975.9	958.1	974.1	1 018.6	..
20	Produits chimiques	664.1	630.7	655.6	659.2	639.5	677.9	697.5	..
21	Préparations pharmaceutiques, chimiques (médicine) et d'herboristerie	384.5	318.0	305.2	316.7	318.6	296.2	321.1	..
22	Produits en caoutchouc et en plastique	117.4	102.5	106.9	88.9	100.4	114.2	125.9	..
23	Autres produits minéraux non métalliques	30.0	29.1	23.9	20.6	23.0	23.2	20.6	..
24-25	Produits métalliques de base et ouvrages en métaux (sauf machines et matériel)	188.9	173.8	206.8	185.5	235.2	271.7	310.9	..
24	Produits métallurgiques de base	95.2	90.1	100.7	82.3	100.3	106.1	120.7	..
25	Ouvrages en métaux (sauf machines et matériel)	93.8	83.7	106.1	103.2	135.0	165.6	190.1	..
26-30	Ordinateurs, articles électroniques et optiques ; machines et matériels de transport	2 538.5	2 751.1	2 977.5	3 224.4	3 200.6	3 510.9	3 810.0	..
26	Ordinateurs, articles électroniques et optiques	697.1	742.5	818.2	848.5	761.0	814.2	872.2	..
27	Matériels électriques	576.2	580.8	651.5	576.5	569.0	617.4	666.7	..
28	Machines et équipements n.c.a.	979.1	1 136.3	1 196.3	1 487.5	1 541.1	1 724.6	1 907.5	..
29	Automobiles, remorques et semi-remorques	170.4	168.9	183.0	186.9	204.5	209.7	246.6	..
30	Autres matériels de transport	115.7	122.7	128.6	125.0	125.1	145.0	116.9	..
31-33	Meubles ; réparation et installation de machines et de matériel	159.2	86.2	82.5	93.5	100.0	118.5	141.3	..
31	Meubles	105.3	14.7	8.1	14.1	14.1	23.2	18.0	..
32	Autres activités de fabrication	26.6	37.6	35.5	32.2	37.9	49.8	65.5	..
33	Réparation et installation de machines et de matériel	27.3	33.9	38.8	47.3	48.0	45.5	57.8	..
35-39	**ÉLECTRICITÉ, GAZ, EAU ET TRAITEMENT DES DÉCHETS**	49.1	37.9	27.2	51.1	59.6	56.3	84.8	..
35-36	Production et distribution d'électricité, de gaz et de l'eau	25.7	18.9	14.4	27.0	30.5	43.5	71.9	..
37-39	Assainissement, traitement des déchets et dépollution	23.4	18.9	12.8	24.1	29.1	12.9	14.1	..
41-43	**CONSTRUCTION**	124.2	158.9	133.5	138.4	130.7	143.2	109.2	..
45-99	**TOTAL SERVICES**	3 152.1	3 232.9	3 283.5	3 277.1	3 627.0	4 044.8	4 201.7	..
45-82	**Services du secteur des entreprises**	3 138.2	3 196.8	3 247.0	3 247.6	3 549.0	3 969.8	4 123.4	..
45-47	Commerce de gros et de détail ; réparations automobiles et motocycles	465.5	513.6	495.3	518.4	627.5	760.8	684.7	..
49-53	Transport et entreposage	140.7	142.1	122.0	129.8	157.2	139.2	120.7	..
55-56	Activités d'hébergement et de restauration	13.1	2.7	2.2	1.5	1.8	2.2	2.6	..
58-63	Information et communication	944.7	929.2	925.6	995.6	1 123.2	1 317.9	1 320.5	..
58-60	Édition, audiovisuel et diffusion	28.8	34.6	24.8	31.5	34.3	29.9	28.3	..
58	Activités d'édition	17.6	20.2	16.5	..	..	..	..	..
59-60	Activités audiovisuel et diffusion	11.3	14.4	8.2	..	..	..	..	..
59	Production de films, vidéo, programmes de télévision et d'enregistrements	9.3	14.1	7.9	..	..	..	..	..
60	Programmation et diffusion	2.0	0.3	0.3	..	..	..	..	..
61	Télécommunications	76.1	61.4	38.9	59.9	53.0	57.2	62.9	..
62-63	Technologies de l'information et informatique	839.7	833.1	861.9	904.2	1 035.9	1 230.7	1 229.3	..
62	Programmation informatique ; conseils et activités connexes	769.3	794.7	814.6	825.9	986.2	1 185.2	1 175.4	..
63	Services d'information	70.4	38.4	47.3	78.3	49.7	45.5	54.0	..
64-66	**Activités financières et d'assurances**	240.7	329.0	321.9	242.6	309.8	320.8	384.1	..
68-82	**Activités immobilières ; professionnelles ; services administratifs et d'appui**	1 333.5	1 280.2	1 380.1	1 359.5	1 329.5	1 428.8	1 610.8	..
68	Activités immobilières	8.1	5.1	5.9	7.3	2.8	2.7	2.6	..
69-75x72	Activités professionnelles, scientifiques et techniques, R-D scientifique exclu	756.2	633.4	621.8	582.5	550.9	536.4	583.2	..
72	Recherche scientifique et développement	453.3	537.5	603.5	623.7	695.4	801.5	913.3	..
77-82	Activités de services administratifs et d'appui	115.8	104.2	148.9	146.0	80.5	88.3	111.8	..
84-99	**Services collectifs, sociaux et personnels**	13.9	36.1	36.4	29.6	78.0	75.0	78.4	..
84-85	Administration publique et défense ; sécurité sociale obligatoire et éducation	..	..	..	..	..	..	..	..
86-88	Santé humaine et action sociale	..	..	..	..	..	..	..	..
90-93	Arts, spectacles et loisirs	..	..	..	..	..	..	..	..
94-99	Autres services ; ménages-employeurs ; organismes extra-territoriaux	..	..	..	..	..	..	..	..

.. Non disponible
Note : Voir les métadonnées détaillées sur : *http://metalinks.oecd.org/anberd/20200813/0f11*.

PAYS-BAS

Dépenses de R-D dans l'industrie par activité principale de l'entreprise, prix constants
CITI Rév. 4

2010 PPP USD

		2011	2012	2013	2014	2015	2016	2017	2018
	TOTAL ENTREPRISES	**8 872.8**	**8 943.3**	**8 851.6**	**9 250.7**	**9 470.7**	**10 135.0**	**10 327.8**	..
01-03	**AGRICULTURE, SYLVICULTURE ET PÊCHE**	225.8	181.0	175.0	214.0	266.0	298.9	322.9	..
05-09	**ACTIVITÉS EXTRACTIVES**	37.4	73.6	72.2	85.7	18.0	12.8	12.1	..
10-33	**ACTIVITÉS DE FABRICATION**	5 045.7	5 115.9	5 174.6	5 461.8	5 369.4	5 672.5	5 838.3	..
10-12	Produits alimentaires, boissons et tabac	489.2	503.9	487.7	468.0	393.3	458.1	395.8	..
13-15	Textiles, habillement, cuir et articles de cuir	15.3	24.4	23.7	22.4	27.3	27.4	35.2	..
13	Textiles	13.9	20.1	16.8	16.8	18.2	18.0	25.5	..
14	Articles d'habillement	0.6	0.5	1.0	1.1	0.6	0.5	0.0	..
15	Cuir et articles de cuir	0.8	3.8	5.8	4.4	8.5	8.9	8.5	..
16-18	Bois, papier, imprimerie et reproduction de supports enregistrés	27.4	31.0	28.8	39.2	51.4	79.1	57.1	..
16	Bois et articles en bois, sauf meubles	2.5	3.6	2.1	3.0	7.9	6.9	4.9	..
17	Papier et articles en papier	7.4	19.0	20.3	28.3	29.9	58.9	42.5	..
18	Imprimerie et reproduction de supports enregistrés	17.5	8.5	6.4	7.9	13.6	13.2	9.7	..
19-23	Produits pétroliers, chimiques, pharmaceutiques, caoutchouc, plastique, minéraux	1 420.0	1 419.8	1 381.4	1 405.9	1 361.6	1 292.6	1 320.9	..
19	Cokéfaction et raffinage	138.2	294.5	294.3	313.3	280.1	205.7	219.7	..
20-21	Industrie chimique et pharmaceutique	1 123.8	988.3	956.8	982.3	958.1	952.6	962.7	..
20	Produits chimiques	711.8	657.0	652.8	663.5	639.5	663.0	659.2	..
21	Préparations pharmaceutiques, chimiques (médicine) et d'herboristerie	412.1	331.3	304.0	318.8	318.6	289.7	303.5	..
22	Produits en caoutchouc et en plastique	125.9	106.7	106.5	89.5	100.4	111.6	119.0	..
23	Autres produits minéraux non métalliques	32.2	30.3	23.8	20.8	23.0	22.7	19.4	..
24-25	Produits métalliques de base et ouvrages en métaux (sauf machines et matériel)	202.5	181.1	205.9	186.7	235.2	265.8	293.8	..
24	Produits métallurgiques de base	102.0	93.9	100.3	82.8	100.3	103.8	114.1	..
25	Ouvrages en métaux (sauf machines et matériel)	100.5	87.2	105.7	103.9	135.0	162.0	179.7	..
26-30	Ordinateurs, articles électroniques et optiques ; machines et matériels de transport	2 720.6	2 865.9	2 965.0	3 245.4	3 200.6	3 433.6	3 600.8	..
26	Ordinateurs, articles électroniques et optiques	747.1	773.5	814.7	854.0	761.0	796.3	824.3	..
27	Matériels électriques	617.6	605.0	648.7	580.2	569.0	603.8	630.1	..
28	Machines et équipements n.c.a.	1 049.4	1 183.7	1 191.3	1 497.3	1 541.1	1 686.6	1 802.8	..
29	Automobiles, remorques et semi-remorques	182.6	175.9	182.2	188.2	204.5	205.1	233.1	..
30	Autres matériels de transport	124.0	127.8	128.0	125.8	125.1	141.8	110.5	..
31-33	Meubles ; réparation et installation de machines et de matériel	170.6	89.8	82.1	94.2	100.0	115.9	133.5	..
31	Meubles	112.9	15.3	8.1	14.1	14.1	22.7	17.0	..
32	Autres activités de fabrication	28.5	39.2	35.4	32.4	37.9	48.7	61.9	..
33	Réparation et installation de machines et de matériel	29.3	35.3	38.7	47.6	48.0	44.5	54.6	..
35-39	**ÉLECTRICITÉ, GAZ, EAU ET TRAITEMENT DES DÉCHETS**	52.6	39.4	27.1	51.5	59.6	55.1	80.1	..
35-36	Production et distribution d'électricité, de gaz et de l'eau	27.5	19.7	14.3	27.2	30.5	42.5	68.0	..
37-39	Assainissement, traitement des déchets et dépollution	25.1	19.7	12.8	24.3	29.1	12.6	13.4	..
41-43	**CONSTRUCTION**	133.1	165.5	132.9	139.3	130.7	140.1	103.2	..
45-99	**TOTAL SERVICES**	**3 378.2**	**3 367.8**	**3 269.7**	**3 298.5**	**3 627.0**	**3 955.7**	**3 971.1**	..
45-82	**Services du secteur des entreprises**	3 363.3	3 330.2	3 233.5	3 268.8	3 549.0	3 882.3	3 897.1	..
45-47	Commerce de gros et de détail ; réparations automobiles et motocycles	498.9	535.0	493.2	521.8	627.5	744.1	647.1	..
49-53	Transport et entreposage	150.8	148.0	121.5	130.6	157.2	136.1	114.1	..
55-56	Activités d'hébergement et de restauration	14.0	2.9	2.2	1.6	1.8	2.2	2.4	..
58-63	Information et communication	1 012.4	967.9	921.7	1 002.1	1 123.2	1 288.8	1 248.0	..
58-60	Édition, audiovisuel et diffusion	30.9	36.1	24.7	31.7	34.3	29.3	26.7	..
58	Activités d'édition	18.8	21.1	16.5	..	..	..	..	..
59-60	Activités audiovisuel et diffusion	12.1	15.0	8.2	..	..	..	..	..
59	Production de films, vidéo, programmes de télévision et d'enregistrements	9.9	14.7	7.9	..	..	..	..	..
60	Programmation et diffusion	2.1	0.3	0.3	..	..	..	..	..
61	Télécommunications	81.6	64.0	38.7	60.3	53.0	55.9	59.5	..
62-63	Technologies de l'information et informatique	899.9	867.8	858.3	910.2	1 035.9	1 203.6	1 161.8	..
62	Programmation informatique ; conseils et activités connexes	824.5	827.8	811.2	831.3	986.2	1 159.1	1 110.8	..
63	Services d'information	75.4	40.0	47.1	78.8	49.7	44.5	51.0	..
64-66	**Activités financières et d'assurances**	258.0	342.7	320.5	244.2	309.8	313.8	363.0	..
68-82	**Activités immobilières ; professionnelles ; services administratifs et d'appui**	1 429.2	1 333.6	1 374.3	1 368.4	1 329.5	1 397.4	1 522.4	..
68	Activités immobilières	8.7	5.3	5.9	7.4	2.8	2.6	2.4	..
69-75x72	Activités professionnelles, scientifiques et techniques, R-D scientifique exclu	810.5	659.8	619.2	586.3	550.9	524.6	551.2	..
72	Recherche scientifique et développement	485.9	560.0	601.0	627.8	695.4	783.8	863.2	..
77-82	Activités de services administratifs et d'appui	124.1	108.6	148.3	147.0	80.5	86.3	105.6	..
84-99	**Services collectifs, sociaux et personnels**	14.9	37.6	36.3	29.8	78.0	73.3	74.1	..
84-85	Administration publique et défense ; sécurité sociale obligatoire et éducation	..	..	..	..	..	..	..	..
86-88	Santé humaine et action sociale	..	..	..	..	..	..	..	..
90-93	Arts, spectacles et loisirs	..	..	..	..	..	..	..	..
94-99	Autres services ; ménages-employeurs ; organismes extra-territoriaux	..	..	..	..	..	..	..	..

.. Non disponible

Note : Voir les métadonnées détaillées sur : *http://metalinks.oecd.org/anberd/20200813/0f11*.

NOUVELLE-ZÉLANDE

Dépenses de R-D dans l'industrie par activité principale de l'entreprise, prix courants
CITI Rév. 4

Millions USD PPP

		2011	2012	2013	2014	2015	2016	2017	2018
	TOTAL ENTREPRISES	802.9	796.1 e	861.7	979.0 e	1 085.8	..	..	..
01-03	**AGRICULTURE, SYLVICULTURE ET PÊCHE**	84.1	75.0 e	63.6	61.7 e	65.1	..	..	..
05-09	**ACTIVITÉS EXTRACTIVES**	..	..	..	..	..	..	..	..
10-33	**ACTIVITÉS DE FABRICATION**	360.7	346.1 e	361.0	406.7 e	454.8	..	..	..
10-12	Produits alimentaires, boissons et tabac	76.7	68.2 e	61.5	67.4 e	79.3	..	..	..
13-15	Textiles, habillement, cuir et articles de cuir	4.7	5.9 e	7.6	6.8 e	4.1	..	..	..
13	Textiles	..	..	..	..	..	..	..	..
14	Articles d'habillement	..	..	..	..	..	..	..	..
15	Cuir et articles de cuir	..	..	..	..	..	..	..	..
16-18	Bois, papier, imprimerie et reproduction de supports enregistrés	..	..	..	..	..	..	..	..
16	Bois et articles en bois, sauf meubles	..	..	..	..	..	..	..	..
17	Papier et articles en papier	..	..	..	..	..	..	..	..
18	Imprimerie et reproduction de supports enregistrés	..	..	..	..	..	..	..	..
19-23	Produits pétroliers, chimiques, pharmaceutiques, caoutchouc, plastique, minéraux	51.1	57.6 e	65.7	63.9 e	53.5	..	..	..
19	Cokéfaction et raffinage	..	..	..	..	..	..	..	..
20-21	Industrie chimique et pharmaceutique	..	..	..	..	..	..	..	..
20	Produits chimiques	..	..	..	..	..	..	..	..
21	Préparations pharmaceutiques, chimiques (médicine) et d'herboristerie	..	..	..	..	..	..	..	..
22	Produits en caoutchouc et en plastique	..	..	..	..	..	..	..	..
23	Autres produits minéraux non métalliques	2.7	2.0 e	1.4	1.5 e	2.0	..	..	..
24-25	Produits métalliques de base et ouvrages en métaux (sauf machines et matériel)	20.9	17.2 e	19.4	30.6 e	45.4	..	..	..
24	Produits métallurgiques de base	..	..	..	..	..	..	..	..
25	Ouvrages en métaux (sauf machines et matériel)	..	..	..	..	..	..	..	..
26-30	Ordinateurs, articles électroniques et optiques ; machines et matériels de transport	177.7	171.5 e	179.1	199.7 e	220.3	..	..	..
26	Ordinateurs, articles électroniques et optiques	..	..	..	..	..	..	..	..
27	Matériels électriques	..	..	..	..	..	..	..	..
28	Machines et équipements n.c.a.	..	..	..	..	..	..	..	..
29	Automobiles, remorques et semi-remorques	..	..	..	..	..	..	..	..
30	Autres matériels de transport	..	..	..	..	..	..	..	..
31-33	Meubles ; réparation et installation de machines et de matériel	..	..	..	..	..	..	..	..
31	Meubles	..	..	..	..	..	..	..	..
32	Autres activités de fabrication	..	..	..	..	..	..	..	..
33	Réparation et installation de machines et de matériel	..	..	..	..	..	..	..	..
35-39	**ÉLECTRICITÉ, GAZ, EAU ET TRAITEMENT DES DÉCHETS**	..	..	..	..	..	..	..	..
35-36	Production et distribution d'électricité, de gaz et de l'eau	..	..	..	..	..	..	..	..
37-39	Assainissement, traitement des déchets et dépollution	..	..	..	..	..	..	..	..
41-43	**CONSTRUCTION**	..	..	..	..	..	..	..	..
45-99	**TOTAL SERVICES**	358.0	375.0 e	437.1	510.6 e	565.9	..	..	..
45-82	**Services du secteur des entreprises**	..	..	..	..	..	..	..	..
45-47	**Commerce de gros et de détail ; réparations automobiles et motocycles**	59.9	62.5 e	66.4	71.7 e	75.2	..	..	..
49-53	**Transport et entreposage**	..	..	..	..	..	..	..	..
55-56	**Activités d'hébergement et de restauration**	..	..	..	..	..	..	..	..
58-63	**Information et communication**	..	..	..	..	..	..	..	..
58-60	Édition, audiovisuel et diffusion	..	..	..	..	..	..	..	..
58	Activités d'édition	..	..	..	..	..	..	..	..
59-60	Activités audiovisuel et diffusion	..	..	..	..	..	..	..	..
59	Production de films, vidéo, programmes de télévision et d'enregistrements	..	..	..	..	..	..	..	..
60	Programmation et diffusion	..	..	..	..	..	..	..	..
61	Télécommunications	..	..	..	..	..	..	..	..
62-63	Technologies de l'information et informatique	148.7	169.6 e	215.1	262.0 e	295.5	..	..	..
62	Programmation informatique ; conseils et activités connexes	..	..	..	..	..	..	..	..
63	Services d'information	..	..	..	..	..	..	..	..
64-66	**Activités financières et d'assurances**	..	..	..	..	..	..	..	..
68-82	**Activités immobilières ; professionnelles ; services administratifs et d'appui**	..	..	..	..	..	..	..	..
68	Activités immobilières	..	..	..	..	..	..	..	..
69-75x72	Activités professionnelles, scientifiques et techniques, R-D scientifique exclu	..	..	..	..	..	..	..	..
72	Recherche scientifique et développement	34.3	34.7 e	39.4	45.7 e	50.8	..	..	..
77-82	Activités de services administratifs et d'appui	..	..	..	..	..	..	..	..
84-99	**Services collectifs, sociaux et personnels**	..	..	..	..	..	..	..	..
84-85	Administration publique et défense ; sécurité sociale obligatoire et éducation	..	..	..	..	..	..	..	..
86-88	Santé humaine et action sociale	..	..	..	..	..	..	..	..
90-93	Arts, spectacles et loisirs	..	..	..	..	..	..	..	..
94-99	Autres services ; ménages-employeurs ; organismes extra-territoriaux	..	..	..	..	..	..	..	..

.. Non disponible ; e Valeur estimée
Note : Voir les métadonnées détaillées sur : *http://metalinks.oecd.org/anberd/20200813/0f11.*

NOUVELLE-ZÉLANDE

Dépenses de R-D dans l'industrie par activité principale de l'entreprise, prix constants
CITI Rév. 4

2010 PPP USD

		2011	2012	2013	2014	2015	2016	2017	2018
	TOTAL ENTREPRISES	854.2	856.9 e	855.1	962.7 e	1 085.8	..	..	..
01-03	**AGRICULTURE, SYLVICULTURE ET PÊCHE**	89.5	80.7 e	63.1	60.7 e	65.1	..	..	..
05-09	**ACTIVITÉS EXTRACTIVES**	..	..	..	..	..	..	..	..
10-33	**ACTIVITÉS DE FABRICATION**	383.8	372.5 e	358.3	399.9 e	454.8	..	..	..
10-12	Produits alimentaires, boissons et tabac	81.6	73.4 e	61.1	66.3 e	79.3	..	..	..
13-15	Textiles, habillement, cuir et articles de cuir	5.0	6.4 e	7.5	6.7 e	4.1	..	..	..
13	Textiles	..	..	..	..	..	..	..	..
14	Articles d'habillement	..	..	..	..	..	..	..	..
15	Cuir et articles de cuir	..	..	..	..	..	..	..	..
16-18	Bois, papier, imprimerie et reproduction de supports enregistrés	..	..	..	..	..	..	..	..
16	Bois et articles en bois, sauf meubles	..	..	..	..	..	..	..	..
17	Papier et articles en papier	..	..	..	..	..	..	..	..
18	Imprimerie et reproduction de supports enregistrés	..	..	..	..	..	..	..	..
19-23	Produits pétroliers, chimiques, pharmaceutiques, caoutchouc, plastique, minéraux	54.4	62.0 e	65.2	62.8 e	53.5	..	..	..
19	Cokéfaction et raffinage	..	..	..	..	..	..	..	..
20-21	Industrie chimique et pharmaceutique	..	..	..	..	..	..	..	..
20	Produits chimiques	..	..	..	..	..	..	..	..
21	Préparations pharmaceutiques, chimiques (médicine) et d'herboristerie	..	..	..	..	..	..	..	..
22	Produits en caoutchouc et en plastique	..	..	..	..	..	..	..	..
23	Autres produits minéraux non métalliques	2.9	2.2 e	1.4	1.5 e	2.0	..	..	..
24-25	Produits métalliques de base et ouvrages en métaux (sauf machines et matériel)	22.2	18.5 e	19.2	30.1 e	45.4	..	..	..
24	Produits métallurgiques de base	..	..	..	..	..	..	..	..
25	Ouvrages en métaux (sauf machines et matériel)	..	..	..	..	..	..	..	..
26-30	Ordinateurs, articles électroniques et optiques ; machines et matériels de transport	189.0	184.6 e	177.8	196.4 e	220.3	..	..	..
26	Ordinateurs, articles électroniques et optiques	..	..	..	..	..	..	..	..
27	Matériels électriques	..	..	..	..	..	..	..	..
28	Machines et équipements n.c.a.	..	..	..	..	..	..	..	..
29	Automobiles, remorques et semi-remorques	..	..	..	..	..	..	..	..
30	Autres matériels de transport	..	..	..	..	..	..	..	..
31-33	Meubles ; réparation et installation de machines et de matériel	..	..	..	..	..	..	..	..
31	Meubles	..	..	..	..	..	..	..	..
32	Autres activités de fabrication	..	..	..	..	..	..	..	..
33	Réparation et installation de machines et de matériel	..	..	..	..	..	..	..	..
35-39	**ÉLECTRICITÉ, GAZ, EAU ET TRAITEMENT DES DÉCHETS**	..	..	..	..	..	..	..	..
35-36	Production et distribution d'électricité, de gaz et de l'eau	..	..	..	..	..	..	..	..
37-39	Assainissement, traitement des déchets et dépollution	..	..	..	..	..	..	..	..
41-43	**CONSTRUCTION**	..	..	..	..	..	..	..	..
45-99	**TOTAL SERVICES**	380.9	403.7 e	433.7	502.2 e	565.9	..	..	..
45-82	**Services du secteur des entreprises**	..	..	..	..	..	..	..	..
45-47	**Commerce de gros et de détail ; réparations automobiles et motocycles**	63.7	67.2 e	65.9	70.5 e	75.2	..	..	..
49-53	**Transport et entreposage**	..	..	..	..	..	..	..	..
55-56	**Activités d'hébergement et de restauration**	..	..	..	..	..	..	..	..
58-63	**Information et communication**	..	..	..	..	..	..	..	..
58-60	Édition, audiovisuel et diffusion	..	..	..	..	..	..	..	..
58	Activités d'édition	..	..	..	..	..	..	..	..
59-60	Activités audiovisuel et diffusion	..	..	..	..	..	..	..	..
59	Production de films, vidéo, programmes de télévision et d'enregistrements	..	..	..	..	..	..	..	..
60	Programmation et diffusion	..	..	..	..	..	..	..	..
61	Télécommunications	..	..	..	..	..	..	..	..
62-63	Technologies de l'information et informatique	158.2	182.6 e	213.4	257.7 e	295.5	..	..	..
62	Programmation informatique ; conseils et activités connexes	..	..	..	..	..	..	..	..
63	Services d'information	..	..	..	..	..	..	..	..
64-66	**Activités financières et d'assurances**	..	..	..	..	..	..	..	..
68-82	**Activités immobilières ; professionnelles ; services administratifs et d'appui**	..	..	..	..	..	..	..	..
68	Activités immobilières	..	..	..	..	..	..	..	..
69-75x72	Activités professionnelles, scientifiques et techniques, R-D scientifique exclu	..	..	..	..	..	..	..	..
72	Recherche scientifique et développement	36.5	37.4 e	39.1	45.0 e	50.8	..	..	..
77-82	Activités de services administratifs et d'appui	..	..	..	..	..	..	..	..
84-99	**Services collectifs, sociaux et personnels**	..	..	..	..	..	..	..	..
84-85	Administration publique et défense ; sécurité sociale obligatoire et éducation	..	..	..	..	..	..	..	..
86-88	Santé humaine et action sociale	..	..	..	..	..	..	..	..
90-93	Arts, spectacles et loisirs	..	..	..	..	..	..	..	..
94-99	Autres services ; ménages-employeurs ; organismes extra-territoriaux	..	..	..	..	..	..	..	..

.. Non disponible ; e Valeur estimée
Note : Voir les métadonnées détaillées sur : *http://metalinks.oecd.org/anberd/20200813/0f11*.

NORVÈGE

Dépenses de R-D dans l'industrie par activité principale de l'entreprise, prix courants
CITI Rév. 4

Millions USD PPP

		2011	2012	2013	2014	2015	2016	2017	2018
	TOTAL ENTREPRISES	2 610.4	2 779.1	2 949.9	3 118.9	3 267.4	3 359.9	3 667.9	..
01-03	**AGRICULTURE, SYLVICULTURE ET PÊCHE**	32.3	32.9	35.3	56.4	74.0	76.6	107.4	..
05-09	**ACTIVITÉS EXTRACTIVES**	135.0	177.7	229.6	210.0	177.0	187.3	174.5	..
10-33	**ACTIVITÉS DE FABRICATION**	853.6	892.6	921.6	987.6	1 017.9	1 003.4	1 066.0	..
10-12	Produits alimentaires, boissons et tabac	63.9	72.2	69.6	79.2	106.5	126.1	127.1	..
13-15	Textiles, habillement, cuir et articles de cuir	8.7	7.9	6.8	7.5	7.9	8.9	12.5	..
13	Textiles	5.5	5.6	5.4	5.9	6.4	6.4	7.3	..
14	Articles d'habillement	..	..	..	..	..	..	..	..
15	Cuir et articles de cuir	..	..	..	..	..	..	..	..
16-18	Bois, papier, imprimerie et reproduction de supports enregistrés	30.3	24.4	23.4	23.8	25.6	30.7	38.3	..
16	Bois et articles en bois, sauf meubles	6.8	7.2	7.3	6.1	8.7	10.6	18.5	..
17	Papier et articles en papier	20.7	13.7	12.4	13.7	12.5	12.6	12.2	..
18	Imprimerie et reproduction de supports enregistrés	2.8	3.4	3.7	4.0	4.5	7.5	7.6	..
19-23	Produits pétroliers, chimiques, pharmaceutiques, caoutchouc, plastique, minéraux	194.5	167.1	168.1	165.4	154.1	158.2	179.5	..
19	Cokéfaction et raffinage	..	..	..	..	..	..	..	..
20-21	Industrie chimique et pharmaceutique	..	..	..	..	..	..	..	..
20	Produits chimiques	..	..	..	..	..	..	..	..
21	Préparations pharmaceutiques, chimiques (médicine) et d'herboristerie	79.3	43.4	42.5	36.8	33.3	35.5	40.8	..
22	Produits en caoutchouc et en plastique	9.7	13.8	14.4	15.3	15.4	15.9	19.7	..
23	Autres produits minéraux non métalliques	12.9	12.2	12.6	11.5	10.0	11.5	12.5	..
24-25	Produits métalliques de base et ouvrages en métaux (sauf machines et matériel)	126.1	150.0	150.6	161.7	188.6	181.4	176.9	..
24	Produits métallurgiques de base	24.7	33.2	34.0	33.0	51.8	45.9	49.1	..
25	Ouvrages en métaux (sauf machines et matériel)	101.4	116.8	116.6	128.7	136.8	135.5	127.8	..
26-30	Ordinateurs, articles électroniques et optiques ; machines et matériels de transport	388.6	421.4	452.4	499.2	475.8	436.6	463.3	..
26	Ordinateurs, articles électroniques et optiques	183.6	182.5	180.9	195.6	196.7	188.6	192.6	..
27	Matériels électriques	41.4	46.1	51.8	60.6	53.5	53.6	55.0	..
28	Machines et équipements n.c.a.	100.0	112.1	138.2	150.9	136.6	132.1	135.1	..
29	Automobiles, remorques et semi-remorques	22.8	23.8	25.8	30.2	17.1	18.9	23.7	..
30	Autres matériels de transport	40.9	56.8	55.7	61.9	71.9	43.4 e	56.9 e	..
31-33	Meubles ; réparation et installation de machines et de matériel	41.5	49.5	50.4	50.7	59.4	61.4	68.5	..
31	Meubles	12.8	14.6	16.5	16.9	14.5	16.1	18.3	..
32	Autres activités de fabrication	11.9	14.2	12.5	13.9	16.5	16.3	20.3	..
33	Réparation et installation de machines et de matériel	16.8	20.7	21.4	19.9	28.5	29.1	30.0	..
35-39	**ÉLECTRICITÉ, GAZ, EAU ET TRAITEMENT DES DÉCHETS**	22.3	25.5	24.5	24.5	30.4	38.3	37.9	..
35-36	Production et distribution d'électricité, de gaz et de l'eau	16.3 e	16.3 e	15.9 e	15.2	17.4	20.1	28.0	..
37-39	Assainissement, traitement des déchets et dépollution	5.9	9.2	8.7	9.3	13.0	18.3	9.9	..
41-43	**CONSTRUCTION**	12.4	12.6	19.0	22.2	24.3	25.7	34.0	..
45-99	**TOTAL SERVICES**	1 554.7	1 637.9	1 720.1	1 818.2	1 943.7	2 028.5	2 248.1	..
45-82	**Services du secteur des entreprises**	1 554.7 e	1 637.9 e	1 720.1 e	1 818.2 e	1 943.7 e	2 028.5 e	2 248.1 e	..
45-47	Commerce de gros et de détail ; réparations automobiles et motocycles	62.6	58.1	75.8	81.9	79.2	102.6	93.9	..
49-53	Transport et entreposage	16.2	21.2	20.0	21.9	38.7	36.1	41.8	..
55-56	Activités d'hébergement et de restauration	..	..	..	..	..	..	..	..
58-63	Information et communication	556.7	616.0	672.1	717.0	803.0	905.5	1 022.6	..
58-60	Édition, audiovisuel et diffusion	165.6	160.9	158.5	207.8	250.6	250.8	299.0	..
58	Activités d'édition	164.4	159.3	155.3	204.4	248.0	244.5	294.1	..
59-60	Activités audiovisuel et diffusion	1.2	1.6	3.2	3.4	2.6	6.3	4.8	..
59	Production de films, vidéo, programmes de télévision et d'enregistrements	1.2 e	1.6 e	3.2 e	3.4 e	2.6	4.1 e	2.2	..
60	Programmation et diffusion	0.0 e	0.0 e	0.0 e	0.0 e	0.0	2.3 e	2.7	..
61	Télécommunications	78.1	79.2	79.3	88.4	99.2	127.0	111.8	..
62-63	Technologies de l'information et informatique	313.0	375.9	434.3	420.8	453.1	527.7	611.8	..
62	Programmation informatique ; conseils et activités connexes	298.3	344.3	407.2	388.9	423.4	496.3	577.8	..
63	Services d'information	14.6	31.6	27.0	31.9	29.7	31.4	34.0	..
64-66	**Activités financières et d'assurances**	145.9	138.5	151.1	149.6	141.5	111.4	159.9	..
68-82	**Activités immobilières ; professionnelles ; services administratifs et d'appui**	773.4	804.2	801.1	847.9	881.3	873.0	929.9	..
68	Activités immobilières	0.0	0.0	0.0	0.0	0.0	0.0	0.0	..
69-75x72	Activités professionnelles, scientifiques et techniques, R-D scientifique exclu	306.6	287.1	280.1	331.2	340.4	359.2	378.2	..
72	Recherche scientifique et développement	448.3	502.1	506.8	510.4	532.0	504.8	540.2	..
77-82	Activités de services administratifs et d'appui	18.5	15.0	14.2	6.3	8.9	9.0	11.4	..
84-99	**Services collectifs, sociaux et personnels**	..	..	..	..	..	..	..	..
84-85	Administration publique et défense ; sécurité sociale obligatoire et éducation	..	..	..	..	..	..	..	..
86-88	Santé humaine et action sociale	..	..	..	..	..	..	..	..
90-93	Arts, spectacles et loisirs	..	..	..	..	..	..	..	..
94-99	Autres services ; ménages-employeurs ; organismes extra-territoriaux	..	..	..	..	..	..	..	..

.. Non disponible ; e Valeur estimée
Note : Voir les métadonnées détaillées sur : *http://metalinks.oecd.org/anberd/20200813/0f11*.

NORVÈGE

Dépenses de R-D dans l'industrie par activité principale de l'entreprise, prix constants
CITI Rév. 4

2010 PPP USD

		2011	2012	2013	2014	2015	2016	2017	2018
	TOTAL ENTREPRISES	2 630.7	2 718.6	2 808.3	2 973.1	3 267.4	3 334.5	3 516.7	..
01-03	**AGRICULTURE, SYLVICULTURE ET PÊCHE**	32.6	32.2	33.6	53.7	74.0	76.0	103.0	..
05-09	**ACTIVITÉS EXTRACTIVES**	136.1	173.8	218.6	200.2	177.0	185.9	167.3	..
10-33	**ACTIVITÉS DE FABRICATION**	860.3	873.1	877.2	941.4	1 017.9	995.8	1 022.1	..
10-12	Produits alimentaires, boissons et tabac	64.4	70.7	66.3	75.5	106.5	125.2	121.9	..
13-15	Textiles, habillement, cuir et articles de cuir	8.7	7.8	6.5	7.2	7.9	8.8	11.9	..
13	Textiles	5.5	5.5	5.1	5.7	6.4	6.4	7.0	..
14	Articles d'habillement	..	..	..	..	..	..	..	..
15	Cuir et articles de cuir	..	..	..	..	..	..	..	..
16-18	Bois, papier, imprimerie et reproduction de supports enregistrés	30.5	23.9	22.3	22.7	25.6	30.5	36.7	..
16	Bois et articles en bois, sauf meubles	6.9	7.1	6.9	5.8	8.7	10.5	17.8	..
17	Papier et articles en papier	20.9	13.4	11.9	13.0	12.5	12.5	11.7	..
18	Imprimerie et reproduction de supports enregistrés	2.8	3.3	3.5	3.8	4.5	7.5	7.3	..
19-23	Produits pétroliers, chimiques, pharmaceutiques, caoutchouc, plastique, minéraux	196.0	163.5	160.0	157.7	154.1	157.0	172.1	..
19	Cokéfaction et raffinage	..	..	..	..	..	..	..	..
20-21	Industrie chimique et pharmaceutique	..	..	..	..	..	..	..	..
20	Produits chimiques	..	..	..	..	..	..	..	..
21	Préparations pharmaceutiques, chimiques (médicine) et d'herboristerie	79.9	42.4	40.4	35.1	33.3	35.2	39.1	..
22	Produits en caoutchouc et en plastique	9.8	13.5	13.7	14.6	15.4	15.8	18.9	..
23	Autres produits minéraux non métalliques	13.0	12.0	12.0	10.9	10.0	11.4	12.0	..
24-25	Produits métalliques de base et ouvrages en métaux (sauf machines et matériel)	127.1	146.7	143.4	154.1	188.6	180.1	169.6	..
24	Produits métallurgiques de base	24.9	32.5	32.4	31.5	51.8	45.6	47.1	..
25	Ouvrages en métaux (sauf machines et matériel)	102.2	114.3	111.0	122.7	136.8	134.5	122.5	..
26-30	Ordinateurs, articles électroniques et optiques ; machines et matériels de transport	391.7	412.2	430.7	475.9	475.8	433.3	444.2	..
26	Ordinateurs, articles électroniques et optiques	185.0	178.5	172.2	186.5	196.7	187.2	184.7	..
27	Matériels électriques	41.7	45.1	49.3	57.7	53.5	53.2	52.7	..
28	Machines et équipements n.c.a.	100.8	109.7	131.6	143.9	136.6	131.1	129.5	..
29	Automobiles, remorques et semi-remorques	23.0	23.3	24.6	28.7	17.1	18.8	22.7	..
30	Autres matériels de transport	41.2	55.6	53.0	59.0	71.9	43.0 e	54.6 e	..
31-33	Meubles ; réparation et installation de machines et de matériel	41.8	48.4	48.0	48.3	59.4	61.0	65.7	..
31	Meubles	12.9	14.3	15.7	16.1	14.5	15.9	17.5	..
32	Autres activités de fabrication	12.0	13.9	11.9	13.3	16.5	16.1	19.4	..
33	Réparation et installation de machines et de matériel	16.9	20.3	20.4	18.9	28.5	28.9	28.7	..
35-39	**ÉLECTRICITÉ, GAZ, EAU ET TRAITEMENT DES DÉCHETS**	22.5	25.0	23.3	23.3	30.4	38.0	36.3	..
35-36	Production et distribution d'électricité, de gaz et de l'eau	16.5 e	16.0 e	15.1 e	14.5	17.4	19.9	26.8	..
37-39	Assainissement, traitement des déchets et dépollution	6.0	9.0	8.2	8.8	13.0	18.1	9.5	..
41-43	**CONSTRUCTION**	12.5	12.3	18.1	21.2	24.3	25.5	32.6	..
45-99	**TOTAL SERVICES**	1 566.8	1 602.2	1 637.5	1 733.3	1 943.7	2 013.2	2 155.4	..
45-82	**Services du secteur des entreprises**	1 566.8 e	1 602.2 e	1 637.5 e	1 733.3 e	1 943.7 e	2 013.2 e	2 155.4 e	..
45-47	**Commerce de gros et de détail ; réparations automobiles et motocycles**	63.1	56.8	72.2	78.1	79.2	101.8	90.1	..
49-53	**Transport et entreposage**	16.3	20.7	19.0	20.8	38.7	35.8	40.1	..
55-56	**Activités d'hébergement et de restauration**	..	..	..	..	..	..	..	..
58-63	**Information et communication**	561.0	602.6	639.8	683.5	803.0	898.7	980.4	..
58-60	Édition, audiovisuel et diffusion	166.9	157.4	150.9	198.1	250.6	248.9	286.6	..
58	Activités d'édition	165.7	155.9	147.8	194.8	248.0	242.6	282.0	..
59-60	Activités audiovisuel et diffusion	1.2	1.6	3.0	3.2	2.6	6.3	4.6	..
59	Production de films, vidéo, programmes de télévision et d'enregistrements	1.2 e	1.5 e	3.0 e	3.2 e	2.6	4.1 e	2.1	..
60	Programmation et diffusion	0.0 e	0.0 e	0.0 e	0.0 e	0.0	2.2 e	2.6	..
61	Télécommunications	78.7	77.5	75.5	84.2	99.2	126.0	107.2	..
62-63	Technologies de l'information et informatique	315.4	367.7	413.4	401.2	453.1	523.7	586.6	..
62	Programmation informatique ; conseils et activités connexes	300.6	336.8	387.7	370.8	423.4	492.5	554.0	..
63	Services d'information	14.8	30.9	25.7	30.4	29.7	31.2	32.6	..
64-66	**Activités financières et d'assurances**	147.1	135.4	143.9	142.6	141.5	110.5	153.3	..
68-82	**Activités immobilières ; professionnelles ; services administratifs et d'appui**	779.4	786.6	762.7	808.3	881.3	866.4	891.5	..
68	Activités immobilières	0.0	0.0	0.0	0.0	0.0	0.0	0.0	..
69-75x72	Activités professionnelles, scientifiques et techniques, R-D scientifique exclu	309.0	280.8	266.6	315.7	340.4	356.5	362.6	..
72	Recherche scientifique et développement	451.8	491.1	482.5	486.5	532.0	500.9	517.9	..
77-82	Activités de services administratifs et d'appui	18.6	14.7	13.6	6.0	8.9	9.0	10.9	..
84-99	**Services collectifs, sociaux et personnels**	..	..	..	..	..	..	..	..
84-85	Administration publique et défense ; sécurité sociale obligatoire et éducation	..	..	..	..	..	..	..	..
86-88	Santé humaine et action sociale	..	..	..	..	..	..	..	..
90-93	Arts, spectacles et loisirs	..	..	..	..	..	..	..	..
94-99	Autres services ; ménages-employeurs ; organismes extra-territoriaux	..	..	..	..	..	..	..	..

.. Non disponible ; e Valeur estimée
Note : Voir les métadonnées détaillées sur : http://metalinks.oecd.org/anberd/20200813/0f11.

POLOGNE

Dépenses de R-D dans l'industrie par activité principale de l'entreprise, prix courants
CITI Rév. 4

Millions USD PPP

Code	Activité	2011	2012	2013	2014	2015	2016	2017	2018
	TOTAL ENTREPRISES	1 954.9	2 973.6	3 570.4	4 262.3	4 766.6	6 798.8	7 639.1	..
01-03	**AGRICULTURE, SYLVICULTURE ET PÊCHE**	15.0	18.5	17.7	19.2	25.1	..	33.7	..
05-09	**ACTIVITÉS EXTRACTIVES**	..	..	..	..	..	..	7.3	..
10-33	**ACTIVITÉS DE FABRICATION**	960.9	1 429.5	1 572.9	1 944.4	2 113.3	2 293.6 e	3 042.5	..
10-12	Produits alimentaires, boissons et tabac	35.4	33.3	79.3	231.8	79.3	69.4	147.1	..
13-15	Textiles, habillement, cuir et articles de cuir	9.1	12.6	14.8	21.3	32.3	10.6	59.7	..
13	Textiles	7.5	7.6	12.3	17.9	27.2 e	6.0	57.4	..
14	Articles d'habillement	1.1 e	3.7	2.0	2.5 e	3.8 e	3.2 e	1.0	..
15	Cuir et articles de cuir	0.5 e	1.3	0.5	0.9 e	1.2	1.3 e	1.4	..
16-18	Bois, papier, imprimerie et reproduction de supports enregistrés	19.5	24.7	40.2	29.8	47.8	53.9 e	96.3	..
16	Bois et articles en bois, sauf meubles	6.3 e	8.7	13.0	7.3	23.9	36.2	51.4	..
17	Papier et articles en papier	8.3	3.2	3.6	10.4	6.0	6.8 e	26.0	..
18	Imprimerie et reproduction de supports enregistrés	4.9 e	12.7	23.6	12.1	18.0	10.9	18.9	..
19-23	Produits pétroliers, chimiques, pharmaceutiques, caoutchouc, plastique, minéraux	240.9	322.0	322.4	360.5	512.0	457.8	695.5	..
19	Cokéfaction et raffinage	2.4	5.0	10.4 e	6.2 e	31.0	19.4	77.5	..
20-21	Industrie chimique et pharmaceutique	162.9	222.9	227.6	232.5	360.0	293.4	460.1	..
20	Produits chimiques	70.1	78.7	104.8 e	81.8	144.1	113.5	196.5	..
21	Préparations pharmaceutiques, chimiques (médicine) et d'herboristerie	92.9	144.1	122.8	150.7	216.0	179.9	263.6	..
22	Produits en caoutchouc et en plastique	57.1	62.2	57.8	88.1	73.4	108.4	102.8	..
23	Autres produits minéraux non métalliques	18.4	31.9	26.7	33.8 e	47.6	36.6	55.1	..
24-25	Produits métalliques de base et ouvrages en métaux (sauf machines et matériel)	119.1	174.3	212.9	247.5	240.5	231.9	368.9	..
24	Produits métallurgiques de base	16.3	19.5	16.9	85.3	53.5	46.8	110.7	..
25	Ouvrages en métaux (sauf machines et matériel)	102.8	154.7	196.0	162.2	187.1	185.1	258.2	..
26-30	Ordinateurs, articles électroniques et optiques ; machines et matériels de transport	480.0	751.2	830.6	958.7	1 073.1	1 275.4	1 510.1	..
26	Ordinateurs, articles électroniques et optiques	74.0	89.0	84.5	94.7	115.3	125.7	175.3	..
27	Matériels électriques	118.7	264.3	186.8	166.0	198.9	264.4	274.1	..
28	Machines et équipements n.c.a.	95.5	160.7	123.5	173.6	176.1	187.2	245.6	..
29	Automobiles, remorques et semi-remorques	101.2	125.8	310.3	388.7	391.9	536.0 e	624.7	..
30	Autres matériels de transport	90.4	111.3	125.5	135.8	190.9	162.1 e	190.5	..
31-33	Meubles ; réparation et installation de machines et de matériel	57.1	111.3	72.8	94.7	128.1	194.7	164.9	..
31	Meubles	11.8	31.6	26.8	29.0	34.0	86.8	50.8	..
32	Autres activités de fabrication	17.3	36.8	24.6	31.0	30.8	58.5	52.7	..
33	Réparation et installation de machines et de matériel	28.0	43.0	21.3	34.7	63.4	49.3	61.5	..
35-39	**ÉLECTRICITÉ, GAZ, EAU ET TRAITEMENT DES DÉCHETS**	..	..	..	..	..	41.9	51.2	..
35-36	Production et distribution d'électricité, de gaz et de l'eau	..	..	69.4	23.0	..	31.0	29.0	..
37-39	Assainissement, traitement des déchets et dépollution	11.7	34.4	..	..	..	10.8	22.2	..
41-43	**CONSTRUCTION**	31.3	30.4	71.9	31.7	30.5	47.3	64.5	..
45-99	**TOTAL SERVICES**	925.0	1 332.8	1 647.7	2 130.2	2 473.1	4 371.5 e	4 439.9	..
45-82	**Services du secteur des entreprises**	895.2	1 320.1	1 631.6	2 110.9	2 439.6	4 328.1	4 398.6	..
45-47	**Commerce de gros et de détail ; réparations automobiles et motocycles**	127.7	209.8	288.8	325.4	362.7	301.2	383.9	..
49-53	**Transport et entreposage**	..	..	..	..	8.2	..	5.1	..
55-56	**Activités d'hébergement et de restauration**	..	..	..	..	..	2.0	0.6	..
58-63	**Information et communication**	514.4	604.9	681.8	807.6	1 024.3	..	1 801.5	..
58-60	Édition, audiovisuel et diffusion	100.5	27.8	28.6	39.8	72.9	..	74.4	..
58	Activités d'édition	..	..	27.4	38.5	69.8	..	71.6	..
59-60	Activités audiovisuel et diffusion	..	..	1.2	1.2	3.1	3.9	2.8	..
59	Production de films, vidéo, programmes de télévision et d'enregistrements	..	..	..	..	..	..	2.3	..
60	Programmation et diffusion	..	..	..	..	..	..	0.5	..
61	Télécommunications	..	..	..	..	..	..	..	..
62-63	Technologies de l'information et informatique	..	..	..	..	..	1 380.5	..	..
62	Programmation informatique ; conseils et activités connexes	231.8	369.6	408.6	445.5	557.4	1 347.0	1 149.3	..
63	Services d'information	..	..	..	..	..	33.6	..	..
64-66	**Activités financières et d'assurances**	5.9	18.3	46.3	128.5	..	457.2	237.3	..
68-82	**Activités immobilières ; professionnelles ; services administratifs et d'appui**	233.2	483.2	596.4	833.9	..	..	1 970.4	..
68	Activités immobilières	0.0	28.9	42.3	35.6	..	..	5.0	..
69-75x72	Activités professionnelles, scientifiques et techniques, R-D scientifique exclu	30.3	122.3	107.5	233.3	316.6	290.2	356.2	..
72	Recherche scientifique et développement	202.7	327.7	439.7	555.2	568.3	1 377.8	1 583.5	..
77-82	Activités de services administratifs et d'appui	0.3	4.3	6.8	9.7	11.1	56.5	25.7	..
84-99	**Services collectifs, sociaux et personnels**	29.9	12.7	16.1	19.3	33.5	43.4 e	41.3	..
84-85	Administration publique et défense ; sécurité sociale obligatoire et éducation	0.7 e	0.7	0.9	1.4	0.9	1.4	1.7	..
86-88	Santé humaine et action sociale	21.1 e	10.5	8.8	10.5	19.4	22.2	35.1	..
90-93	Arts, spectacles et loisirs	6.9	0.3	0.3	0.7	0.6	1.7	0.8	..
94-99	Autres services ; ménages-employeurs ; organismes extra-territoriaux	1.2	1.2	6.1	6.7	12.7	18.1 e	3.7	..

.. Non disponible ; e Valeur estimée

Note : Voir les métadonnées détaillées sur : *http://metalinks.oecd.org/anberd/20200813/0f11*.

POLOGNE

Dépenses de R-D dans l'industrie par activité principale de l'entreprise, prix constants
CITI Rév. 4

2010 PPP USD

		2011	2012	2013	2014	2015	2016	2017	2018
	TOTAL ENTREPRISES	**2 074.6**	**3 074.2**	**3 610.6**	**4 301.2**	**4 766.6**	**6 656.4**	**7 361.0**	..
01-03	**AGRICULTURE, SYLVICULTURE ET PÊCHE**	**16.0**	**19.2**	**17.9**	**19.4**	**25.1**	..	**32.4**	..
05-09	**ACTIVITÉS EXTRACTIVES**	..	..	..	..	..	..	**7.0**	..
10-33	**ACTIVITÉS DE FABRICATION**	**1 019.7**	**1 477.8**	**1 590.6**	**1 962.2**	**2 113.3**	**2 245.6 e**	**2 931.7**	..
10-12	Produits alimentaires, boissons et tabac	37.5	34.5	80.2	234.0	79.3	68.0	141.7	..
13-15	Textiles, habillement, cuir et articles de cuir	9.7	13.1	14.9	21.5	32.3	10.3	57.6	..
13	Textiles	8.0	7.8	12.4	18.1	27.2 e	5.9	55.3	..
14	Articles d'habillement	1.1 e	3.8	2.0	2.5 e	3.8 e	3.2 e	0.9	..
15	Cuir et articles de cuir	0.5 e	1.4	0.5	0.9 e	1.2	1.3 e	1.3	..
16-18	Bois, papier, imprimerie et reproduction de supports enregistrés	20.7	25.6	40.6	30.1	47.8	52.8 e	92.8	..
16	Bois et articles en bois, sauf meubles	6.7 e	9.0	13.1	7.4	23.9	35.5	49.5	..
17	Papier et articles en papier	8.8	3.3	3.6	10.5	6.0	6.6 e	25.1	..
18	Imprimerie et reproduction de supports enregistrés	5.2 e	13.2	23.9	12.2	18.0	10.7	18.2	..
19-23	Produits pétroliers, chimiques, pharmaceutiques, caoutchouc, plastique, minéraux	255.6	332.9	326.0	363.8	512.0	448.2	670.2	..
19	Cokéfaction et raffinage	2.5	5.2	10.5 e	6.2 e	31.0	19.0	74.7	..
20-21	Industrie chimique et pharmaceutique	172.9	230.4	230.1	234.6	360.0	287.2	443.4	..
20	Produits chimiques	74.3	81.4	106.0 e	82.5	144.1	111.1	189.3	..
21	Préparations pharmaceutiques, chimiques (médicine) et d'herboristerie	98.6	149.0	124.2	152.1	216.0	176.1	254.0	..
22	Produits en caoutchouc et en plastique	60.6	64.3	58.4	88.9	73.4	106.1	99.1	..
23	Autres produits minéraux non métalliques	19.6	33.0	27.0	34.1 e	47.6	35.9	53.1	..
24-25	Produits métalliques de base et ouvrages en métaux (sauf machines et matériel)	126.4	180.2	215.3	249.7	240.6	227.0	355.5	..
24	Produits métallurgiques de base	17.3	20.2	17.1	86.1	53.5	45.8	106.7	..
25	Ouvrages en métaux (sauf machines et matériel)	109.1	160.0	198.2	163.7	187.1	181.2	248.8	..
26-30	Ordinateurs, articles électroniques et optiques ; machines et matériels de transport	509.3	776.6	840.0	967.5	1 073.1	1 248.7	1 455.1	..
26	Ordinateurs, articles électroniques et optiques	78.5	92.0	85.5	95.5	115.3	123.0	168.9	..
27	Matériels électriques	126.0	273.3	188.9	167.5	198.9	258.9	264.1	..
28	Machines et équipements n.c.a.	101.4	166.1	124.9	175.1	176.1	183.3	236.7	..
29	Automobiles, remorques et semi-remorques	107.4	130.1	313.8	392.2	391.9	524.8 e	601.9	..
30	Autres matériels de transport	96.0	115.1	126.9	137.1	190.9	158.7 e	183.6	..
31-33	Meubles ; réparation et installation de machines et de matériel	60.6	115.1	73.6	95.6	128.1	190.6	158.9	..
31	Meubles	12.5	32.6	27.1	29.3	34.0	85.0	48.9	..
32	Autres activités de fabrication	18.3	38.0	24.9	31.2	30.8	57.3	50.7	..
33	Réparation et installation de machines et de matériel	29.7	44.4	21.5	35.1	63.4	48.3	59.2	..
35-39	**ÉLECTRICITÉ, GAZ, EAU ET TRAITEMENT DES DÉCHETS**	..	..	..	..	..	**41.1**	**49.3**	..
35-36	Production et distribution d'électricité, de gaz et de l'eau	..	..	70.1	23.2	..	30.4	27.9	..
37-39	Assainissement, traitement des déchets et dépollution	12.4	35.5	..	..	..	10.6	21.4	..
41-43	**CONSTRUCTION**	**33.2**	**31.4**	**72.7**	**32.0**	**30.5**	**46.3**	**62.2**	..
45-99	**TOTAL SERVICES**	**981.7**	**1 377.9**	**1 666.2**	**2 149.7**	**2 473.1**	**4 279.9 e**	**4 278.2**	..
45-82	**Services du secteur des entreprises**	**950.0**	**1 364.7**	**1 650.0**	**2 130.2**	**2 439.6**	**4 237.4**	**4 238.4**	..
45-47	**Commerce de gros et de détail ; réparations automobiles et motocycles**	**135.5**	**216.9**	**292.0**	**328.4**	**362.7**	**294.9**	**369.9**	..
49-53	**Transport et entreposage**	..	..	..	..	**8.2**	..	**4.9**	..
55-56	**Activités d'hébergement et de restauration**	..	..	..	..	..	**1.9**	**0.6**	..
58-63	**Information et communication**	**545.9**	**625.4**	**689.4**	**814.9**	**1 024.3**	..	**1 735.9**	..
58-60	Édition, audiovisuel et diffusion	106.7	28.8	28.9	40.1	72.9	..	71.7	..
58	Activités d'édition	..	..	27.7	38.8	69.8	..	69.0	..
59-60	Activités audiovisuel et diffusion	..	..	1.3	1.3	3.1	3.8	2.7	..
59	Production de films, vidéo, programmes de télévision et d'enregistrements	..	..	..	..	..	..	2.2	..
60	Programmation et diffusion	..	..	..	..	..	..	0.5	..
61	Télécommunications	..	..	..	..	..	..	..	..
62-63	Technologies de l'information et informatique	..	..	..	..	..	1 351.6	..	..
62	Programmation informatique ; conseils et activités connexes	246.0	382.1	413.2	449.5	557.4	1 318.7	1 107.4	..
63	Services d'information	..	..	..	..	..	32.9	..	..
64-66	**Activités financières et d'assurances**	**6.3**	**18.9**	**46.8**	**129.6**	..	**447.6**	**228.6**	..
68-82	**Activités immobilières ; professionnelles ; services administratifs et d'appui**	**247.5**	**499.5**	**603.1**	**841.5**	..	..	**1 898.6**	..
68	Activités immobilières	0.0	29.9	42.8	35.9	..	..	4.8	..
69-75x72	Activités professionnelles, scientifiques et techniques, R-D scientifique exclu	32.1	126.5	108.8	235.4	316.6	284.1	343.2	..
72	Recherche scientifique et développement	215.1	338.8	444.7	560.3	568.3	1 349.0	1 525.8	..
77-82	Activités de services administratifs et d'appui	0.3	4.4	6.8	9.8	11.1	55.3	24.7	..
84-99	Services collectifs, sociaux et personnels	31.7	13.2	16.2	19.5	33.5	42.5 e	39.8	..
84-85	Administration publique et défense ; sécurité sociale obligatoire et éducation	0.8 e	0.7	0.9	1.4	0.9	1.4	1.6	..
86-88	Santé humaine et action sociale	22.4 e	10.9	8.9	10.6	19.4	21.8	33.8	..
90-93	Arts, spectacles et loisirs	7.3	0.3	0.3	0.7	0.6	1.6	0.8	..
94-99	Autres services ; ménages-employeurs ; organismes extra-territoriaux	1.2	1.3	6.2	6.7	12.7	17.7 e	3.6	..

.. Non disponible ; e Valeur estimée
Note : Voir les métadonnées détaillées sur : http://metalinks.oecd.org/anberd/20200813/0f11.

PORTUGAL

Dépenses de R-D dans l'industrie par activité principale de l'entreprise, prix courants
CITI Rév. 4

Millions USD PPP

		2011	2012	2013	2014	2015	2016	2017	2018
	TOTAL ENTREPRISES	1 952.1	1 905.1	1 838.4	1 789.6	1 772.5	2 023.7	2 267.1	..
01-03	**AGRICULTURE, SYLVICULTURE ET PÊCHE**	4.6	7.9	11.6	7.9	8.5	15.8	19.6	..
05-09	**ACTIVITÉS EXTRACTIVES**	6.4	4.4	6.5	5.9	12.4	9.1	14.0	..
10-33	**ACTIVITÉS DE FABRICATION**	692.7	781.3	727.3	742.4	705.5	846.6	897.7	..
10-12	Produits alimentaires, boissons et tabac	66.4	117.3	101.0	96.9	77.1	85.6	87.8	..
13-15	Textiles, habillement, cuir et articles de cuir	33.2	38.4	38.9	44.0	46.0	49.8	51.7	..
13	Textiles	20.0	23.0	19.0	23.3	26.7	28.5	27.3	..
14	Articles d'habillement	5.0	5.8	4.4	5.7	5.6	7.3	8.6	..
15	Cuir et articles de cuir	8.3	9.6	15.5	15.0	13.8	14.0	15.8	..
16-18	Bois, papier, imprimerie et reproduction de supports enregistrés	54.8	58.9	61.6	56.4	55.1	58.8	72.3	..
16	Bois et articles en bois, sauf meubles	15.3	16.0	14.5	15.0	18.4	18.6	26.8	..
17	Papier et articles en papier	21.1	25.7	26.3	19.4	16.8	19.6	23.7	..
18	Imprimerie et reproduction de supports enregistrés	18.4	17.1	20.7	22.0	19.9	20.6	21.7	..
19-23	Produits pétroliers, chimiques, pharmaceutiques, caoutchouc, plastique, minéraux	259.7	297.8 e	269.5	259.0 e	258.8 e	317.5 e	343.4 e	..
19	Cokéfaction et raffinage	8.7	7.1 e	5.8	3.7 e	5.6 e	7.4 e	7.6 e	..
20-21	Industrie chimique et pharmaceutique	169.4	188.6	186.8	171.6	173.2	210.2	225.5	..
20	Produits chimiques	29.1	40.8	41.9	41.9	45.7	56.2	51.6	..
21	Préparations pharmaceutiques, chimiques (médicine) et d'herboristerie	140.4	147.8	144.9	129.7	127.5	154.1	173.9	..
22	Produits en caoutchouc et en plastique	34.8	38.9	35.6	36.6	38.7	63.0	58.0	..
23	Autres produits minéraux non métalliques	46.8	63.1	41.3	47.0	41.4	36.8	52.3	..
24-25	Produits métalliques de base et ouvrages en métaux (sauf machines et matériel)	61.3	57.7	59.4	77.7	51.4	65.1	77.2	..
24	Produits métallurgiques de base	19.2	19.2	22.0	33.0	12.9	18.1	21.0	..
25	Ouvrages en métaux (sauf machines et matériel)	42.1	38.5	37.5	44.7	38.5	47.0	56.2	..
26-30	Ordinateurs, articles électroniques et optiques ; machines et matériels de transport	200.9	195.4	177.3	189.4	197.1	245.3	240.8	..
26	Ordinateurs, articles électroniques et optiques	42.5	43.0	41.0	49.8	53.1	64.1	63.8	..
27	Matériels électriques	70.8	62.9	59.9	52.6	45.1	53.1	54.6	..
28	Machines et équipements n.c.a.	25.8	34.6	31.7	32.5	36.4	44.0	46.4	..
29	Automobiles, remorques et semi-remorques	55.4	47.3	40.9	50.0	55.4	68.4	63.7	..
30	Autres matériels de transport	6.5	7.6	3.8	4.5	7.0	15.8	12.3	..
31-33	Meubles ; réparation et installation de machines et de matériel	16.4	15.8 e	19.5	19.0 e	20.0 e	24.4 e	24.4 e	..
31	Meubles	6.4	7.3	7.8	8.0	6.2	5.3	8.4	..
32	Autres activités de fabrication	4.9	4.1 e	4.7	3.0 e	4.5 e	6.0 e	6.2 e	..
33	Réparation et installation de machines et de matériel	5.0	4.4	7.0	8.1	9.3	13.1	9.9	..
35-39	**ÉLECTRICITÉ, GAZ, EAU ET TRAITEMENT DES DÉCHETS**	24.3	33.9	17.0	16.1	21.5	23.5	16.4	..
35-36	Production et distribution d'électricité, de gaz et de l'eau	17.8	15.2	9.1	8.8	14.4	16.8	10.1	..
37-39	Assainissement, traitement des déchets et dépollution	6.5	18.7	7.8	7.3	7.1	6.7	6.3	..
41-43	**CONSTRUCTION**	16.6	8.5	13.1	14.1	13.8	10.9	18.6	..
45-99	**TOTAL SERVICES**	1 207.6	1 069.1	1 062.8	1 003.2	1 010.7	1 117.8	1 300.8	..
45-82	**Services du secteur des entreprises**	1 183.6	1 046.5	1 039.2	972.6	978.1	1 089.0	1 264.5	..
45-47	Commerce de gros et de détail ; réparations automobiles et motocycles	138.1	129.0	81.4	96.0	85.9	91.5	107.3	..
49-53	Transport et entreposage	41.7	19.4	23.1	23.1	19.7	18.8	34.2	..
55-56	Activités d'hébergement et de restauration	0.3	0.2	0.1	0.1	0.1	0.7	1.3	..
58-63	Information et communication	532.4	449.1	412.3	336.5	312.9	374.1	450.1	..
58-60	Édition, audiovisuel et diffusion	29.4	25.7	23.6	26.7	20.7	21.6	28.7	..
58	Activités d'édition	22.6	19.6	22.3	25.6 e	20.3	20.4	28.2	..
59-60	Activités audiovisuel et diffusion	6.9	6.0	1.3	1.0 e	0.4	1.1	0.5	..
59	Production de films, vidéo, programmes de télévision et d'enregistrements	0.2	0.5	0.1 e	..	..	0.6	0.5	..
60	Programmation et diffusion	6.7	5.6	1.2 e	..	..	0.6	0.0	..
61	Télécommunications	339.1	225.2	184.0	85.8	78.6	102.9	124.6	..
62-63	Technologies de l'information et informatique	163.9	198.2	204.8	224.1	213.5	249.6	296.8	..
62	Programmation informatique ; conseils et activités connexes	158.6	188.9	197.2	215.5	200.7	232.8	255.7	..
63	Services d'information	5.2	9.3	7.6	8.6	12.9	16.8	41.1	..
64-66	**Activités financières et d'assurances**	244.1	246.6	271.9	258.4	284.4	291.3	237.9	..
68-82	**Activités immobilières ; professionnelles ; services administratifs et d'appui**	227.0	202.1	250.2	258.5	275.1	312.5	433.8	..
68	Activités immobilières	0.0	0.0	0.0	0.0	0.0	0.0	0.0	..
69-75x72	Activités professionnelles, scientifiques et techniques, R-D scientifique exclu	138.1	95.2	97.4	89.5	108.1	128.6	225.2	..
72	Recherche scientifique et développement	73.4	89.0	136.9	148.7	145.5	160.7	183.3	..
77-82	Activités de services administratifs et d'appui	15.5	17.9	15.9	20.3	21.4	23.2	25.3	..
84-99	**Services collectifs, sociaux et personnels**	24.0	22.6	23.7	30.6	32.6	28.7	36.3	..
84-85	Administration publique et défense ; sécurité sociale obligatoire et éducation	2.2	1.5	4.0	3.9	1.0	0.4	0.5 e	..
86-88	Santé humaine et action sociale	7.3	6.9	7.7	8.1	9.6	13.3	17.7 e	..
90-93	Arts, spectacles et loisirs	1.1	0.6	3.8	1.4	2.8	2.3	3.0	..
94-99	Autres services ; ménages-employeurs ; organismes extra-territoriaux	13.3	13.6	8.1	17.2	19.2	12.8	15.1	..

.. Non disponible ; e Valeur estimée
Note : Voir les métadonnées détaillées sur : *http://metalinks.oecd.org/anberd/20200813/0f11*.

PORTUGAL

Dépenses de R-D dans l'industrie par activité principale de l'entreprise, prix constants
CITI Rév. 4

2010 PPP USD

		2011	2012	2013	2014	2015	2016	2017	2018
	TOTAL ENTREPRISES	2 176.5	2 071.8	1 884.9	1 807.3	1 772.5	1 944.2	2 158.7	..
01-03	**AGRICULTURE, SYLVICULTURE ET PÊCHE**	5.1	8.6	11.9	7.9	8.5	15.2	18.7	..
05-09	**ACTIVITÉS EXTRACTIVES**	7.1	4.8	6.7	6.0	12.4	8.8	13.4	..
10-33	**ACTIVITÉS DE FABRICATION**	772.3	849.7	745.7	749.7	705.5	813.3	854.8	..
10-12	Produits alimentaires, boissons et tabac	74.0	127.6	103.6	97.9	77.1	82.2	83.6	..
13-15	Textiles, habillement, cuir et articles de cuir	37.0	41.7	39.9	44.4	46.0	47.9	49.2	..
13	Textiles	22.3	25.0	19.4	23.5	26.7	27.4	26.0	..
14	Articles d'habillement	5.5	6.3	4.5	5.8	5.6	7.0	8.2	..
15	Cuir et articles de cuir	9.2	10.5	15.9	15.1	13.8	13.4	15.0	..
16-18	Bois, papier, imprimerie et reproduction de supports enregistrés	61.1	64.0	63.2	57.0	55.1	56.5	68.8	..
16	Bois et articles en bois, sauf meubles	17.0	17.4	14.9	15.2	18.4	17.9	25.5	..
17	Papier et articles en papier	23.6	28.0	27.0	19.6	16.8	18.8	22.6	..
18	Imprimerie et reproduction de supports enregistrés	20.5	18.6	21.3	22.2	19.9	19.8	20.7	..
19-23	Produits pétroliers, chimiques, pharmaceutiques, caoutchouc, plastique, minéraux	289.5	323.9 e	276.3	261.5 e	258.8 e	305.0 e	327.0 e	..
19	Cokéfaction et raffinage	9.7	7.8 e	5.9	3.8 e	5.6 e	7.1 e	7.3 e	..
20-21	Industrie chimique et pharmaceutique	188.9	205.1	191.5	173.3	173.2	202.0	214.7	..
20	Produits chimiques	32.4	44.4	43.0	42.3	45.7	54.0	49.2	..
21	Préparations pharmaceutiques, chimiques (médicine) et d'herboristerie	156.5	160.8	148.6	131.0	127.5	148.0	165.5	..
22	Produits en caoutchouc et en plastique	38.8	42.3	36.5	37.0	38.7	60.6	55.3	..
23	Autres produits minéraux non métalliques	52.1	68.6	42.4	47.5	41.4	35.4	49.8	..
24-25	Produits métalliques de base et ouvrages en métaux (sauf machines et matériel)	68.4	62.8	60.9	78.5	51.4	62.6	73.5	..
24	Produits métallurgiques de base	21.4	20.9	22.5	33.3	12.9	17.4	20.0	..
25	Ouvrages en métaux (sauf machines et matériel)	46.9	41.9	38.4	45.1	38.5	45.1	53.5	..
26-30	Ordinateurs, articles électroniques et optiques ; machines et matériels de transport	224.0	212.5	181.8	191.3	197.1	235.7	229.3	..
26	Ordinateurs, articles électroniques et optiques	47.4	46.8	42.0	50.2	53.1	61.6	60.8	..
27	Matériels électriques	78.9	68.4	61.4	53.1	45.1	51.0	52.0	..
28	Machines et équipements n.c.a.	28.8	37.6	32.5	32.9	36.4	42.3	44.2	..
29	Automobiles, remorques et semi-remorques	61.8	51.5	41.9	50.5	55.4	65.7	60.7	..
30	Autres matériels de transport	7.3	8.3	3.9	4.6	7.0	15.2	11.7	..
31-33	Meubles ; réparation et installation de machines et de matériel	18.2	17.2 e	20.0	19.2 e	20.0 e	23.4 e	23.2 e	..
31	Meubles	7.1	8.0	8.0	8.0	6.2	5.1	8.0	..
32	Autres activités de fabrication	5.5	4.4 e	4.8	3.0 e	4.5 e	5.7 e	5.9 e	..
33	Réparation et installation de machines et de matériel	5.6	4.8	7.2	8.1	9.3	12.6	9.4	..
35-39	**ÉLECTRICITÉ, GAZ, EAU ET TRAITEMENT DES DÉCHETS**	27.1	36.9	17.4	16.3	21.5	22.6	15.6	..
35-36	Production et distribution d'électricité, de gaz et de l'eau	19.9	16.5	9.4	8.9	14.4	16.2	9.6	..
37-39	Assainissement, traitement des déchets et dépollution	7.2	20.3	8.0	7.4	7.1	6.4	6.0	..
41-43	**CONSTRUCTION**	18.5	9.3	13.5	14.2	13.8	10.5	17.7	..
45-99	**TOTAL SERVICES**	1 346.4	1 162.6	1 089.7	1 013.1	1 010.7	1 073.9	1 238.6	..
45-82	Services du secteur des entreprises	1 319.6	1 138.0	1 065.5	982.2	978.1	1 046.3	1 204.1	..
45-47	Commerce de gros et de détail ; réparations automobiles et motocycles	153.9	140.3	83.5	96.9	85.9	87.9	102.1	..
49-53	Transport et entreposage	46.5	21.1	23.7	23.4	19.7	18.1	32.5	..
55-56	Activités d'hébergement et de restauration	0.3	0.3	0.1	0.1	0.1	0.7	1.3	..
58-63	Information et communication	593.6	488.4	422.8	339.9	312.9	359.4	428.6	..
58-60	Édition, audiovisuel et diffusion	32.8	27.9	24.2	26.9	20.7	20.7	27.3	..
58	Activités d'édition	25.2	21.3	22.9	25.9 e	20.3	19.6	26.8	..
59-60	Activités audiovisuel et diffusion	7.7	6.6	1.3	1.0 e	0.4	1.1	0.5	..
59	Production de films, vidéo, programmes de télévision et d'enregistrements	0.2	0.5	0.1 e	..	..	0.5	0.5	..
60	Programmation et diffusion	7.5	6.1	1.2 e	..	..	0.6	0.0	..
61	Télécommunications	378.1	244.9	188.6	86.7	78.6	98.9	118.6	..
62-63	Technologies de l'information et informatique	182.7	215.6	209.9	226.3	213.5	239.8	282.6	..
62	Programmation informatique ; conseils et activités connexes	176.9	205.5	202.1	217.6	200.7	223.7	243.5	..
63	Services d'information	5.8	10.1	7.8	8.7	12.9	16.1	39.1	..
64-66	**Activités financières et d'assurances**	272.1	268.2	278.8	261.0	284.4	279.9	226.5	..
68-82	**Activités immobilières ; professionnelles ; services administratifs et d'appui**	253.1	219.8	256.6	261.0	275.1	300.3	413.1	..
68	Activités immobilières	0.0	0.0	0.0	0.0	0.0	0.0	0.0	..
69-75x72	Activités professionnelles, scientifiques et techniques, R-D scientifique exclu	154.0	103.5	99.9	90.4	108.1	123.5	214.5	..
72	Recherche scientifique et développement	81.9	96.8	140.4	150.2	145.5	154.4	174.6	..
77-82	Activités de services administratifs et d'appui	17.3	19.5	16.3	20.5	21.4	22.3	24.1	..
84-99	Services collectifs, sociaux et personnels	26.7	24.6	24.3	30.9	32.6	27.6	34.5	..
84-85	Administration publique et défense ; sécurité sociale obligatoire et éducation	2.5	1.7	4.1	3.9	1.0	0.4	0.4 e	..
86-88	Santé humaine et action sociale	8.1	7.5	7.9	8.2	9.6	12.8	16.9 e	..
90-93	Arts, spectacles et loisirs	1.3	0.6	3.9	1.4	2.8	2.2	2.9	..
94-99	Autres services ; ménages-employeurs ; organismes extra-territoriaux	14.9	14.8	8.3	17.4	19.2	12.3	14.4	..

.. Non disponible ; e Valeur estimée
Note : Voir les métadonnées détaillées sur : http://metalinks.oecd.org/anberd/20200813/0f11.

PORTUGAL

Dépenses de R-D dans l'industrie par orientation sectorielle, prix courants
CITI Rév. 4

Millions USD PPP

		2011	2012	2013	2014	2015	2016	2017	2018
	TOTAL ENTREPRISES	**1 952.1**	**1 905.1**	**1 838.4**	**1 789.6**	**1 772.5**	**2 023.7**	**2 267.1**	..
01-03	**AGRICULTURE, SYLVICULTURE ET PÊCHE**	**18.5**	**27.3**	**26.2**	**23.1**	**23.8**	**26.7**	**36.5**	..
05-09	**ACTIVITÉS EXTRACTIVES**	**23.8**	**13.0**	**12.9**	**13.3**	**24.9**	**16.7**	**20.5**	..
10-33	**ACTIVITÉS DE FABRICATION**	**752.5**	**844.8**	**804.2**	**840.1**	**826.2**	**981.0**	**1 063.2**	..
10-12	Produits alimentaires, boissons et tabac	63.8	109.0	89.7	90.7	70.1	85.3	88.6	..
13-15	Textiles, habillement, cuir et articles de cuir	35.9	40.9	40.8	45.5	52.4	56.5	58.0	..
13	Textiles	20.4	24.3	23.1	28.5	32.7	32.9	31.8	..
14	Articles d'habillement	6.9	5.1	3.7	3.7	7.9	9.9	9.8	..
15	Cuir et articles de cuir	8.6	11.5	14.1	13.3	11.8	13.7	16.3	..
16-18	Bois, papier, imprimerie et reproduction de supports enregistrés	37.3	44.6	46.7	40.5	39.9	44.6	58.3	..
16	Bois et articles en bois, sauf meubles	11.9	15.6	14.1	13.8	15.2	15.1	23.1	..
17	Papier et articles en papier	25.3	28.2	31.9	25.8	23.7	27.8	33.4	..
18	Imprimerie et reproduction de supports enregistrés	0.1	0.9	0.7	1.0	1.0	1.6	1.8	..
19-23	Produits pétroliers, chimiques, pharmaceutiques, caoutchouc, plastique, minéraux	267.7	313.3	283.5 e	276.5	276.2	309.5	350.5	..
19	Cokéfaction et raffinage	0.3	5.9	3.2 e	2.9	5.6	5.6	7.7	..
20-21	Industrie chimique et pharmaceutique	195.4	215.4	208.3	199.1	201.1	235.7	257.1	..
20	Produits chimiques	36.7	46.9	44.9	46.7	50.0	60.2	55.3	..
21	Préparations pharmaceutiques, chimiques (médicine) et d'herboristerie	158.7	168.5	163.4	152.4	151.1	175.5	201.8	..
22	Produits en caoutchouc et en plastique	26.2	26.5	27.8	28.3	28.3	31.5	33.1	..
23	Autres produits minéraux non métalliques	45.7	65.5	44.2	46.2	41.1	36.7	52.6	..
24-25	Produits métalliques de base et ouvrages en métaux (sauf machines et matériel)	54.8	49.8	53.9	69.0	47.8	57.3	69.0	..
24	Produits métallurgiques de base	21.5	19.8	22.6	34.0	11.7	17.5	20.7	..
25	Ouvrages en métaux (sauf machines et matériel)	33.3	30.0	31.3	35.0	36.1	39.9	48.3	..
26-30	Ordinateurs, articles électroniques et optiques ; machines et matériels de transport	265.5	258.8	262.6	289.3	308.8	383.6	394.1	..
26	Ordinateurs, articles électroniques et optiques	62.5	43.5	65.3	81.6	94.6	105.8	99.1	..
27	Matériels électriques	61.3	53.9	56.8	54.9	49.9	56.8	62.7	..
28	Machines et équipements n.c.a.	44.9	45.6	40.8	44.2	40.4	50.1	56.5	..
29	Automobiles, remorques et semi-remorques	77.2	90.1	75.1	83.2	91.5	128.7	125.0	..
30	Autres matériels de transport	19.6	25.8	24.5	25.4	32.3	42.1	50.8	..
31-33	Meubles ; réparation et installation de machines et de matériel	27.4	28.4	27.0 e	28.7	31.0	44.2	44.7	..
31	Meubles	5.8	7.1	8.2	8.0	6.8	6.9	10.0	..
32	Autres activités de fabrication	16.6	14.7	12.2	14.1	16.1	24.9	24.0	..
33	Réparation et installation de machines et de matériel	5.0	6.5	6.6 e	6.5	8.2	12.3	10.6	..
35-39	**ÉLECTRICITÉ, GAZ, EAU ET TRAITEMENT DES DÉCHETS**	**31.9**	**38.4**	**21.3**	**23.7**	**22.5**	**24.5**	**20.7**	..
35-36	Production et distribution d'électricité, de gaz et de l'eau	18.8	15.0	8.1	10.7	14.1	16.8	12.1	..
37-39	Assainissement, traitement des déchets et dépollution	13.1	23.3	13.2	13.0	8.4	7.8	8.6	..
41-43	**CONSTRUCTION**	**13.7**	**7.5**	**12.7**	**13.2**	**16.2**	**17.2**	**21.2**	..
45-99	**TOTAL SERVICES**	**1 111.7**	**974.0**	**961.1**	**876.1**	**858.8**	**957.6**	**1 105.0**	..
45-82	**Services du secteur des entreprises**	**1 098.6**	**963.9**	**941.8**	**842.1**	**838.3**	**933.5**	**1 071.2**	..
45-47	Commerce de gros et de détail ; réparations automobiles et motocycles	57.5	71.7	69.8	77.7	67.9	67.4	85.6	..
49-53	Transport et entreposage	34.2	12.3	17.6	16.5	16.4	15.4	16.5	..
55-56	Activités d'hébergement et de restauration	0.9	6.2	6.2	1.4	1.7	1.7	1.9 e	..
58-63	Information et communication	702.2	605.0	543.2	460.9	425.6	488.3	644.5	..
58-60	Édition, audiovisuel et diffusion	75.7	90.0	112.0	104.2	107.0	136.0	150.0	..
58	Activités d'édition	70.6	87.1	109.9	103.8	106.6	135.5	142.9	..
59-60	Activités audiovisuel et diffusion	5.1	2.9	2.0	0.4	0.4	0.4	7.1	..
59	Production de films, vidéo, programmes de télévision et d'enregistrements	2.1	0.8	0.8	0.4	..	..	..	..
60	Programmation et diffusion	3.0	2.1	1.3	0.0	..	..	..	..
61	Télécommunications	447.6	328.3	248.4	146.7	140.8	145.7	208.8	..
62-63	Technologies de l'information et informatique	178.9	186.7	182.8	210.0	177.9	206.7	285.6	..
62	Programmation informatique ; conseils et activités connexes	131.6	157.5	156.9	182.3	146.7	161.8	206.5	..
63	Services d'information	47.4	29.3	25.8	27.6	31.1	44.9	79.2	..
64-66	**Activités financières et d'assurances**	**146.7**	**148.9**	**151.6**	**135.0**	**161.4**	**194.6**	**141.5**	..
68-82	**Activités immobilières ; professionnelles ; services administratifs et d'appui**	**157.1**	**119.7**	**153.3**	**150.6**	**165.3**	**166.1**	**181.2**	..
68	Activités immobilières	1.3	0.9	1.6	1.9	1.4	1.9	2.1 e	..
69-75x72	Activités professionnelles, scientifiques et techniques, R-D scientifique exclu	118.2	73.2	83.1	72.5	83.9	91.8	102.4	..
72	Recherche scientifique et développement	33.2	38.6	60.9	69.6	71.3	63.5	70.3	..
77-82	Activités de services administratifs et d'appui	4.4	7.0	7.7	6.6	8.7	8.8	6.4	..
84-99	**Services collectifs, sociaux et personnels**	**13.1**	**10.2**	**19.3**	**34.0**	**20.5**	**24.1**	**33.8**	..
84-85	Administration publique et défense ; sécurité sociale obligatoire et éducation	0.6	1.2	1.4	1.9	2.5	2.5	1.7	..
86-88	Santé humaine et action sociale	10.2	7.9	14.2	27.5	14.0	18.4	29.3	..
90-93	Arts, spectacles et loisirs	0.6	0.5	0.6	1.4	2.8	1.1	0.7	..
94-99	Autres services ; ménages-employeurs ; organismes extra-territoriaux	1.7	0.6	3.1	3.2	1.2	2.2	2.1	..

.. Non disponible ; e Valeur estimée
Note : Voir les métadonnées détaillées sur : *http://metalinks.oecd.org/anberd/20200813/0f11*.

PORTUGAL

Dépenses de R-D dans l'industrie par orientation sectorielle, prix constants
CITI Rév. 4

2010 PPP USD

		2011	2012	2013	2014	2015	2016	2017	2018
	TOTAL ENTREPRISES	**2 176.5**	**2 071.8**	**1 884.9**	**1 807.3**	**1 772.5**	**1 944.2**	**2 158.7**	..
01-03	**AGRICULTURE, SYLVICULTURE ET PÊCHE**	**20.6**	**29.7**	**26.9**	**23.4**	**23.8**	**25.6**	**34.7**	..
05-09	**ACTIVITÉS EXTRACTIVES**	**26.5**	**14.2**	**13.3**	**13.5**	**24.9**	**16.0**	**19.5**	..
10-33	**ACTIVITÉS DE FABRICATION**	**839.0**	**918.7**	**824.6**	**848.4**	**826.2**	**942.4**	**1 012.4**	..
10-12	Produits alimentaires, boissons et tabac	71.2	118.5	91.9	91.6	70.1	81.9	84.4	..
13-15	Textiles, habillement, cuir et articles de cuir	40.0	44.5	41.9	45.9	52.4	54.3	55.2	..
13	Textiles	22.8	26.4	23.6	28.7	32.7	31.6	30.3	..
14	Articles d'habillement	7.7	5.6	3.8	3.8	7.9	9.5	9.4	..
15	Cuir et articles de cuir	9.5	12.5	14.5	13.4	11.8	13.1	15.5	..
16-18	Bois, papier, imprimerie et reproduction de supports enregistrés	41.6	48.5	47.9	40.9	39.9	42.8	55.5	..
16	Bois et articles en bois, sauf meubles	13.3	16.9	14.5	13.9	15.2	14.5	22.0	..
17	Papier et articles en papier	28.2	30.6	32.7	26.0	23.7	26.7	31.8	..
18	Imprimerie et reproduction de supports enregistrés	0.1	1.0	0.7	1.0	1.0	1.6	1.7	..
19-23	Produits pétroliers, chimiques, pharmaceutiques, caoutchouc, plastique, minéraux	298.4	340.7	290.6 e	279.2	276.2	297.4	333.8	..
19	Cokéfaction et raffinage	0.3	6.4	3.2 e	3.0	5.6	5.4	7.4	..
20-21	Industrie chimique et pharmaceutique	217.9	234.2	213.6	201.1	201.1	226.5	244.8	..
20	Produits chimiques	40.9	51.0	46.1	47.2	50.0	57.8	52.6	..
21	Préparations pharmaceutiques, chimiques (médicine) et d'herboristerie	177.0	183.2	167.5	153.9	151.1	168.6	192.2	..
22	Produits en caoutchouc et en plastique	29.2	28.9	28.5	28.6	28.3	30.3	31.6	..
23	Autres produits minéraux non métalliques	51.0	71.2	45.3	46.6	41.1	35.3	50.0	..
24-25	Produits métalliques de base et ouvrages en métaux (sauf machines et matériel)	61.1	54.1	55.3	69.7	47.8	55.1	65.7	..
24	Produits métallurgiques de base	24.0	21.6	23.2	34.4	11.7	16.8	19.7	..
25	Ouvrages en métaux (sauf machines et matériel)	37.1	32.6	32.1	35.3	36.1	38.3	46.0	..
26-30	Ordinateurs, articles électroniques et optiques ; machines et matériels de transport	296.1	281.5	269.2	292.1	308.8	368.6	375.3	..
26	Ordinateurs, articles électroniques et optiques	69.7	47.3	67.0	82.4	94.6	101.7	94.4	..
27	Matériels électriques	68.4	58.6	58.3	55.4	49.9	54.6	59.7	..
28	Machines et équipements n.c.a.	50.1	49.6	41.8	44.6	40.4	48.2	53.8	..
29	Automobiles, remorques et semi-remorques	86.1	97.9	77.0	84.1	91.5	123.6	119.0	..
30	Autres matériels de transport	21.9	28.0	25.1	25.7	32.3	40.5	48.4	..
31-33	Meubles ; réparation et installation de machines et de matériel	30.6	30.9	27.7 e	28.9	31.0	42.4	42.5	..
31	Meubles	6.5	7.8	8.4	8.0	6.8	6.7	9.5	..
32	Autres activités de fabrication	18.5	16.0	12.5	14.3	16.1	23.9	22.9	..
33	Réparation et installation de machines et de matériel	5.6	7.1	6.8 e	6.6	8.2	11.8	10.1	..
35-39	**ÉLECTRICITÉ, GAZ, EAU ET TRAITEMENT DES DÉCHETS**	**35.6**	**41.8**	**21.9**	**24.0**	**22.5**	**23.6**	**19.7**	..
35-36	Production et distribution d'électricité, de gaz et de l'eau	21.0	16.4	8.4	10.8	14.1	16.1	11.5	..
37-39	Assainissement, traitement des déchets et dépollution	14.6	25.4	13.5	13.1	8.4	7.5	8.2	..
41-43	**CONSTRUCTION**	**15.3**	**8.2**	**13.0**	**13.4**	**16.2**	**16.6**	**20.2**	..
45-99	**TOTAL SERVICES**	**1 239.5**	**1 059.3**	**985.4**	**884.7**	**858.8**	**920.0**	**1 052.2**	..
45-82	**Services du secteur des entreprises**	**1 224.9**	**1 048.2**	**965.6**	**850.4**	**838.3**	**896.8**	**1 020.0**	..
45-47	Commerce de gros et de détail ; réparations automobiles et motocycles	64.1	78.0	71.5	78.5	67.9	64.7	81.5	..
49-53	Transport et entreposage	38.1	13.4	18.1	16.7	16.4	14.8	15.7	..
55-56	Activités d'hébergement et de restauration	1.0	6.7	6.3	1.4	1.7	1.7	1.8 e	..
58-63	Information et communication	782.9	658.0	557.0	465.5	425.6	469.1	613.7	..
58-60	Édition, audiovisuel et diffusion	84.4	97.9	114.8	105.2	107.0	130.6	142.9	..
58	Activités d'édition	78.7	94.7	112.7	104.8	106.6	130.2	136.1	..
59-60	Activités audiovisuel et diffusion	5.7	3.2	2.1	0.4	0.4	0.4	6.8	..
59	Production de films, vidéo, programmes de télévision et d'enregistrements	2.4	0.9	0.8	0.4	..	..	..	..
60	Programmation et diffusion	3.3	2.3	1.3	0.0	..	..	..	..
61	Télécommunications	499.0	357.0	254.7	148.2	140.8	140.0	198.8	..
62-63	Technologies de l'information et informatique	199.5	203.1	187.4	212.1	177.9	198.5	272.0	..
62	Programmation informatique ; conseils et activités connexes	146.7	171.3	160.9	184.1	146.7	155.4	196.6	..
63	Services d'information	52.8	31.8	26.5	27.9	31.1	43.1	75.4	..
64-66	**Activités financières et d'assurances**	**163.6**	**162.0**	**155.5**	**136.3**	**161.4**	**186.9**	**134.5**	..
68-82	**Activités immobilières ; professionnelles ; services administratifs et d'appui**	**175.1**	**130.2**	**157.2**	**152.1**	**165.3**	**159.6**	**172.5**	..
68	Activités immobilières	1.4	1.0	1.7	1.9	1.4	1.9	2.0 e	..
69-75x72	Activités professionnelles, scientifiques et techniques, R-D scientifique exclu	131.7	79.6	85.2	73.2	83.9	88.2	97.5	..
72	Recherche scientifique et développement	37.0	42.0	62.5	70.2	71.3	61.0	67.0	..
77-82	Activités de services administratifs et d'appui	4.9	7.6	7.9	6.7	8.7	8.5	6.1	..
84-99	Services collectifs, sociaux et personnels	14.6	11.1	19.8	34.3	20.5	23.1	32.2	..
84-85	Administration publique et défense ; sécurité sociale obligatoire et éducation	0.6	1.3	1.4	1.9	2.5	2.4	1.6	..
86-88	Santé humaine et action sociale	11.4	8.6	14.6	27.8	14.0	17.6	27.9	..
90-93	Arts, spectacles et loisirs	0.6	0.5	0.6	1.5	2.8	1.0	0.7	..
94-99	Autres services ; ménages-employeurs ; organismes extra-territoriaux	1.9	0.7	3.1	3.2	1.2	2.1	2.0	..

.. Non disponible ; e Valeur estimée
Note : Voir les métadonnées détaillées sur : http://metalinks.oecd.org/anberd/20200813/0f11.

RÉPUBLIQUE SLOVAQUE

Dépenses de R-D dans l'industrie par activité principale de l'entreprise, prix courants
CITI Rév. 4

Millions USD PPP

		2011	2012	2013	2014	2015	2016	2017	2018
	TOTAL ENTREPRISES	343.9	479.6	575.4	508.2	527.4	641.3	806.2	804.1
01-03	AGRICULTURE, SYLVICULTURE ET PÊCHE	2.9	1.9	1.5	1.3	1.5	1.1	1.1	1.3
05-09	ACTIVITÉS EXTRACTIVES	0.0 e	0.0 e	0.0 e	0.0 e	0.0 e	0.0	0.0	0.0 e
10-33	ACTIVITÉS DE FABRICATION	210.0	257.7	330.5	342.3	347.2	429.3	570.3	560.7
10-12	Produits alimentaires, boissons et tabac	2.3	2.3	1.4	1.9	2.2	1.5	1.8	4.4
13-15	Textiles, habillement, cuir et articles de cuir	..	2.5	0.9	0.5	..	0.6	..	..
13	Textiles	..	..	..	..	..	..	..	..
14	Articles d'habillement	..	..	..	..	..	..	..	..
15	Cuir et articles de cuir	..	..	..	..	..	..	..	..
16-18	Bois, papier, imprimerie et reproduction de supports enregistrés	..	..	..	..	..	..	..	..
16	Bois et articles en bois, sauf meubles	..	..	..	..	..	..	..	..
17	Papier et articles en papier	..	..	..	..	..	..	..	..
18	Imprimerie et reproduction de supports enregistrés	..	..	..	..	..	..	..	..
19-23	Produits pétroliers, chimiques, pharmaceutiques, caoutchouc, plastique, minéraux	..	52.6	50.0	57.1	..	..	..	..
19	Cokéfaction et raffinage	..	5.5	6.8	6.2	..	..	..	..
20-21	Industrie chimique et pharmaceutique	32.4	24.4	14.1	14.8	12.2	17.8	16.7	12.1
20	Produits chimiques	7.1	5.8	9.9	6.1	5.9	7.1	10.7	6.9
21	Préparations pharmaceutiques, chimiques (médicine) et d'herboristerie	25.3	18.6	4.2	8.7	6.3	10.7	6.0	5.2
22	Produits en caoutchouc et en plastique	11.4	20.3	28.3	32.9	40.1	43.4	61.2	43.6
23	Autres produits minéraux non métalliques	2.1	2.4	0.8	3.2	4.2	3.2	3.8	4.2
24-25	Produits métalliques de base et ouvrages en métaux (sauf machines et matériel)	13.9	17.4	10.7	10.2	33.4	..	..	33.0
24	Produits métallurgiques de base	7.2	7.3	6.2	6.0	5.7	..	..	8.2
25	Ouvrages en métaux (sauf machines et matériel)	6.7	10.2	4.5	4.2	27.7	16.8	19.1	24.8
26-30	Ordinateurs, articles électroniques et optiques ; machines et matériels de transport	123.7	163.4	252.0	257.5	233.6	319.8	438.1	437.2
26	Ordinateurs, articles électroniques et optiques	5.5	7.2	7.8	7.2	9.0	12.2	12.1	14.0
27	Matériels électriques	35.3	34.5	23.7	35.7	45.0	45.0	46.5	95.5
28	Machines et équipements n.c.a.	25.6	30.1	29.4	31.2	51.9	55.9	71.0	76.1
29	Automobiles, remorques et semi-remorques	47.6	79.4	173.5	152.8	108.0	193.3	286.4	233.4
30	Autres matériels de transport	9.6	12.3	17.6	30.6	19.6	13.4	22.2	18.2
31-33	Meubles ; réparation et installation de machines et de matériel	..	..	..	..	..	..	..	..
31	Meubles	..	..	..	..	..	..	..	..
32	Autres activités de fabrication	..	..	..	..	2.1	3.0	3.3	4.3
33	Réparation et installation de machines et de matériel	16.5	16.4	..	..	12.0	11.4	12.1	12.9
35-39	ÉLECTRICITÉ, GAZ, EAU ET TRAITEMENT DES DÉCHETS	0.0 e	..	..	..	..	..	0.0	0.0
35-36	Production et distribution d'électricité, de gaz et de l'eau	..	..	..	..	..	..	..	..
37-39	Assainissement, traitement des déchets et dépollution	..	..	..	..	..	..	..	..
41-43	CONSTRUCTION	1.1	2.4	2.5	..	..	..	1.8	..
45-99	TOTAL SERVICES	129.9 e	217.6	240.2	162.7	169.8	187.9	232.9	240.8
45-82	Services du secteur des entreprises	124.9	212.4	237.4	162.3	168.4	187.1	232.1	240.0
45-47	Commerce de gros et de détail ; réparations automobiles et motocycles	2.5	0.6	10.3	7.1	4.7	26.6	30.6	34.1
49-53	Transport et entreposage	..	..	..	..	..	..	..	0.0
55-56	Activités d'hébergement et de restauration	..	..	..	..	..	..	..	0.0
58-63	Information et communication	11.7	61.2	64.8	65.4	81.0	83.7	108.6	108.1
58-60	Édition, audiovisuel et diffusion	..	..	..	..	..	..	..	..
58	Activités d'édition	..	..	..	..	..	..	..	..
59-60	Activités audiovisuel et diffusion	..	..	..	..	..	..	..	..
59	Production de films, vidéo, programmes de télévision et d'enregistrements	..	..	..	..	..	..	..	..
60	Programmation et diffusion	..	..	..	..	..	..	..	..
61	Télécommunications	..	..	..	..	..	..	..	..
62-63	Technologies de l'information et informatique	..	..	..	..	..	..	..	..
62	Programmation informatique ; conseils et activités connexes	9.6	59.2	62.0	64.1	80.9	..	108.5	104.3
63	Services d'information	..	..	..	..	..	..	..	..
64-66	Activités financières et d'assurances	..	63.5	..	..	..	4.3	..	..
68-82	Activités immobilières ; professionnelles ; services administratifs et d'appui	..	..	..	..	..	..	..	..
68	Activités immobilières	..	..	..	..	..	..	..	..
69-75x72	Activités professionnelles, scientifiques et techniques, R-D scientifique exclu	17.4	23.8	31.5	29.6	17.6	..	20.9	20.7
72	Recherche scientifique et développement	51.1	53.4	52.2	52.1	58.8	52.7	58.2	64.3
77-82	Activités de services administratifs et d'appui	4.2	3.3	..	..	..	..	6.9	7.8
84-99	Services collectifs, sociaux et personnels	5.0 e	5.2	2.8	0.4	1.3	0.8	0.8	0.8
84-85	Administration publique et défense ; sécurité sociale obligatoire et éducation	..	..	..	..	..	..	..	..
86-88	Santé humaine et action sociale	..	1.6	0.9	0.4	1.3	0.8	0.8	0.8
90-93	Arts, spectacles et loisirs	..	..	..	..	..	..	..	..
94-99	Autres services ; ménages-employeurs ; organismes extra-territoriaux	..	..	..	..	..	..	..	..

.. Non disponible ; e Valeur estimée
Note : Voir les métadonnées détaillées sur : *http://metalinks.oecd.org/anberd/20200813/0f11*.

RÉPUBLIQUE SLOVAQUE

Dépenses de R-D dans l'industrie par activité principale de l'entreprise, prix constants
CITI Rév. 4

2010 PPP USD

		2011	2012	2013	2014	2015	2016	2017	2018
	TOTAL ENTREPRISES	**359.2**	**492.9**	**572.7**	**500.9**	**527.4**	**660.1**	**819.1**	**804.2**
01-03	**AGRICULTURE, SYLVICULTURE ET PÊCHE**	3.1	2.0	1.5	1.3	1.5	1.2	1.2	1.3
05-09	**ACTIVITÉS EXTRACTIVES**	0.0 e	0.0 e	0.0 e	0.0 e	0.0 e	0.0	0.0	0.0 e
10-33	**ACTIVITÉS DE FABRICATION**	219.3	264.8	328.9	337.4	347.2	441.8	579.4	560.7
10-12	Produits alimentaires, boissons et tabac	2.4	2.4	1.4	1.8	2.2	1.5	1.8	4.4
13-15	Textiles, habillement, cuir et articles de cuir	..	2.6	0.9	0.5	..	0.6	..	..
13	Textiles	..	..	..	..	..	..	..	..
14	Articles d'habillement	..	..	..	..	..	..	..	..
15	Cuir et articles de cuir	..	..	..	..	..	..	..	..
16-18	Bois, papier, imprimerie et reproduction de supports enregistrés	..	..	..	..	..	..	..	..
16	Bois et articles en bois, sauf meubles	..	..	..	..	..	..	..	..
17	Papier et articles en papier	..	..	..	..	..	..	..	..
18	Imprimerie et reproduction de supports enregistrés	..	..	..	..	..	..	..	..
19-23	Produits pétroliers, chimiques, pharmaceutiques, caoutchouc, plastique, minéraux	..	54.1	49.8	56.3	..	..	..	..
19	Cokéfaction et raffinage	..	5.7	6.8	6.1	..	..	..	..
20-21	Industrie chimique et pharmaceutique	33.8	25.0	14.0	14.6	12.2	18.3	16.9	12.1
20	Produits chimiques	7.4	5.9	9.8	6.0	5.9	7.3	10.8	6.9
21	Préparations pharmaceutiques, chimiques (médicine) et d'herboristerie	26.4	19.1	4.2	8.6	6.3	11.0	6.1	5.2
22	Produits en caoutchouc et en plastique	11.9	20.9	28.2	32.4	40.1	44.7	62.1	43.6
23	Autres produits minéraux non métalliques	2.2	2.5	0.8	3.2	4.2	3.3	3.9	4.2
24-25	Produits métalliques de base et ouvrages en métaux (sauf machines et matériel)	14.5	17.9	10.6	10.1	33.4	..	..	33.0
24	Produits métallurgiques de base	7.5	7.5	6.1	5.9	5.7	..	..	8.2
25	Ouvrages en métaux (sauf machines et matériel)	7.0	10.4	4.5	4.2	27.7	17.3	19.4	24.8
26-30	Ordinateurs, articles électroniques et optiques ; machines et matériels de transport	129.2	167.9	250.8	253.8	233.6	329.2	445.1	437.2
26	Ordinateurs, articles électroniques et optiques	5.7	7.3	7.7	7.1	9.0	12.5	12.3	14.0
27	Matériels électriques	36.9	35.4	23.6	35.2	45.0	46.4	47.2	95.5
28	Machines et équipements n.c.a.	26.7	30.9	29.3	30.8	51.9	57.5	72.1	76.1
29	Automobiles, remorques et semi-remorques	49.7	81.6	172.7	150.6	108.0	199.0	291.0	233.4
30	Autres matériels de transport	10.1	12.6	17.5	30.1	19.6	13.8	22.5	18.2
31-33	Meubles ; réparation et installation de machines et de matériel	..	..	..	..	..	..	..	..
31	Meubles	..	..	..	..	..	..	..	..
32	Autres activités de fabrication	..	..	..	..	2.1	3.1	3.3	4.3
33	Réparation et installation de machines et de matériel	17.2	16.8	..	..	12.0	11.7	12.3	12.9
35-39	**ÉLECTRICITÉ, GAZ, EAU ET TRAITEMENT DES DÉCHETS**	0.0 e	..	..	..	..	..	0.0	0.0
35-36	Production et distribution d'électricité, de gaz et de l'eau	..	..	..	..	..	..	..	..
37-39	Assainissement, traitement des déchets et dépollution	..	..	..	..	..	..	..	..
41-43	**CONSTRUCTION**	1.1	2.4	2.5	..	..	..	1.8	..
45-99	**TOTAL SERVICES**	135.7 e	223.6	239.1	160.3	169.8	193.4	236.6	240.9
45-82	Services du secteur des entreprises	130.5	218.3	236.3	159.9	168.4	192.6	235.8	240.0
45-47	Commerce de gros et de détail ; réparations automobiles et motocycles	2.6	0.6	10.2	7.0	4.7	27.3	31.1	34.1
49-53	Transport et entreposage	..	..	..	..	..	..	..	0.0
55-56	Activités d'hébergement et de restauration	..	..	..	..	..	..	..	0.0
58-63	Information et communication	12.3	62.9	64.5	64.4	81.0	86.1	110.4	108.1
58-60	Édition, audiovisuel et diffusion	..	..	..	..	..	..	..	..
58	Activités d'édition	..	..	..	..	..	..	..	..
59-60	Activités audiovisuel et diffusion	..	..	..	..	..	..	..	..
59	Production de films, vidéo, programmes de télévision et d'enregistrements	..	..	..	..	..	..	..	..
60	Programmation et diffusion	..	..	..	..	..	..	..	..
61	Télécommunications	..	..	..	..	..	..	..	..
62-63	Technologies de l'information et informatique	..	..	..	..	..	..	..	..
62	Programmation informatique ; conseils et activités connexes	10.1	60.8	61.7	63.2	80.9	..	110.2	104.3
63	Services d'information	..	..	..	..	..	..	..	..
64-66	**Activités financières et d'assurances**	..	65.3	..	..	..	4.5	..	..
68-82	**Activités immobilières ; professionnelles ; services administratifs d'appui**	..	..	..	..	..	..	..	..
68	Activités immobilières	..	..	..	..	..	..	..	..
69-75x72	Activités professionnelles, scientifiques et techniques, R-D scientifique exclu	18.1	24.4	31.3	29.2	17.6	..	21.2	20.7
72	Recherche scientifique et développement	53.3	54.9	51.9	51.4	58.8	54.3	59.1	64.3
77-82	Activités de services administratifs et d'appui	4.4	3.4	..	..	..	..	7.1	7.8
84-99	Services collectifs, sociaux et personnels	5.2 e	5.4	2.8	0.4	1.3	0.8	0.8	0.8
84-85	Administration publique et défense ; sécurité sociale obligatoire et éducation	..	..	..	..	..	..	..	..
86-88	Santé humaine et action sociale	..	1.7	0.9	0.4	1.3	0.8	0.8	0.8
90-93	Arts, spectacles et loisirs	..	..	..	..	..	..	..	..
94-99	Autres services ; ménages-employeurs ; organismes extra-territoriaux	..	..	..	..	..	..	..	..

.. Non disponible ; e Valeur estimée
Note : Voir les métadonnées détaillées sur : *http://metalinks.oecd.org/anberd/20200813/0f11*.

SLOVÉNIE

Dépenses de R-D dans l'industrie par activité principale de l'entreprise, prix courants
CITI Rév. 4

Millions USD PPP

Code	Activité	2011	2012	2013	2014	2015	2016	2017	2018
	TOTAL ENTREPRISES	**1 058.5**	**1 158.7**	**1 211.9**	**1 164.5**	**1 093.2**	**1 065.0**	**1 057.0**	..
01-03	AGRICULTURE, SYLVICULTURE ET PÊCHE	0.7	0.9	0.0	0.0	0.9	0.1	..	..
05-09	ACTIVITÉS EXTRACTIVES	9.2	7.4	7.8	5.8	5.1	6.8	..	..
10-33	ACTIVITÉS DE FABRICATION	722.9	712.0	788.5	769.5	769.1	797.7	783.6	..
10-12	Produits alimentaires, boissons et tabac	5.8	6.0	10.8	10.8	13.0	10.7		..
13-15	Textiles, habillement, cuir et articles de cuir	10.5	12.5	13.6	10.8	9.9	10.7	10.6	..
13	Textiles	8.5	8.7	9.7	5.9	5.7	6.6	5.6	..
14	Articles d'habillement	0.4	2.3	2.4	2.1	2.2	2.3	3.5	..
15	Cuir et articles de cuir	1.6	1.4	1.5	2.7	2.0	1.8	1.5	..
16-18	Bois, papier, imprimerie et reproduction de supports enregistrés	7.0	5.3	4.9	5.8	7.4	10.5	12.8	..
16	Bois et articles en bois, sauf meubles	2.9	2.0	1.2	1.6	2.0	6.4	9.1	..
17	Papier et articles en papier	3.0	2.2	2.5	2.6	4.2	3.3	..	..
18	Imprimerie et reproduction de supports enregistrés	1.2	1.2	1.3	1.7	1.2	0.9		..
19-23	Produits pétroliers, chimiques, pharmaceutiques, caoutchouc, plastique, minéraux	316.3	329.9	345.7	340.6	369.4	375.1		..
19	Cokéfaction et raffinage	0.0	0.0	0.0	0.0	0.0	0.0	0.0	..
20-21	Industrie chimique et pharmaceutique	295.4	304.1	305.2	306.7	338.8	342.6		..
20	Produits chimiques	32.1	33.1	32.3	31.3	30.8	31.0	25.1	..
21	Préparations pharmaceutiques, chimiques (médicine) et d'herboristerie	263.4	271.0	272.9	275.4	308.0	311.6	..	..
22	Produits en caoutchouc et en plastique	16.4	16.2	16.2	23.4	19.6	19.3	18.2	..
23	Autres produits minéraux non métalliques	4.5	9.6	24.3	10.5	10.9	13.2		..
24-25	Produits métalliques de base et ouvrages en métaux (sauf machines et matériel)	54.2	72.7	69.4	66.7	44.8	32.8	31.1	..
24	Produits métallurgiques de base	13.6	9.1	15.2	16.9	12.8	10.2	8.2	..
25	Ouvrages en métaux (sauf machines et matériel)	40.5	63.6	54.2	49.8	32.0	22.5	22.9	..
26-30	Ordinateurs, articles électroniques et optiques ; machines et matériels de transport	307.0	268.8	325.5	317.1	313.0	337.6	319.7	..
26	Ordinateurs, articles électroniques et optiques	61.1	62.8	67.8	69.1	66.5	57.1	59.9	..
27	Matériels électriques	107.0	77.5	147.6	129.6	151.8	186.2	151.1	..
28	Machines et équipements n.c.a.	51.6	23.5	33.1	33.5	37.4	37.1	43.7	..
29	Automobiles, remorques et semi-remorques	77.8	102.1	68.1	81.8	53.7	55.1	54.8	..
30	Autres matériels de transport	9.6	3.0	9.0	3.1	3.6	2.1	10.2	..
31-33	Meubles ; réparation et installation de machines et de matériel	22.2	16.8	18.6	17.7	11.7	20.4		..
31	Meubles	4.5	1.9	3.1	2.7	1.4	1.8		..
32	Autres activités de fabrication	10.7	11.6	6.2	6.2	7.7	9.4	18.0	..
33	Réparation et installation de machines et de matériel	7.0	3.3	9.3	8.8	2.6	9.2	10.8	..
35-39	ÉLECTRICITÉ, GAZ, EAU ET TRAITEMENT DES DÉCHETS	4.2	6.9	4.7	4.5	3.6	2.1	2.5	..
35-36	Production et distribution d'électricité, de gaz et de l'eau	4.0	6.7	3.0	2.8	2.5	1.4	1.9	..
37-39	Assainissement, traitement des déchets et dépollution	0.3	0.2	1.7	1.7	1.1	0.6	0.5	..
41-43	CONSTRUCTION	2.1	2.5	2.9	3.8	3.9	3.0	2.8	..
45-99	TOTAL SERVICES	319.4	429.0	408.1	380.9	310.5	255.3	261.7	..
45-82	Services du secteur des entreprises	314.5	423.6	404.9	378.1	308.1	249.3	261.0	..
45-47	Commerce de gros et de détail ; réparations automobiles et motocycles	9.9	9.5	12.5	15.4	10.4	10.6	8.0	..
49-53	Transport et entreposage	3.3	1.3	0.3	0.3	0.4	0.1	1.2	..
55-56	Activités d'hébergement et de restauration	0.0	0.0	0.0	0.1	0.0	0.0	0.0	..
58-63	Information et communication	69.2	73.7	55.8	79.5	85.3	63.8	75.2	..
58-60	Édition, audiovisuel et diffusion	6.2	21.7	6.6	5.9	7.3	6.1	0.8	..
58	Activités d'édition	6.1	6.5	6.6	5.9	7.1	6.0	..	..
59-60	Activités audiovisuel et diffusion	0.1	15.1	0.0	0.0	0.1	0.1	..	..
59	Production de films, vidéo, programmes de télévision et d'enregistrements	0.1	0.0	0.0	0.0	0.1	0.1	..	..
60	Programmation et diffusion	0.0	15.1	0.0	0.0	0.0	0.0	..	..
61	Télécommunications	4.5	2.8	2.7	11.8	12.7	3.4	3.8	..
62-63	Technologies de l'information et informatique	58.5	49.3	46.5	61.8	65.3	54.3	70.6	..
62	Programmation informatique ; conseils et activités connexes	54.5	44.6	42.8	56.7	58.5	52.2	67.3	..
63	Services d'information	4.0	4.7	3.7	5.1	6.8	2.1	3.3	..
64-66	Activités financières et d'assurances	19.8	10.5	16.7	6.5	1.6	0.9		..
68-82	Activités immobilières ; professionnelles ; services administratifs et d'appui	212.3	328.6	319.7	276.3	210.4	174.0	..	..
68	Activités immobilières	0.0	0.0	1.0	1.5	0.9	1.7	..	..
69-75x72	Activités professionnelles, scientifiques et techniques, R-D scientifique exclu	68.8	57.7	52.8	58.9	56.3	49.0	50.2	..
72	Recherche scientifique et développement	143.4	270.8	264.7	215.0	151.9	121.3	121.3	..
77-82	Activités de services administratifs et d'appui	0.1	0.1	1.2	1.0	1.2	2.0	2.4	..
84-99	Services collectifs, sociaux et personnels	5.0	5.4	3.1	2.8	2.4	6.0	0.7	..
84-85	Administration publique et défense ; sécurité sociale obligatoire et éducation	0.5	0.6	0.4	1.0	1.2	0.9	0.7	..
86-88	Santé humaine et action sociale	2.7	2.2	0.5	0.2	0.2	0.2	0.0	..
90-93	Arts, spectacles et loisirs	0.0	0.0	0.0	0.0	0.0	3.6	0.0	..
94-99	Autres services ; ménages-employeurs ; organismes extra-territoriaux	1.8	2.6	2.2	1.6	1.0	1.3		..

.. Non disponible
Note : Voir les métadonnées détaillées sur : http://metalinks.oecd.org/anberd/20200813/0f11.

SLOVÉNIE

Dépenses de R-D dans l'industrie par activité principale de l'entreprise, prix constants
CITI Rév. 4

2010 PPP USD

		2011	2012	2013	2014	2015	2016	2017	2018
	TOTAL ENTREPRISES	**1 149.6**	**1 217.9**	**1 219.9**	**1 168.5**	**1 093.2**	**1 025.1**	**985.0**	..
01-03	**AGRICULTURE, SYLVICULTURE ET PÊCHE**	**0.7**	**1.0**	**0.0**	**0.0**	**0.9**	**0.1**	..	..
05-09	**ACTIVITÉS EXTRACTIVES**	**10.0**	**7.7**	**7.9**	**5.8**	**5.1**	**6.5**	..	..
10-33	**ACTIVITÉS DE FABRICATION**	**785.0**	**748.4**	**793.7**	**772.2**	**769.1**	**767.9**	**730.3**	..
10-12	Produits alimentaires, boissons et tabac	6.3	6.4	10.9	10.8	13.0	10.3	..	..
13-15	Textiles, habillement, cuir et articles de cuir	11.4	13.1	13.7	10.9	9.9	10.3	9.8	..
13	Textiles	9.3	9.2	9.8	6.0	5.7	6.3	5.2	..
14	Articles d'habillement	0.4	2.4	2.4	2.1	2.2	2.2	3.3	..
15	Cuir et articles de cuir	1.7	1.5	1.5	2.8	2.0	1.8	1.4	..
16-18	Bois, papier, imprimerie et reproduction de supports enregistrés	7.6	5.6	5.0	5.8	7.4	10.1	11.9	..
16	Bois et articles en bois, sauf meubles	3.1	2.1	1.2	1.6	2.0	6.1	8.5	..
17	Papier et articles en papier	3.2	2.3	2.5	2.6	4.2	3.1	..	..
18	Imprimerie et reproduction de supports enregistrés	1.3	1.2	1.3	1.7	1.2	0.8	..	..
19-23	Produits pétroliers, chimiques, pharmaceutiques, caoutchouc, plastique, minéraux	343.5	346.8	348.0	341.7	369.4	361.1	..	..
19	Cokéfaction et raffinage	0.0	0.0	0.0	0.0	0.0	0.0	0.0	..
20-21	Industrie chimique et pharmaceutique	320.8	319.6	307.2	307.7	338.8	329.8	..	..
20	Produits chimiques	34.8	34.8	32.5	31.4	30.8	29.8	23.4	..
21	Préparations pharmaceutiques, chimiques (médicine) et d'herboristerie	286.0	284.8	274.7	276.3	308.0	299.9	..	..
22	Produits en caoutchouc et en plastique	17.8	17.1	16.3	23.4	19.6	18.6	17.0	..
23	Autres produits minéraux non métalliques	4.9	10.1	24.5	10.6	10.9	12.7	..	..
24-25	Produits métalliques de base et ouvrages en métaux (sauf machines et matériel)	58.8	76.4	69.8	66.9	44.8	31.5	29.0	..
24	Produits métallurgiques de base	14.8	9.5	15.3	17.0	12.8	9.9	7.6	..
25	Ouvrages en métaux (sauf machines et matériel)	44.0	66.8	54.5	50.0	32.0	21.7	21.3	..
26-30	Ordinateurs, articles électroniques et optiques ; machines et matériels de transport	333.4	282.5	327.7	318.2	313.0	324.9	297.9	..
26	Ordinateurs, articles électroniques et optiques	66.3	66.0	68.2	69.3	66.5	54.9	55.8	..
27	Matériels électriques	116.2	81.4	148.6	130.1	151.8	179.2	140.8	..
28	Machines et équipements n.c.a.	56.0	24.7	33.3	33.6	37.4	35.8	40.8	..
29	Automobiles, remorques et semi-remorques	84.5	107.3	68.5	82.1	53.7	53.0	51.1	..
30	Autres matériels de transport	10.4	3.2	9.0	3.2	3.6	2.0	9.5	..
31-33	Meubles ; réparation et installation de machines et de matériel	24.1	17.7	18.7	17.8	11.7	19.6	..	..
31	Meubles	4.9	2.0	3.1	2.8	1.4	1.8	..	..
32	Autres activités de fabrication	11.6	12.2	6.2	6.3	7.7	9.1	16.8	..
33	Réparation et installation de machines et de matériel	7.6	3.5	9.3	8.8	2.6	8.8	10.1	..
35-39	**ÉLECTRICITÉ, GAZ, EAU ET TRAITEMENT DES DÉCHETS**	**4.6**	**7.2**	**4.8**	**4.5**	**3.6**	**2.0**	**2.3**	..
35-36	Production et distribution d'électricité, de gaz et de l'eau	4.3	7.0	3.0	2.8	2.5	1.4	1.8	..
37-39	Assainissement, traitement des déchets et dépollution	0.3	0.2	1.7	1.7	1.1	0.6	0.5	..
41-43	**CONSTRUCTION**	**2.3**	**2.6**	**2.9**	**3.8**	**3.9**	**2.9**	**2.6**	..
45-99	**TOTAL SERVICES**	**346.9**	**451.0**	**410.8**	**382.2**	**310.5**	**245.7**	**243.9**	..
45-82	**Services du secteur des entreprises**	**341.5**	**445.3**	**407.6**	**379.4**	**308.1**	**240.0**	**243.2**	..
45-47	Commerce de gros et de détail ; réparations automobiles et motocycles	10.7	10.0	12.6	15.5	10.4	10.2	7.4	..
49-53	Transport et entreposage	3.6	1.4	0.3	0.3	0.4	0.1	1.1	..
55-56	Activités d'hébergement et de restauration	0.0	0.0	0.0	0.1	0.0	0.0	0.0	..
58-63	Information et communication	75.2	77.5	56.1	79.8	85.3	61.4	70.1	..
58-60	Édition, audiovisuel et diffusion	6.7	22.8	6.6	5.9	7.3	5.9	0.7	..
58	Activités d'édition	6.6	6.9	6.6	5.9	7.1	5.8	..	..
59-60	Activités audiovisuel et diffusion	0.1	15.9	0.0	0.0	0.1	0.1	..	..
59	Production de films, vidéo, programmes de télévision et d'enregistrements	0.1	0.0	0.0	0.0	0.1	0.1	..	..
60	Programmation et diffusion	0.0	15.9	0.0	0.0	0.0	0.0	..	..
61	Télécommunications	4.9	2.9	2.7	11.8	12.7	3.3	3.6	..
62-63	Technologies de l'information et informatique	63.6	51.8	46.8	62.1	65.3	52.3	65.8	..
62	Programmation informatique ; conseils et activités connexes	59.2	46.9	43.0	56.9	58.5	50.3	62.7	..
63	Services d'information	4.4	4.9	3.8	5.2	6.8	2.0	3.1	..
64-66	**Activités financières et d'assurances**	**21.5**	**11.1**	**16.8**	**6.6**	**1.6**	**0.8**	..	..
68-82	**Activités immobilières ; professionnelles ; services administratifs et d'appui**	**230.5**	**345.4**	**321.8**	**277.3**	**210.4**	**167.4**	..	..
68	Activités immobilières	0.0	0.0	1.0	1.5	0.9	1.6	..	..
69-75x72	Activités professionnelles, scientifiques et techniques, R-D scientifique exclu	74.7	60.7	53.1	59.1	56.3	47.2	46.8	..
72	Recherche scientifique et développement	155.7	284.7	266.4	215.7	151.9	116.7	113.0	..
77-82	Activités de services administratifs et d'appui	0.1	0.1	1.2	1.0	1.2	1.9	2.3	..
84-99	Services collectifs, sociaux et personnels	5.4	5.7	3.1	2.8	2.4	5.7	0.6	..
84-85	Administration publique et défense ; sécurité sociale obligatoire et éducation	0.6	0.6	0.4	1.0	1.2	0.8	0.6	..
86-88	Santé humaine et action sociale	2.9	2.3	0.5	0.2	0.2	0.2	0.0	..
90-93	Arts, spectacles et loisirs	0.0	0.0	0.0	0.0	0.0	3.4	0.0	..
94-99	Autres services ; ménages-employeurs ; organismes extra-territoriaux	1.9	2.7	2.2	1.6	1.0	1.3	..	..

.. Non disponible

Note : Voir les métadonnées détaillées sur : http://metalinks.oecd.org/anberd/20200813/0f11.

ESPAGNE

Dépenses de R-D dans l'industrie par activité principale de l'entreprise, prix courants
CITI Rév. 4

Millions USD PPP

Code	Activité	2011	2012	2013	2014	2015	2016	2017	2018
	TOTAL ENTREPRISES	10 357.2	10 208.0	10 234.7	10 242.7	10 412.9	11 087.4	12 266.7	..
01-03	AGRICULTURE, SYLVICULTURE ET PÊCHE	74.6	76.8	78.7	88.2	90.5	106.9	135.0	..
05-09	ACTIVITÉS EXTRACTIVES	27.4	24.1	20.5	18.4	19.8	21.6	26.7	..
10-33	ACTIVITÉS DE FABRICATION	4 789.7	4 611.5	4 595.7	4 674.0	4 732.0	5 141.7	5 654.9	..
10-12	Produits alimentaires, boissons et tabac	272.0	269.4	275.7	279.1	272.8	320.5	368.3	..
13-15	Textiles, habillement, cuir et articles de cuir	113.9	134.7	149.5	208.4	208.8	162.8	140.9	..
13	Textiles	45.4	42.7	41.8	42.9	34.3	36.8	37.8	..
14	Articles d'habillement	51.9	75.7	88.3	145.1	152.0	100.5	75.9	..
15	Cuir et articles de cuir	16.5	16.2	19.3	20.3	22.5	25.5	27.2	..
16-18	Bois, papier, imprimerie et reproduction de supports enregistrés	65.7	53.7	48.2	52.3	51.0	63.0	66.9	..
16	Bois et articles en bois, sauf meubles	17.7	13.5	12.5	13.5	11.6	15.5	14.6	..
17	Papier et articles en papier	34.9	23.5	20.7	19.5	21.5	23.2	23.3	..
18	Imprimerie et reproduction de supports enregistrés	13.1	16.7	14.9	19.2	17.9	24.4	29.0	..
19-23	Produits pétroliers, chimiques, pharmaceutiques, caoutchouc, plastique, minéraux	1 567.0	1 518.2	1 543.3	1 556.3	1 562.2	1 683.6	1 854.6	..
19	Cokéfaction et raffinage	96.1	99.3	101.8	104.8	102.8	95.6	80.9	..
20-21	Industrie chimique et pharmaceutique	1 229.2	1 182.1	1 196.5	1 225.5	1 239.4	1 354.3	1 533.5	..
20	Produits chimiques	339.2	337.6	354.7	352.5	346.6	372.0	426.1	..
21	Préparations pharmaceutiques, chimiques (médecine) et d'herboristerie	890.0	844.5	841.8	873.0	892.8	982.3	1 107.4	..
22	Produits en caoutchouc et en plastique	143.0	154.1	153.8	143.8	145.7	159.8	165.2	..
23	Autres produits minéraux non métalliques	98.7	82.7	91.1	82.3	74.3	73.9	75.0	..
24-25	Produits métalliques de base et ouvrages en métaux (sauf machines et matériel)	323.3	280.0	261.6	257.1	243.9	243.6	317.3	..
24	Produits métallurgiques de base	128.3	92.9	81.3	78.0	67.9	67.6	113.5	..
25	Ouvrages en métaux (sauf machines et matériel)	195.0	187.0	180.4	179.0	175.9	176.0	203.8	..
26-30	Ordinateurs, articles électroniques et optiques ; machines et matériels de transport	2 322.8	2 237.2	2 192.3	2 198.0	2 277.1	2 528.3	2 756.9	..
26	Ordinateurs, articles électroniques et optiques	291.4	258.5	260.4	257.0	246.2	263.7	305.3	..
27	Matériels électriques	273.5	301.1	281.3	289.2	319.4	340.1	298.1	..
28	Machines et équipements n.c.a.	314.3	327.2	323.2	319.0	334.5	356.1	384.1	..
29	Automobiles, remorques et semi-remorques	500.5	490.4	486.3	566.3	551.7	684.6	806.8	..
30	Autres matériels de transport	943.1	859.9	841.1	766.5	825.4	883.7	962.6	..
31-33	Meubles ; réparation et installation de machines et de matériel	124.9	118.4	125.1	122.9	116.2	140.0	150.1	..
31	Meubles	26.5	22.9	22.7	27.1	22.2	23.3	23.0	..
32	Autres activités de fabrication	80.0	77.2	83.7	76.0	78.3	95.8	103.6	..
33	Réparation et installation de machines et de matériel	18.4	18.3	18.8	19.8	15.7	20.9	23.5	..
35-39	ÉLECTRICITÉ, GAZ, EAU ET TRAITEMENT DES DÉCHETS	260.8	291.3	250.3	226.1	234.9	240.8	265.3	..
35-36	Production et distribution d'électricité, de gaz et de l'eau	219.7	262.8	221.1	193.7	203.7	204.1	223.9	..
37-39	Assainissement, traitement des déchets et dépollution	41.1	28.5	29.2	32.4	31.2	36.6	41.4	..
41-43	CONSTRUCTION	218.0	197.6	182.5	196.2	155.2	148.8	177.1	..
45-99	TOTAL SERVICES	4 986.7	5 006.6	5 107.1	5 039.8	5 180.6	5 427.7	6 007.7	..
45-82	Services du secteur des entreprises	4 823.8	4 835.0	4 925.7	4 849.9	5 001.1	5 271.5	5 842.3	..
45-47	Commerce de gros et de détail ; réparations automobiles et motocycles	309.1	308.5	301.4	264.7	306.9	390.9	457.9	..
49-53	Transport et entreposage	85.0	85.9	67.3	71.1	54.5	89.0	109.7	..
55-56	Activités d'hébergement et de restauration	2.9	11.5	6.9	5.9	5.6	4.3	8.2	..
58-63	Information et communication	1 229.5	1 223.5	1 253.3	1 291.2	1 195.7	1 300.8	1 288.5	..
58-60	Édition, audiovisuel et diffusion	78.7	74.7	61.2	66.3	57.8	49.8	61.2	..
58	Activités d'édition	55.2	48.1	42.6	52.5	36.8	34.5	43.6	..
59-60	Activités audiovisuel et diffusion	23.5	26.6	18.6	13.8	21.0	15.3	17.6	..
59	Production de films, vidéo, programmes de télévision et d'enregistrements	18.1	19.9	12.7	10.8	15.6	8.9	10.2 e	..
60	Programmation et diffusion	5.4	6.7	5.9	3.0	5.4	6.4	7.4 e	..
61	Télécommunications	240.1	221.4	221.7	224.9	205.8	231.2	206.7	..
62-63	Technologies de l'information et informatique	910.7	927.5	970.4	1 000.0	932.1	1 019.8	1 020.6	..
62	Programmation informatique ; conseils et activités connexes	836.4	858.1	915.8	943.8	870.6	934.9	936.0	..
63	Services d'information	74.3	69.4	54.6	56.2	61.5	84.9	84.6	..
64-66	Activités financières et d'assurances	213.3	134.8	131.8	126.3	204.4	239.9	373.5	..
68-82	Activités immobilières ; professionnelles ; services administratifs et d'appui	2 984.0	3 070.8	3 165.0	3 090.6	3 234.0	3 246.6	3 604.6	..
68	Activités immobilières	8.9	8.7	3.2	8.0	7.4	8.3	17.4	..
69-75x72	Activités professionnelles, scientifiques et techniques, R-D scientifique exclu	894.8	869.2	915.6	850.1	851.3	787.2	852.8	..
72	Recherche scientifique et développement	2 031.8	2 123.4	2 175.4	2 172.5	2 317.2	2 393.6	2 672.2	..
77-82	Activités de services administratifs et d'appui	48.5	69.5	70.8	59.8	58.0	57.4	62.1	..
84-99	Services collectifs, sociaux et personnels	162.9	171.6	181.5	189.9	179.5	156.1	165.3	..
84-85	Administration publique et défense ; sécurité sociale obligatoire et éducation	20.1	19.6	15.1	16.9	10.4	10.0	11.4	..
86-88	Santé humaine et action sociale	104.3	120.7	134.9	141.5	135.3	121.0	125.1	..
90-93	Arts, spectacles et loisirs	5.3	5.1	7.1	7.6	9.3	8.6	10.5	..
94-99	Autres services ; ménages-employeurs ; organismes extra-territoriaux	33.1	26.3	24.3	24.0	24.4	16.5	18.4	..

.. Non disponible ; e Valeur estimée
Note : Voir les métadonnées détaillées sur : *http://metalinks.oecd.org/anberd/20200813/0f11*.

ESPAGNE

Dépenses de R-D dans l'industrie par activité principale de l'entreprise, prix constants
CITI Rév. 4

2010 PPP USD

		2011	2012	2013	2014	2015	2016	2017	2018
	TOTAL ENTREPRISES	11 197.1	10 752.1	10 425.8	10 264.4	10 412.9	10 688.3	11 435.2	..
01-03	**AGRICULTURE, SYLVICULTURE ET PÊCHE**	80.6	80.9	80.1	88.3	90.5	103.0	125.8	..
05-09	**ACTIVITÉS EXTRACTIVES**	29.6	25.4	20.8	18.4	19.8	20.8	24.9	..
10-33	**ACTIVITÉS DE FABRICATION**	5 178.1	4 857.3	4 681.5	4 683.9	4 732.0	4 956.7	5 271.6	..
10-12	Produits alimentaires, boissons et tabac	294.1	283.8	280.8	279.7	272.8	309.0	343.3	..
13-15	Textiles, habillement, cuir et articles de cuir	123.1	141.8	152.2	208.8	208.8	156.9	131.4	..
13	Textiles	49.1	45.0	42.6	43.0	34.3	35.5	35.3	..
14	Articles d'habillement	56.2	79.7	89.9	145.4	152.0	96.8	70.7	..
15	Cuir et articles de cuir	17.8	17.1	19.7	20.3	22.5	24.6	25.4	..
16-18	Bois, papier, imprimerie et reproduction de supports enregistrés	71.1	56.6	49.1	52.4	51.0	60.7	62.3	..
16	Bois et articles en bois, sauf meubles	19.2	14.2	12.8	13.5	11.6	14.9	13.6	..
17	Papier et articles en papier	37.7	24.8	21.1	19.6	21.5	22.3	21.7	..
18	Imprimerie et reproduction de supports enregistrés	14.2	17.6	15.2	19.3	17.9	23.5	27.0	..
19-23	Produits pétroliers, chimiques, pharmaceutiques, caoutchouc, plastique, minéraux	1 694.0	1 599.1	1 572.1	1 559.6	1 562.2	1 623.0	1 728.9	..
19	Cokéfaction et raffinage	103.9	104.6	103.7	105.0	102.8	92.2	75.4	..
20-21	Industrie chimique et pharmaceutique	1 328.8	1 245.1	1 218.9	1 228.1	1 239.4	1 305.5	1 429.5	..
20	Produits chimiques	366.7	355.6	361.3	353.2	346.6	358.6	397.2	..
21	Préparations pharmaceutiques, chimiques (médicine) et d'herboristerie	962.2	889.5	857.6	874.8	892.8	946.9	1 032.3	..
22	Produits en caoutchouc et en plastique	154.6	162.3	156.7	144.1	145.7	154.1	154.0	..
23	Autres produits minéraux non métalliques	106.7	87.1	92.8	82.4	74.3	71.2	69.9	..
24-25	Produits métalliques de base et ouvrages en métaux (sauf machines et matériel)	349.5	294.9	266.5	257.6	243.9	234.8	295.8	..
24	Produits métallurgiques de base	138.8	97.9	82.8	78.2	67.9	65.2	105.8	..
25	Ouvrages en métaux (sauf machines et matériel)	210.8	197.0	183.7	179.4	175.9	169.6	190.0	..
26-30	Ordinateurs, articles électroniques et optiques ; machines et matériels de transport	2 511.2	2 356.4	2 233.3	2 202.6	2 277.1	2 437.3	2 570.0	..
26	Ordinateurs, articles électroniques et optiques	315.1	272.3	265.3	257.5	246.2	254.2	284.6	..
27	Matériels électriques	295.7	317.2	286.5	289.8	319.4	327.9	277.9	..
28	Machines et équipements n.c.a.	339.8	344.6	329.2	319.6	334.5	343.3	358.1	..
29	Automobiles, remorques et semi-remorques	541.1	516.6	495.4	567.5	551.7	659.9	752.1	..
30	Autres matériels de transport	1 019.5	905.8	856.8	768.1	825.4	851.9	897.4	..
31-33	Meubles ; réparation et installation de machines et de matériel	135.1	124.7	127.5	123.2	116.2	134.9	139.9	..
31	Meubles	28.7	24.1	23.1	27.2	22.2	22.4	21.4	..
32	Autres activités de fabrication	86.5	81.3	85.2	76.2	78.3	92.4	96.5	..
33	Réparation et installation de machines et de matériel	19.9	19.3	19.1	19.8	15.7	20.1	21.9	..
35-39	**ÉLECTRICITÉ, GAZ, EAU ET TRAITEMENT DES DÉCHETS**	281.9	306.8	255.0	226.6	234.9	232.1	247.3	..
35-36	Production et distribution d'électricité, de gaz et de l'eau	237.5	276.8	225.2	194.1	203.7	196.8	208.7	..
37-39	Assainissement, traitement des déchets et dépollution	44.4	30.0	29.7	32.5	31.2	35.3	38.6	..
41-43	**CONSTRUCTION**	235.7	208.1	185.9	196.6	155.2	143.4	165.1	..
45-99	**TOTAL SERVICES**	5 391.1	5 273.5	5 202.4	5 050.5	5 180.6	5 232.3	5 600.5	..
45-82	**Services du secteur des entreprises**	5 215.0	5 092.7	5 017.6	4 860.1	5 001.1	5 081.8	5 446.3	..
45-47	**Commerce de gros et de détail ; réparations automobiles et motocycles**	334.2	325.0	307.0	265.3	306.9	376.8	426.8	..
49-53	**Transport et entreposage**	91.9	90.5	68.6	71.3	54.5	85.8	102.3	..
55-56	**Activités d'hébergement et de restauration**	3.1	12.1	7.0	5.9	5.6	4.2	7.7	..
58-63	**Information et communication**	1 329.2	1 288.7	1 276.7	1 293.9	1 195.7	1 254.0	1 201.2	..
58-60	Édition, audiovisuel et diffusion	85.1	78.6	62.4	66.5	57.8	48.0	57.1	..
58	Activités d'édition	59.7	50.6	43.4	52.6	36.8	33.3	40.7	..
59-60	Activités audiovisuel et diffusion	25.4	28.0	19.0	13.8	21.0	14.7	16.4	..
59	Production de films, vidéo, programmes de télévision et d'enregistrements	19.6	21.0	13.0	10.8	15.6	8.6	9.5 e	..
60	Programmation et diffusion	5.8	7.1	6.0	3.0	5.4	6.2	6.9 e	..
61	Télécommunications	259.5	233.2	225.8	225.4	205.8	222.9	192.6	..
62-63	Technologies de l'information et informatique	984.6	976.9	988.5	1 002.1	932.1	983.1	951.4	..
62	Programmation informatique ; conseils et activités connexes	904.2	903.8	932.9	945.8	870.6	901.2	872.6	..
63	Services d'information	80.4	73.1	55.7	56.3	61.5	81.9	78.8	..
64-66	**Activités financières et d'assurances**	230.6	142.0	134.3	126.6	204.4	231.3	348.2	..
68-82	**Activités immobilières ; professionnelles ; services administratifs et d'appui**	3 226.0	3 234.5	3 224.0	3 097.1	3 234.0	3 129.7	3 360.2	..
68	Activités immobilières	9.6	9.1	3.3	8.1	7.4	8.0	16.2	..
69-75x72	Activités professionnelles, scientifiques et techniques, R-D scientifique exclu	967.4	915.5	932.7	851.9	851.3	758.9	795.0	..
72	Recherche scientifique et développement	2 196.6	2 236.6	2 216.0	2 177.2	2 317.3	2 307.5	2 491.1	..
77-82	Activités de services administratifs et d'appui	52.4	73.2	72.1	60.0	58.0	55.4	57.9	..
84-99	**Services collectifs, sociaux et personnels**	176.1	180.8	184.8	190.3	179.5	150.5	154.1	..
84-85	Administration publique et défense ; sécurité sociale obligatoire et éducation	21.8	20.7	15.4	16.9	10.4	9.6	10.6	..
86-88	Santé humaine et action sociale	112.8	127.1	137.5	141.8	135.3	116.7	116.6	..
90-93	Arts, spectacles et loisirs	5.7	5.3	7.2	7.6	9.3	8.3	9.8	..
94-99	Autres services ; ménages-employeurs ; organismes extra-territoriaux	35.8	27.7	24.8	24.1	24.4	15.9	17.1	..

.. Non disponible ; e Valeur estimée
Note : Voir les métadonnées détaillées sur : *http://metalinks.oecd.org/anberd/20200813/0f11*

SUÈDE

Dépenses de R-D dans l'industrie par activité principale de l'entreprise, prix courants
CITI Rév. 4

Millions USD PPP

		2011	2012	2013	2014	2015	2016	2017	2018
	TOTAL ENTREPRISES	9 279.2	9 470.3	9 995.0	9 514.1	10 797.1	11 306.3	12 722.5	..
01-03	**AGRICULTURE, SYLVICULTURE ET PÊCHE**	22.7	22.8 e	23.7 e	20.5 e	21.2 e	21.6 e	23.7 e	..
05-09	**ACTIVITÉS EXTRACTIVES**	18.9	19.0 e	19.7 e	17.0 e	17.6 e	17.9 e	19.7 e	..
10-33	**ACTIVITÉS DE FABRICATION**	6 592.8	6 700.4 e	7 043.3	6 635.0 e	7 458.8	6 908.1 e	6 898.4 e	..
10-12	Produits alimentaires, boissons et tabac	46.8	47.2 e	49.2	46.5 e	52.3 e	50.1 e	51.7 e	..
13-15	Textiles, habillement, cuir et articles de cuir	5.2	5.5 e	5.9	5.6 e	6.3 e	6.5 e	7.2 e	..
13	Textiles	..	..	..	..	..	..	..	..
14	Articles d'habillement	..	..	..	..	..	..	..	..
15	Cuir et articles de cuir	..	..	..	..	..	..	..	..
16-18	Bois, papier, imprimerie et reproduction de supports enregistrés	107.1	124.0 e	145.7	137.6 e	155.0 e	159.4 e	176.5 e	..
16	Bois et articles en bois, sauf meubles	..	..	..	..	..	..	..	..
17	Papier et articles en papier	102.8	..	136.8	..	..	..	149.7	..
18	Imprimerie et reproduction de supports enregistrés	..	..	..	..	..	..	..	..
19-23	Produits pétroliers, chimiques, pharmaceutiques, caoutchouc, plastique, minéraux	1 107.5	1 080.6 e	1 090.3	1 001.9 e	1 100.4 e	1 096.1 e	1 178.8 e	..
19	Cokéfaction et raffinage	..	..	..	..	..	..	..	..
20-21	Industrie chimique et pharmaceutique	..	..	..	..	..	..	..	..
20	Produits chimiques	..	..	..	..	..	..	..	..
21	Préparations pharmaceutiques, chimiques (médicine) et d'herboristerie	876.5	829.4 e	809.6	764.4 e	861.1 e	828.2 e	860.7 e	..
22	Produits en caoutchouc et en plastique	24.0	26.5 e	30.0	39.7 e	56.5	71.5 e	92.4	..
23	Autres produits minéraux non métalliques	14.6	15.2 e	16.4	15.5 e	17.4 e	16.1 e	16.1	..
24-25	Produits métalliques de base et ouvrages en métaux (sauf machines et matériel)	261.0	306.8 e	364.5	312.9 e	320.3	326.6 e	359.0	..
24	Produits métallurgiques de base	168.4	205.3 e	250.4	224.2 e	239.9	207.3 e	190.6	..
25	Ouvrages en métaux (sauf machines et matériel)	92.6	101.5 e	114.1	88.7 e	80.3	119.3 e	168.4	..
26-30	Ordinateurs, articles électroniques et optiques ; machines et matériels de transport	4 894.0	4 970.5 e	5 221.2	4 990.9 e	5 685.2	5 142.8 e	5 001.2	..
26	Ordinateurs, articles électroniques et optiques	2 149.1	2 059.7 e	2 039.0	1 949.4 e	2 220.9	1 200.1 e	259.3	..
27	Matériels électriques	273.5	296.8 e	331.0	336.7 e	404.2	403.4 e	434.7	..
28	Machines et équipements n.c.a.	682.3	700.5 e	743.5	689.4 e	763.8	822.1 e	946.6	..
29	Automobiles, remorques et semi-remorques	1 075.1	1 149.8 e	1 266.5	1 211.0 e	1 379.8	1 632.8 e	2 019.4 e	..
30	Autres matériels de transport	714.0	763.7 e	841.2	804.3 e	916.5	1 084.5 e	1 341.2	..
31-33	Meubles ; réparation et installation de machines et de matériel	171.2	165.9 e	166.2	139.6 e	139.4 e	126.7 e	124.0 e	..
31	Meubles	9.7	13.4 e	17.6	14.6 e	14.5 e	13.1 e	12.7 e	..
32	Autres activités de fabrication	120.0	126.8 e	138.2	115.1 e	113.8 e	102.9 e	100.1 e	..
33	Réparation et installation de machines et de matériel	41.5	25.8 e	10.5	9.9 e	11.1 e	10.7 e	11.1 e	..
35-39	**ÉLECTRICITÉ, GAZ, EAU ET TRAITEMENT DES DÉCHETS**	10.6	23.9 e	38.4	54.8 e	80.9	84.9 e	95.6	..
35-36	Production et distribution d'électricité, de gaz et de l'eau	..	..	..	..	..	..	..	..
37-39	Assainissement, traitement des déchets et dépollution	..	..	..	..	..	..	..	..
41-43	**CONSTRUCTION**	17.6	22.6 e	28.5	31.6 e	40.3	37.1 e	36.7	..
45-99	**TOTAL SERVICES**	2 616.6	2 681.6 e	2 841.5	2 755.2 e	3 178.3	4 236.7 e	5 648.2	..
45-82	**Services du secteur des entreprises**	2 604.6	2 665.2 e	2 819.9	2 734.9 e	3 155.3 e	4 210.9 e	5 617.4 e	..
45-47	Commerce de gros et de détail ; réparations automobiles et motocycles	542.5	569.0 e	613.7	579.0 e	649.8 e	701.5 e	809.7 e	..
49-53	Transport et entreposage	16.7	26.6 e	37.6	34.4 e	37.5	32.9 e	30.7	..
55-56	Activités d'hébergement et de restauration	0.0 e	0.0 e	0.0 e	0.0 e	0.0 e	0.0 e	0.0 e	..
58-63	Information et communication	380.4	445.4 e	526.0	565.4 e	705.6	1 538.9 e	2 507.3	..
58-60	Édition, audiovisuel et diffusion	80.2	..	130.4	..	225.6	..	211.8	..
58	Activités d'édition	..	..	..	..	..	..	..	..
59-60	Activités audiovisuel et diffusion	..	..	..	..	..	..	..	..
59	Production de films, vidéo, programmes de télévision et d'enregistrements	..	..	..	..	..	..	..	..
60	Programmation et diffusion	..	..	..	..	..	..	..	..
61	Télécommunications	..	..	..	..	..	..	..	..
62-63	Technologies de l'information et informatique	..	..	..	..	..	..	..	..
62	Programmation informatique ; conseils et activités connexes	..	..	..	..	..	..	..	..
63	Services d'information	..	..	..	..	..	..	..	..
64-66	Activités financières et d'assurances	91.8	95.4 e	102.0	107.6 e	132.4	132.5 e	143.1	..
68-82	Activités immobilières ; professionnelles ; services administratifs et d'appui	1 572.8	1 528.8 e	1 530.4	1 448.5 e	1 630.0	1 805.2 e	2 126.6 e	..
68	Activités immobilières	0.0 e	0.0 e	0.0 e	0.0 e	0.0 e	0.0 e	0.0 e	..
69-75x72	Activités professionnelles, scientifiques et techniques, R-D scientifique exclu	315.5	383.7 e	465.6	460.7 e	539.0	580.4 e	668.6	..
72	Recherche scientifique et développement	1 245.5	1 116.2 e	1 017.5	945.7 e	1 046.5	1 179.0 e	1 407.3	..
77-82	Activités de services administratifs et d'appui	12.0	29.0 e	47.3	42.0 e	44.4 e	45.7 e	50.7 e	..
84-99	**Services collectifs, sociaux et personnels**	12.0 e	16.4 e	21.5 e	20.4 e	23.0 e	25.8 e	30.8 e	..
84-85	Administration publique et défense ; sécurité sociale obligatoire et éducation	..	..	..	..	..	..	..	..
86-88	Santé humaine et action sociale	..	..	..	..	..	..	..	..
90-93	Arts, spectacles et loisirs	..	..	..	..	..	..	..	..
94-99	Autres services ; ménages-employeurs ; organismes extra-territoriaux	..	..	..	..	..	..	..	..

.. Non disponible ; e Valeur estimée
Note : Voir les métadonnées détaillées sur : *http://metalinks.oecd.org/anberd/20200813/0f11*.

SUÈDE

Dépenses de R-D dans l'industrie par activité principale de l'entreprise, prix constants
CITI Rév. 4

2010 PPP USD

Code	Activité	2011	2012	2013	2014	2015	2016	2017	2018
	TOTAL ENTREPRISES	9 826.0	9 716.8	10 093.4	9 585.8	10 797.1	11 103.8	12 083.4	..
01-03	**AGRICULTURE, SYLVICULTURE ET PÊCHE**	24.1	23.4 e	23.9 e	20.7 e	21.2 e	21.2 e	22.5 e	..
05-09	**ACTIVITÉS EXTRACTIVES**	20.0	19.4 e	19.9 e	17.2 e	17.6 e	17.6 e	18.7 e	..
10-33	**ACTIVITÉS DE FABRICATION**	6 981.3	6 874.8 e	7 112.7	6 685.0	7 458.8	6 784.4 e	6 552.0 e	..
10-12	Produits alimentaires, boissons et tabac	49.6	48.4 e	49.7	46.8 e	52.3 e	49.2 e	49.1 e	..
13-15	Textiles, habillement, cuir et articles de cuir	5.5	5.6 e	6.0	5.6 e	6.3 e	6.4 e	6.8 e	..
13	Textiles	..	..	..	..	..	..	..	..
14	Articles d'habillement	..	..	..	..	..	..	..	..
15	Cuir et articles de cuir	..	..	..	..	..	..	..	..
16-18	Bois, papier, imprimerie et reproduction de supports enregistrés	113.4	127.2 e	147.2	138.6 e	155.0 e	156.5 e	167.7 e	..
16	Bois et articles en bois, sauf meubles	..	..	..	..	..	..	..	..
17	Papier et articles en papier	108.8	..	138.1	..	..	..	142.1	..
18	Imprimerie et reproduction de supports enregistrés	..	..	..	..	..	..	..	..
19-23	Produits pétroliers, chimiques, pharmaceutiques, caoutchouc, plastique, minéraux	1 172.8	1 108.7 e	1 101.0	1 009.5 e	1 100.4 e	1 076.4 e	1 119.6 e	..
19	Cokéfaction et raffinage	..	..	..	..	..	..	..	..
20-21	Industrie chimique et pharmaceutique	..	..	..	..	..	..	..	..
20	Produits chimiques	..	..	..	..	..	..	..	..
21	Préparations pharmaceutiques, chimiques (médicine) et d'herboristerie	928.2	851.0 e	817.6	770.2 e	861.1 e	813.4 e	817.5 e	..
22	Produits en caoutchouc et en plastique	25.4	27.2 e	30.3	40.0 e	56.5	70.2 e	87.8	..
23	Autres produits minéraux non métalliques	15.4	15.6 e	16.6	15.6 e	17.4 e	15.8 e	15.2	..
24-25	Produits métalliques de base et ouvrages en métaux (sauf machines et matériel)	276.3	314.8 e	368.1	315.2 e	320.3	320.7 e	340.9	..
24	Produits métallurgiques de base	178.3	210.6 e	252.9	225.9 e	239.9	203.6 e	181.0	..
25	Ouvrages en métaux (sauf machines et matériel)	98.1	104.1 e	115.2	89.4 e	80.3	117.2 e	159.9	..
26-30	Ordinateurs, articles électroniques et optiques ; machines et matériels de transport	5 182.4	5 099.8 e	5 272.6	5 028.6 e	5 685.2	5 050.7 e	4 750.0	..
26	Ordinateurs, articles électroniques et optiques	2 275.8	2 113.3 e	2 059.1	1 964.1 e	2 220.9	1 178.6 e	246.3	..
27	Matériels électriques	289.6	304.5 e	334.3	339.3 e	404.2	396.2 e	412.8	..
28	Machines et équipements n.c.a.	722.5	718.7 e	750.8	694.6 e	763.8	807.3 e	899.1	..
29	Automobiles, remorques et semi-remorques	1 138.4	1 179.7 e	1 279.0	1 220.1 e	1 379.8 e	1 603.5 e	1 918.0 e	..
30	Autres matériels de transport	756.1	783.6 e	849.5 e	810.4 e	916.5 e	1 065.0 e	1 273.9 e	..
31-33	Meubles ; réparation et installation de machines et de matériel	181.3	170.2 e	167.8	140.6 e	139.4 e	124.5 e	117.8 e	..
31	Meubles	10.3	13.7 e	17.7	14.7 e	14.5 e	12.8 e	12.1 e	..
32	Autres activités de fabrication	127.0	130.1 e	139.5	115.9 e	113.8 e	101.1 e	95.1 e	..
33	Réparation et installation de machines et de matériel	43.9	26.4 e	10.6	10.0 e	11.1 e	10.5 e	10.6 e	..
35-39	**ÉLECTRICITÉ, GAZ, EAU ET TRAITEMENT DES DÉCHETS**	11.3	24.5 e	38.8	55.2 e	80.9	83.3 e	90.8	..
35-36	Production et distribution d'électricité, de gaz et de l'eau	..	..	..	..	..	..	..	..
37-39	Assainissement, traitement des déchets et dépollution	..	..	..	..	..	..	..	..
41-43	**CONSTRUCTION**	18.7	23.2 e	28.8	31.8 e	40.3	36.4 e	34.9 e	..
45-99	**TOTAL SERVICES**	2 770.7	2 751.4 e	2 869.4	2 776.0	3 178.3	4 160.8 e	5 364.5	..
45-82	**Services du secteur des entreprises**	2 758.1	2 734.6 e	2 847.7	2 755.5 e	3 155.3 e	4 135.5 e	5 335.3 e	..
45-47	Commerce de gros et de détail ; réparations automobiles et motocycles	574.5	583.8 e	619.7	583.4 e	649.8 e	688.9 e	769.0 e	..
49-53	Transport et entreposage	17.7	27.3 e	37.9	34.7 e	37.5	32.3 e	29.2	..
55-56	Activités d'hébergement et de restauration	0.0 e	0.0 e	0.0 e	0.0 e	0.0 e	0.0 e	0.0 e	..
58-63	Information et communication	402.8	457.0 e	531.1	569.6 e	705.6	1 511.3 e	2 381.3	..
58-60	Édition, audiovisuel et diffusion	84.9	..	131.7	..	225.6	..	201.2	..
58	Activités d'édition	..	..	..	..	..	..	..	..
59-60	Activités audiovisuel et diffusion	..	..	..	..	..	..	..	..
59	Production de films, vidéo, programmes de télévision et d'enregistrements	..	..	..	..	..	..	..	..
60	Programmation et diffusion	..	..	..	..	..	..	..	..
61	Télécommunications	..	..	..	..	..	..	..	..
62-63	Technologies de l'information et informatique	..	..	..	..	..	..	..	..
62	Programmation informatique ; conseils et activités connexes	..	..	..	..	..	..	..	..
63	Services d'information	..	..	..	..	..	..	..	..
64-66	**Activités financières et d'assurances**	97.2	97.9 e	103.0	108.4 e	132.4	130.1 e	135.9	..
68-82	**Activités immobilières ; professionnelles ; services administratifs et d'appui**	1 665.5	1 568.6 e	1 545.5	1 459.4 e	1 630.0 e	1 772.8 e	2 019.8 e	..
68	Activités immobilières	0.0 e	0.0 e	0.0 e	0.0 e	0.0 e	0.0 e	0.0 e	..
69-75x72	Activités professionnelles, scientifiques et techniques, R-D scientifique exclu	334.1	393.6 e	470.2	464.2 e	539.0	570.0 e	635.0	..
72	Recherche scientifique et développement	1 318.9	1 145.2 e	1 027.5	952.9 e	1 046.5	1 157.9 e	1 336.6	..
77-82	Activités de services administratifs et d'appui	12.7	29.7 e	47.8	42.3 e	44.4 e	44.9 e	48.1 e	..
84-99	**Services collectifs, sociaux et personnels**	12.7 e	16.8 e	21.7 e	20.5 e	23.0 e	25.4 e	29.2 e	..
84-85	Administration publique et défense ; sécurité sociale obligatoire et éducation	..	..	..	..	..	..	..	..
86-88	Santé humaine et action sociale	..	..	..	..	..	..	..	..
90-93	Arts, spectacles et loisirs	..	..	..	..	..	..	..	..
94-99	Autres services ; ménages-employeurs ; organismes extra-territoriaux	..	..	..	..	..	..	..	..

.. Non disponible ; e Valeur estimée
Note : Voir les métadonnées détaillées sur : *http://metalinks.oecd.org/anberd/20200813/0f11*

SUISSE

Dépenses de R-D dans l'industrie par activité principale de l'entreprise, prix courants
CITI Rév. 4

Millions USD PPP

		2011	2012	2013	2014	2015	2016	2017	2018
	TOTAL ENTREPRISES	9 815.8 e	10 542.8	11 266.9 e	11 939.2 e	12 675.6	13 004.3 e	13 262.8	..
01-03	**AGRICULTURE, SYLVICULTURE ET PÊCHE**	..	..	..	..	..	..	..	..
05-09	**ACTIVITÉS EXTRACTIVES**	..	..	..	..	..	..	..	..
10-33	**ACTIVITÉS DE FABRICATION**	6 981.2 e	7 378.7	7 756.2 e	8 121.8 e	8 609.4	8 939.5 e	9 299.5	..
10-12	Produits alimentaires, boissons et tabac	37.5 e	45.3	51.2 e	54.8 e	58.0	60.2 e	62.6	..
13-15	Textiles, habillement, cuir et articles de cuir	..	..	..	..	..	..	..	..
13	Textiles	..	..	..	..	..	..	..	..
14	Articles d'habillement	..	..	..	..	..	..	..	..
15	Cuir et articles de cuir	..	..	..	..	..	..	..	..
16-18	Bois, papier, imprimerie et reproduction de supports enregistrés	..	..	..	..	..	..	..	..
16	Bois et articles en bois, sauf meubles	..	..	..	..	..	..	..	..
17	Papier et articles en papier	..	..	..	..	..	..	..	..
18	Imprimerie et reproduction de supports enregistrés	..	..	..	..	..	..	..	..
19-23	Produits pétroliers, chimiques, pharmaceutiques, caoutchouc, plastique, minéraux	3 845.1 e	4 066.2	4 352.7 e	4 659.8 e	4 991.1	5 126.6 e	5 209.2	..
19	Cokéfaction et raffinage	..	..	..	..	..	..	..	..
20-21	Industrie chimique et pharmaceutique	..	..	..	..	..	..	..	..
20	Produits chimiques	..	..	..	..	..	..	..	..
21	Préparations pharmaceutiques, chimiques (médicine) et d'herboristerie	3 494.5 e	3 692.0	3 935.8 e	4 194.0 e	4 481.9	4 610.9 e	4 703.7	..
22	Produits en caoutchouc et en plastique	..	..	..	..	..	..	..	..
23	Autres produits minéraux non métalliques	..	..	..	..	..	..	..	..
24-25	Produits métalliques de base et ouvrages en métaux (sauf machines et matériel)	329.1 e	336.9	301.6 e	257.8 e	258.5	333.3 e	461.4	..
24	Produits métallurgiques de base	..	..	..	..	..	..	..	..
25	Ouvrages en métaux (sauf machines et matériel)	..	..	..	..	..	..	..	..
26-30	Ordinateurs, articles électroniques et optiques ; machines et matériels de transport	2 500.0 e	2 677.4	2 834.1 e	2 954.5 e	3 063.6	3 045.3 e	2 991.5	..
26	Ordinateurs, articles électroniques et optiques	1 421.6 e	1 526.1	1 632.9 e	1 718.7 e	1 777.1	1 724.8 e	1 627.2	..
27	Matériels électriques	..	..	..	..	..	..	..	..
28	Machines et équipements n.c.a.	..	..	..	..	..	..	..	..
29	Automobiles, remorques et semi-remorques	..	..	..	..	..	..	..	..
30	Autres matériels de transport	..	..	..	..	..	..	..	..
31-33	Meubles ; réparation et installation de machines et de matériel	..	..	..	..	..	..	..	..
31	Meubles	..	..	..	..	..	..	..	..
32	Autres activités de fabrication	..	..	..	..	..	..	..	..
33	Réparation et installation de machines et de matériel	..	..	..	..	..	..	..	..
35-39	**ÉLECTRICITÉ, GAZ, EAU ET TRAITEMENT DES DÉCHETS**	..	..	..	..	..	..	..	..
35-36	Production et distribution d'électricité, de gaz et de l'eau	..	..	..	..	..	..	..	..
37-39	Assainissement, traitement des déchets et dépollution	..	..	..	..	..	..	..	..
41-43	**CONSTRUCTION**	..	..	..	..	..	..	..	..
45-99	**TOTAL SERVICES**	2 834.5 e	3 164.1	3 510.7 e	3 817.5 e	4 066.2	4 064.8 e	3 963.4	..
45-82	**Services du secteur des entreprises**	..	..	..	..	..	..	..	..
45-47	Commerce de gros et de détail ; réparations automobiles et motocycles	..	..	..	..	..	..	..	..
49-53	Transport et entreposage	..	..	..	..	..	..	..	..
55-56	Activités d'hébergement et de restauration	..	..	..	..	..	..	..	..
58-63	**Information et communication**	..	..	..	..	..	..	..	..
58-60	Édition, audiovisuel et diffusion	..	..	..	..	..	..	..	..
58	Activités d'édition	..	..	..	..	..	..	..	..
59-60	Activités audiovisuel et diffusion	..	..	..	..	..	..	..	..
59	Production de films, vidéo, programmes de télévision et d'enregistrements	..	..	..	..	..	..	..	..
60	Programmation et diffusion	..	..	..	..	..	..	..	..
61	Télécommunications	..	..	..	..	..	..	..	..
62-63	Technologies de l'information et informatique	..	..	..	..	..	..	..	..
62	Programmation informatique ; conseils et activités connexes	..	..	..	..	..	..	..	..
63	Services d'information	..	..	..	..	..	..	..	..
64-66	**Activités financières et d'assurances**	..	..	..	..	..	..	..	..
68-82	**Activités immobilières ; professionnelles ; services administratifs et d'appui**	..	..	..	..	..	..	..	..
68	Activités immobilières	..	..	..	..	..	..	..	..
69-75x72	Activités professionnelles, scientifiques et techniques, R-D scientifique exclu	..	..	..	..	..	..	..	..
72	Recherche scientifique et développement	1 168.6 e	1 412.1	1 649.1 e	1 841.8 e	1 977.2	1 960.4 e	1 876.4	..
77-82	Activités de services administratifs et d'appui	..	..	..	..	..	..	..	..
84-99	**Services collectifs, sociaux et personnels**	..	..	..	..	..	..	..	..
84-85	Administration publique et défense ; sécurité sociale obligatoire et éducation	..	..	..	..	..	..	..	..
86-88	Santé humaine et action sociale	..	..	..	..	..	..	..	..
90-93	Arts, spectacles et loisirs	..	..	..	..	..	..	..	..
94-99	Autres services ; ménages-employeurs ; organismes extra-territoriaux	..	..	..	..	..	..	..	..

.. Non disponible ; e Valeur estimée
Note : Voir les métadonnées détaillées sur : *http://metalinks.oecd.org/anberd/20200813/0f11*.

SUISSE

Dépenses de R-D dans l'industrie par activité principale de l'entreprise, prix constants
CITI Rév. 4

2010 PPP USD

		2011	2012	2013	2014	2015	2016	2017	2018
	TOTAL ENTREPRISES	10 948.3 e	11 413.7	11 820.0 e	12 309.1 e	12 675.6	12 730.0 e	12 817.2	..
01-03	**AGRICULTURE, SYLVICULTURE ET PÊCHE**	..	..	..	..	..	..	..	..
05-09	**ACTIVITÉS EXTRACTIVES**	..	..	..	..	..	..	..	..
10-33	**ACTIVITÉS DE FABRICATION**	7 786.7 e	7 988.3	8 136.9 e	8 373.4 e	8 609.4	8 750.9 e	8 987.0	..
10-12	Produits alimentaires, boissons et tabac	41.8 e	49.0	53.7 e	56.5 e	58.0	58.9 e	60.5	..
13-15	Textiles, habillement, cuir et articles de cuir	..	..	..	..	..	..	..	..
13	Textiles	..	..	..	..	..	..	..	..
14	Articles d'habillement	..	..	..	..	..	..	..	..
15	Cuir et articles de cuir	..	..	..	..	..	..	..	..
16-18	Bois, papier, imprimerie et reproduction de supports enregistrés	..	..	..	..	..	..	..	..
16	Bois et articles en bois, sauf meubles	..	..	..	..	..	..	..	..
17	Papier et articles en papier	..	..	..	..	..	..	..	..
18	Imprimerie et reproduction de supports enregistrés	..	..	..	..	..	..	..	..
19-23	Produits pétroliers, chimiques, pharmaceutiques, caoutchouc, plastique, minéraux	4 288.8 e	4 402.1	4 566.4 e	4 804.2 e	4 991.1	5 018.5 e	5 034.2	..
19	Cokéfaction et raffinage	..	..	..	..	..	..	..	..
20-21	Industrie chimique et pharmaceutique	..	..	..	..	..	..	..	..
20	Produits chimiques	..	..	..	..	..	..	..	..
21	Préparations pharmaceutiques, chimiques (médicine) et d'herboristerie	3 897.7 e	3 997.0	4 128.9 e	4 324.0 e	4 481.9	4 513.6 e	4 545.7	..
22	Produits en caoutchouc et en plastique	..	..	..	..	..	..	..	..
23	Autres produits minéraux non métalliques	..	..	..	..	..	..	..	..
24-25	Produits métalliques de base et ouvrages en métaux (sauf machines et matériel)	367.1 e	364.7	316.4 e	265.8 e	258.5	326.2 e	445.9	..
24	Produits métallurgiques de base	..	..	..	..	..	..	..	..
25	Ouvrages en métaux (sauf machines et matériel)	..	..	..	..	..	..	..	..
26-30	Ordinateurs, articles électroniques et optiques ; machines et matériels de transport	2 788.4 e	2 898.5	2 973.2 e	3 046.0 e	3 063.6	2 981.1 e	2 891.0	..
26	Ordinateurs, articles électroniques et optiques	1 585.6 e	1 652.2	1 713.1 e	1 771.9 e	1 777.1	1 688.4 e	1 572.6	..
27	Matériels électriques	..	..	..	..	..	..	..	..
28	Machines et équipements n.c.a.	..	..	..	..	..	..	..	..
29	Automobiles, remorques et semi-remorques	..	..	..	..	..	..	..	..
30	Autres matériels de transport	..	..	..	..	..	..	..	..
31-33	Meubles ; réparation et installation de machines et de matériel	..	..	..	..	..	..	..	..
31	Meubles	..	..	..	..	..	..	..	..
32	Autres activités de fabrication	..	..	..	..	..	..	..	..
33	Réparation et installation de machines et de matériel	..	..	..	..	..	..	..	..
35-39	**ÉLECTRICITÉ, GAZ, EAU ET TRAITEMENT DES DÉCHETS**	..	..	..	..	..	..	..	..
35-36	Production et distribution d'électricité, de gaz et de l'eau	..	..	..	..	..	..	..	..
37-39	Assainissement, traitement des déchets et dépollution	..	..	..	..	..	..	..	..
41-43	**CONSTRUCTION**	..	..	..	..	..	..	..	..
45-99	**TOTAL SERVICES**	3 161.6 e	3 425.4	3 683.1 e	3 935.7 e	4 066.2	3 979.1 e	3 830.2	..
45-82	**Services du secteur des entreprises**	..	..	..	..	..	..	..	..
45-47	Commerce de gros et de détail ; réparations automobiles et motocycles	..	..	..	..	..	..	..	..
49-53	Transport et entreposage	..	..	..	..	..	..	..	..
55-56	Activités d'hébergement et de restauration	..	..	..	..	..	..	..	..
58-63	Information et communication	..	..	..	..	..	..	..	..
58-60	Édition, audiovisuel et diffusion	..	..	..	..	..	..	..	..
58	Activités d'édition	..	..	..	..	..	..	..	..
59-60	Activités audiovisuel et diffusion	..	..	..	..	..	..	..	..
59	Production de films, vidéo, programmes de télévision et d'enregistrements	..	..	..	..	..	..	..	..
60	Programmation et diffusion	..	..	..	..	..	..	..	..
61	Télécommunications	..	..	..	..	..	..	..	..
62-63	Technologies de l'information et informatique	..	..	..	..	..	..	..	..
62	Programmation informatique ; conseils et activités connexes	..	..	..	..	..	..	..	..
63	Services d'information	..	..	..	..	..	..	..	..
64-66	**Activités financières et d'assurances**	..	..	..	..	..	..	..	..
68-82	**Activités immobilières ; professionnelles ; services administratifs et d'appui**	..	..	..	..	..	..	..	..
68	Activités immobilières	..	..	..	..	..	..	..	..
69-75x72	Activités professionnelles, scientifiques et techniques, R-D scientifique exclu	..	..	..	..	..	..	..	..
72	Recherche scientifique et développement	1 303.4 e	1 528.8	1 730.1 e	1 898.9 e	1 977.2	1 919.1 e	1 813.3	..
77-82	Activités de services administratifs et d'appui	..	..	..	..	..	..	..	..
84-99	Services collectifs, sociaux et personnels	..	..	..	..	..	..	..	..
84-85	Administration publique et défense ; sécurité sociale obligatoire et éducation	..	..	..	..	..	..	..	..
86-88	Santé humaine et action sociale	..	..	..	..	..	..	..	..
90-93	Arts, spectacles et loisirs	..	..	..	..	..	..	..	..
94-99	Autres services ; ménages-employeurs ; organismes extra-territoriaux	..	..	..	..	..	..	..	..

.. Non disponible ; e Valeur estimée
Note : Voir les métadonnées détaillées sur : http://metalinks.oecd.org/anberd/20200813/0f11.

TURQUIE

Dépenses de R-D dans l'industrie par activité principale de l'entreprise, prix courants
CITI Rév. 4

Millions USD PPP

		2011	2012	2013	2014	2015	2016	2017	2018
	TOTAL ENTREPRISES	4 985.9	5 776.5	6 569.7	7 931.2	8 870.5	10 763.2	12 367.3	..
01-03	**AGRICULTURE, SYLVICULTURE ET PÊCHE**	13.3	12.4	16.9	18.6	21.4	13.7	38.5	..
05-09	**ACTIVITÉS EXTRACTIVES**	19.8	17.1	30.6	18.2	25.1	40.2	30.3	..
10-33	**ACTIVITÉS DE FABRICATION**	2 659.4	3 063.9	3 373.5	4 111.5	4 456.1	6 164.4	7 240.3	..
10-12	Produits alimentaires, boissons et tabac	78.4	80.8	115.6	118.9	103.0	135.0	177.4	..
13-15	Textiles, habillement, cuir et articles de cuir	99.3	106.8	92.9	118.7	129.7	148.4	150.2	..
13	Textiles	83.0	88.6	73.2	94.8	109.2	117.6	114.2	..
14	Articles d'habillement	13.7	15.3	16.3	18.4	16.6	27.4	32.9	..
15	Cuir et articles de cuir	2.6	2.9	3.4	5.5	3.8	3.4	3.1	..
16-18	Bois, papier, imprimerie et reproduction de supports enregistrés	11.3	12.5	11.9	17.6	14.9	36.7	39.1	..
16	Bois et articles en bois, sauf meubles	3.5	3.2	1.8	3.6	3.0	4.0	4.2	..
17	Papier et articles en papier	4.5	5.7	4.7	5.0	5.8	22.9	29.0	..
18	Imprimerie et reproduction de supports enregistrés	3.3	3.6	5.4	8.9	6.0	9.8	5.8	..
19-23	Produits pétroliers, chimiques, pharmaceutiques, caoutchouc, plastique, minéraux	550.3	601.2	722.8	682.9	644.6	673.7	749.7	..
19	Cokéfaction et raffinage	16.4 e	19.2 e	29.5 e	26.3 e	23.7 e	23.5 e	19.6 e	..
20-21	Industrie chimique et pharmaceutique	387.6 e	406.1 e	531.2 e	496.6 e	471.0 e	444.1 e	451.0 e	..
20	Produits chimiques	186.6 e	218.3 e	334.7 e	298.2 e	269.4 e	267.2 e	222.2 e	..
21	Préparations pharmaceutiques, chimiques (médicine) et d'herboristerie	201.0	187.8	196.5	198.4	201.6	176.8	228.7	..
22	Produits en caoutchouc et en plastique	80.1	98.2	80.5	86.3	70.7	80.2	190.9	..
23	Autres produits minéraux non métalliques	66.1	77.7	81.6	73.7	79.2	125.8	88.2	..
24-25	Produits métalliques de base et ouvrages en métaux (sauf machines et matériel)	206.7	246.3	252.7	382.4	315.1	569.6	376.4	..
24	Produits métallurgiques de base	55.0	59.4	55.7	97.0	74.0	70.8	85.9	..
25	Ouvrages en métaux (sauf machines et matériel)	151.6	187.0	197.0	285.5	241.1	498.7	290.5	..
26-30	Ordinateurs, articles électroniques et optiques ; machines et matériels de transport	1 654.4	1 945.1	2 108.4	2 711.6	3 179.1	4 496.6	5 583.1	..
26	Ordinateurs, articles électroniques et optiques	153.7	196.5	263.9	237.1	292.8	1 408.1	1 903.2	..
27	Matériels électriques	322.7	328.8	344.0	420.9	438.3	534.1	614.5	..
28	Machines et équipements n.c.a.	242.4	295.6	313.6	309.9	333.4	456.7	535.2	..
29	Automobiles, remorques et semi-remorques	676.7	773.4	908.9	1 390.6	1 542.0	1 345.6	1 456.4	..
30	Autres matériels de transport	258.9	350.8	277.9	353.1	572.6	752.1	1 073.8	..
31-33	Meubles ; réparation et installation de machines et de matériel	59.1	70.6	69.2	79.5	69.8	104.4	164.5	..
31	Meubles	15.9	13.6	14.7	12.9	15.3	24.2	48.2	..
32	Autres activités de fabrication	26.8	36.9	28.8	41.2	34.8	52.1	54.2	..
33	Réparation et installation de machines et de matériel	16.4	20.2	25.8	25.4	19.7	28.2	62.1	..
35-39	**ÉLECTRICITÉ, GAZ, EAU ET TRAITEMENT DES DÉCHETS**	17.5	30.1	34.3	38.6	59.2	44.3	35.7	..
35-36	Production et distribution d'électricité, de gaz et de l'eau	12.8	25.0	30.6	34.3	55.4	41.2	32.1	..
37-39	Assainissement, traitement des déchets et dépollution	4.7	5.1	3.8	4.3	3.8	3.2	3.6	..
41-43	**CONSTRUCTION**	30.3	41.6	25.3	27.2	30.9	27.0	95.2	..
45-99	**TOTAL SERVICES**	2 245.6	2 612.1	3 089.0	3 717.1	4 277.8	4 473.5	4 927.1	..
45-82	**Services du secteur des entreprises**	2 230.6	2 590.2	3 073.0	3 695.4	4 258.3	4 399.7	4 857.4	..
45-47	Commerce de gros et de détail ; réparations automobiles et motocycles	183.4	153.6	180.7	197.6	243.8	443.1	378.2	..
49-53	Transport et entreposage	10.3	17.6	25.8	30.1	31.4	43.1	89.1	..
55-56	Activités d'hébergement et de restauration	0.0	0.5	0.4	0.6	0.6	4.9	0.3	..
58-63	Information et communication	1 176.8	1 449.5	1 653.9	2 096.5	2 479.2	3 217.6	3 541.4	..
58-60	Édition, audiovisuel et diffusion	68.1 e	22.7	30.0	55.6	53.8	17.7	32.0	..
58	Activités d'édition	..	21.1	28.3	52.6	52.2	15.2	29.1	..
59-60	Activités audiovisuel et diffusion	..	1.7	1.7	3.0	1.6	2.5	2.9	..
59	Production de films, vidéo, programmes de télévision et d'enregistrements	..	..	..	..	..	..	..	..
60	Programmation et diffusion	..	..	..	..	..	..	..	..
61	Télécommunications	215.9 e	310.1	332.8	463.4	512.6	132.7	101.3	..
62-63	Technologies de l'information et informatique	892.8	1 116.6	1 291.1	1 577.6	1 912.8	3 067.2	3 408.1	..
62	Programmation informatique ; conseils et activités connexes	881.8	1 100.2	1 282.6	1 568.5	1 898.7	3 022.7	3 349.7	..
63	Services d'information	11.0	16.4	8.5	9.1	14.1	44.5	58.4	..
64-66	**Activités financières et d'assurances**	96.9	93.9	130.6	121.1	71.3	61.2	98.1	..
68-82	**Activités immobilières ; professionnelles ; services administratifs et d'appui**	763.1	875.1	1 081.5	1 249.5	1 432.1	629.8	750.2	..
68	Activités immobilières	0.0	0.0	0.0	0.0	0.0	0.0	16.5	..
69-75x72	Activités professionnelles, scientifiques et techniques, R-D scientifique exclu	28.4	31.7	37.2	41.0	46.6	118.3	107.8	..
72	Recherche scientifique et développement	732.5	840.8	1 039.5	1 200.1	1 375.8	495.4	591.1	..
77-82	Activités de services administratifs et d'appui	2.2	2.6	4.8	8.4	9.7	16.2	34.9	..
84-99	Services collectifs, sociaux et personnels	15.0	21.9	16.1	21.7	19.5	73.7	69.7	..
84-85	Administration publique et défense ; sécurité sociale obligatoire et éducation	8.5	15.0	12.0	13.8	11.6	54.8	59.8	..
86-88	Santé humaine et action sociale	3.4	3.8	2.2	6.4	5.7	15.2	7.6	..
90-93	Arts, spectacles et loisirs	..	..	..	..	..	..	..	..
94-99	Autres services ; ménages-employeurs ; organismes extra-territoriaux	..	..	..	..	..	..	..	..

.. Non disponible ; e Valeur estimée
Note : Voir les métadonnées détaillées sur : *http://metalinks.oecd.org/anberd/20200813/0f11*.

TURQUIE

Dépenses de R-D dans l'industrie par activité principale de l'entreprise, prix constants
CITI Rév. 4

2010 PPP USD

Code		2011	2012	2013	2014	2015	2016	2017	2018
	TOTAL ENTREPRISES	5 480.8	6 239.8	7 008.3	8 127.8	8 870.5	10 634.0	12 181.9	..
01-03	**AGRICULTURE, SYLVICULTURE ET PÊCHE**	14.6	13.4	18.1	19.0	21.4	13.5	37.9	..
05-09	**ACTIVITÉS EXTRACTIVES**	21.8	18.4	32.6	18.6	25.1	39.8	29.9	..
10-33	**ACTIVITÉS DE FABRICATION**	2 923.4	3 309.0	3 598.7	4 213.4	4 456.1	6 090.4	7 131.8	..
10-12	Produits alimentaires, boissons et tabac	86.2	87.3	123.3	121.8	103.0	133.4	174.8	..
13-15	Textiles, habillement, cuir et articles de cuir	109.2	115.3	99.1	121.6	129.7	146.6	148.0	..
13	Textiles	91.2	95.7	78.1	97.1	109.2	116.1	112.5	..
14	Articles d'habillement	15.1	16.5	17.4	18.9	16.6	27.1	32.4	..
15	Cuir et articles de cuir	2.8	3.1	3.6	5.6	3.8	3.4	3.1	..
16-18	Bois, papier, imprimerie et reproduction de supports enregistrés	12.5	13.5	12.7	18.0	14.9	36.3	38.5	..
16	Bois et articles en bois, sauf meubles	3.9	3.5	1.9	3.7	3.0	4.0	4.2	..
17	Papier et articles en papier	5.0	6.1	5.0	5.1	5.8	22.6	28.6	..
18	Imprimerie et reproduction de supports enregistrés	3.6	3.8	5.8	9.2	6.0	9.7	5.8	..
19-23	Produits pétroliers, chimiques, pharmaceutiques, caoutchouc, plastique, minéraux	604.9	649.4	771.0	699.8	644.6	665.6	738.5	..
19	Cokéfaction et raffinage	18.1 e	20.8 e	31.5 e	26.9 e	23.7 e	23.3 e	19.3 e	..
20-21	Industrie chimique et pharmaceutique	426.1 e	438.6 e	566.6 e	508.9 e	471.0 e	438.7 e	444.2 e	..
20	Produits chimiques	205.1 e	235.8 e	357.0 e	305.6 e	269.4 e	264.0 e	218.9 e	..
21	Préparations pharmaceutiques, chimiques (médicine) et d'herboristerie	221.0	202.8	209.6	203.3	201.6	174.7	225.3	..
22	Produits en caoutchouc et en plastique	88.0	106.1	85.9	88.4	70.7	79.3	188.1	..
23	Autres produits minéraux non métalliques	72.7	83.9	87.0	75.6	79.2	124.3	86.9	..
24-25	Produits métalliques de base et ouvrages en métaux (sauf machines et matériel)	227.2	266.1	269.6	391.9	315.1	562.7	370.8	..
24	Produits métallurgiques de base	60.5	64.1	59.4	99.4	74.0	70.0	84.6	..
25	Ouvrages en métaux (sauf machines et matériel)	166.7	202.0	210.2	292.5	241.1	492.8	286.2	..
26-30	Ordinateurs, articles électroniques et optiques ; machines et matériels de transport	1 818.6	2 101.1	2 249.1	2 778.8	3 179.1	4 442.7	5 499.4	..
26	Ordinateurs, articles électroniques et optiques	169.0	212.3	281.6	243.0	292.8	1 391.2	1 874.7	..
27	Matériels électriques	354.7	355.1	367.0	431.3	438.3	527.7	605.3	..
28	Machines et équipements n.c.a.	266.5	319.3	334.6	317.6	333.4	451.2	527.2	..
29	Automobiles, remorques et semi-remorques	743.9	835.4	969.6	1 425.1	1 542.0	1 329.4	1 434.6	..
30	Autres matériels de transport	284.6	378.9	296.4	361.8	572.6	743.1	1 057.7	..
31-33	Meubles ; réparation et installation de machines et de matériel	65.0	76.3	73.9	81.5	69.8	103.2	162.0	..
31	Meubles	17.5	14.7	15.6	13.2	15.3	23.9	47.5	..
32	Autres activités de fabrication	29.4	39.8	30.7	42.2	34.8	51.5	53.4	..
33	Réparation et installation de machines et de matériel	18.0	21.8	27.5	26.0	19.7	27.8	61.2	..
35-39	**ÉLECTRICITÉ, GAZ, EAU ET TRAITEMENT DES DÉCHETS**	19.2	32.5	36.6	39.6	59.2	43.8	35.2	..
35-36	Production et distribution d'électricité, de gaz et de l'eau	14.1	27.0	32.6	35.2	55.4	40.7	31.6	..
37-39	Assainissement, traitement des déchets et dépollution	5.2	5.5	4.0	4.4	3.8	3.1	3.5	..
41-43	**CONSTRUCTION**	33.3	44.9	26.9	27.9	30.9	26.7	93.8	..
45-99	**TOTAL SERVICES**	2 468.5	2 821.6	3 295.2	3 809.3	4 277.8	4 419.8	4 853.2	..
45-82	**Services du secteur des entreprises**	2 452.0	2 797.9	3 278.1	3 787.0	4 258.3	4 346.9	4 784.6	..
45-47	Commerce de gros et de détail ; réparations automobiles et motocycles	201.6	166.0	192.8	202.5	243.8	437.8	372.5	..
49-53	Transport et entreposage	11.4	19.0	27.5	30.9	31.4	42.6	87.8	..
55-56	Activités d'hébergement et de restauration	0.0	0.5	0.4	0.6	0.6	4.9	0.3	..
58-63	Information et communication	1 293.6	1 565.7	1 764.4	2 148.5	2 479.2	3 179.0	3 488.3	..
58-60	Édition, audiovisuel et diffusion	74.9 e	24.6	32.0	56.9	53.8	17.5	31.5	..
58	Activités d'édition	..	22.8	30.2	53.9	52.2	15.0	28.6	..
59-60	Activités audiovisuel et diffusion	..	1.8	1.8	3.0	1.6	2.4	2.9	..
59	Production de films, vidéo, programmes de télévision et d'enregistrements	..	..	..	..	..	..	..	..
60	Programmation et diffusion	..	..	..	..	..	..	..	..
61	Télécommunications	237.3 e	335.0	355.0	474.9	512.6	131.2	99.8	..
62-63	Technologies de l'information et informatique	981.4	1 206.2	1 377.3	1 616.7	1 912.8	3 030.4	3 357.0	..
62	Programmation informatique ; conseils et activités connexes	969.3	1 188.4	1 368.2	1 607.4	1 898.7	2 986.4	3 299.5	..
63	Services d'information	12.1	17.8	9.1	9.3	14.1	43.9	57.5	..
64-66	**Activités financières et d'assurances**	106.5	101.4	139.4	124.1	71.3	60.5	96.7	..
68-82	**Activités immobilières ; professionnelles ; services administratifs et d'appui**	838.9	945.3	1 153.6	1 280.5	1 432.1	622.3	739.0	..
68	Activités immobilières	0.0	0.0	0.0	0.0	0.0	0.0	16.2	..
69-75x72	Activités professionnelles, scientifiques et techniques, R-D scientifique exclu	31.2	34.2	39.6	42.0	46.6	116.8	106.2	..
72	Recherche scientifique et développement	805.2	908.3	1 108.9	1 229.9	1 375.8	489.4	582.2	..
77-82	Activités de services administratifs et d'appui	2.4	2.8	5.1	8.6	9.7	16.0	34.4	..
84-99	Services collectifs, sociaux et personnels	16.5	23.6	17.1	22.3	19.5	72.9	68.6	..
84-85	Administration publique et défense ; sécurité sociale obligatoire et éducation	9.4	16.2	12.8	14.1	11.6	54.1	58.9	..
86-88	Santé humaine et action sociale	3.7	4.1	2.3	6.6	5.7	15.0	7.5	..
90-93	Arts, spectacles et loisirs	..	..	..	..	..	..	..	..
94-99	Autres services ; ménages-employeurs ; organismes extra-territoriaux	..	..	..	..	..	..	..	..

.. Non disponible ; e Valeur estimée
Note : Voir les métadonnées détaillées sur : *http://metalinks.oecd.org/anberd/20200813/0f11*.

ROYAUME-UNI

Dépenses de R-D dans l'industrie par activité principale de l'entreprise, prix courants
CITI Rév. 4

Millions USD PPP

		2011	2012	2013	2014	2015	2016	2017	2018
	TOTAL ENTREPRISES	**24 655.7**	**24 381.2**	**26 534.1**	**28 541.9**	**30 165.0**	**32 271.5**	..	..
01-03	**AGRICULTURE, SYLVICULTURE ET PÊCHE**	**17.6**	**20.0**	**14.8**	**19.2**	**22.1**	**31.5**	..	..
05-09	**ACTIVITÉS EXTRACTIVES**	**245.0**	**243.7**	**273.9**	**261.3**	**229.2**	**241.3**	..	..
10-33	**ACTIVITÉS DE FABRICATION**	**9 097.9**	**9 745.8**	**10 529.0**	**11 144.8**	**11 845.5**	**13 356.9**	..	..
10-12	Produits alimentaires, boissons et tabac	393.2	391.7	471.1	472.5	372.5	453.2	..	..
13-15	Textiles, habillement, cuir et articles de cuir	36.0	45.5	31.6	32.1	27.7	30.6	..	..
13	Textiles	32.4	38.9	23.7	23.8	20.8	25.6	..	..
14	Articles d'habillement	1.7	3.8	4.2	4.9	3.9	2.3	..	..
15	Cuir et articles de cuir	1.8	2.7	3.7	3.4	3.0	2.8	..	..
16-18	Bois, papier, imprimerie et reproduction de supports enregistrés	21.4	31.2	51.3	57.6	63.4	70.9	..	..
16	Bois et articles en bois, sauf meubles	2.0	4.0 e	9.5	8.9	8.8	13.6	..	..
17	Papier et articles en papier	12.5	11.4 e	15.1	17.6	16.8	17.3	..	..
18	Imprimerie et reproduction de supports enregistrés	6.9	15.8	26.8	31.1	38.0	39.9	..	..
19-23	Produits pétroliers, chimiques, pharmaceutiques, caoutchouc, plastique, minéraux	1 350.5	1 310.1	1 390.4	1 370.9	1 394.8	1 578.3	..	..
19	Cokéfaction et raffinage	26.8	31.6	27.5	47.8	129.1	61.3	..	..
20-21	Industrie chimique et pharmaceutique	1 151.0	1 093.2	1 177.6	1 096.4	1 011.0	1 254.0	..	..
20	Produits chimiques	402.4	374.6	519.1	523.9	450.6	698.0	..	..
21	Préparations pharmaceutiques, chimiques (médicine) et d'herboristerie	748.7	718.6	658.5	572.6	560.4	556.0	..	..
22	Produits en caoutchouc et en plastique	115.1	140.4	136.8	158.4	194.0	188.2	..	..
23	Autres produits minéraux non métalliques	57.5	44.9	48.6	68.3	60.7	74.8	..	..
24-25	Produits métalliques de base et ouvrages en métaux (sauf machines et matériel)	903.9	796.1	802.4	861.1	776.5	764.7	..	..
24	Produits métallurgiques de base	123.5	90.2	63.9	101.4	85.6	95.0	..	..
25	Ouvrages en métaux (sauf machines et matériel)	780.4	705.9	738.6	759.7	690.8	669.7	..	..
26-30	Ordinateurs, articles électroniques et optiques ; machines et matériels de transport	6 048.1	6 853.0	7 377.4	7 934.2	8 674.8	9 957.3	..	..
26	Ordinateurs, articles électroniques et optiques	1 384.5	1 391.9	1 468.3	1 440.9	1 422.7	1 582.6	..	..
27	Matériels électriques	215.7	242.1	230.7	259.6	274.1	254.0	..	..
28	Machines et équipements n.c.a.	897.4	1 106.3	1 078.9	1 069.5	1 254.8	1 206.5	..	..
29	Automobiles, remorques et semi-remorques	1 834.9	2 106.7	2 508.0	2 887.4	3 407.0	4 281.3	..	..
30	Autres matériels de transport	1 715.6	2 006.0	2 091.5	2 276.9	2 316.1	2 632.7	..	..
31-33	Meubles ; réparation et installation de machines et de matériel	344.9	318.3	404.7	416.5	535.8	502.1	..	..
31	Meubles	70.8	51.6	73.1	55.8	57.5	62.7	..	..
32	Autres activités de fabrication	166.0	147.7	181.5	177.1	250.0	225.5	..	..
33	Réparation et installation de machines et de matériel	108.1	119.0	150.2	183.6	228.3	213.9	..	..
35-39	**ÉLECTRICITÉ, GAZ, EAU ET TRAITEMENT DES DÉCHETS**	**46.6**	**118.6**	**162.8**	**155.8**	**199.9**	**183.1**	..	..
35-36	Production et distribution d'électricité, de gaz et de l'eau	37.1	102.8	141.0	139.2	175.6	140.1	..	..
37-39	Assainissement, traitement des déchets et dépollution	9.5	15.8	21.9	16.6	24.3	43.1	..	..
41-43	**CONSTRUCTION**	**53.1**	**85.8**	**100.3**	**150.3**	**128.4**	**183.4**	..	..
45-99	**TOTAL SERVICES**	**15 195.6**	**14 167.4**	**15 453.3**	**16 810.5**	**17 739.9**	**18 275.2**	..	..
45-82	**Services du secteur des entreprises**	**14 852.7**	**13 816.3**	**15 010.0**	**16 499.3**	**17 373.5**	**17 694.5**	..	..
45-47	Commerce de gros et de détail ; réparations automobiles et motocycles	1 084.8	996.8	993.5	1 004.1	1 317.4	1 234.4	..	..
49-53	Transport et entreposage	41.9	14.0	43.9	66.0	82.0	61.9	..	..
55-56	Activités d'hébergement et de restauration	36.0	41.6	23.2	41.8	55.2	90.3	..	..
58-63	Information et communication	3 317.3	3 450.7	3 784.4	4 202.3	4 175.5	4 638.6	..	..
58-60	Édition, audiovisuel et diffusion	120.4	98.1	174.2	281.9	368.3	898.4	..	..
58	Activités d'édition	87.0	73.5	126.7	118.4	117.9	119.7	..	..
59-60	Activités audiovisuel et diffusion	33.4	24.5	47.5	163.5	250.4	778.7	..	..
59	Production de films, vidéo, programmes de télévision et d'enregistrements	24.8	15.0	31.9	110.0 e	168.5 e	523.9 e	..	..
60	Programmation et diffusion	8.6	9.5	15.5	53.5 e	82.0 e	254.9 e	..	..
61	Télécommunications	1 018.1	999.8	1 053.0	1 139.7	1 029.2	1 086.4	..	..
62-63	Technologies de l'information et informatique	2 178.9	2 352.9	2 557.2	2 780.8	2 778.2	2 653.7	..	..
62	Programmation informatique ; conseils et activités connexes	2 116.3	2 228.9	2 319.2	2 340.6	2 489.6	2 387.5	..	..
63	Services d'information	62.6	124.0	238.0	440.1	288.6	266.2	..	..
64-66	Activités financières et d'assurances	430.0	380.3	475.8	536.5	568.9	580.1	..	..
68-82	Activités immobilières ; professionnelles ; services administratifs et d'appui	9 942.8	8 933.0	9 689.3	10 648.5	11 174.6	11 089.3	..	..
68	Activités immobilières	14.0	16.0	23.7	31.1	29.2	21.1	..	..
69-75x72	Activités professionnelles, scientifiques et techniques, R-D scientifique exclu	1 377.1	1 821.9	2 275.4	2 850.2	2 795.9	2 655.0	..	..
72	Recherche scientifique et développement	8 276.0	6 681.7	6 992.5	7 123.0	7 677.7	7 735.3	..	..
77-82	Activités de services administratifs et d'appui	275.6	413.5	397.7	644.3	671.6	678.0	..	..
84-99	Services collectifs, sociaux et personnels	342.9	351.0	443.3	311.3	366.4	580.7	..	..
84-85	Administration publique et défense ; sécurité sociale obligatoire et éducation	11.0	27.2	47.6	22.2	14.7	13.9	..	..
86-88	Santé humaine et action sociale	24.8	23.9	45.3	57.0	76.3	89.0	..	..
90-93	Arts, spectacles et loisirs	272.1	264.5	304.1	194.7	232.8	432.9	..	..
94-99	Autres services ; ménages-employeurs ; organismes extra-territoriaux	35.0	35.3	46.3	37.4	42.6	44.9	..	..

.. Non disponible ; e Valeur estimée
Note : Voir les métadonnées détaillées sur : *http://metalinks.oecd.org/anberd/20200813/0f11*.

ROYAUME-UNI

Dépenses de R-D dans l'industrie par activité principale de l'entreprise, prix constants
CITI Rév. 4

2010 PPP USD

		2011	2012	2013	2014	2015	2016	2017	2018
	TOTAL ENTREPRISES	**26 675.1**	**25 784.6**	**27 288.7**	**28 959.7**	**30 165.0**	**31 426.8**	..	..
01-03	**AGRICULTURE, SYLVICULTURE ET PÊCHE**	**19.0**	**21.1**	**15.2**	**19.5**	**22.1**	**30.7**	..	..
05-09	**ACTIVITÉS EXTRACTIVES**	**265.1**	**257.7**	**281.6**	**265.1**	**229.2**	**235.0**	..	..
10-33	**ACTIVITÉS DE FABRICATION**	**9 843.1**	**10 306.8**	**10 828.5**	**11 307.9**	**11 845.5**	**13 007.2**	..	..
10-12	Produits alimentaires, boissons et tabac	425.4	414.2	484.5	479.4	372.5	441.3	..	..
13-15	Textiles, habillement, cuir et articles de cuir	38.9	48.1	32.5	32.5	27.7	29.8	..	..
13	Textiles	35.1	41.1	24.4	24.1	20.8	24.9	..	..
14	Articles d'habillement	1.8	4.1	4.3	4.9	3.9	2.3	..	..
15	Cuir et articles de cuir	2.0	2.9	3.8	3.5	3.0	2.7	..	..
16-18	Bois, papier, imprimerie et reproduction de supports enregistrés	23.1	33.0	52.8	58.4	63.4	69.0	..	..
16	Bois et articles en bois, sauf meubles	2.1	4.3 e	9.8	9.0	8.8	13.3	..	..
17	Papier et articles en papier	13.5	12.0 e	15.5	17.9	16.8	16.8	..	..
18	Imprimerie et reproduction de supports enregistrés	7.5	16.7	27.5	31.5	38.0	38.9	..	..
19-23	Produits pétroliers, chimiques, pharmaceutiques, caoutchouc, plastique, minéraux	1 461.1	1 385.5	1 430.0	1 391.0	1 394.8	1 536.9	..	..
19	Cokéfaction et raffinage	29.0	33.5	28.3	48.5	129.1	59.7	..	..
20-21	Industrie chimique et pharmaceutique	1 245.3	1 156.1	1 211.1	1 112.5	1 011.0	1 221.2	..	..
20	Produits chimiques	435.3	396.1	533.9	531.5	450.6	679.7	..	..
21	Préparations pharmaceutiques, chimiques (médicine) et d'herboristerie	810.0	760.0	677.2	580.9	560.4	541.4	..	..
22	Produits en caoutchouc et en plastique	124.6	148.5	140.7	160.7	194.0	183.3	..	..
23	Autres produits minéraux non métalliques	62.2	47.5	50.0	69.3	60.7	72.8	..	..
24-25	Produits métalliques de base et ouvrages en métaux (sauf machines et matériel)	977.9	842.0	825.3	873.7	776.5	744.6	..	..
24	Produits métallurgiques de base	133.6	95.4	65.7	102.9	85.6	92.5	..	..
25	Ouvrages en métaux (sauf machines et matériel)	844.3	746.6	759.6	770.8	690.8	652.2	..	..
26-30	Ordinateurs, articles électroniques et optiques ; machines et matériels de transport	6 543.5	7 247.5	7 587.2	8 050.4	8 674.8	9 696.6	..	..
26	Ordinateurs, articles électroniques et optiques	1 497.9	1 472.0	1 510.0	1 462.0	1 422.7	1 541.2	..	..
27	Matériels électriques	233.4	256.1	237.3	263.4	274.1	247.3	..	..
28	Machines et équipements n.c.a.	970.9	1 170.0	1 109.6	1 085.2	1 254.8	1 174.9	..	..
29	Automobiles, remorques et semi-remorques	1 985.1	2 227.9	2 579.4	2 929.7	3 407.0	4 169.2	..	..
30	Autres matériels de transport	1 856.1	2 121.5	2 151.0	2 310.3	2 316.1	2 563.8	..	..
31-33	Meubles ; réparation et installation de machines et de matériel	373.1	336.6	416.3	422.6	535.8	489.0	..	..
31	Meubles	76.6	54.6	75.1	56.7	57.5	61.1	..	..
32	Autres activités de fabrication	179.6	156.2	186.7	179.7	250.0	219.6	..	..
33	Réparation et installation de machines et de matériel	116.9	125.9	154.4	186.2	228.3	208.3	..	..
35-39	**ÉLECTRICITÉ, GAZ, EAU ET TRAITEMENT DES DÉCHETS**	**50.4**	**125.4**	**167.4**	**158.1**	**199.9**	**178.3**	..	..
35-36	Production et distribution d'électricité, de gaz et de l'eau	40.1	108.7	145.0	141.2	175.6	136.5	..	..
37-39	Assainissement, traitement des déchets et dépollution	10.3	16.7	22.5	16.9	24.3	42.0	..	..
41-43	**CONSTRUCTION**	**57.5**	**90.7**	**103.1**	**152.5**	**128.4**	**178.6**	..	..
45-99	**TOTAL SERVICES**	**16 440.2**	**14 982.8**	**15 892.8**	**17 056.6**	**17 739.9**	**17 796.8**	..	..
45-82	**Services du secteur des entreprises**	**16 069.2**	**14 611.6**	**15 436.9**	**16 740.8**	**17 373.5**	**17 231.3**	..	..
45-47	**Commerce de gros et de détail ; réparations automobiles et motocycles**	**1 173.6**	**1 054.2**	**1 021.7**	**1 018.8**	**1 317.4**	**1 202.1**	..	..
49-53	**Transport et entreposage**	**45.4**	**14.8**	**45.1**	**67.0**	**82.0**	**60.2**	..	..
55-56	**Activités d'hébergement et de restauration**	**38.9**	**44.0**	**23.8**	**42.4**	**55.2**	**88.0**	..	..
58-63	**Information et communication**	**3 589.0**	**3 649.3**	**3 892.0**	**4 263.9**	**4 175.5**	**4 517.2**	..	..
58-60	Édition, audiovisuel et diffusion	130.2	103.7	179.1	286.0	368.3	874.9	..	..
58	Activités d'édition	94.1	77.8	130.3	120.1	117.9	116.5	..	..
59-60	Activités audiovisuel et diffusion	36.2	25.9	48.8	165.9	250.4	758.4	..	..
59	Production de films, vidéo, programmes de télévision et d'enregistrements	26.8	15.8	32.8	111.6 e	168.5 e	510.2 e	..	..
60	Programmation et diffusion	9.3	10.1	16.0	54.3 e	82.0 e	248.2 e	..	..
61	Télécommunications	1 101.4	1 057.4	1 083.0	1 156.4	1 029.2	1 058.0	..	..
62-63	Technologies de l'information et informatique	2 357.3	2 488.4	2 629.9	2 821.5	2 778.2	2 584.2	..	..
62	Programmation informatique ; conseils et activités connexes	2 289.6	2 357.2	2 385.1	2 374.9	2 489.6	2 325.0	..	..
63	Services d'information	67.7	131.1	244.8	446.6	288.6	259.2	..	..
64-66	**Activités financières et d'assurances**	**465.2**	**402.1**	**489.3**	**544.3**	**568.9**	**564.9**	..	..
68-82	**Activités immobilières ; professionnelles ; services administratifs et d'appui**	**10 757.1**	**9 447.2**	**9 964.9**	**10 804.4**	**11 174.6**	**10 799.0**	..	..
68	Activités immobilières	15.2	16.9	24.4	31.5	29.2	20.5	..	..
69-75x72	Activités professionnelles, scientifiques et techniques, R-D scientifique exclu	1 489.9	1 926.8	2 340.2	2 891.9	2 795.9	2 585.5	..	..
72	Recherche scientifique et développement	8 953.9	7 066.3	7 191.3	7 227.3	7 677.7	7 532.8	..	..
77-82	Activités de services administratifs et d'appui	298.2	437.3	409.0	653.7	671.8	660.2	..	..
84-99	**Services collectifs, sociaux et personnels**	**371.0**	**371.2**	**455.9**	**315.8**	**366.4**	**565.5**	..	..
84-85	Administration publique et défense ; sécurité sociale obligatoire et éducation	12.0	28.8	49.0	22.5	14.7	13.6	..	..
86-88	Santé humaine et action sociale	26.8	25.3	46.6	57.8	76.3	86.7	..	..
90-93	Arts, spectacles et loisirs	294.4	279.8	312.7	197.6	232.8	421.5	..	..
94-99	Autres services ; ménages-employeurs ; organismes extra-territoriaux	37.8	37.4	47.6	37.9	42.6	43.7	..	..

.. Non disponible ; e Valeur estimée
Note : Voir les métadonnées détaillées sur : *http://metalinks.oecd.org/anberd/20200813/0f11*.

ROYAUME-UNI

Dépenses de R-D dans l'industrie par orientation sectorielle, prix courants
CITI Rév. 4

Millions USD PPP

		2011	2012	2013	2014	2015	2016	2017	2018
	TOTAL ENTREPRISES	24 655.7	24 381.2	26 534.1	28 541.9	30 165.0	..	..	..
01-03	**AGRICULTURE, SYLVICULTURE ET PÊCHE**	188.2	188.7	177.8	170.8	200.6	..	..	..
05-09	**ACTIVITÉS EXTRACTIVES**	275.3	306.0	323.9	451.4	298.1	..	..	..
10-33	**ACTIVITÉS DE FABRICATION**	17 778.0	17 438.2	18 439.3	19 081.7	21 014.8	..	..	..
10-12	Produits alimentaires, boissons et tabac	495.9	509.2	610.6	615.5	610.4	..	..	..
13-15	Textiles, habillement, cuir et articles de cuir	18.6	28.8	31.8	32.1	27.7	..	..	..
13	Textiles	..	..	..	..	..	..	..	..
14	Articles d'habillement	..	..	..	..	..	..	..	..
15	Cuir et articles de cuir	..	..	..	..	..	..	..	..
16-18	Bois, papier, imprimerie et reproduction de supports enregistrés	30.3	39.6	70.3	68.7	69.9	..	..	..
16	Bois et articles en bois, sauf meubles	2.8 e	5.1 e	13.0 e	10.6 e	9.7 e	..	..	..
17	Papier et articles en papier	17.7 e	14.4 e	20.7 e	21.0 e	18.4 e	..	..	..
18	Imprimerie et reproduction de supports enregistrés	9.8 e	20.1 e	36.6 e	37.1 e	41.8 e	..	..	..
19-23	Produits pétroliers, chimiques, pharmaceutiques, caoutchouc, plastique, minéraux	8 168.2	7 168.6	7 070.6	6 991.4	7 761.1	..	..	..
19	Cokéfaction et raffinage	102.3	108.5	100.0	123.8	257.7	..	..	..
20-21	Industrie chimique et pharmaceutique	7 844.7	6 836.0	6 757.6	6 595.4	7 227.1	..	..	..
20	Produits chimiques	975.7	841.6	888.2	976.9	1 193.2	..	..	..
21	Préparations pharmaceutiques, chimiques (médicine) et d'herboristerie	6 869.0	5 994.4	5 869.4	5 618.5	6 034.0	..	..	..
22	Produits en caoutchouc et en plastique	136.8	159.8	144.8	184.4	197.7	..	..	..
23	Autres produits minéraux non métalliques	84.4	64.3	68.2	87.8	78.6	..	..	..
24-25	Produits métalliques de base et ouvrages en métaux (sauf machines et matériel)	338.8	275.6	292.8	338.8	321.1	..	..	..
24	Produits métallurgiques de base	171.0	138.0	125.6	181.4	145.3	..	..	..
25	Ouvrages en métaux (sauf machines et matériel)	167.8	137.7	167.3	157.3	175.8	..	..	..
26-30	Ordinateurs, articles électroniques et optiques ; machines et matériels de transport	8 518.2	9 218.6	10 119.3	10 748.9	11 949.0	..	..	..
26	Ordinateurs, articles électroniques et optiques	1 820.0	2 105.4	2 296.2	2 456.7	2 833.6	..	..	..
27	Matériels électriques	720.5	663.9	562.4	659.0	686.1	..	..	..
28	Machines et équipements n.c.a.	1 374.0	1 423.0	1 494.3	1 420.6	1 501.7	..	..	..
29	Automobiles, remorques et semi-remorques	2 160.0	2 468.8	2 963.0	3 297.9	3 903.9	..	..	..
30	Autres matériels de transport	2 443.7	2 557.6	2 803.5	2 914.6	3 023.8	..	..	..
31-33	Meubles ; réparation et installation de machines et de matériel	208.1	197.7	243.9	286.4	275.6	..	..	..
31	Meubles	..	..	..	..	..	..	..	..
32	Autres activités de fabrication	..	..	..	..	..	..	..	..
33	Réparation et installation de machines et de matériel	..	..	..	..	..	..	..	..
35-39	**ÉLECTRICITÉ, GAZ, EAU ET TRAITEMENT DES DÉCHETS**	95.2	168.6	199.4	206.5	265.9	..	..	..
35-36	Production et distribution d'électricité, de gaz et de l'eau	80.3	151.5	175.2	190.0	223.3	..	..	..
37-39	Assainissement, traitement des déchets et dépollution	14.9	17.1	24.2	16.5	42.6	..	..	..
41-43	**CONSTRUCTION**	31.3	83.2	103.4	189.3	211.0	..	..	..
45-99	**TOTAL SERVICES**	6 287.6	6 196.5	7 290.3	8 442.2	8 174.6	..	..	..
45-82	**Services du secteur des entreprises**	6 193.5	6 099.6	7 138.5	8 302.3	8 048.6	..	..	..
45-47	**Commerce de gros et de détail ; réparations automobiles et motocycles**	334.5	261.7	240.5	350.4	311.3	..	..	..
49-53	**Transport et entreposage**	25.9	30.1	50.2	54.7	70.9	..	..	..
55-56	**Activités d'hébergement et de restauration**	..	..	..	..	..	..	..	..
58-63	**Information et communication**	4 103.7	4 060.1	4 206.7	4 826.2	4 723.4	..	..	..
58-60	Édition, audiovisuel et diffusion	37.7	42.5	92.1	..	..	..	..	..
58	Activités d'édition	..	..	..	..	..	..	..	..
59-60	Activités audiovisuel et diffusion	..	..	..	..	..	..	..	..
59	Production de films, vidéo, programmes de télévision et d'enregistrements	..	..	..	..	..	..	..	..
60	Programmation et diffusion	..	..	..	..	..	..	..	..
61	Télécommunications	1 489.1	1 267.6	1 208.9	1 370.6	..	..	..	..
62-63	Technologies de l'information et informatique	2 576.9	2 750.0	2 905.7	..	..	..	..	..
62	Programmation informatique ; conseils et activités connexes	..	..	..	..	..	..	..	..
63	Services d'information	..	..	..	..	..	..	..	..
64-66	**Activités financières et d'assurances**	191.2	59.7	181.8	249.1	246.3	..	..	..
68-82	**Activités immobilières ; professionnelles ; services administratifs et d'appui**	1 538.1	1 688.1	2 459.3	2 822.0	2 696.8	..	..	..
68	Activités immobilières	14.0	0.0	0.0	31.1	29.2	..	..	..
69-75x72	Activités professionnelles, scientifiques et techniques, R-D scientifique exclu	..	..	..	..	..	..	..	..
72	Recherche scientifique et développement	965.8	872.1	1 335.8	1 178.8	1 440.9	..	..	..
77-82	Activités de services administratifs et d'appui	..	..	..	..	..	..	..	..
84-99	**Services collectifs, sociaux et personnels**	94.2	96.9	151.9	139.9	125.9	..	..	..
84-85	Administration publique et défense ; sécurité sociale obligatoire et éducation	..	..	..	..	..	..	..	..
86-88	Santé humaine et action sociale	..	..	..	..	..	..	..	..
90-93	Arts, spectacles et loisirs	..	..	..	..	..	..	..	..
94-99	Autres services ; ménages-employeurs ; organismes extra-territoriaux	..	..	..	..	..	..	..	..

.. Non disponible ; e Valeur estimée
Note : Voir les métadonnées détaillées sur : http://metalinks.oecd.org/anberd/20200813/0f11.

ROYAUME-UNI

Dépenses de R-D dans l'industrie par orientation sectorielle, prix constants
CITI Rév. 4

2010 PPP USD

		2011	2012	2013	2014	2015	2016	2017	2018
	TOTAL ENTREPRISES	**26 675.1**	**25 784.6**	**27 288.7**	**28 959.7**	**30 165.0**	..	..	..
01-03	**AGRICULTURE, SYLVICULTURE ET PÊCHE**	**203.6**	**199.6**	**182.8**	**173.3**	**200.6**	..	..	..
05-09	**ACTIVITÉS EXTRACTIVES**	**297.9**	**323.6**	**333.1**	**458.0**	**298.1**	..	..	..
10-33	**ACTIVITÉS DE FABRICATION**	**19 234.1**	**18 441.9**	**18 963.7**	**19 361.1**	**21 014.8**	..	..	..
10-12	Produits alimentaires, boissons et tabac	536.5	538.6	627.9	624.5	610.4	..	..	..
13-15	Textiles, habillement, cuir et articles de cuir	20.1	30.4	32.7	32.5	27.7	..	..	..
13	Textiles	..	..	..	..	..	..	..	..
14	Articles d'habillement	..	..	..	..	..	..	..	..
15	Cuir et articles de cuir	..	..	..	..	..	..	..	..
16-18	Bois, papier, imprimerie et reproduction de supports enregistrés	32.8	41.9	72.3	69.7	69.9	..	..	..
16	Bois et articles en bois, sauf meubles	3.0 e	5.4 e	13.4 e	10.8 e	9.7 e	..	..	..
17	Papier et articles en papier	19.1 e	15.3 e	21.3 e	21.3 e	18.4 e	..	..	..
18	Imprimerie et reproduction de supports enregistrés	10.6 e	21.2 e	37.7 e	37.6 e	41.8 e	..	..	..
19-23	Produits pétroliers, chimiques, pharmaceutiques, caoutchouc, plastique, minéraux	8 837.2	7 581.2	7 271.6	7 093.8	7 761.1	..	..	..
19	Cokéfaction et raffinage	110.6	114.7	102.8	125.7	257.7	..	..	..
20-21	Industrie chimique et pharmaceutique	8 487.3	7 229.5	6 949.8	6 691.9	7 227.1	..	..	..
20	Produits chimiques	1 055.6	890.0	913.4	991.2	1 193.2	..	..	..
21	Préparations pharmaceutiques, chimiques (médicine) et d'herboristerie	7 431.6	6 339.5	6 036.3	5 700.7	6 034.0	..	..	..
22	Produits en caoutchouc et en plastique	148.0	169.0	149.0	187.1	197.7	..	..	..
23	Autres produits minéraux non métalliques	91.3	68.0	70.1	89.1	78.6	..	..	..
24-25	Produits métalliques de base et ouvrages en métaux (sauf machines et matériel)	366.5	291.5	301.2	343.7	321.1	..	..	..
24	Produits métallurgiques de base	185.0	145.9	129.1	184.1	145.3	..	..	..
25	Ouvrages en métaux (sauf machines et matériel)	181.6	145.6	172.0	159.7	175.8	..	..	..
26-30	Ordinateurs, articles électroniques et optiques ; machines et matériels de transport	9 215.9	9 749.2	10 407.0	10 906.3	11 949.0	..	..	..
26	Ordinateurs, articles électroniques et optiques	1 969.0	2 226.6	2 361.5	2 492.7	2 833.6	..	..	..
27	Matériels électriques	779.5	702.1	578.4	668.7	686.1	..	..	..
28	Machines et équipements n.c.a.	1 486.5	1 504.9	1 536.8	1 441.4	1 501.7	..	..	..
29	Automobiles, remorques et semi-remorques	2 337.0	2 610.9	3 047.2	3 346.2	3 903.9	..	..	..
30	Autres matériels de transport	2 643.9	2 704.8	2 883.2	2 957.3	3 023.8	..	..	..
31-33	Meubles ; réparation et installation de machines et de matériel	225.1	209.1	250.9	290.5	275.6	..	..	..
31	Meubles	..	..	..	..	..	..	..	..
32	Autres activités de fabrication	..	..	..	..	..	..	..	..
33	Réparation et installation de machines et de matériel	..	..	..	..	..	..	..	..
35-39	**ÉLECTRICITÉ, GAZ, EAU ET TRAITEMENT DES DÉCHETS**	**103.0**	**178.3**	**205.0**	**209.5**	**265.9**	..	..	..
35-36	Production et distribution d'électricité, de gaz et de l'eau	86.9	160.2	180.2	192.8	223.3	..	..	..
37-39	Assainissement, traitement des déchets et dépollution	16.1	18.1	24.9	16.7	42.6	..	..	..
41-43	**CONSTRUCTION**	**33.9**	**88.0**	**106.4**	**192.0**	**211.0**	..	..	..
45-99	**TOTAL SERVICES**	**6 802.6**	**6 553.2**	**7 497.7**	**8 565.8**	**8 174.6**	..	..	..
45-82	**Services du secteur des entreprises**	**6 700.7**	**6 450.7**	**7 341.5**	**8 423.9**	**8 048.6**	..	..	..
45-47	Commerce de gros et de détail ; réparations automobiles et motocycles	361.9	276.7	247.3	355.5	311.3	..	..	..
49-53	Transport et entreposage	28.0	31.8	51.6	55.5	70.9	..	..	..
55-56	Activités d'hébergement et de restauration	..	..	..	..	..	..	..	..
58-63	Information et communication	4 439.8	4 293.8	4 326.3	4 896.8	4 723.4	..	..	..
58-60	Édition, audiovisuel et diffusion	40.8	44.9	94.7	..	..	..	..	..
58	Activités d'édition	..	..	..	..	..	..	..	..
59-60	Activités audiovisuel et diffusion	..	..	..	..	..	..	..	..
59	Production de films, vidéo, programmes de télévision et d'enregistrements	..	..	..	..	..	..	..	..
60	Programmation et diffusion	..	..	..	..	..	..	..	..
61	Télécommunications	1 611.1	1 340.6	1 243.3	1 390.7	..	..	..	..
62-63	Technologies de l'information et informatique	2 787.9	2 908.3	2 988.4	..	..	..	..	..
62	Programmation informatique ; conseils et activités connexes	..	..	..	..	..	..	..	..
63	Services d'information	..	..	..	..	..	..	..	..
64-66	**Activités financières et d'assurances**	**206.9**	**63.2**	**187.0**	**252.8**	**246.3**	..	..	..
68-82	**Activités immobilières ; professionnelles ; services administratifs et d'appui**	**1 664.1**	**1 785.2**	**2 529.2**	**2 863.3**	**2 696.8**	..	..	..
68	Activités immobilières	15.2	0.0	0.0	31.5	29.2	..	..	..
69-75x72	Activités professionnelles, scientifiques et techniques, R-D scientifique exclu	..	..	..	..	..	..	..	..
72	Recherche scientifique et développement	1 044.9	922.3	1 373.8	1 196.0	1 440.9	..	..	..
77-82	Activités de services administratifs et d'appui	..	..	..	..	..	..	..	..
84-99	Services collectifs, sociaux et personnels	101.9	102.5	156.2	141.9	125.9	..	..	..
84-85	Administration publique et défense ; sécurité sociale obligatoire et éducation	..	..	..	..	..	..	..	..
86-88	Santé humaine et action sociale	..	..	..	..	..	..	..	..
90-93	Arts, spectacles et loisirs	..	..	..	..	..	..	..	..
94-99	Autres services ; ménages-employeurs ; organismes extra-territoriaux	..	..	..	..	..	..	..	..

.. Non disponible ; e Valeur estimée
Note : Voir les métadonnées détaillées sur : *http://metalinks.oecd.org/anberd/20200813/0f11*.

ÉTATS-UNIS

Dépenses de R-D dans l'industrie par activité principale de l'entreprise, prix courants
CITI Rév. 4

Millions USD PPP

		2011	2012	2013	2014	2015	2016	2017	2018
	TOTAL ENTREPRISES	294 093.0	302 250.0	322 528.0	340 728.0	355 821.0	374 685.0	400 100.0	..
01-03	AGRICULTURE, SYLVICULTURE ET PÊCHE	..	..	..	..	..	..	..	..
05-09	ACTIVITÉS EXTRACTIVES	2 733.0	2 815.0	3 997.0	4 703.0	4 012.0	3 296.0	3 150.0	..
10-33	ACTIVITÉS DE FABRICATION	201 361.0	208 415.0	221 476.0	232 815.0	236 132.0	250 553.0	257 227.0	..
10-12	Produits alimentaires, boissons et tabac	5 085.9 e	4 860.0 e	5 855.0	6 212.0	5 840.0	5 857.0 e	5 773.0	..
13-15	Textiles, habillement, cuir et articles de cuir	634.0	560.0	662.0	631.0	748.0	1 166.0	920.0	..
13	Textiles	..	..	..	..	..	..	..	..
14	Articles d'habillement	..	..	..	..	..	..	..	..
15	Cuir et articles de cuir	..	..	..	..	..	..	..	..
16-18	Bois, papier, imprimerie et reproduction de supports enregistrés	1 732.0	1 469.0	1 392.0	1 319.0	1 157.0	1 259.0	1 726.0	..
16	Bois et articles en bois, sauf meubles	211.0	461.0	220.0	362.0	195.0	188.0	175.0	..
17	Papier et articles en papier	1 346.0	752.0	920.0	723.0	766.0	851.0	1 322.0	..
18	Imprimerie et reproduction de supports enregistrés	175.0	256.0	252.0	234.0	196.0	219.0	229.0	..
19-23	Produits pétroliers, chimiques, pharmaceutiques, caoutchouc, plastique, minéraux	60 267.2 e	62 956.0	66 885.0	71 553.0	72 210.0	78 997.0	80 383.0	..
19	Cokéfaction et raffinage	1 484.2 e	894.0	242.0	234.0	214.0	381.0	316.0	..
20-21	Industrie chimique et pharmaceutique	55 324.0	57 226.0	61 664.0	66 300.0	68 196.0	73 575.0	74 977.0	..
20	Produits chimiques	9 375.0	9 080.0	9 238.0	9 688.0	9 521.0	8 947.0	8 775.0	..
21	Préparations pharmaceutiques, chimiques (médicine) et d'herboristerie	45 949.0	48 146.0	52 426.0	56 612.0	58 675.0	64 628.0	66 202.0	..
22	Produits en caoutchouc et en plastique	2 280.0	3 509.0	3 650.0	3 574.0	2 541.0	3 752.0	3 754.0	..
23	Autres produits minéraux non métalliques	1 179.0	1 327.0	1 329.0	1 445.0	1 259.0	1 289.0	1 334.0	..
24-25	Produits métalliques de base et ouvrages en métaux (sauf machines et matériel)	2 508.0	2 574.0	2 836.0	2 808.0	2 889.0	2 831.0	2 955.0	..
24	Produits métallurgiques de base	655.0	741.0	624.0	677.0	628.0	592.0	749.0	..
25	Ouvrages en métaux (sauf machines et matériel)	1 853.0	1 833.0	2 212.0	2 131.0	2 261.0	2 239.0	2 206.0	..
26-30	Ordinateurs, articles électroniques et optiques ; machines et matériels de transport	121 888.0	124 715.0	129 963.0	137 129.0	139 145.0	146 016.0	149 354.0	..
26	Ordinateurs, articles électroniques et optiques	62 704.0	65 068.0	67 205.0	73 891.0	72 110.0	77 385.0	78 575.0	..
27	Matériels électriques	3 595.0	3 087.0	4 136.0	4 365.0	4 335.0	4 771.0	4 291.0	..
28	Machines et équipements n.c.a.	14 709.0	14 254.0	12 650.0	12 128.0	13 426.0	12 585.0	13 197.0	..
29	Automobiles, remorques et semi-remorques	11 694.8 e	14 587.6 e	16 729.0	18 404.0	19 078.0	22 042.0	23 881.0	..
30	Autres matériels de transport	29 185.2 e	27 717.4 e	29 244.0	28 342.0	30 196.0	29 233.0 e	29 410.0	..
31-33	Meubles ; réparation et installation de machines et de matériel	9 245.9 e	11 281.0 e	13 883.0	13 162.0	14 142.0	14 427.8 e	16 117.0	..
31	Meubles	319.0	348.0	374.0	373.0	452.0	366.0	422.0	..
32	Autres activités de fabrication	8 926.9 e	10 933.0 e	13 509.0	12 789.0	13 690.0	14 061.8 e	15 695.0	..
33	Réparation et installation de machines et de matériel	..	..	..	..	..	..	..	..
35-39	ÉLECTRICITÉ, GAZ, EAU ET TRAITEMENT DES DÉCHETS	386.0	348.0	294.0	310.0	480.0	351.0	317.0	..
35-36	Production et distribution d'électricité, de gaz et de l'eau	..	..	..	..	..	..	..	..
37-39	Assainissement, traitement des déchets et dépollution	..	..	..	..	..	..	..	..
41-43	CONSTRUCTION	775.0 e	760.0 e	248.0 e	204.0 e	520.0 e	255.0 e	587.0 e	..
45-99	TOTAL SERVICES	88 838.0 e	89 912.0 e	96 513.0 e	102 696.0 e	114 677.0 e	120 230.0	138 819.0	..
45-82	Services du secteur des entreprises	86 633.0	88 352.0	94 979.0 e	101 538.0	113 510.0	118 658.0	136 507.0	..
45-47	Commerce de gros et de détail ; réparations automobiles et motocycles	2 617.0	3 177.0	1 886.0	1 727.0	3 301.0	2 021.0	9 851.0	..
49-53	Transport et entreposage	81.0	178.0	411.0 e	679.0	403.0	488.0	1 147.0	..
55-56	Activités d'hébergement et de restauration	..	..	..	..	..	..	..	..
58-63	Information et communication	55 124.0	58 056.0	66 475.0	74 792.0	79 846.0	86 495.0	93 578.0	..
58-60	Édition, audiovisuel et diffusion	..	..	..	..	..	..	..	..
58	Activités d'édition	28 435.0	28 987.0	35 675.0	36 140.0	33 346.0	33 574.0	34 338.0	..
59-60	Activités audiovisuel et diffusion	..	..	..	..	..	..	..	..
59	Production de films, vidéo, programmes de télévision et d'enregistrements	..	..	..	..	..	..	..	..
60	Programmation et diffusion	..	..	..	..	..	..	..	..
61	Télécommunications	2 157.0	2 824.0	3 041.0	3 755.0	3 607.0	4 004.8 e	3 744.0 e	..
62-63	Technologies de l'information et informatique	17 544.0	16 164.0	15 714.0	20 048.0	23 749.0	27 661.0	29 482.0	..
62	Programmation informatique ; conseils et activités connexes	13 259.0	11 251.0	9 268.0	11 019.0	14 333.0	15 747.0	13 327.0	..
63	Services d'information	4 285.0	4 913.0	6 446.0	9 029.0	9 416.0	11 914.0	16 155.0	..
64-66	Activités financières et d'assurances	3 457.0	3 519.0	4 308.0	4 122.0	5 366.0	7 331.0	7 616.0	..
68-82	Activités immobilières ; professionnelles ; services administratifs et d'appui	25 355.0	23 421.0	21 899.0	20 218.0	24 594.0	22 324.0	24 313.0	..
68	Activités immobilières	71.0	21.0	92.0	207.0	233.0	449.0	579.0	..
69-75x72	Activités professionnelles, scientifiques et techniques, R-D scientifique exclu	9 659.0	6 514.0	7 548.0	7 149.0	7 964.0	7 006.0	6 275.0	..
72	Recherche scientifique et développement	15 301.0	16 544.0	14 201.0	12 807.0	16 329.0	14 842.0	17 321.0	..
77-82	Activités de services administratifs et d'appui	324.0	342.0	58.0	55.0	68.0	27.0	138.0	..
84-99	Services collectifs, sociaux et personnels	..	..	..	..	..	..	..	..
84-85	Administration publique et défense ; sécurité sociale obligatoire et éducation	..	..	..	..	..	..	..	..
86-88	Santé humaine et action sociale	741.0	675.0	526.0	501.0	758.0	848.0	1 101.0	..
90-93	Arts, spectacles et loisirs	..	..	..	..	..	..	..	..
94-99	Autres services ; ménages-employeurs ; organismes extra-territoriaux	..	..	..	..	..	..	..	..

.. Non disponible ; e Valeur estimée
Note : Voir les métadonnées détaillées sur : *http://metalinks.oecd.org/anberd/20200813/0f11*.

ÉTATS-UNIS

Dépenses de R-D dans l'industrie par activité principale de l'entreprise, prix constants
CITI Rév. 4

2010 PPP USD

		2011	2012	2013	2014	2015	2016	2017	2018
	TOTAL ENTREPRISES	313 871.6	316 507.1	331 916.7	344 276.1	355 821.0	370 845.7	388 679.1	..
01-03	**AGRICULTURE, SYLVICULTURE ET PÊCHE**	..	..	..	..	..	..	..	..
05-09	**ACTIVITÉS EXTRACTIVES**	2 916.8	2 947.8	4 113.4	4 752.0	4 012.0	3 262.2	3 060.1	..
10-33	**ACTIVITÉS DE FABRICATION**	214 903.1	218 245.9	227 923.1	235 239.4	236 132.0	247 985.7	249 884.4	..
10-12	Produits alimentaires, boissons et tabac	5 427.9 e	5 089.2 e	6 025.4	6 276.7	5 840.0	5 797.0 e	5 608.2	..
13-15	Textiles, habillement, cuir et articles de cuir	676.6	586.4	681.3	637.6	748.0	1 154.1	893.7	..
13	Textiles	..	..	..	..	..	..	..	..
14	Articles d'habillement	..	..	..	..	..	..	..	..
15	Cuir et articles de cuir	..	..	..	..	..	..	..	..
16-18	Bois, papier, imprimerie et reproduction de supports enregistrés	1 848.5	1 538.3	1 432.5	1 332.7	1 157.0	1 246.1	1 676.7	..
16	Bois et articles en bois, sauf meubles	225.2	482.7	226.4	365.8	195.0	186.1	170.0	..
17	Papier et articles en papier	1 436.5	787.5	946.8	730.5	766.0	842.3	1 284.3	..
18	Imprimerie et reproduction de supports enregistrés	186.8	268.1	259.3	236.4	196.0	216.8	222.5	..
19-23	Produits pétroliers, chimiques, pharmaceutiques, caoutchouc, plastique, minéraux	64 320.4 e	65 925.6	68 832.0	72 298.1	72 210.0	78 187.5	78 086.5	..
19	Cokéfaction et raffinage	1 584.0 e	936.2	249.0	234.0	214.0	377.1	307.0	..
20-21	Industrie chimique et pharmaceutique	59 044.7	59 925.3	63 459.0	66 990.4	68 196.0	72 821.1	72 836.8	..
20	Produits chimiques	10 005.5	9 508.3	9 506.9	9 788.9	9 521.0	8 855.3	8 524.5	..
21	Préparations pharmaceutiques, chimiques (médicine) et d'herboristerie	49 039.2	50 417.0	53 952.1	57 201.5	58 675.0	63 965.8	64 312.2	..
22	Produits en caoutchouc et en plastique	2 433.3	3 674.5	3 756.3	3 611.2	2 541.0	3 713.6	3 646.8	..
23	Autres produits minéraux non métalliques	1 258.3	1 389.6	1 367.7	1 460.0	1 259.0	1 275.8	1 295.9	..
24-25	Produits métalliques de base et ouvrages en métaux (sauf machines et matériel)	2 676.7	2 695.4	2 918.6	2 837.2	2 889.0	2 802.0	2 870.6	..
24	Produits métallurgiques de base	699.1	776.0	642.2	684.0	628.0	585.9	727.6	..
25	Ouvrages en métaux (sauf machines et matériel)	1 977.6	1 919.5	2 276.4	2 153.2	2 261.0	2 216.1	2 143.0	..
26-30	Ordinateurs, articles électroniques et optiques ; machines et matériels de transport	130 085.3	130 597.8	133 746.2	138 557.0	139 145.0	144 519.8	145 090.7	..
26	Ordinateurs, articles électroniques et optiques	66 921.0	68 137.2	69 161.3	74 660.5	72 110.0	76 592.1	76 332.1	..
27	Matériels électriques	3 836.8	3 232.6	4 256.4	4 410.5	4 335.0	4 722.1	4 168.5	..
28	Machines et équipements n.c.a.	15 698.2	14 926.4	13 018.2	12 254.3	13 426.0	12 456.0	12 820.3	..
29	Automobiles, remorques et semi-remorques	12 481.3 e	15 275.7 e	17 216.0	18 595.6	19 078.0	21 816.1	23 199.3	..
30	Autres matériels de transport	31 148.0 e	29 024.8 e	30 095.3	28 637.1	30 196.0	28 933.5 e	28 570.5	..
31-33	Meubles ; réparation et installation de machines et de matériel	9 867.7 e	11 813.1 e	14 287.1	13 299.1	14 142.0	14 280.0 e	15 656.9	..
31	Meubles	340.5	364.4	384.9	376.9	452.0	362.2	410.0	..
32	Autres activités de fabrication	9 527.3 e	11 448.7 e	13 902.2	12 922.2	13 690.0	13 917.7 e	15 247.0	..
33	Réparation et installation de machines et de matériel	..	..	..	..	..	..	..	..
35-39	**ÉLECTRICITÉ, GAZ, EAU ET TRAITEMENT DES DÉCHETS**	412.0	364.4	302.6	313.2	480.0	347.4	308.0	..
35-36	Production et distribution d'électricité, de gaz et de l'eau	..	..	..	..	..	..	..	..
37-39	Assainissement, traitement des déchets et dépollution	..	..	..	..	..	..	..	..
41-43	**CONSTRUCTION**	827.1 e	795.8 e	255.2 e	206.1 e	520.0 e	252.4 e	570.2 e	..
45-99	**TOTAL SERVICES**	94 812.6 e	94 153.1 e	99 322.5 e	103 765.4 e	114 677.0 e	118 998.0	134 856.4	..
45-82	**Services du secteur des entreprises**	92 459.3	92 519.6	97 743.8 e	102 595.4	113 510.0	117 442.1	132 610.4	..
45-47	Commerce de gros et de détail ; réparations automobiles et motocycles	2 793.0	3 326.9	1 940.9	1 745.0	3 301.0	2 000.3	9 569.8	..
49-53	Transport et entreposage	86.4	186.4	423.0 e	686.1	403.0	483.0	1 114.3	..
55-56	Activités d'hébergement et de restauration	..	..	..	..	..	..	..	..
58-63	Information et communication	58 831.3	60 794.5	68 410.1	75 570.8	79 846.0	85 608.7	90 906.8	..
58-60	Édition, audiovisuel et diffusion	..	..	..	..	..	..	..	..
58	Activités d'édition	30 347.3	30 354.3	36 713.5	36 516.3	33 346.0	33 230.0	33 357.8	..
59-60	Activités audiovisuel et diffusion	..	..	..	..	..	..	..	..
59	Production de films, vidéo, programmes de télévision et d'enregistrements	..	..	..	..	..	..	..	..
60	Programmation et diffusion	..	..	..	..	..	..	..	..
61	Télécommunications	2 302.1	2 957.2	3 129.5	3 794.1	3 607.0	3 963.7 e	3 637.1 e	..
62-63	Technologies de l'information et informatique	18 723.9	16 926.5	16 171.4	20 256.8	23 749.0	27 377.6	28 640.4	..
62	Programmation informatique ; conseils et activités connexes	14 150.7	11 781.7	9 537.8	11 133.7	14 333.0	15 585.6	12 946.6	..
63	Services d'information	4 573.2	5 144.7	6 633.6	9 123.0	9 416.0	11 791.9	15 693.9	..
64-66	Activités financières et d'assurances	3 689.5	3 685.0	4 433.4	4 164.9	5 366.0	7 255.9	7 398.6	..
68-82	Activités immobilières ; professionnelles ; services administratifs et d'appui	27 060.2	24 525.8	22 536.5	20 428.5	24 594.0	22 095.3	23 619.0	..
68	Activités immobilières	75.8	22.0	94.7	209.2	233.0	444.4	562.5	..
69-75x72	Activités professionnelles, scientifiques et techniques, R-D scientifique exclu	10 308.6	6 821.3	7 767.7	7 223.4	7 964.0	6 934.2	6 095.9	..
72	Recherche scientifique et développement	16 330.0	17 324.4	14 614.4	12 940.4	16 329.0	14 689.9	16 826.6	..
77-82	Activités de services administratifs et d'appui	345.8	358.1	59.7	55.6	68.0	26.7	134.1	..
84-99	**Services collectifs, sociaux et personnels**	..	..	..	..	..	..	..	..
84-85	Administration publique et défense ; sécurité sociale obligatoire et éducation	..	..	..	..	..	..	..	..
86-88	Santé humaine et action sociale	790.8	706.8	541.3	506.2	758.0	839.3	1 069.6	..
90-93	Arts, spectacles et loisirs	..	..	..	..	..	..	..	..
94-99	Autres services ; ménages-employeurs ; organismes extra-territoriaux	..	..	..	..	..	..	..	..

.. Non disponible ; e Valeur estimée
Note : Voir les métadonnées détaillées sur : *http://metalinks.oecd.org/anberd/20200813/0f11*.

ARGENTINE

Dépenses de R-D dans l'industrie par activité principale de l'entreprise, prix courants
CITI Rév. 4

Millions USD PPP

		2011	2012	2013	2014	2015	2016	2017	2018
	TOTAL ENTREPRISES	..	..	..	..	1 164.9	1 111.8	1 241.3	..
01-03	**AGRICULTURE, SYLVICULTURE ET PÊCHE**	..	..	..	..	149.2	151.5	161.8	..
05-09	**ACTIVITÉS EXTRACTIVES**	..	..	..	..	7.6	8.9	30.3	..
10-33	**ACTIVITÉS DE FABRICATION**	..	..	..	..	647.3	596.8	618.2	..
10-12	Produits alimentaires, boissons et tabac	..	..	..	..	..	..	..	..
13-15	Textiles, habillement, cuir et articles de cuir	..	..	..	..	..	..	..	..
13	Textiles	..	..	..	..	..	..	..	..
14	Articles d'habillement	..	..	..	..	..	..	..	..
15	Cuir et articles de cuir	..	..	..	..	..	..	..	..
16-18	Bois, papier, imprimerie et reproduction de supports enregistrés	..	..	..	..	..	..	..	..
16	Bois et articles en bois, sauf meubles	..	..	..	..	..	..	..	..
17	Papier et articles en papier	..	..	..	..	..	..	..	..
18	Imprimerie et reproduction de supports enregistrés	..	..	..	..	..	..	..	..
19-23	Produits pétroliers, chimiques, pharmaceutiques, caoutchouc, plastique, minéraux	..	..	..	..	..	..	..	..
19	Cokéfaction et raffinage	..	..	..	..	..	..	..	..
20-21	Industrie chimique et pharmaceutique	..	..	..	..	..	..	..	..
20	Produits chimiques	..	..	..	..	..	..	..	..
21	Préparations pharmaceutiques, chimiques (médicine) et d'herboristerie	..	..	..	..	..	..	..	..
22	Produits en caoutchouc et en plastique	..	..	..	..	..	..	..	..
23	Autres produits minéraux non métalliques	..	..	..	..	..	..	..	..
24-25	Produits métalliques de base et ouvrages en métaux (sauf machines et matériel)	..	..	..	..	..	..	..	..
24	Produits métallurgiques de base	..	..	..	..	..	..	..	..
25	Ouvrages en métaux (sauf machines et matériel)	..	..	..	..	..	..	..	..
26-30	Ordinateurs, articles électroniques et optiques ; machines et matériels de transport	..	..	..	..	..	..	..	..
26	Ordinateurs, articles électroniques et optiques	..	..	..	..	..	..	..	..
27	Matériels électriques	..	..	..	..	..	..	..	..
28	Machines et équipements n.c.a.	..	..	..	..	..	..	..	..
29	Automobiles, remorques et semi-remorques	..	..	..	..	..	..	..	..
30	Autres matériels de transport	..	..	..	..	..	..	..	..
31-33	Meubles ; réparation et installation de machines et de matériel	..	..	..	..	..	..	..	..
31	Meubles	..	..	..	..	..	..	..	..
32	Autres activités de fabrication	..	..	..	..	..	..	..	..
33	Réparation et installation de machines et de matériel	..	..	..	..	..	..	..	..
35-39	**ÉLECTRICITÉ, GAZ, EAU ET TRAITEMENT DES DÉCHETS**	..	..	..	..	37.2	32.5	53.0	..
35-36	Production et distribution d'électricité, de gaz et de l'eau	..	..	..	..	..	..	..	..
37-39	Assainissement, traitement des déchets et dépollution	..	..	..	..	..	..	..	..
41-43	**CONSTRUCTION**	..	..	..	..	1.2	1.2	0.0	..
45-99	**TOTAL SERVICES**	..	..	..	..	322.4	320.8	377.9	..
45-82	**Services du secteur des entreprises**	..	..	..	..	..	..	..	..
45-47	Commerce de gros et de détail ; réparations automobiles et motocycles	..	..	..	..	..	..	..	..
49-53	Transport et entreposage	..	..	..	..	..	..	..	..
55-56	Activités d'hébergement et de restauration	..	..	..	..	..	..	..	..
58-63	**Information et communication**	..	..	..	..	..	..	..	..
58-60	Édition, audiovisuel et diffusion	..	..	..	..	..	..	..	..
58	Activités d'édition	..	..	..	..	..	..	..	..
59-60	Activités audiovisuel et diffusion	..	..	..	..	..	..	..	..
59	Production de films, vidéo, programmes de télévision et d'enregistrements	..	..	..	..	..	..	..	..
60	Programmation et diffusion	..	..	..	..	..	..	..	..
61	Télécommunications	..	..	..	..	..	..	..	..
62-63	Technologies de l'information et informatique	..	..	..	..	..	..	..	..
62	Programmation informatique ; conseils et activités connexes	..	..	..	..	..	..	..	..
63	Services d'information	..	..	..	..	..	..	..	..
64-66	**Activités financières et d'assurances**	..	..	..	..	..	..	..	..
68-82	**Activités immobilières ; professionnelles ; services administratifs et d'appui**	..	..	..	..	..	..	..	..
68	Activités immobilières	..	..	..	..	..	..	..	..
69-75x72	Activités professionnelles, scientifiques et techniques, R-D scientifique exclu	..	..	..	..	..	..	..	..
72	Recherche scientifique et développement	..	..	..	..	..	..	..	..
77-82	Activités de services administratifs et d'appui	..	..	..	..	..	..	..	..
84-99	**Services collectifs, sociaux et personnels**	..	..	..	..	..	..	..	..
84-85	Administration publique et défense ; sécurité sociale obligatoire et éducation	..	..	..	..	..	..	..	..
86-88	Santé humaine et action sociale	..	..	..	..	..	..	..	..
90-93	Arts, spectacles et loisirs	..	..	..	..	..	..	..	..
94-99	Autres services ; ménages-employeurs ; organismes extra-territoriaux	..	..	..	..	..	..	..	..

.. Non disponible
Note : Voir les métadonnées détaillées sur : *http://metalinks.oecd.org/anberd/20200813/0f11*.

ARGENTINE

Dépenses de R-D dans l'industrie par activité principale de l'entreprise, prix constants
CITI Rév. 4

2010 PPP USD

		2011	2012	2013	2014	2015	2016	2017	2018
	TOTAL ENTREPRISES	..	..	..	..	1 164.9	1 099.7	1 205.0	..
01-03	**AGRICULTURE, SYLVICULTURE ET PÊCHE**	..	..	..	..	149.2	149.9	157.1	..
05-09	**ACTIVITÉS EXTRACTIVES**	..	..	..	..	7.6	8.8	29.5	..
10-33	**ACTIVITÉS DE FABRICATION**	..	..	..	..	647.3	590.4	600.1	..
10-12	Produits alimentaires, boissons et tabac	..	..	..	..	..	..	..	..
13-15	Textiles, habillement, cuir et articles de cuir	..	..	..	..	..	..	..	..
13	Textiles	..	..	..	..	..	..	..	..
14	Articles d'habillement	..	..	..	..	..	..	..	..
15	Cuir et articles de cuir	..	..	..	..	..	..	..	..
16-18	Bois, papier, imprimerie et reproduction de supports enregistrés	..	..	..	..	..	..	..	..
16	Bois et articles en bois, sauf meubles	..	..	..	..	..	..	..	..
17	Papier et articles en papier	..	..	..	..	..	..	..	..
18	Imprimerie et reproduction de supports enregistrés	..	..	..	..	..	..	..	..
19-23	Produits pétroliers, chimiques, pharmaceutiques, caoutchouc, plastique, minéraux	..	..	..	..	..	..	..	..
19	Cokéfaction et raffinage	..	..	..	..	..	..	..	..
20-21	Industrie chimique et pharmaceutique	..	..	..	..	..	..	..	..
20	Produits chimiques	..	..	..	..	..	..	..	..
21	Préparations pharmaceutiques, chimiques (médicine) et d'herboristerie	..	..	..	..	..	..	..	..
22	Produits en caoutchouc et en plastique	..	..	..	..	..	..	..	..
23	Autres produits minéraux non métalliques	..	..	..	..	..	..	..	..
24-25	Produits métalliques de base et ouvrages en métaux (sauf machines et matériel)	..	..	..	..	..	..	..	..
24	Produits métallurgiques de base	..	..	..	..	..	..	..	..
25	Ouvrages en métaux (sauf machines et matériel)	..	..	..	..	..	..	..	..
26-30	Ordinateurs, articles électroniques et optiques ; machines et matériels de transport	..	..	..	..	..	..	..	..
26	Ordinateurs, articles électroniques et optiques	..	..	..	..	..	..	..	..
27	Matériels électriques	..	..	..	..	..	..	..	..
28	Machines et équipements n.c.a.	..	..	..	..	..	..	..	..
29	Automobiles, remorques et semi-remorques	..	..	..	..	..	..	..	..
30	Autres matériels de transport	..	..	..	..	..	..	..	..
31-33	Meubles ; réparation et installation de machines et de matériel	..	..	..	..	..	..	..	..
31	Meubles	..	..	..	..	..	..	..	..
32	Autres activités de fabrication	..	..	..	..	..	..	..	..
33	Réparation et installation de machines et de matériel	..	..	..	..	..	..	..	..
35-39	**ÉLECTRICITÉ, GAZ, EAU ET TRAITEMENT DES DÉCHETS**	..	..	..	..	37.2	32.2	51.4	..
35-36	Production et distribution d'électricité, de gaz et de l'eau	..	..	..	..	..	..	..	..
37-39	Assainissement, traitement des déchets et dépollution	..	..	..	..	..	..	..	..
41-43	**CONSTRUCTION**	..	..	..	..	1.2	1.1	0.0	..
45-99	**TOTAL SERVICES**	..	..	..	..	322.4	317.3	366.9	..
45-82	**Services du secteur des entreprises**	..	..	..	..	..	..	..	..
45-47	Commerce de gros et de détail ; réparations automobiles et motocycles	..	..	..	..	..	..	..	..
49-53	Transport et entreposage	..	..	..	..	..	..	..	..
55-56	Activités d'hébergement et de restauration	..	..	..	..	..	..	..	..
58-63	**Information et communication**	..	..	..	..	..	..	..	..
58-60	Édition, audiovisuel et diffusion	..	..	..	..	..	..	..	..
58	Activités d'édition	..	..	..	..	..	..	..	..
59-60	Activités audiovisuel et diffusion	..	..	..	..	..	..	..	..
59	Production de films, vidéo, programmes de télévision et d'enregistrements	..	..	..	..	..	..	..	..
60	Programmation et diffusion	..	..	..	..	..	..	..	..
61	Télécommunications	..	..	..	..	..	..	..	..
62-63	Technologies de l'information et informatique	..	..	..	..	..	..	..	..
62	Programmation informatique ; conseils et activités connexes	..	..	..	..	..	..	..	..
63	Services d'information	..	..	..	..	..	..	..	..
64-66	**Activités financières et d'assurances**	..	..	..	..	..	..	..	..
68-82	**Activités immobilières ; professionnelles ; services administratifs et d'appui**	..	..	..	..	..	..	..	..
68	Activités immobilières	..	..	..	..	..	..	..	..
69-75x72	Activités professionnelles, scientifiques et techniques, R-D scientifique exclu	..	..	..	..	..	..	..	..
72	Recherche scientifique et développement	..	..	..	..	..	..	..	..
77-82	Activités de services administratifs et d'appui	..	..	..	..	..	..	..	..
84-99	**Services collectifs, sociaux et personnels**	..	..	..	..	..	..	..	..
84-85	Administration publique et défense ; sécurité sociale obligatoire et éducation	..	..	..	..	..	..	..	..
86-88	Santé humaine et action sociale	..	..	..	..	..	..	..	..
90-93	Arts, spectacles et loisirs	..	..	..	..	..	..	..	..
94-99	Autres services ; ménages-employeurs ; organismes extra-territoriaux	..	..	..	..	..	..	..	..

.. Non disponible

Note : Voir les métadonnées détaillées sur : *http://metalinks.oecd.org/anberd/20200813/0f11*.

CHINE

Dépenses de R-D dans l'industrie par activité principale de l'entreprise, prix courants
CITI Rév. 4

Millions USD PPP

		2011	2012	2013	2014	2015	2016	2017	2018
	TOTAL ENTREPRISES	187 684.1	222 798.0	256 819.7	287 795.3	314 404.2	350 958.0	387 240.6	..
01-03	**AGRICULTURE, SYLVICULTURE ET PÊCHE**	483.3	461.8	..	..	..	..	..	..
05-09	**ACTIVITÉS EXTRACTIVES**	7 206.5	7 956.4	7 750.2	7 867.6	7 148.1	7 068.0	7 270.7	..
10-33	**ACTIVITÉS DE FABRICATION**	162 466.1	194 486.2	224 968.1	254 042.9	278 542.4	305 449.5	329 074.1	..
10-12	Produits alimentaires, boissons et tabac	6 846.1	9 160.3	10 649.9	12 252.3	13 355.4	15 161.1	15 370.6	..
13-15	Textiles, habillement, cuir et articles de cuir	5 146.7	6 280.3	7 404.4	8 351.6	10 078.1	11 153.2	11 587.7	..
13	Textiles	3 880.2	3 921.4	4 484.7	5 083.2	6 000.2	6 356.1	6 610.2	..
14	Articles d'habillement	..	1 579.3	1 960.6	2 121.4	2 602.8	3 091.5	3 132.0	..
15	Cuir et articles de cuir	..	779.6	959.1	1 146.9	1 475.0	1 705.5	1 845.5	..
16-18	Bois, papier, imprimerie et reproduction de supports enregistrés	2 549.4	3 383.9	4 112.7	4 673.6	5 412.4	6 426.8	7 336.7	..
16	Bois et articles en bois, sauf meubles	412.8	532.0	768.5	935.9	1 237.1	1 528.0	1 708.7	..
17	Papier et articles en papier	1 594.3	2 153.6	2 484.2	2 758.3	3 109.1	3 547.7	4 099.0	..
18	Imprimerie et reproduction de supports enregistrés	542.4	698.4	859.9	979.4	1 066.1	1 351.1	1 529.1	..
19-23	Produits pétroliers, chimiques, pharmaceutiques, caoutchouc, plastique, minéraux	30 750.1	37 456.2	44 670.5	51 284.9	55 923.3	61 687.4	67 165.5	..
19	Cokéfaction et raffinage	1 784.2	2 319.3	2 527.5	3 048.7	2 913.7	3 457.2	4 155.7	..
20-21	Industrie chimique et pharmaceutique	21 107.3	25 578.7	30 414.2	34 666.5	37 978.4	40 836.7	44 016.6	..
20	Produits chimiques	15 081.2	17 530.0	20 576.6	23 501.1	25 222.9	26 720.0	28 873.7	..
21	Préparations pharmaceutiques, chimiques (médicine) et d'herboristerie	6 026.1	8 048.7	9 837.6	11 165.4	12 755.4	14 116.7	15 142.9	..
22	Produits en caoutchouc et en plastique	3 872.9	4 911.1	5 644.1	6 519.4	7 009.7	8 056.5	8 708.2	..
23	Autres produits minéraux non métalliques	3 985.7	4 647.0	6 084.8	7 050.3	8 021.5	9 337.1	10 285.1	..
24-25	Produits métalliques de base et ouvrages en métaux (sauf machines et matériel)	23 224.2	30 865.8	32 942.4	35 009.0	35 118.6	36 728.2	40 921.3	..
24	Produits métallurgiques de base	20 049.5	25 540.6	26 433.6	27 822.2	26 951.5	27 296.9	31 193.2	..
25	Ouvrages en métaux (sauf machines et matériel)	3 174.7	5 325.2	6 508.8	7 186.9	8 167.1	9 431.3	9 728.1	..
26-30	Ordinateurs, articles électroniques et optiques ; machines et matériels de transport	92 525.3	105 272.7	122 517.9	139 002.4	154 442.6	169 072.1	180 932.1	..
26	Ordinateurs, articles électroniques et optiques	30 292.6	33 763.0	39 666.5	44 669.8	51 795.2	57 703.6	62 734.1	..
27	Matériels électriques	17 800.7	20 005.1	23 073.1	26 399.2	29 261.7	31 858.6	35 219.0	..
28	Machines et équipements n.c.a.	22 031.7	25 556.0	30 000.8	33 225.2	34 666.3	35 918.2	37 809.6	..
29	Automobiles, remorques et semi-remorques	..	16 211.1	19 248.3	22 517.9	26 124.6	30 308.3	33 012.9	..
30	Autres matériels de transport	..	9 737.6	10 529.1	12 190.4	12 594.8	13 283.3	12 156.5	..
31-33	Meubles ; réparation et installation de machines et de matériel	1 424.2	2 067.0	2 670.3	3 469.0	4 212.0	5 220.8	5 760.1	..
31	Meubles	257.7	412.8	635.7	774.4	953.9	1 238.8	1 571.3	..
32	Autres activités de fabrication	1 083.0	1 516.2	1 814.2	2 407.5	2 918.7	3 466.4	3 773.4	..
33	Réparation et installation de machines et de matériel	83.5	138.1	220.3	287.2	339.5	515.6	415.5	..
35-39	**ÉLECTRICITÉ, GAZ, EAU ET TRAITEMENT DES DÉCHETS**	1 333.9	1 481.0	..	..	..	..	..	..
35-36	Production et distribution d'électricité, de gaz et de l'eau	..	..	..	..	..	..	..	..
37-39	Assainissement, traitement des déchets et dépollution	..	..	..	..	..	..	..	..
41-43	**CONSTRUCTION**	4 144.7	4 279.7	..	..	..	..	..	..
45-99	**TOTAL SERVICES**	12 049.6	14 132.9	..	..	..	..	..	..
45-82	**Services du secteur des entreprises**	..	..	..	..	..	..	..	..
45-47	Commerce de gros et de détail ; réparations automobiles et motocycles	..	..	..	..	..	..	..	..
49-53	Transport et entreposage	..	..	..	..	..	..	..	..
55-56	Activités d'hébergement et de restauration	..	..	..	..	..	..	..	..
58-63	Information et communication	..	..	..	..	..	..	..	..
58-60	Édition, audiovisuel et diffusion	..	..	..	..	..	..	..	..
58	Activités d'édition	..	..	..	..	..	..	..	..
59-60	Activités audiovisuel et diffusion	..	..	..	..	..	..	..	..
59	Production de films, vidéo, programmes de télévision et d'enregistrements	..	..	..	..	..	..	..	..
60	Programmation et diffusion	..	..	..	..	..	..	..	..
61	Télécommunications	..	..	..	..	..	..	..	..
62-63	Technologies de l'information et informatique	..	..	..	..	..	..	..	..
62	Programmation informatique ; conseils et activités connexes	..	..	..	..	..	..	..	..
63	Services d'information	..	..	..	..	..	..	..	..
64-66	**Activités financières et d'assurances**	..	..	..	..	..	..	..	..
68-82	**Activités immobilières ; professionnelles ; services administratifs et d'appui**	..	..	..	..	..	..	..	..
68	Activités immobilières	..	..	..	..	..	..	..	..
69-75x72	Activités professionnelles, scientifiques et techniques, R-D scientifique exclu	..	..	..	..	..	..	..	..
72	Recherche scientifique et développement	..	..	..	..	..	..	..	..
77-82	Activités de services administratifs et d'appui	..	..	..	..	..	..	..	..
84-99	**Services collectifs, sociaux et personnels**	..	..	..	..	..	..	..	..
84-85	Administration publique et défense ; sécurité sociale obligatoire et éducation	..	..	..	..	..	..	..	..
86-88	Santé humaine et action sociale	..	..	..	..	..	..	..	..
90-93	Arts, spectacles et loisirs	..	..	..	..	..	..	..	..
94-99	Autres services ; ménages-employeurs ; organismes extra-territoriaux	..	..	..	..	..	..	..	..

.. Non disponible
Note : Voir les métadonnées détaillées sur : *http://metalinks.oecd.org/anberd/20200813/0f11*.

CHINE

Dépenses de R-D dans l'industrie par activité principale de l'entreprise, prix constants
CITI Rév. 4

2010 PPP USD

		2011	2012	2013	2014	2015	2016	2017	2018
	TOTAL ENTREPRISES	200 437.3	233 468.7	264 472.4	290 872.0	314 404.2	347 154.2	375 898.2	..
01-03	**AGRICULTURE, SYLVICULTURE ET PÊCHE**	516.2	484.0	..	..	..	..	..	..
05-09	**ACTIVITÉS EXTRACTIVES**	7 696.1	8 337.4	7 981.1	7 951.7	7 148.1	6 991.4	7 057.7	..
10-33	**ACTIVITÉS DE FABRICATION**	173 505.7	203 800.9	231 671.6	256 758.8	278 542.4	302 139.0	319 435.5	..
10-12	Produits alimentaires, boissons et tabac	7 311.3	9 599.0	10 967.3	12 383.3	13 355.4	14 996.7	14 920.4	..
13-15	Textiles, habillement, cuir et articles de cuir	5 496.4	6 581.1	7 625.0	8 440.9	10 078.1	11 032.3	11 248.3	..
13	Textiles	4 143.9	4 109.2	4 618.4	5 137.6	6 000.2	6 287.2	6 416.6	..
14	Articles d'habillement	..	1 655.0	2 019.0	2 144.1	2 602.8	3 058.0	3 040.3	..
15	Cuir et articles de cuir	..	816.9	987.6	1 159.2	1 475.0	1 687.0	1 791.4	..
16-18	Bois, papier, imprimerie et reproduction de supports enregistrés	2 722.6	3 546.0	4 235.2	4 723.5	5 412.4	6 357.2	7 121.8	..
16	Bois et articles en bois, sauf meubles	440.8	557.4	791.4	945.9	1 237.1	1 511.5	1 658.6	..
17	Papier et articles en papier	1 702.6	2 256.8	2 558.3	2 787.8	3 109.1	3 509.2	3 978.9	..
18	Imprimerie et reproduction de supports enregistrés	579.2	731.8	885.5	989.9	1 066.1	1 336.5	1 484.3	..
19-23	Produits pétroliers, chimiques, pharmaceutiques, caoutchouc, plastique, minéraux	32 839.5	39 250.2	46 001.6	51 833.2	55 923.3	61 018.8	65 198.3	..
19	Cokéfaction et raffinage	1 905.4	2 430.4	2 602.8	3 081.3	2 913.7	3 419.7	4 034.0	..
20-21	Industrie chimique et pharmaceutique	22 541.5	26 803.8	31 320.5	35 037.1	37 978.4	40 394.1	42 727.3	..
20	Produits chimiques	16 106.0	18 369.6	21 189.7	23 752.4	25 222.9	26 430.4	28 028.0	..
21	Préparations pharmaceutiques, chimiques (médicine) et d'herboristerie	6 435.5	8 434.2	10 130.8	11 284.8	12 755.4	13 963.7	14 699.3	..
22	Produits en caoutchouc et en plastique	4 136.1	5 146.4	5 812.2	6 589.1	7 009.7	7 969.1	8 453.1	..
23	Autres produits minéraux non métalliques	4 256.5	4 869.6	6 266.1	7 125.7	8 021.5	9 235.9	9 983.8	..
24-25	Produits métalliques de base et ouvrages en métaux (sauf machines et matériel)	24 802.3	32 344.1	33 924.0	35 383.3	35 118.6	36 330.1	39 722.7	..
24	Produits métallurgiques de base	21 411.9	26 763.8	27 221.2	28 119.6	26 951.5	27 001.0	30 279.6	..
25	Ouvrages en métaux (sauf machines et matériel)	3 390.5	5 580.3	6 702.7	7 263.7	8 167.1	9 329.1	9 443.2	..
26-30	Ordinateurs, articles électroniques et optiques ; machines et matériels de transport	98 812.5	110 314.6	126 168.7	140 488.4	154 442.6	167 239.6	175 632.6	..
26	Ordinateurs, articles électroniques et optiques	32 351.0	35 380.0	40 848.5	45 147.3	51 795.2	57 078.2	60 896.6	..
27	Matériels électriques	19 010.2	20 963.2	23 760.7	26 681.4	29 261.7	31 513.3	34 187.5	..
28	Machines et équipements n.c.a.	23 528.7	26 779.9	30 894.8	33 580.4	34 666.3	35 528.9	36 702.1	..
29	Automobiles, remorques et semi-remorques	..	16 987.5	19 821.9	22 758.6	26 124.6	29 979.8	32 046.0	..
30	Autres matériels de transport	..	10 203.9	10 842.9	12 320.7	12 594.8	13 139.3	11 800.4	..
31-33	Meubles ; réparation et installation de machines et de matériel	1 521.0	2 166.0	2 749.8	3 506.1	4 212.0	5 164.2	5 591.4	..
31	Meubles	275.2	432.5	654.6	782.7	953.9	1 225.4	1 525.2	..
32	Autres activités de fabrication	1 156.6	1 588.8	1 868.3	2 433.2	2 918.7	3 428.8	3 662.9	..
33	Réparation et installation de machines et de matériel	89.2	144.7	226.9	290.2	339.5	510.0	403.3	..
35-39	**ÉLECTRICITÉ, GAZ, EAU ET TRAITEMENT DES DÉCHETS**	1 424.6	1 551.9	..	..	..	..	..	..
35-36	Production et distribution d'électricité, de gaz et de l'eau	..	..	..	..	..	..	..	..
37-39	Assainissement, traitement des déchets et dépollution	..	..	..	..	..	..	..	..
41-43	**CONSTRUCTION**	4 426.4	4 484.6	..	..	..	..	..	..
45-99	**TOTAL SERVICES**	12 868.4	14 809.8	..	..	..	..	..	..
45-82	**Services du secteur des entreprises**	..	..	..	..	..	..	..	..
45-47	Commerce de gros et de détail ; réparations automobiles et motocycles	..	..	..	..	..	..	..	..
49-53	Transport et entreposage	..	..	..	..	..	..	..	..
55-56	Activités d'hébergement et de restauration	..	..	..	..	..	..	..	..
58-63	Information et communication	..	..	..	..	..	..	..	..
58-60	Édition, audiovisuel et diffusion	..	..	..	..	..	..	..	..
58	Activités d'édition	..	..	..	..	..	..	..	..
59-60	Activités audiovisuel et diffusion	..	..	..	..	..	..	..	..
59	Production de films, vidéo, programmes de télévision et d'enregistrements	..	..	..	..	..	..	..	..
60	Programmation et diffusion	..	..	..	..	..	..	..	..
61	Télécommunications	..	..	..	..	..	..	..	..
62-63	Technologies de l'information et informatique	..	..	..	..	..	..	..	..
62	Programmation informatique ; conseils et activités connexes	..	..	..	..	..	..	..	..
63	Services d'information	..	..	..	..	..	..	..	..
64-66	**Activités financières et d'assurances**	..	..	..	..	..	..	..	..
68-82	**Activités immobilières ; professionnelles ; services administratifs et d'appui**	..	..	..	..	..	..	..	..
68	Activités immobilières	..	..	..	..	..	..	..	..
69-75x72	Activités professionnelles, scientifiques et techniques, R-D scientifique exclu	..	..	..	..	..	..	..	..
72	Recherche scientifique et développement	..	..	..	..	..	..	..	..
77-82	Activités de services administratifs et d'appui	..	..	..	..	..	..	..	..
84-99	**Services collectifs, sociaux et personnels**	..	..	..	..	..	..	..	..
84-85	Administration publique et défense ; sécurité sociale obligatoire et éducation	..	..	..	..	..	..	..	..
86-88	Santé humaine et action sociale	..	..	..	..	..	..	..	..
90-93	Arts, spectacles et loisirs	..	..	..	..	..	..	..	..
94-99	Autres services ; ménages-employeurs ; organismes extra-territoriaux	..	..	..	..	..	..	..	..

.. Non disponible
Note : Voir les métadonnées détaillées sur : http://metalinks.oecd.org/anberd/20200813/0f11.

ROUMANIE

Dépenses de R-D dans l'industrie par activité principale de l'entreprise, prix courants
CITI Rév. 4

Millions USD PPP

Code	Activité	2011	2012	2013	2014	2015	2016	2017	2018
	TOTAL ENTREPRISES	**648.1**	**715.9**	**470.5**	**650.6**	**920.3**	**1 270.0**	**1 526.1**	..
01-03	**AGRICULTURE, SYLVICULTURE ET PÊCHE**	**3.4**	**6.0**	**6.8**	**8.0**	**10.8**	**15.1**	**11.6**	..
05-09	**ACTIVITÉS EXTRACTIVES**	**0.0 e**	**0.1**	**0.5 e**	**17.9**	**20.8**	**13.6**	**14.4**	..
10-33	**ACTIVITÉS DE FABRICATION**	**336.5**	**299.9**	**247.5**	**336.2**	**379.3**	**464.4**	**484.3**	..
10-12	Produits alimentaires, boissons et tabac	4.2	10.8	11.4	31.7	4.7	5.4	15.4	..
13-15	Textiles, habillement, cuir et articles de cuir	0.9 e	5.7	2.6	2.6	2.0	1.4	3.1	..
13	Textiles	0.1 e	0.7 e	0.1	0.3	0.1	0.2	2.3 e	..
14	Articles d'habillement	0.2 e	0.7 e	0.4	1.3	1.6	0.7	0.7 e	..
15	Cuir et articles de cuir	0.6 e	4.3	2.2	0.4	0.2	0.5	0.1 e	..
16-18	Bois, papier, imprimerie et reproduction de supports enregistrés	0.0 e	0.0 e	0.1 e	0.8	0.2	0.0	0.8	..
16	Bois et articles en bois, sauf meubles	..	..	..	..	..	..	..	..
17	Papier et articles en papier	..	..	..	..	..	..	..	..
18	Imprimerie et reproduction de supports enregistrés	..	..	..	..	..	..	..	..
19-23	Produits pétroliers, chimiques, pharmaceutiques, caoutchouc, plastique, minéraux	98.5 e	35.3 e	32.9 e	45.9	35.2	47.5	29.0	..
19	Cokéfaction et raffinage	0.0	0.0 e	0.0 e	0.0	0.0	0.0	0.0	..
20-21	Industrie chimique et pharmaceutique	86.2	30.3	28.4	45.1	34.4	46.0	27.9	..
20	Produits chimiques	61.3	3.5	3.3	6.3	6.5	9.1	6.8	..
21	Préparations pharmaceutiques, chimiques (médicine) et d'herboristerie	24.9	26.8	25.1	38.8	27.9	37.0	21.1	..
22	Produits en caoutchouc et en plastique	12.2	3.2	4.1	0.2	0.1	0.9	0.4	..
23	Autres produits minéraux non métalliques	0.2 e	1.8	0.3	0.6	0.7	0.6	0.8	..
24-25	Produits métalliques de base et ouvrages en métaux (sauf machines et matériel)	16.0	8.5	9.6	10.7	8.2	9.5	7.2	..
24	Produits métallurgiques de base	11.4	4.0	4.9	4.9	2.2	1.8	1.7	..
25	Ouvrages en métaux (sauf machines et matériel)	4.6	4.5	4.7	5.7	6.0	7.6	5.5	..
26-30	Ordinateurs, articles électroniques et optiques ; machines et matériels de transport	215.5	232.1	188.5	238.9	324.7	395.8	424.8	..
26	Ordinateurs, articles électroniques et optiques	13.8	60.8	40.2	16.2	37.8	44.9	15.1	..
27	Matériels électriques	46.1	18.7	14.6	13.6	23.0	29.1	25.9	..
28	Machines et équipements n.c.a.	6.8	20.6	13.1	13.2	9.0	7.7	5.4	..
29	Automobiles, remorques et semi-remorques	141.9	124.3	114.7	187.1	253.8	311.2	367.2	..
30	Autres matériels de transport	6.9	7.8	5.9	8.8	1.1	2.9	11.2	..
31-33	Meubles ; réparation et installation de machines et de matériel	1.4	7.5 e	2.3 e	6.3	4.3	4.9	3.9	..
31	Meubles	0.1 e	0.1 e	0.1 e	0.5	0.2	0.7	0.9	..
32	Autres activités de fabrication	0.0 e	2.3	0.8	1.3	1.3	2.4	0.8	..
33	Réparation et installation de machines et de matériel	1.2 e	5.1	1.4	4.4	2.8	1.7	2.2	..
35-39	**ÉLECTRICITÉ, GAZ, EAU ET TRAITEMENT DES DÉCHETS**	**0.6 e**	**3.4**	**1.6**	**1.4**	**1.4**	**0.9**	**1.1**	..
35-36	Production et distribution d'électricité, de gaz et de l'eau	0.2 e	2.7	1.3 e	1.2 e	1.2	0.7	0.8	..
37-39	Assainissement, traitement des déchets et dépollution	0.4 e	0.6	0.3 e	0.2 e	0.2	0.3	0.3	..
41-43	**CONSTRUCTION**	**6.6**	**0.5**	**0.5 e**	**1.2**	**1.2**	**1.3**	**54.6**	..
45-99	**TOTAL SERVICES**	**300.9**	**406.0**	**213.7**	**286.0**	**506.8**	**774.6**	**960.1**	..
45-82	**Services du secteur des entreprises**	**300.8**	**403.1**	**213.7**	**283.1**	**504.7**	**771.9**	**931.3**	..
45-47	Commerce de gros et de détail ; réparations automobiles et motocycles	14.7	29.6	17.8	33.2	13.5	29.5	16.1	..
49-53	Transport et entreposage	4.1	..	..	12.2	0.3	0.9	0.2 e	..
55-56	Activités d'hébergement et de restauration	..	1.8	1.3	0.7	0.0	0.0	0.0 e	..
58-63	Information et communication	114.3	127.4	46.0	69.6	121.9	275.8	187.0	..
58-60	Édition, audiovisuel et diffusion	55.8	2.2	0.0	9.7	30.8	122.1	134.0	..
58	Activités d'édition	..	2.1	..	..	..	..	..	..
59-60	Activités audiovisuel et diffusion	..	0.1	..	..	..	..	..	..
59	Production de films, vidéo, programmes de télévision et d'enregistrements	..	..	..	..	..	..	..	..
60	Programmation et diffusion	..	..	..	..	..	..	..	..
61	Télécommunications	..	13.1	1.2	2.4	1.3	28.7	7.9	..
62-63	Technologies de l'information et informatique	..	112.1	44.8	57.5	89.8	125.1	45.1	..
62	Programmation informatique ; conseils et activités connexes	56.8	76.6	32.0	57.4	89.7	124.6	44.7	..
63	Services d'information	..	35.6	12.7	0.1	0.2	0.6	0.4	..
64-66	**Activités financières et d'assurances**	..	..	..	..	**0.0**	**0.0**	**0.0**	..
68-82	**Activités immobilières ; professionnelles ; services administratifs et d'appui**	**166.3**	**244.3**	..	..	**369.0**	**465.6**	**728.0**	..
68	Activités immobilières	0.0 e	2.7	..	..	0.0	0.0	0.0	..
69-75x72	Activités professionnelles, scientifiques et techniques, R-D scientifique exclu	29.6	47.2	15.8	15.0	164.3	289.9	569.7	..
72	Recherche scientifique et développement	136.3	191.8	131.6	150.4	204.6	175.5	157.9	..
77-82	Activités de services administratifs et d'appui	0.3 e	2.7	..	1.9	0.1	0.2	0.5	..
84-99	**Services collectifs, sociaux et personnels**	**0.1**	**2.9**	**0.0**	**2.8**	**2.1**	**2.7**	**28.8**	..
84-85	Administration publique et défense ; sécurité sociale obligatoire et éducation	..	..	..	..	0.0	0.0	0.0	..
86-88	Santé humaine et action sociale	..	..	..	..	2.1	2.2	28.1	..
90-93	Arts, spectacles et loisirs	..	..	..	..	0.0	0.5	0.7	..
94-99	Autres services ; ménages-employeurs ; organismes extra-territoriaux	..	..	..	..	0.0	0.0	0.0	..

.. Non disponible ; e Valeur estimée
Note : Voir les métadonnées détaillées sur : *http://metalinks.oecd.org/anberd/20200813/0f11*.

ROUMANIE

Dépenses de R-D dans l'industrie par activité principale de l'entreprise, prix constants
CITI Rév. 4

2010 PPP USD

Code	Activité	2011	2012	2013	2014	2015	2016	2017	2018
	TOTAL ENTREPRISES	**678.4**	**726.8**	**474.6**	**653.9**	**920.3**	**1 190.8**	**1 373.3**	..
01-03	**AGRICULTURE, SYLVICULTURE ET PÊCHE**	**3.6**	**6.1**	**6.9**	**8.0**	**10.8**	**14.2**	**10.4**	..
05-09	**ACTIVITÉS EXTRACTIVES**	**0.0 e**	**0.1**	**0.5 e**	**18.0**	**20.8**	**12.8**	**13.0**	..
10-33	**ACTIVITÉS DE FABRICATION**	**352.2**	**304.5**	**249.6**	**337.9**	**379.3**	**435.5**	**435.8**	..
10-12	Produits alimentaires, boissons et tabac	4.4	10.9	11.5	31.9	4.7	5.0	13.9	..
13-15	Textiles, habillement, cuir et articles de cuir	1.0 e	5.7	2.7	2.6	2.0	1.4	2.8	..
13	Textiles	0.1 e	0.7 e	0.1	0.3	0.1	0.2	2.0 e	..
14	Articles d'habillement	0.2 e	0.7 e	0.4	1.3	1.6	0.7	0.7 e	..
15	Cuir et articles de cuir	0.6 e	4.4	2.2	0.4	0.2	0.4	0.1 e	..
16-18	Bois, papier, imprimerie et reproduction de supports enregistrés	0.0 e	0.0 e	0.1 e	0.8	0.2	0.0	0.7	..
16	Bois et articles en bois, sauf meubles	..	..	..	..	..	..	..	..
17	Papier et articles en papier	..	..	..	..	..	..	..	..
18	Imprimerie et reproduction de supports enregistrés	..	..	..	..	..	..	..	..
19-23	Produits pétroliers, chimiques, pharmaceutiques, caoutchouc, plastique, minéraux	103.1 e	35.9 e	33.1 e	46.2	35.2	44.5	26.1	..
19	Cokéfaction et raffinage	0.0	0.0 e	0.0 e	0.0	0.0	0.0	0.0	..
20-21	Industrie chimique et pharmaceutique	90.2	30.8	28.7	45.3	34.4	43.2	25.1	..
20	Produits chimiques	64.2	3.5	3.3	6.3	6.5	8.5	6.1	..
21	Préparations pharmaceutiques, chimiques (médicine) et d'herboristerie	26.1	27.2	25.4	39.0	27.9	34.7	19.0	..
22	Produits en caoutchouc et en plastique	12.7	3.2	4.1	0.2	0.1	0.8	0.4	..
23	Autres produits minéraux non métalliques	0.2 e	1.8	0.3	0.6	0.5	0.5	0.7	..
24-25	Produits métalliques de base et ouvrages en métaux (sauf machines et matériel)	16.8	8.7	9.7	10.7	8.2	8.9	6.5	..
24	Produits métallurgiques de base	12.0	4.1	4.9	5.0	2.2	1.7	1.6	..
25	Ouvrages en métaux (sauf machines et matériel)	4.8	4.6	4.8	5.8	6.0	7.1	5.0	..
26-30	Ordinateurs, articles électroniques et optiques ; machines et matériels de transport	225.6	235.6	190.1	240.1	324.7	371.2	382.3	..
26	Ordinateurs, articles électroniques et optiques	14.4	61.7	40.5	16.3	37.8	42.1	13.6	..
27	Matériels électriques	48.2	19.0	14.7	13.6	23.0	27.3	23.3	..
28	Machines et équipements n.c.a.	7.1	20.9	13.2	13.3	9.0	7.2	4.8	..
29	Automobiles, remorques et semi-remorques	148.5	126.2	115.7	188.0	253.8	291.8	330.4	..
30	Autres matériels de transport	7.3	7.9	6.0	8.9	1.1	2.7	10.1	..
31-33	Meubles ; réparation et installation de machines et de matériel	1.4	7.7 e	2.3 e	6.3	4.3	4.6	3.5	..
31	Meubles	0.1 e	0.1 e	0.1 e	0.5	0.2	0.7	0.8	..
32	Autres activités de fabrication	0.0 e	2.4	0.8	1.3	1.3	2.3	0.7	..
33	Réparation et installation de machines et de matériel	1.3 e	5.2	1.4	4.5	2.8	1.6	2.0	..
35-39	**ÉLECTRICITÉ, GAZ, EAU ET TRAITEMENT DES DÉCHETS**	**0.7 e**	**3.4**	**1.6**	**1.4**	**1.4**	**0.8**	**1.0**	..
35-36	Production et distribution d'électricité, de gaz et de l'eau	0.2 e	2.8	1.3 e	1.2 e	1.2	0.6	0.7	..
37-39	Assainissement, traitement des déchets et dépollution	0.5 e	0.6	0.3	0.2 e	0.2	0.2	0.3	..
41-43	**CONSTRUCTION**	**6.9**	**0.5**	**0.5 e**	**1.2**	**1.2**	**1.2**	**49.1**	..
45-99	**TOTAL SERVICES**	**315.0**	**412.2**	**215.5**	**287.4**	**506.8**	**726.3**	**864.0**	..
45-82	**Services du secteur des entreprises**	**314.9**	**409.2**	**215.5**	**284.5**	**504.7**	**723.8**	**838.0**	..
45-47	Commerce de gros et de détail ; réparations automobiles et motocycles	15.4	30.1	18.0	33.4	13.5	27.7	14.5	..
49-53	Transport et entreposage	4.3	..	..	12.3	0.3	0.9	0.1 e	..
55-56	Activités d'hébergement et de restauration	..	1.8	1.3	0.7	0.0	0.0	0.0	..
58-63	Information et communication	119.6	129.3	46.4	70.0	121.9	258.7	168.3	..
58-60	Édition, audiovisuel et diffusion	58.4	2.2	0.0	9.8	30.8	114.4	120.6	..
58	Activités d'édition	..	2.1	..	..	..	..	..	..
59-60	Activités audiovisuel et diffusion	..	0.1	..	..	..	..	..	..
59	Production de films, vidéo, programmes de télévision et d'enregistrements	..	..	..	..	..	..	..	..
60	Programmation et diffusion	..	..	..	..	..	..	..	..
61	Télécommunications	..	13.3	1.2	2.5	1.3	26.9	7.2	..
62-63	Technologies de l'information et informatique	..	113.8	45.1	57.8	89.8	117.3	40.6	..
62	Programmation informatique ; conseils et activités connexes	59.5	77.7	32.3	57.7	89.7	116.8	40.2	..
63	Services d'information	..	..	36.1	12.8	0.1	0.2	0.5	0.4	..
64-66	Activités financières et d'assurances	..	..	..	..	0.0	0.0	0.0	..
68-82	**Activités immobilières ; professionnelles ; services administratifs et d'appui**	**174.0**	**248.0**	..	..	**369.0**	**436.5**	**655.1**	..
68	Activités immobilières	0.0 e	2.7	..	..	0.0	0.0	0.0	..
69-75x72	Activités professionnelles, scientifiques et techniques, R-D scientifique exclu	31.0	47.9	16.0	15.1	164.3	271.8	512.7	..
72	Recherche scientifique et développement	142.7	194.7	132.7	151.1	204.6	164.6	142.1	..
77-82	Activités de services administratifs et d'appui	0.3 e	2.7	..	1.9	0.1	0.1	0.4	..
84-99	Services collectifs, sociaux et personnels	0.1	2.9	0.0	2.9	2.1	2.5	25.9	..
84-85	Administration publique et défense ; sécurité sociale obligatoire et éducation	..	..	..	..	0.0	0.0	0.0	..
86-88	Santé humaine et action sociale	..	..	..	..	2.1	2.0	25.3	..
90-93	Arts, spectacles et loisirs	..	..	..	..	0.0	0.5	0.6	..
94-99	Autres services ; ménages-employeurs ; organismes extra-territoriaux	..	..	..	..	0.0	0.0	0.0	..

.. Non disponible ; e Valeur estimée
Note : Voir les métadonnées détaillées sur : *http://metalinks.oecd.org/anberd/20200813/0f11*.

SINGAPOUR

Dépenses de R-D dans l'industrie par activité principale de l'entreprise, prix courants
CITI Rév. 4

Millions USD PPP

		2011	2012	2013	2014	2015	2016	2017	2018
	TOTAL ENTREPRISES	**5 194.4**	**5 023.0**	**5 228.0**	..	..	..	..	..
01-03	**AGRICULTURE, SYLVICULTURE ET PÊCHE**	**0.0**	**0.0**	**0.0**	..	..	..	..	..
05-09	**ACTIVITÉS EXTRACTIVES**	**0.0**	**0.0**	**0.0**	..	..	..	..	..
10-33	**ACTIVITÉS DE FABRICATION**	**2 467.5**	**3 024.7**	**3 010.1**	..	..	..	..	..
10-12	Produits alimentaires, boissons et tabac	19.5	25.0	24.2	..	..	..	..	..
13-15	Textiles, habillement, cuir et articles de cuir	1.0	0.9	0.6 e	..	..	..	..	..
13	Textiles	0.0	..	..	..	..	..	..	..
14	Articles d'habillement	0.7	..	..	..	..	..	..	..
15	Cuir et articles de cuir	0.3	..	..	..	..	..	..	..
16-18	Bois, papier, imprimerie et reproduction de supports enregistrés	3.5	3.6 e	3.2	..	..	..	..	..
16	Bois et articles en bois, sauf meubles	0.0	0.0 e	0.0	..	..	..	..	..
17	Papier et articles en papier	2.7	3.0 e	2.8	..	..	..	..	..
18	Imprimerie et reproduction de supports enregistrés	0.8	0.6 e	0.4	..	..	..	..	..
19-23	Produits pétroliers, chimiques, pharmaceutiques, caoutchouc, plastique, minéraux	248.7	273.4	351.8 e	..	..	..	..	..
19	Cokéfaction et raffinage	1.2	1.4	1.0 e	..	..	..	..	..
20-21	Industrie chimique et pharmaceutique	229.4	265.6	345.1	..	..	..	..	..
20	Produits chimiques	97.6	112.3	202.3	..	..	..	..	..
21	Préparations pharmaceutiques, chimiques (médicine) et d'herboristerie	131.8	153.4	142.8	..	..	..	..	..
22	Produits en caoutchouc et en plastique	14.3	2.7	3.0	..	..	..	..	..
23	Autres produits minéraux non métalliques	3.8	3.6	2.7	..	..	..	..	..
24-25	Produits métalliques de base et ouvrages en métaux (sauf machines et matériel)	23.1	30.1 e	43.8	..	..	..	..	..
24	Produits métallurgiques de base	1.6	1.6 e	3.1	..	..	..	..	..
25	Ouvrages en métaux (sauf machines et matériel)	21.5	28.5	40.7	..	..	..	..	..
26-30	Ordinateurs, articles électroniques et optiques ; machines et matériels de transport	2 094.1	2 556.3	2 452.3	..	..	..	..	..
26	Ordinateurs, articles électroniques et optiques	1 644.2	2 059.1	1 805.6	..	..	..	..	..
27	Matériels électriques	24.7	15.7	31.9	..	..	..	..	..
28	Machines et équipements n.c.a.	209.4	220.6	308.8	..	..	..	..	..
29	Automobiles, remorques et semi-remorques	49.6	55.0	61.7	..	..	..	..	..
30	Autres matériels de transport	166.1	205.9	244.4	..	..	..	..	..
31-33	Meubles ; réparation et installation de machines et de matériel	77.5	135.4	134.2	..	..	..	..	..
31	Meubles	17.1	16.9	16.3	..	..	..	..	..
32	Autres activités de fabrication	60.5	118.5	117.9	..	..	..	..	..
33	Réparation et installation de machines et de matériel	0.0	0.0	0.0	..	..	..	..	..
35-39	**ÉLECTRICITÉ, GAZ, EAU ET TRAITEMENT DES DÉCHETS**	**13.9**	**10.9**	**15.2**	..	..	..	..	..
35-36	Production et distribution d'électricité, de gaz et de l'eau	0.1	0.0	0.0	..	..	..	..	..
37-39	Assainissement, traitement des déchets et dépollution	13.8	10.9	15.2	..	..	..	..	..
41-43	**CONSTRUCTION**	**2.5**	**1.5**	**1.8**	..	..	..	..	..
45-99	**TOTAL SERVICES**	**2 710.4**	**1 986.0**	**2 200.9**	..	..	..	..	..
45-82	**Services du secteur des entreprises**	**2 700.6**	**1 976.4**	**2 165.0**	..	..	..	..	..
45-47	Commerce de gros et de détail ; réparations automobiles et motocycles	575.1	613.3	824.2	..	..	..	..	..
49-53	Transport et entreposage	46.6	31.1	46.3	..	..	..	..	..
55-56	Activités d'hébergement et de restauration	0.0	0.0	0.0	..	..	..	..	..
58-63	Information et communication	160.7	169.8	174.1	..	..	..	..	..
58-60	Édition, audiovisuel et diffusion	39.4	54.5	45.4	..	..	..	..	..
58	Activités d'édition	37.6	54.2	45.3	..	..	..	..	..
59-60	Activités audiovisuel et diffusion	1.8	0.3	0.2	..	..	..	..	..
59	Production de films, vidéo, programmes de télévision et d'enregistrements	1.8	0.3	0.2	..	..	..	..	..
60	Programmation et diffusion	0.0	0.0	0.0	..	..	..	..	..
61	Télécommunications	5.7	3.5	6.7	..	..	..	..	..
62-63	Technologies de l'information et informatique	115.6	111.8	122.0	..	..	..	..	..
62	Programmation informatique ; conseils et activités connexes	112.9	108.9	116.1	..	..	..	..	..
63	Services d'information	2.7	2.9	5.9	..	..	..	..	..
64-66	**Activités financières et d'assurances**	**105.3**	**102.6**	**107.6**	..	..	..	..	..
68-82	**Activités immobilières ; professionnelles ; services administratifs et d'appui**	**1 812.9**	**1 059.6**	**1 012.7**	..	..	..	..	..
68	Activités immobilières	0.0	0.0	0.0	..	..	..	..	..
69-75x72	Activités professionnelles, scientifiques et techniques, R-D scientifique exclu	319.6	266.7	191.6	..	..	..	..	..
72	Recherche scientifique et développement	810.1	787.7	814.6	..	..	..	..	..
77-82	Activités de services administratifs et d'appui	683.1	5.2	6.6	..	..	..	..	..
84-99	Services collectifs, sociaux et personnels	9.9	9.6	35.9	..	..	..	..	..
84-85	Administration publique et défense ; sécurité sociale obligatoire et éducation	4.3	3.2	2.3 e	..	..	..	..	..
86-88	Santé humaine et action sociale	4.5	6.1	33.3	..	..	..	..	..
90-93	Arts, spectacles et loisirs	0.0	0.0	0.0	..	..	..	..	..
94-99	Autres services ; ménages-employeurs ; organismes extra-territoriaux	1.1	0.3	0.2 e	..	..	..	..	..

.. Non disponible ; e Valeur estimée
Note : Voir les métadonnées détaillées sur : *http://metalinks.oecd.org/anberd/20200813/0f11*.

SINGAPOUR

Dépenses de R-D dans l'industrie par activité principale de l'entreprise, prix constants
CITI Rév. 4

2010 PPP USD

		2011	2012	2013	2014	2015	2016	2017	2018
	TOTAL ENTREPRISES	**5 541.4**	**5 261.0**	**5 380.4**	..	..	..	..	..
01-03	**AGRICULTURE, SYLVICULTURE ET PÊCHE**	**0.0**	**0.0**	**0.0**	..	..	..	..	..
05-09	**ACTIVITÉS EXTRACTIVES**	**0.0**	**0.0**	**0.0**	..	..	..	..	..
10-33	**ACTIVITÉS DE FABRICATION**	**2 632.3**	**3 168.0**	**3 097.9**	..	..	..	..	..
10-12	Produits alimentaires, boissons et tabac	20.8	26.2	24.9	..	..	..	..	..
13-15	Textiles, habillement, cuir et articles de cuir	1.1	0.9	0.6 e	..	..	..	..	..
13	Textiles	0.0	..	..	..	..	..	..	..
14	Articles d'habillement	0.7	..	..	..	..	..	..	..
15	Cuir et articles de cuir	0.4	..	..	..	..	..	..	..
16-18	Bois, papier, imprimerie et reproduction de supports enregistrés	3.7	3.7 e	3.3	..	..	..	..	..
16	Bois et articles en bois, sauf meubles	0.0	0.0 e	0.0	..	..	..	..	..
17	Papier et articles en papier	2.9	3.1 e	2.9	..	..	..	..	..
18	Imprimerie et reproduction de supports enregistrés	0.8	0.7 e	0.4	..	..	..	..	..
19-23	Produits pétroliers, chimiques, pharmaceutiques, caoutchouc, plastique, minéraux	265.3	286.3	362.1 e	..	..	..	..	..
19	Cokéfaction et raffinage	1.3	1.5	1.0 e	..	..	..	..	..
20-21	Industrie chimique et pharmaceutique	244.7	278.2	355.2	..	..	..	..	..
20	Produits chimiques	104.2	117.6	208.2	..	..	..	..	..
21	Préparations pharmaceutiques, chimiques (médicine) et d'herboristerie	140.6	160.6	147.0	..	..	..	..	..
22	Produits en caoutchouc et en plastique	15.2	2.9	3.1	..	..	..	..	..
23	Autres produits minéraux non métalliques	4.1	3.8	2.7	..	..	..	..	..
24-25	Produits métalliques de base et ouvrages en métaux (sauf machines et matériel)	24.7	31.6 e	45.1	..	..	..	..	..
24	Produits métallurgiques de base	1.7	1.7 e	3.2	..	..	..	..	..
25	Ouvrages en métaux (sauf machines et matériel)	23.0	29.9	41.9	..	..	..	..	..
26-30	Ordinateurs, articles électroniques et optiques ; machines et matériels de transport	2 233.9	2 677.4	2 523.8	..	..	..	..	..
26	Ordinateurs, articles électroniques et optiques	1 754.1	2 156.7	1 858.2	..	..	..	..	..
27	Matériels électriques	26.3	16.4	32.8	..	..	..	..	..
28	Machines et équipements n.c.a.	223.4	231.0	317.8	..	..	..	..	..
29	Automobiles, remorques et semi-remorques	52.9	57.6	63.5	..	..	..	..	..
30	Autres matériels de transport	177.2	215.7	251.5	..	..	..	..	..
31-33	Meubles ; réparation et installation de machines et de matériel	82.7	141.8	138.1	..	..	..	..	..
31	Meubles	18.2	17.7	16.8	..	..	..	..	..
32	Autres activités de fabrication	64.5	124.1	121.3	..	..	..	..	..
33	Réparation et installation de machines et de matériel	0.0	0.0	0.0	..	..	..	..	..
35-39	**ÉLECTRICITÉ, GAZ, EAU ET TRAITEMENT DES DÉCHETS**	**14.8**	**11.4**	**15.6**	..	..	..	..	..
35-36	Production et distribution d'électricité, de gaz et de l'eau	0.1	0.0	0.0	..	..	..	..	..
37-39	Assainissement, traitement des déchets et dépollution	14.7	11.4	15.6	..	..	..	..	..
41-43	**CONSTRUCTION**	**2.6**	**1.5**	**1.9**	..	..	..	..	..
45-99	**TOTAL SERVICES**	**2 891.5**	**2 080.1**	**2 265.1**	..	..	..	..	..
45-82	**Services du secteur des entreprises**	**2 881.0**	**2 070.0**	**2 228.1**	..	..	..	..	..
45-47	**Commerce de gros et de détail ; réparations automobiles et motocycles**	**613.5**	**642.4**	**848.3**	..	..	..	..	..
49-53	**Transport et entreposage**	**49.7**	**32.5**	**47.6**	..	..	..	..	..
55-56	**Activités d'hébergement et de restauration**	**0.0**	**0.0**	**0.0**	..	..	..	..	..
58-63	**Information et communication**	**171.5**	**177.9**	**179.2**	..	..	..	..	..
58-60	Édition, audiovisuel et diffusion	42.0	57.1	46.8	..	..	..	..	..
58	Activités d'édition	40.1	56.8	46.6	..	..	..	..	..
59-60	Activités audiovisuel et diffusion	1.9	0.4	0.2	..	..	..	..	..
59	Production de films, vidéo, programmes de télévision et d'enregistrements	1.9	0.4	0.2	..	..	..	..	..
60	Programmation et diffusion	0.0	0.0	0.0	..	..	..	..	..
61	Télécommunications	6.1	3.6	6.9	..	..	..	..	..
62-63	Technologies de l'information et informatique	123.3	117.1	125.6	..	..	..	..	..
62	Programmation informatique ; conseils et activités connexes	120.4	114.1	119.5	..	..	..	..	..
63	Services d'information	2.9	3.0	6.1	..	..	..	..	..
64-66	**Activités financières et d'assurances**	**112.3**	**107.5**	**110.7**	..	..	..	..	..
68-82	**Activités immobilières ; professionnelles ; services administratifs et d'appui**	**1 934.0**	**1 109.8**	**1 042.3**	..	..	..	..	..
68	Activités immobilières	0.0	0.0	0.0	..	..	..	..	..
69-75x72	Activités professionnelles, scientifiques et techniques, R-D scientifique exclu	341.0	279.4	197.1	..	..	..	..	..
72	Recherche scientifique et développement	864.3	825.0	838.3	..	..	..	..	..
77-82	Activités de services administratifs et d'appui	728.7	5.4	6.8	..	..	..	..	..
84-99	**Services collectifs, sociaux et personnels**	**10.5**	**10.0**	**36.9**	..	..	..	..	..
84-85	Administration publique et défense ; sécurité sociale obligatoire et éducation	4.5	3.3	2.4 e	..	..	..	..	..
86-88	Santé humaine et action sociale	4.8	6.4	34.3	..	..	..	..	..
90-93	Arts, spectacles et loisirs	0.0	0.0	0.0	..	..	..	..	..
94-99	Autres services ; ménages-employeurs ; organismes extra-territoriaux	1.2	0.3	0.2 e	..	..	..	..	..

.. Non disponible ; e Valeur estimée
Note : Voir les métadonnées détaillées sur : *http://metalinks.oecd.org/anberd/20200813/0f11*.

TAIPEI CHINOIS

Dépenses de R-D dans l'industrie par activité principale de l'entreprise, prix courants
CITI Rév. 4

Millions USD PPP

		2011	2012	2013	2014	2015	2016	2017	2018
	TOTAL ENTREPRISES	**19 949.5**	**21 606.6**	**23 286.9**	**25 129.3**	**26 182.6**	**27 725.7**	**30 898.6**	**34 809.1**
01-03	AGRICULTURE, SYLVICULTURE ET PÊCHE	..	..	..	..	..	..	..	..
05-09	ACTIVITÉS EXTRACTIVES	..	..	..	..	..	..	..	..
10-33	ACTIVITÉS DE FABRICATION	18 440.2	19 776.2	21 272.5	22 992.8	23 986.3	25 396.2	28 254.2	31 863.9
10-12	Produits alimentaires, boissons et tabac	141.5	166.6	146.0	154.4	151.9	174.8	192.1	204.5
13-15	Textiles, habillement, cuir et articles de cuir	246.6	265.5	261.4	292.0	311.6	397.2	406.5	536.3
13	Textiles	126.6	125.8	117.4	127.3	134.8	183.3	175.8	204.8
14	Articles d'habillement	12.6	11.4	13.1	13.1	11.5	11.4	14.4	14.8
15	Cuir et articles de cuir	107.4	128.4	130.9	151.5	165.3	202.5	216.4	316.7
16-18	Bois, papier, imprimerie et reproduction de supports enregistrés	38.9	42.0	55.4	42.4	50.8	40.8	35.2	44.0
16	Bois et articles en bois, sauf meubles	1.0	0.9	1.4	4.0	6.2	8.0	3.1	3.4
17	Papier et articles en papier	16.7	17.8	12.3	10.5	11.4	8.3	10.5	15.9
18	Imprimerie et reproduction de supports enregistrés	21.2	23.3	41.7	27.9	33.2	24.5	21.6	24.7
19-23	Produits pétroliers, chimiques, pharmaceutiques, caoutchouc, plastique, minéraux	1 293.6	1 406.5	1 485.8	1 604.9	1 595.9	1 723.2	1 866.8	2 087.4
19	Cokéfaction et raffinage	80.4	97.8	138.2	148.8	140.5	130.4	119.9	150.3
20-21	Industrie chimique et pharmaceutique	970.5	1 040.3	1 099.0	1 175.3	1 183.8	1 300.6	1 365.4	1 485.3
20	Produits chimiques	643.2	690.2	703.9	685.8	727.0	743.0	797.8	943.0
21	Préparations pharmaceutiques, chimiques (médicine) et d'herboristerie	327.3	350.2	395.1	489.5	456.8	557.5	567.6	542.3
22	Produits en caoutchouc et en plastique	198.9	225.7	209.3	227.0	221.2	246.0	287.4	351.5
23	Autres produits minéraux non métalliques	43.7	42.7	39.3	53.8	50.4	46.2	94.0	100.3
24-25	Produits métalliques de base et ouvrages en métaux (sauf machines et matériel)	324.3	325.4	350.2	355.3	357.4	398.3	353.0	398.3
24	Produits métallurgiques de base	169.9	168.3	177.6	174.4	172.4	177.9	167.9	187.5
25	Ouvrages en métaux (sauf machines et matériel)	154.5	157.1	172.6	181.0	185.0	220.5	185.0	210.8
26-30	Ordinateurs, articles électroniques et optiques ; machines et matériels de transport	16 229.2	17 381.1	18 764.2	20 330.3	21 288.5	22 399.9	25 101.1	28 249.7
26	Ordinateurs, articles électroniques et optiques	14 473.2	15 607.0	16 855.8	18 264.8	19 240.9	20 243.3	22 778.2	25 632.5
27	Matériels électriques	610.7	632.4	639.8	637.2	640.8	633.2	677.1	718.4
28	Machines et équipements n.c.a.	573.9	521.0	589.4	678.7	696.4	752.2	901.4	1 042.4
29	Automobiles, remorques et semi-remorques	307.1	343.2	375.3	439.7	408.7	433.2	441.3	526.9
30	Autres matériels de transport	264.4	277.4	303.8	309.9	301.7	338.0	303.1	329.5
31-33	Meubles ; réparation et installation de machines et de matériel	166.1	189.1	209.5	213.5	230.1	261.8	299.5	343.7
31	Meubles	8.4	10.7	7.2	9.2	10.6	12.2	3.7	10.2
32	Autres activités de fabrication	157.7	178.4	202.3	204.3	219.5	249.6	295.8	333.5
33	Réparation et installation de machines et de matériel	0.0	0.0	0.0	0.0	0.0	0.0	0.0	0.0
35-39	ÉLECTRICITÉ, GAZ, EAU ET TRAITEMENT DES DÉCHETS	44.2	48.7	38.8	37.7	51.1	53.2	62.7	74.3
35-36	Production et distribution d'électricité, de gaz et de l'eau	42.6	47.5	37.6	36.5	49.0	52.3	60.3	71.5
37-39	Assainissement, traitement des déchets et dépollution	1.6	1.2	1.2	1.3	2.2	0.9	2.4	2.9
41-43	CONSTRUCTION	10.0	12.2	14.1	17.9	14.6	15.3	15.5	19.2
45-99	**TOTAL SERVICES**	**1 455.0**	**1 769.5**	**1 961.5**	**2 080.8**	**2 130.5**	**2 261.0**	**2 566.2**	**2 851.7**
45-82	Services du secteur des entreprises	1 276.0	1 568.0	1 757.2	1 846.6	1 896.5	2 025.0	2 274.7	2 537.2
45-47	Commerce de gros et de détail ; réparations automobiles et motocycles	51.3	99.1	103.9	119.3	112.1	136.5	279.4	319.7
49-53	Transport et entreposage	12.1	12.6	16.0	17.6	17.8	25.5	35.6	31.9
55-56	Activités d'hébergement et de restauration	0.7	0.3	0.5	0.1	0.1	1.2	3.5	4.3
58-63	Information et communication	871.8	875.5	995.3	1 029.8	1 051.4	1 124.5	998.1	1 131.3
58-60	Édition, audiovisuel et diffusion	13.3	18.5	28.6	30.8	27.4	29.7	98.4	111.8
58	Activités d'édition	11.3	15.5	23.1	22.4	20.1	22.9	92.2	102.4
59-60	Activités audiovisuel et diffusion	2.0	3.0	5.5	8.4	7.3	6.8	6.3	9.4
59	Production de films, vidéo, programmes de télévision et d'enregistrements	0.2	0.4	4.2	3.0	3.6	2.0	3.3	2.6
60	Programmation et diffusion	1.8	2.6	1.4	5.4	3.8	4.7	2.9	6.8
61	Télécommunications	257.6	262.5	260.6	253.8	246.9	264.0	281.3	276.9
62-63	Technologies de l'information et informatique	600.8	594.5	706.0	745.2	777.1	830.7	618.4	742.6
62	Programmation informatique ; conseils et activités connexes	536.5	557.5	665.3	696.3	713.8	763.8	570.7	664.7
63	Services d'information	64.3	37.0	40.7	49.0	63.3	67.0	47.7	77.9
64-66	Activités financières et d'assurances	124.2	150.6	159.8	183.2	206.4	231.3	288.6	324.1
68-82	Activités immobilières ; professionnelles ; services administratifs et d'appui	216.0	429.9	481.7	496.6	508.6	506.1	669.5	725.9
68	Activités immobilières	0.8	1.2	1.7	2.5	1.9	2.1	5.7	6.0
69-75x72	Activités professionnelles, scientifiques et techniques, R-D scientifique exclu	128.4	338.2	389.7	400.5	413.5	408.9	547.6	583.9
72	Recherche scientifique et développement	80.4	82.9	80.8	83.9	84.6	86.3	105.2	123.7
77-82	Activités de services administratifs et d'appui	6.4	7.6	9.5	9.8	8.6	8.7	11.0	12.3
84-99	Services collectifs, sociaux et personnels	179.0	201.5	204.3	234.2	234.0	236.0	291.5	314.4
84-85	Administration publique et défense ; sécurité sociale obligatoire et éducation	0.0	0.1	0.1	0.2	0.2	0.3	2.0	2.5
86-88	Santé humaine et action sociale	176.4	199.5	202.3	232.1	232.2	234.0	285.1	304.2
90-93	Arts, spectacles et loisirs	0.0	0.0	0.0	0.0	0.0	0.0	2.1	1.8
94-99	Autres services ; ménages-employeurs ; organismes extra-territoriaux	2.6	1.9	1.9	1.9	1.7	1.7	2.4	6.0

.. Non disponible

Note : Voir les métadonnées détaillées sur : *http://metalinks.oecd.org/anberd/20200813/0f11.*

TAIPEI CHINOIS

Dépenses de R-D dans l'industrie par activité principale de l'entreprise, prix constants
CITI Rév. 4

2010 PPP USD

		2011	2012	2013	2014	2015	2016	2017	2018
	TOTAL ENTREPRISES	**21 291.2**	**22 625.6**	**23 966.2**	**25 391.8**	**26 182.6**	**27 442.2**	**30 017.8**	**33 011.7**
01-03	**AGRICULTURE, SYLVICULTURE ET PÊCHE**	..	..	..	..	..	..	..	..
05-09	**ACTIVITÉS EXTRACTIVES**	..	..	..	..	..	..	..	..
10-33	**ACTIVITÉS DE FABRICATION**	**19 680.4**	**20 708.9**	**21 893.1**	**23 233.0**	**23 986.3**	**25 136.5**	**27 448.9**	**30 218.6**
10-12	Produits alimentaires, boissons et tabac	151.0	174.5	150.2	156.0	151.9	173.0	186.6	194.0
13-15	Textiles, habillement, cuir et articles de cuir	263.2	278.0	269.1	295.0	311.6	393.2	394.9	508.6
13	Textiles	135.2	131.7	120.9	128.7	134.8	181.4	170.8	194.2
14	Articles d'habillement	13.5	11.9	13.5	13.2	11.5	11.3	13.9	14.0
15	Cuir et articles de cuir	114.6	134.4	134.7	153.1	165.3	200.4	210.2	300.3
16-18	Bois, papier, imprimerie et reproduction de supports enregistrés	41.5	43.9	57.0	42.9	50.8	40.4	34.2	41.7
16	Bois et articles en bois, sauf meubles	1.1	0.9	1.4	4.1	6.2	7.9	3.0	3.2
17	Papier et articles en papier	17.8	18.7	12.7	10.6	11.4	8.3	10.2	15.0
18	Imprimerie et reproduction de supports enregistrés	22.6	24.4	42.9	28.2	33.2	24.3	21.0	23.5
19-23	Produits pétroliers, chimiques, pharmaceutiques, caoutchouc, plastique, minéraux	1 380.6	1 472.9	1 529.2	1 621.7	1 595.9	1 705.5	1 813.6	1 979.6
19	Cokéfaction et raffinage	85.9	102.4	142.2	150.3	140.5	129.1	116.5	142.6
20-21	Industrie chimique et pharmaceutique	1 035.8	1 089.4	1 131.1	1 187.6	1 183.8	1 287.3	1 326.5	1 408.6
20	Produits chimiques	686.5	722.7	724.4	692.9	727.0	735.4	775.0	894.3
21	Préparations pharmaceutiques, chimiques (médicine) et d'herboristerie	349.3	366.7	406.7	494.7	456.8	551.8	551.4	514.3
22	Produits en caoutchouc et en plastique	212.2	236.3	215.5	229.3	221.2	243.5	279.2	333.3
23	Autres produits minéraux non métalliques	46.7	44.7	40.4	54.4	50.4	45.7	91.3	95.1
24-25	Produits métalliques de base et ouvrages en métaux (sauf machines et matériel)	346.2	340.7	360.4	359.0	357.4	394.3	342.9	377.7
24	Produits métallurgiques de base	181.3	176.2	182.8	176.2	172.4	176.0	163.2	177.8
25	Ouvrages en métaux (sauf machines et matériel)	164.9	164.5	177.6	182.9	185.0	218.2	179.8	199.9
26-30	Ordinateurs, articles électroniques et optiques ; machines et matériels de transport	17 320.7	18 200.8	19 311.6	20 542.7	21 288.5	22 170.9	24 385.6	26 791.0
26	Ordinateurs, articles électroniques et optiques	15 446.6	16 343.0	17 347.6	18 455.6	19 240.9	20 036.3	22 128.9	24 309.0
27	Matériels électriques	651.8	662.3	658.4	643.8	640.8	626.7	657.8	681.3
28	Machines et équipements n.c.a.	612.5	545.6	606.6	685.8	696.4	744.5	875.7	988.6
29	Automobiles, remorques et semi-remorques	327.7	359.4	386.3	444.3	408.7	428.8	428.7	499.7
30	Autres matériels de transport	282.2	290.4	312.6	313.1	301.7	334.5	294.5	312.5
31-33	Meubles ; réparation et installation de machines et de matériel	177.3	198.1	215.6	215.7	230.1	259.2	290.9	326.0
31	Meubles	9.0	11.2	7.4	9.2	10.6	12.1	3.6	9.7
32	Autres activités de fabrication	168.3	186.9	208.2	206.4	219.5	247.1	287.4	316.3
33	Réparation et installation de machines et de matériel	0.0	0.0	0.0	0.0	0.0	0.0	0.0	0.0
35-39	**ÉLECTRICITÉ, GAZ, EAU ET TRAITEMENT DES DÉCHETS**	**47.2**	**51.0**	**40.0**	**38.1**	**51.1**	**52.7**	**60.9**	**70.5**
35-36	Production et distribution d'électricité, de gaz et de l'eau	45.5	49.7	38.7	36.8	49.0	51.8	58.6	67.8
37-39	Assainissement, traitement des déchets et dépollution	1.7	1.3	1.3	1.3	2.2	0.9	2.3	2.7
41-43	**CONSTRUCTION**	**10.7**	**12.7**	**14.5**	**18.1**	**14.6**	**15.1**	**15.0**	**18.2**
45-99	**TOTAL SERVICES**	**1 552.9**	**1 853.0**	**2 018.7**	**2 102.6**	**2 130.5**	**2 237.9**	**2 493.1**	**2 704.4**
45-82	**Services du secteur des entreprises**	**1 361.8**	**1 642.0**	**1 808.5**	**1 865.9**	**1 896.5**	**2 004.3**	**2 209.8**	**2 406.2**
45-47	Commerce de gros et de détail ; réparations automobiles et motocycles	54.7	103.8	107.0	120.6	112.1	135.1	271.4	303.1
49-53	Transport et entreposage	12.9	13.2	16.5	17.8	17.8	25.2	34.6	30.3
55-56	Activités d'hébergement et de restauration	0.7	0.3	0.6	0.1	0.1	1.1	3.4	4.1
58-63	Information et communication	930.4	916.7	1 024.3	1 040.6	1 051.4	1 113.0	969.7	1 072.9
58-60	Édition, audiovisuel et diffusion	14.2	19.4	29.5	31.1	27.4	29.4	95.6	106.0
58	Activités d'édition	12.1	16.2	23.8	22.6	20.1	22.7	89.6	97.1
59-60	Activités audiovisuel et diffusion	2.1	3.2	5.7	8.5	7.3	6.7	6.1	8.9
59	Production de films, vidéo, programmes de télévision et d'enregistrements	0.2	0.5	4.3	3.0	3.6	2.0	3.3	2.5
60	Programmation et diffusion	2.0	2.7	1.4	5.5	3.8	4.7	2.8	6.4
61	Télécommunications	274.9	274.8	268.2	256.4	246.9	261.3	273.2	262.6
62-63	Technologies de l'information et informatique	641.2	622.5	726.6	753.0	777.1	822.2	600.8	704.2
62	Programmation informatique ; conseils et activités connexes	572.6	583.8	684.7	703.5	713.8	755.9	554.4	630.4
63	Services d'information	68.7	38.7	41.9	49.5	63.3	66.3	46.4	73.9
64-66	Activités financières et d'assurances	132.5	157.7	164.5	185.1	206.4	228.9	280.3	307.4
68-82	Activités immobilières ; professionnelles ; services administratifs et d'appui	230.6	450.2	495.7	501.8	508.6	500.9	650.4	688.4
68	Activités immobilières	0.9	1.3	1.7	2.5	1.9	2.1	5.5	5.7
69-75x72	Activités professionnelles, scientifiques et techniques, R-D scientifique exclu	137.0	354.2	401.1	404.6	413.5	404.7	532.0	553.7
72	Recherche scientifique et développement	85.8	86.8	83.2	84.8	84.6	85.4	102.2	117.3
77-82	Activités de services administratifs et d'appui	6.8	8.0	9.8	9.9	8.6	8.6	10.7	11.6
84-99	Services collectifs, sociaux et personnels	191.1	211.0	210.2	236.6	234.0	233.6	283.2	298.2
84-85	Administration publique et défense ; sécurité sociale obligatoire et éducation	0.0	0.1	0.1	0.2	0.2	0.3	1.9	2.3
86-88	Santé humaine et action sociale	188.2	208.9	208.2	234.6	232.2	231.6	277.0	288.5
90-93	Arts, spectacles et loisirs	0.0	0.0	0.0	0.0	0.0	0.0	2.0	1.7
94-99	Autres services ; ménages-employeurs ; organismes extra-territoriaux	2.8	2.0	1.9	1.9	1.7	1.7	2.3	5.7

.. Non disponible

Note : Voir les métadonnées détaillées sur : *http://metalinks.oecd.org/anberd/20200813/0f11*.

www.ingramcontent.com/pod-product-compliance
Lightning Source LLC
Chambersburg PA
CBHW082347220526
45470CB00008B/2680